Wer hat das Recht zur rechtlichen Vaterschaft?

Studien zum deutschen und internationalen Familien- und Erbrecht

Herausgegeben von Martin Lipp, Christoph Benicke,
Marina Wellenhofer und Bettina Heiderhoff

Band 23

Zur Qualitätssicherung und Peer Review der vorliegenden Publikation

Die Qualität der in dieser Reihe erscheinenden Arbeiten wird vor der Publikation durch den Herausgeber der Reihe geprüft.

Notes on the quality assurance and peer review of this publication

Prior to publication, the quality of the work published in this series is reviewed by the editor of the series.

Sandra Schröder

Wer hat das Recht zur rechtlichen Vaterschaft?

Vorschlag zur Neugestaltung der rechtlichen Stellung des biologischen Vaters im Abstammungsrecht bei Bestehen einer sozial-familiären Beziehung zwischen Kind und rechtlichem Vater

Unter Berücksichtigung interdisziplinärer und historischer Aspekte

PL ACADEMIC RESEARCH

Bibliografische Information der Deutschen Nationalbibliothek
Die Deutsche Nationalbibliothek verzeichnet diese Publikation in der Deutschen Nationalbibliografie; detaillierte bibliografische Daten sind im Internet über http://dnb.d-nb.de abrufbar.

Zugl.: Hamburg, Univ., Diss., 2014

Gedruckt mit Unterstützung der Johanna und Fritz Buch Gedächtnis-Stiftung.

D 18
ISSN 1864-497X
ISBN 978-3-631-66523-7 (Print)
E-ISBN 978-3-653-05802-4 (E-Book)
DOI 10.3726/978-3-653-05802-4

PL Academic Research ist ein Imprint der Peter Lang GmbH.

Peter Lang – Frankfurt am Main · Bern · Bruxelles · New York · Oxford · Warszawa · Wien

Diese Publikation wurde begutachtet.

www.peterlang.com

Vorwort

Die vorliegende Arbeit wurde im Jahr 2014 von der Fakultät für Rechtswissenschaft der Universität Hamburg als Dissertation angenommen. Rechtsprechung und Literatur wurden bis Dezember 2013 berücksichtigt.

Den Menschen, die mich während meiner Promotionszeit begleitet und unterstützt haben, gilt mein besonderer Dank.

Mein Dank gilt zunächst meiner Doktormutter Prof. Dr. Bettina Heiderhoff für ihre Unterstützung und Geduld. Ihr sowie Frau Prof. Dr. Marina Wellenhofer, Herrn Prof. Dr. Martin Lipp und Herrn Prof. Dr. Christoph Benicke danke ich für die Aufnahme in die Schriftenreihe „Studien zum deutschen und internationalen Familien- und Erbrecht". Herrn Prof. Dr. Reinhard Bork danke ich für die rasche Erstellung des Zweitgutachtens. Der Johanna und Fritz Buch Gedächtnis-Stiftung spreche ich meinen Dank für die Gewährung eines großzügigen Druckkostenzuschusses aus.

Besonderer Dank geht an meine Freunde, Referendars- und Dissertationskollegen. Der wissenschaftliche und ganz und gar unwissenschaftliche Austausch in den unzähligen Kaffeepausen, Stunden des Zweifelns und einfach so zwischendurch führten letzlich zum erfolgreichen Abschluss dieser Arbeit. Vielen Dank, dass ihr mich oftmals von meiner Dissertation abgelenkt, aber dann auch wieder zur Weiterarbeit motiviert habt.

Von ganzem Herzen danke ich meinem geliebten Krischan für seine nicht in Worte zu fassende Unterstützung und Rücksichtnahme. Danke, dass Du Du bist.

Tiefster Dank gilt schließlich meiner Familie für ihren liebevollen Beistand in jeder Hinsicht. Besonders danke ich meiner Mutter dafür, dass sie immer da ist ohne sich aufzudrängen. Ganz besonders danke ich meinem Vater Reinhard Schröder (1947–2014). Ihm ist diese Arbeit in Liebe und Dankbarkeit gewidmet.

Hamburg, April 2015 Sandra Schröder

Inhaltsübersicht

Inhaltsverzeichnis

Abkürzungsverzeichnis

a.A.	andere Ansicht
Abs.	Absatz
AcP	Archiv für die civilistische Praxis (Zeitschrift)
a.F.	alte Fassung
AG	Amtsgericht
AJP	Aktuelle juristische Praxis (Schweizer Zeitschrift)
Alt.	Alternative
a.M.	am Main (Frankfurt)
AnwK	Anwaltskommentar
Art.	Artikel
BayObLG	Bayrisches Oberlandesgericht
BeckRS	Beck-Rechtsprechung
BGB	Bürgerliches Gesetzbuch
BGB-E	BGB-Entwurf
BGBl.	Bundesgesetzblatt
BGH	Bundesgerichtshof
BiB	Bundesinstitut für Bevölkerungsforschung
bke	Bundeskonferenz für Erziehungsberatung
BMFS	Bundesministerium für Familie und Senioren
BMFSFJ	Bundesministerium für Familie, Senioren, Frauen und Jugend
BMJ	Bundesjustizministerium
BR	Deutscher Bundesrat
BT	Deutscher Bundestag
BVerfG	Bundesverfassungsgericht
BVerfGE	Amtliche Sammlung der Entscheidungen des BVerfG
Bzw.	Beziehungsweise
CC	Code Civil (Zivilgesetzbuch)
DAVorm	Der Amtsvormund (Zeitschrift)
DFGT	Deutscher Familiengerichtstag
DiJuF	Deutsches Institut für Jugendhilfe und Familienrecht
Diss.	Dissertation
DJT	Deutscher Juristentag
DNotZ	Deutsche Notar-Zeitschrift
Drs.	Drucksache
Einl.	Einleitung
EheRG	Ehereformgesetz
EMRK	Europäische Menschenrechtskonvention
etc.	et cetera (und so weiter)
EuGHMR	Europäischer Gerichtshof für Menschenrechte
e.V.	eingetragener Verein

FamFG	Gesetz über das Verfahren in Familiensachen und in Angelegenheiten der freiwilligen Gerichtsbarkeit
FamFR	Familienrecht und Familienverfahrensrecht (Zeitschrift)
FamRÄndG	Familienrechtsänderungsgesetz
FamRAnglVO	Verordnung über die Angleichung familienrechtlicher Vorschriften
FamRB	Familien-Rechtsberater (Zeitschrift)
FamRefK	Familienrechtsreformkommentar
FamRZ	Zeitschrift für das gesamte Familienrecht
FDP	Freie Demokratische Partei
FF	Forum Familien- und Erbrecht (Zeitschrift)
ff.	folgende
FGG	Gesetz über die Angelegenheiten der freiwilligen Gerichtsbarkeit
FPR	Familie, Partnerschaft und Recht (Zeitschrift)
FS	Festschrift
FuR	Familie und Recht (Zeitschrift)
Gbl.	Gesetzblatt (der DDR)
GG	Grundgesetz
ggf.	gegebenenfalls
GS	Gedächtnisschrift
Habil.	Habilitationsschrift
Hrsg.	Herausgeber(in)
HS	Halbsatz
i.Br.	im Breisgau
i.d.f.d.	in der Form/Fassung des
i.V.m.	in Verbindung mit
JA	Juristische Ausbildung (Zeitschrift)
JAmt	Das Jugendamt (Zeitschrift)
JR	Juristische Rundschau (Zeitschrift)
jurisPK	juris Praxiskommentar
JZ	Juristenzeitung
KG	Kammergericht (Oberlandesgericht von Berlin)
KindRG	Kindschaftsrechtsreformgesetz von 1998
KZfSS	Kölner Zeitschrift für Soziologie und Sozialpsychologie
LG	Landgericht
LPartG	Gesetz über die eingetragene Lebenspartnerschaft
MdB	Mitglied(er) des Deutschen Bundestages
MDR	Monatsschrift für Deutsches Recht
MedR	Zeitschrift für Medizinrecht
MPI	Max-Planck-Institut
MüKo	Münchener Kommentar
m.w.N.	mit weiteren Nachweisen
NJW	Neue juristische Wochenschrift

OLG	Oberlandesgericht
OLGR	OLG-Report
PStG	Personenstandsgesetz
RabelsZ	Zeitschrift für ausländisches und internationales Privatrecht
RdJB	Recht der Jugend und des Bildungswesens (Zeitschrift für Schule, Berufsbildung und Jugenderziehung)
RegE	Regierungsentwurf
RelKEG	Gesetz über die religiöse Kindererziehung vom 15.07.1921
RGRK	Reichsgerichtsrätekommentar
Rn	Randnummer
S.	Satz; Seite
s.	siehe
s.o.	siehe oben
sog.	Sogenannte(r)
Sowi	Sozialwissenschaftliche Information (Zeitschrift)
StAZ	Das Standesamt (Zeitschrift)
StGB	Strafgesetzbuch
u. a.	und andere / unter anderem
u.d.T.	unter dem Titel
USA	United States of America / Vereinigte Staaten von Amerika
v.	von, vom
Vgl.	Vergleiche
Vorbem	Vorbemerkungen
WRV	Weimarer Reichsverfassung
z. B.	zum Beispiel
ZfE	Zeitschrift für Erziehungswissenschaften
ZfF	Zeitschrift für Familienforschung
ZfJ	Zeitschrift für Jugendrecht
ZfS	Zeitschrift für Soziologie
ZJS	Zeitschrift für das Juristische Studium
ZKJ	Zeitschrift für Kindschaftsrecht und Jugendhilfe
ZPO	Zivilprozessordnung
ZRP	Zeitschrift für Rechtspolitik
ZSE	Zeitschrift für Sozialisationsforschung und Erziehungssoziologie
zugl.	zugleich

Literaturverzeichnis

Ahnert, Liselotte: Wieviel Mutter braucht ein Kind? *Bindung – Bildung – Betreuung: öffentlich und privat*, Heidelberg 2010, (zitiert: *Ahnert*, Bindung).

Ainsworth, Mary: Mutter-Kind-Bindungsmuster: Vorausgegangene Ereignisse und ihre Auswirkungen auf die Entwicklung (1985). In: Grossmann, Klaus E./ Grossmann, Karin (Hrsg.), Bindung und menschliche Entwicklung. John Bowlby, Mary Ainsworth und die Grundlagen der Bindungstheorie, Stuttgart 2003, S. 317–340, (zitiert: *Ainsworth*, Mutter-Kind-Bindungsmuster, in Grossmann/ Grossmann (Hrsg.), Bindung und menschliche Entwicklung).

Ainsworth, Mary: Bindungen im Verlauf des Lebens (1985), In: Grossmann, Klaus E./Grossmann, Karin (Hrsg.), Bindung und menschliche Entwicklung. John Bowlby, Mary Ainsworth und die Grundlagen der Bindungstheorie, Stuttgart 2003, S. 341–366, (zitiert: *Ainsworth*, Bindungen im Verlauf des Lebens, in Grossmann/Grossmann (Hrsg.), Bindung und menschliche Entwicklung).

Alt, Kurt W.: Die Übersterblichkeit der Säuglinge und Kleinkinder in der frühen Neuzeit, *Unberechenbares Schicksal oder menschliches Versagen?* In: Alt, Kurt W./ Kemkes-Grottenthaler, Ariane (Hrsg.): Kinderwelten. Anthropologie, Geschichte, Kulturvergleich. Köln 2002, S. 223–245, (zitiert: *Alt*, in Alt/Kemkes-Grottenthaler (Hrsg.), Kinderwelten).

Altrogge, Alexandra: Nichtehelicher Vater und Sorgeerklärung. In: FPR 2008, S. 154–157, (zitiert: *Altrogge*, FPR 2008).

Altrogge, Alexandra: Diskriminierung eines nichtehelichen Vaters mangels gesetzlicher Regelung zur gerichtlichen Prüfung eines gemeinsamen Sorgerechts? In: FamFR 2010, S. 73–76, (zitiert: *Altrogge*, FamFR 2010).

Aman, Christina: Das neue Umgangsrecht, *Kritische Bestandsaufnahme aus Sicht der Frauen*, Hamburg 2010, (zitiert: *Aman*, Das neue Umgangsrecht).

Andresen, Sabine: Vaterbild und Männlichkeit. In: Benner, Dietrich/Oelkers, Jürgen (Hrsg.), Historisches Wörterbuch der Pädagogik, Weinheim und Basel 2010, S. 1091–1107, (zitiert: *Andresen*, in Brenner/Oelkers (Hrsg.), Historisches Wörterbuch der Pädagogik).

Anderson, Kermyt G./Kaplan, Hillard/Lancaster, Jane: Paternal care by genetic and stepfathers, Reports from Albuquerque men. In: Evolution and Human Behavior 20 (1999), S. 405–431, (zitiert: *Anderson/Kaplan/Lancaster*, Paternal care by genetic and stepfathers).

Anwaltkommentar: BGB, Familienrecht, Band 4, herausgegeben von Dauner-Lieb, Barbara/Heidel, Thomas/Ring, Gerhard, Bonn 2005, (zitiert: AnwK/*Bearbeiter* (2005), §, Rn).

Arendt-Rojahn, Veronika: Anfechtungsmöglichkeiten der „zuständigen Behörde" bei „Scheinvaterschaften". In: FPR 2007, S. 395–398, (zitiert: *Arendt-Rojahn*, FPR 2007).

Ariès, Philippe: Geschichte der Kindheit, München 1978, (zitiert: *Ariès*, Geschichte der Kindheit).

Arnold, Eva: Familiengründung ohne Partner, Münster u.a. 1999, zugl. Habil. Hamburg 1997, (zitiert: *Arnold*, Familiengründung ohne Partner).

Arnold, Klaus: Kind und Gesellschaft in Mittelalter und Renaissance, Paderborn 1980, (zitiert: *Arnold*, Kind und Gesellschaft).

Asendorpf, Jens B.: Evolutionspsychologie und Genetik der Entwicklung. In: Oerter, Rolf/Montada, Leo (Hrsg.), Entwicklungspsychologie, 6. Auflage, Weinheim und Basel 2008, S. 49–66, (zitiert: *Asendorpf*, in Oerter/Montada (Hrsg.), Entwicklungspsychologie).

Auer, Manfred: Verantwortung in Männerhand – Rollen von Vätern in der Vereinbarkeit. In: Werneck, Harald/Beham, Martina/Palz, Doris (Hrsg.), Aktive Vaterschaft. Männer zwischen Familie und Beruf, Gießen 2006, S. 28–36 (zitiert: *Auer*, in Warneck/Beham/Palz, Aktive Vaterschaft).

Baader, Meike Sophia: Vaterschaft im Spannungsverhältnis zwischen alter Ernährerrolle, neuen Erwartungen und Männlichkeitsstereotype. *Die Thematisierung von Vaterschaft in aktuellen Print-Medien*. In: Bereswill, Mechthild/Scheiwe, Kirsten/Wolde, Anja (Hrsg.), Vaterschaft im Wandel, Multidisziplinäre Analysen und Perspektiven aus geschlechtertheoretischer Sicht, Weinheim und München 2006, S. 117–136, (zitiert: *Baader*, in Bereswill/Scheiwe/Wolde (Hrsg.), Vaterschaft im Wandel).

Bacher, Johann/Beham, Martina/Wilk, Liselotte: Familienstruktur, kindliches Wohlbefinden und Persönlichkeitsentwicklung. *Eine empirische Analyse am Beispiel zehnjähriger Kinder*. In: ZSE 1996, S. 246–269, (zitiert: *Bacher/Beham/Wilk*, ZSE 1996).

Badenberg, Felor: Das Recht des Kindes auf Kenntnis der eigenen Abstammung unter Berücksichtigung der Problematik der anonymen Geburt, Frankfurt a.M. 2006, zugl. Diss. Köln 2005, (zitiert: *Badenberg*, Recht des Kindes auf Kenntnis der eigenen Abstammung).

Badinter, Elisabeth: Die Mutterliebe. *Geschichte eines Gefühls vom 17. Jahrhundert bis heute*, München 1981 (Originalausgabe: Paris 1980), (zitiert: *Badinter*, Mutterliebe).

Balloff, Rainer: Stieffamilien – Eine alte Familienkonstellation unter neuen Vorzeichen? In: RdJB 1991, S. 444–469, (zitiert: *Balloff*, RdJB 1991).

Balloff, Rainer: Die Bedeutung des Vaters für die Entwicklung des Kindes. In: FPR 2005, S. 210–213, (zitiert: Balloff, FPR 2005).

Balzer, Dominik: Die genetische Vaterschaft im Familien-, Familienverfahrens- und Personenstandsrecht. In: StAZ 2012, S. 364–368, (zitiert: *Balzer*, StAZ 2012).

Bamberger, Heinz Georg/Roth, Herbert: Kommentar zum Bürgerlichen Gesetzbuch, Band 3, §§ 1297 – 2385, 3. Auflage, München 2012, (zitiert: Bamberger/Roth/*Bearbeiter* (2012), §, Rn).

Barkow, Jerome H.: Introducion. Sometimes the bus does wait. In: Barkow, Jerome H. (Hrsg.), Missing the Revolution. *Darwinism for Social Scientists*, Oxford 2006, S. 3–60, (zitiert: *Barkow*, in Barkow (Hrsg.), Missing the Revolution).

Bassenge, Peter/Roth, Herbert: Gesetz über das Verfahren in Familiensachen und in Angelegenheiten der freiwilligen Gerichtsbarkeit, Kommentar, 12. Auflage, Heidelberg 2009, (zitiert: Bassenge/Roth/*Bearbeiter*, FamFG).

Baumgarten, Steffen: Die Entstehung des Unehelichenrechts im Bürgerlichen Gesetzbuch, Köln u. a. 2007, zugl. Diss. Hannover 2006/2007, (zitiert: *Baumgarten*, Entstehung des Unehelichenrechts).

Beck, Ulrich: Risikogesellschaft. *Auf dem Wege in eine andere Moderne*, Frankfurt a.M. 1986, (zitiert: *Beck*, Risikogesellschaft).

Beck, Ulrich/Beck-Gernsheim, Elisabeth: Das ganz normale Chaos der Liebe, Frankfurt a.M. 1990, (zitiert: *Beck/Beck-Gernsheim*, Chaos der Liebe).

Beck-Gernsheim, Elisabeth: Was kommt nach der Familie? *Alte Leitbilder und neue Lebensformen*, 3. Auflage, München 2010 (1. Auflage 1998), (zitiert: *Beck-Gernsheim*, Was kommt nach der Familie?).

Beinkinstadt, Joachim: „Vater werden ist nicht schwer" – Entwurf eines Gesetzes zur Ergänzung des Rechts zur Anfechtung der Vaterschaft. In: JAmt 2007, S. 342–347, (zitiert: *Beinkinstadt*, JAmt 2007).

Beitzke, Günther: Reform der Ehelichkeitsanfechtung? *Variationen über ein altes Thema*. In: Festschrift für Wolfram Müller-Freienfels, Baden-Baden 1986, S. 31–53, (zitiert: *Beitzke*, FS Müller-Freienfels).

Bentert, Holger: Der Vater, aber nicht der Vater. *Zur Neuregelung der Vaterschaftsanfechtung im Entwurf des Kindschaftsrechtsreformgesetzes*. In: FamRZ 1996, S. 1386–1387, (zitiert: *Bentert*, FamRZ 1996).

Bernat, Erwin: Statusrechtliche Probleme im Gefolge medizinisch assistierter Zeugung. In: MedR 1986, S. 245–253, (zitiert: *Bernat*, MedR 1986).

Bertram, Birgit: Zukunft von Kindern und Eltern. In: Böllert, Karin/Peter, Corinna (Hrsg.), Mutter + Vater = Eltern? *Sozialer Wandel, Elternrollen und soziale Arbeit*, Wiesbaden 2012, S. 99–116, (zitiert: *Bertram*, in Böllert/Peter (Hrsg.), Mutter + Vater = Eltern?).

Billig, Uta-Sophie: Der scheidungsakzessorische Statuswechsel gemäß § 1599 II BGB, Schriftenreihe: Studien zur Rechtswissenschaft, Band 65, Hamburg 2000, zugl. Diss. Göttingen 1999, (zitiert: *Billig*, Der scheidungsakzessorische Statuswechsel gemäß § 1599 II BGB).

bke: Stellungnahme zum Entwurf eines Gesetzes zur Klärung der Vaterschaft unabhängig vom Anfechtungsverfahren. In: ZKJ 2007, S. 362–363, (zitiert: *bke*, ZKJ 2007).

Blech, Eva-Marie: Die Rechte des nichtehelichen Vaters im deutschen Kindschaftsrecht, Düsseldorf 1993, zugl. Diss. Bonn 1993, (zitiert: *Blech*, Die Rechte des nichtehelichen Vaters).

Bleibtreu-Ehrenberg, Gisela: Vaterschaft im Kulturvergleich. In: Psychosozial Nr. 58 (1994), S. 25–36, (zitiert: *Bleibtreu-Ehrenberg*, Psychosozial Nr. 58 (1994)).

Blohm, Michael/Walter, Jessica: Einstellungen zur Rolle der Frau. In: Statistisches Bundesamt (Hrsg.), Datenreport 2011. Zahlen und Fakten über die Bundesrepublik Deutschland, Onlinezugriff: [https://www.destatis.de/DE/Publikationen/Datenreport/Downloads/Datenreport2011.pdf] S. 393–398, (zitiert: *Blohm/Walter*, in Statistisches Bundesamt (Hrsg.), Datenreport 2011).

Bode, Michael/Wolf, Christian: Still-Leben mit Vater. *Zur Abwesenheit von Vätern in der Familie*, Reinbek 1995, (zitiert: *Bode/Wolf*, Still-Leben mit Vater).

Böhm, Reglindis: Gedanken zu einer Neuregelung des Kindschaftsrechts. In: ZRP 1992, S. 334–337, (zitiert: *Böhm*, ZRP 1992).

Böhme, Helmut: Prolegomena zu einer Sozial- und Wirtschaftsgeschichte Deutschlands im 19. und 20. Jahrhundert, 6. Auflage, Frankfurt a.M. 1976, (zitiert: *Böhme*, Sozial- und Wirtschaftsgeschichte).

Böhmer, Gustav: Zur Rechtsstellung der durch nachfolgenden Ehe legitimierten Kinder, insbesondere zur Anwendbarkeit des § 1593 BGB. In: NJW 1949, S. 52–55, (zitiert: *Böhmer*, NJW 1949).

Böhnisch, Lothar: Über die alten und neuen Väter. In: Böhnisch, Lothar/Lenz, Karl (Hrsg.), Familien. Eine interdisziplinäre Einführung, Weinheim und München 1997, S. 155–166, (zitiert: *Böhnisch*, in Böhnisch/Lenz (Hrsg.), Familien).

Boele-Woelki, Katharina/van Erp, Sjef (Hrsg.): General reports of the XVIIth congress of the international academy of comparative law, Brüssel u.a. 2007, (zitiert: *Boele-Woelki/van Erp (Hrsg.)*, General reports).

Bork, Reinhard/Jacoby, Florian/Schwab, Dieter: FamFG, Kommentar, 2. Auflage, Bielefeld 2013, (zitiert: Bork/Jacoby/Schwab/*Bearbeiter*, FamFG, §, Rn).

Born, Claudia/Krüger, Helga: Vaterschaft und Väter im Kontext sozialen Wandels. In: Walter, Heinz (Hrsg.), Männer als Väter, Sozialwissenschaftliche Theorie und Empirie, Gießen 2002, S. 117–143, (zitiert: *Born/Krüger*, in Walter (Hrsg.), Männer als Väter).

Borth, Helmut: Das Verfahren zum Entwurf eines Gesetzes zur Klärung der Abstammung unabhängig vom Anfechtungsverfahren gemäß § 1598a BGB-E und dessen Verhältnis zum Abstammungsverfahren nach dem FamFG. In: FPR 2007, S. 381–385, (zitiert: *Borth*, FPR 2007).

Borth, Helmut: Schriftliche Stellungnahme zur öffentlichen Anhörung des Rechtsausschusses des Deutschen Bundestages am 12. Dezember 2007, Onlinezugriff: [www.gesmat.bundesgerichtshof.de/gesetzesmaterialien/16_wp/vaterschaftsklaerung/stellung_borth.pdf], (zitiert, *Borth*, Stellungnahme).

Bosch, Friedrich Wilhelm: Anmerkung zu OLG Koblenz, Urteil vom 19.05.1948, Az.: 1 U 391/47. In: NJW 1947/48, S. 629–631, (zitiert: *Bosch*, NJW 1947/48).

Bosch, Friedrich Wilhelm: Zum Streit um die Vaterschaftsfeststellungsklage des unehelichen Kindes. In: NJW 1950, S. 767–770, (zitiert: *Bosch*, NJW 1950).

Bosch, Friedrich Wilhelm: Einführung in das neue „Nichtehelichenrecht". In: FamRZ 1969, S. 505 – 512, (zitiert: *Bosch*, FamRZ 1969).

Bosch, Friedrich Wilhelm: Entwicklungslinien des Familienrechts in den Jahren 1947 bis 1987. In: NJW 1987, S. 2617–2630, (zitiert: *Bosch*, NJW 1987).

Bowlby, John: The influence of early environment in the development of neurosis and neurotic character. In: International Journal of Psycho-Analysis (21) 1940, S. 154–178, (zitiert: *Bowlby*, International Journal of Psycho-Analysis (21) 1940).

Bowlby, John: The nature of the child's tie to his mother. In: International Journal of Psycho-Analysis (39) 1958, S. 350–373, (zitiert: *Bowlby*, International Journal of Psycho-Analysis (39) 1958).

Bowlby, John: Attachment and loss, Vol. 1: *Attachment*, London 1969. Deutsche Fassung: Bindung, *Eine Analyse der Mutter-Kind-Beziehung*, München 1975, (zitiert: *Bowlby*, Bindung).

Bowlby, John: Attachment and loss, Vol. 2: *Separation, Anxiety and anger*, London 1973. Deutsche Fassung: Trennung, Psychische Schäden als Folge der Trennung von Mutter und Kind, München 1976, (zitiert: *Bowlby*, Trennung).

Bowlby, John: Attachment and loss, Vol. 3: *Loss, sadness and depression*, London 1980. Deutsche Fassung: Verlust, Trauer und Depression, Frankfurt a.M. 1983, (zitiert: *Bowlby*, Verlust).

Bretherton, Inge: Die Geschichte der Bindungstheorie. In: Spangler, Gottfried/ Zimmermann, Peter (Hrsg.), Die Bindungstheorie: Grundlagen, Forschung und Anwendung, 5. Auflage, Stuttgart 2009, S. 27–49, (zitiert: *Bretherton*, in Spangler/Zimmermann (Hrsg.), Bindungstheorie).

Broda, Christian: Diskussionsbeitrag. In: Verhandlungen des 56. Deutschen Juristentages Berlin 1986, Band II, Sitzungsberichte, S. K 88 – K 94; K 136–138 und K 141, (zitiert: *Broda*, 56. DJT).

Brosius-Gersdorf, Frauke: Schriftliche Stellungnahme zur öffentlichen Anhörung des Rechtsausschusses des Deutschen Bundestages am 12. Dezember 2007, Onlinezugriff: [www.gesmat.bundesgerichtshof.de/gesetzesmaterialien/16_wp/vaterschaftsklaerung/stellung_brosius-gersdorf.pdf], (zitiert, *Brosius-Gersdorf*, Stellungnahme).

Brückner, Christoph: Die Vollstreckbarkeit des Auskunftsanspruchs des Kindes gegen seine Mutter auf Nennung des leiblichen Vaters, Regensburg 2003, zugl. Diss. Leipzig 2003, (zitiert: *Brückner*, Vollstreckbarkeit des Auskunftsanspruchs).

Brunner, Otto: Das „ganze Haus“ und die alteuropäische „Ökonomik“. In: Oeter, Ferdinand (Hrsg.), Familie und Gesellschaft, Tübingen 1966, S. 23–56, (zitiert: *Brunner*, in Oeter (Hrsg.), Familie und Gesellschaft).

Büchler, Andrea: Sag mir, wer die Eltern sind... *Konzeptionen rechtlicher Elternschaft im Spannungsfeld genetischer Gewissheit und sozialer Geborgenheit.* In: AJP 2004, S. 1175–1185, (zitiert: *Büchler*, AJP 2004).

Büchner, Peter: Kindheit und Familie. In: Krüger, Heinz-Hermann/Grunert, Cathleen (Hrsg.), Handbuch Kindheits- und Jugendforschung, 2. Auflage, Wiesbaden 2010, S. 519–541, (zitiert: *Büchner*, in Krüger/Grunert (Hrsg.), Handbuch Kindheits- und Jugendforschung).

Büte, Dieter: Das Umgangsrecht leiblicher, aber nichtrechtlicher Väter. In: FuR 2013, S. 676–768, (zitiert: *Büte*, FuR 2013).

Büttner, Helmut: Der biologische (genetische) Vater und seine Rechte. In: Hofer, Sibylle/Klippel, Diethelm/Walter, Ute (Hrsg.), Festschrift für Dieter Schwab, Perspektiven des Familienrechts, Bielefeld 2005, S. 735–745, (zitiert: *Büttner*, FS Schwab).

Bumiller, Ursula/Harders, Dirk: FamFG, Freiwillige Gerichtsbarkeit, Beck'sche Kurz-Kommentare, 10. Auflage, München 2011, (zitiert: *Bumiller/Harders*, FamFG, §, Rn).

Burkart, Günter: Familiensoziologie, Konstanz 2008, (zitiert: *Burkart*, Familiensoziologie).

Burman, Bonnie/Erel, Osnat: The linkage between marital quality and the parent-child relationship: A meta-analysis, Paper at the biennial meeting of the society for research in child development, 1993, Onlinezugriff: [http://www.eric.ed.gov/PDFS/ED356894.pdf], (zitiert: *Burman/Erel*, Linkage between marital quality and the parent-child relationship).

Buss, David M.: Evolutionäre Psychologie, 2. Auflage, München 2004, (zitiert: *Buss*, Evolutionäre Psychologie).

Claessens, Dieter: Die Familie in der modernen Gesellschaft. In: Oeter, Ferdinand (Hrsg.), Familie und Gesellschaft, Tübingen 1966, S. 235–266, (zitiert: *Claessens*, in Oeter (Hrsg.), Familie und Gesellschaft).

Clausius, Monika: Das neue Umgangs- und Auskunftsrecht leiblicher, nicht rechtlicher Väter. In: MDR 2013, S. 685–689, (zitiert: *Clausius*, MDR 2013).

Coester, Michael: Das Kindeswohl als Rechtsbegriff. Arbeiten zur Rechtsvergleichung, Band 114, Frankfurt a.M. 1982, zugl. Habil. Augsburg 1981/82, (zitiert: *Coester*, Kindeswohl als Rechtsbegriff).

Coester, Michael: Reform des Kindschaftsrechts. In: JZ 1992, S. 809–816, (zitiert: *Coester*, JZ 1992).

Coester, Michael: Sorgerechtliche Impulse aus Straßburg. In: NJW 2010, S. 482–485, (zitiert: *Coester*, NJW 2010).

Coester-Waltjen, Dagmar: Die künstliche Befruchtung beim Menschen – Zulässigkeit und zivilrechtliche Folgen, 2. Teilgutachten, Zivilrechtliche Probleme. In: Verhandlungen des 56. Deutschen Juristentages Berlin 1986, Band I (Gutachten) Teil B, München 1986, S. B1 – B127, (zitiert: *Coester-Waltjen*, Gutachten zum 56. DJT (1986)).

Coester-Waltjen, Dagmar: Überlegungen zur deutschen Kindschaftsrechtsreform. In: Bednařiková, Jarmila/Chapman, Frank C. (Hrsg.), Festschrift für Jan Stepán zum 80. Geburtstag, Zürich 1994, S. 17–27, (zitiert: *Coester-Waltjen*, FS Stepán).

Coester-Waltjen, Dagmar: Einführung in die Reform des Kindschaftsrechts. In: Jura 1998, S. 436 – 440, (zitiert: *Coester-Waltjen*, Jura 1998).

Coester-Waltjen, Dagmar: Besonderheiten im Abstammungsverfahren. In: Jura 2009, S. 427–431, (zitiert: *Coester-Waltjen*, Jura 2009).

Conen, Gabriele: Veränderte Lebenswirklichkeit von Kindern und Familien – Wurzeln der Kindschaftsrechtsreform. In: FuR 1996, S. 171–178, (zitiert: *Conen*, FuR 1996).

Daly, Martin/Wilson, Margo: Stepparenthood and the Evolved Psychology of Discriminative Parental Solicitude. In: Parmigiani, Stefano/Vom Saal, Frederick S. (Hrsg.): Infanticide and Parental Care, Harwood Academic Publishers 1994, S. 121–134 (zitiert: *Daly/Wilson*, in Parmigiani/vom Saal (Hrsg.), Infanticide and Parental Care).

Daly, Martin/Wilson, Margo: The Truth about Cinderella, New Haven 1998, (zitiert: *Daly/Wilson*, The Truth about Cinderella).

Dawkins, Richard: Das egoistische Gen, 2. Auflage, Heidelberg 2006 (1. Auflage, Oxford 1976 unter dem Originaltitel: The Selfish Gene), (zitiert: *Dawkins*, Das egoistische Gen).

Deichfuß, Hermann: Abstammungsrecht und Biologie. Mannheimer rechtswissenschaftliche Abhandlungen, Bd. 13, Heidelberg 1991, zugl. Diss. Mannheim 1991, (zitiert: *Deichfuß*, Abstammungsrecht und Biologie).

Deinert, Horst: Die Entwicklung des Kindschaftsrechtes. In: DAVorm 1998, S. 197–214; 257–276; 337–352, (zitiert: *Deinert*, DAVorm 1998).

Dethloff, Nina: Reform des Kindschaftsrechts. In: NJW 1992, S. 2200–2208, (zitiert: *Dethloff*, NJW 1992).

Dethloff, Nina: Familienrecht, 30. Auflage, München 2012, (zitiert: *Dethloff*, Familienrecht).

Dettling, Warnfried: Auslaufmodell Familie. Krise der Familie – Krise der Gesellschaft, Köln 1995, (zitiert: *Dettling*, Auslaufmodell Familie).

Deutsch, Erwin: Artifizielle Wege menschlicher Reproduktion: Rechtsgrundsätze Konservierung von Sperma, Eiern und Embryonen; künstliche Insemination und außerkörperliche Fertilisation; Embryonentransfer. In: MDR 1985, S. 177–183, (zitiert: *Deutsch*, MDR 1985).

Deutscher Anwaltverein: Stellungnahme des Deutschen Anwaltvereins durch den Ausschuss Familienrecht zum Gesetzentwurf der Bundesregierung (BT-Drs. 17/12163). In: FF 2013, S. 134–135, (zitiert: *Deutscher Anwaltverein*, FF 2013).

Deutscher Familiengerichtstag e.V.: Stellungnahme zur Referentenentwurf des BMJ (RefE) eines Gesetzes zur Stärkung der Rechte des leiblichen, nicht rechtlichen Vaters vom 11.05.2012. In: ZKJ 2012, S. 351–355, (zitiert: *Deutscher Familiengerichtstag e.V.*, ZKJ 2012).

Deutscher Juristentag: 59. Deutscher Juristentag: Die Beschlüsse. In: NJW 1992, S. 3016–3026, (zitiert: 59. *DJT*, Die Beschlüsse, abgedruckt in NJW 1992).

Diederichsen, *Uwe*: Die Reform des Kindschafts- und Beistandschaftsgesetz. In: NJW 1998, S. 1977–1991, (zitiert: *Diederichsen*, NJW 1998).

DIJuF-Rechtsgutachten: Beurkundung von Vaterschaftsanerkennungen bei offensichtlicher Unrichtigkeit. In: DAVorm 2000, 466–467, (zitiert: DIJuF-Rechtsgutachten, DAVorm 2000).

Döring, Gert H.: Soziale Vaterschaft in Stieffamilien, *Imaginationen von reifendem Glück*, Regensburg 2002, (zitiert: *Döring*, Soziale Vaterschaft in Stieffamilien).

Dörner, Heinrich: Industrialisierung und Familienrecht, Berlin 1974, zugl. Diss. Münster 1973, (zitiert: *Dörner*, Industrialisierung und Familienrecht).

Donhauser, Thomas: Das Recht des Kindes auf Kenntnis der genetischen Abstammung, Diss. Regensburg 1996, (zitiert: *Donhauser*, Recht des Kindes auf Kenntnis der genetischen Abstammung).

Dopffel, Peter: Nordische Länder: Dänemark, Norwegen und Schweden. In: Max-Planck-Institut für ausländisches und internationales Privatrecht (Hrsg.), Ehelichkeitsanfechtung durch das Kind, Studien zum ausländischen und internationalen Privatrecht, Band 23, Tübingen 1990, S. 55–66, (zitiert: *Dopffel*, in MPI (Hrsg.), Ehelichkeitsanfechtung durch das Kind).

Dressel, Christian/Corneließen, Waltraud/Wolf, Karin: Vereinbarkeit von Familie und Beruf. In: Corneließen, Waltraud (Hrsg.): Gender-Datenreport. Kommentierter Datenreport zur Gleichstellung von Frauen und Männern in der Bundesrepublik Deutschland im Auftrag des BMFSFJ. 2. Fassung, November 2005, S. 278–356, (zitiert: *Dressel/Corneließen/Wolf*, in Corneließen (Hrsg.), Gender-Datenreport).

Drinck, Barbara: Das „ganze Haus“ des „Pater familias“. In: Drinck, Barbara (Hrsg.), Vaterbilder, *eine interdisziplinäre und kulturübergreifende Studie zur Vaterrolle*, Festschrift zum 70. Geburtstag von Erich E. Geissler, Bonn 1999, S. 37–57, (zitiert: *Drinck*, in Drinck (Hrsg.), Vaterbilder (zugl. FS Geissler)).

Drinck, Barbara: Vatertheorien. *Geschichte und Perspektiven*, Opladen 2005, (zitiert: *Drinck*, Vatertheorien).

Dülmen, Richard van: Das Haus und seine Menschen: 16. – 18. Jahrhundert. Kultur und Alltag in der Frühen Neuzeit, Band 1, 3. Auflage, München 1999, (zitiert: *Dülmen*, Das Haus und seine Menschen).

Eberhardt, Karl-Heinz: Die Novellierung des Familiengesetzbuchs der DDR. In: FamRZ 1990, S. 917–922, (zitiert: *Eberhardt*, FamRZ 1990).

Eckebrecht, Marc: Schlüssigkeits- und Substantiierungsanforderungen bei der Vaterschaftsanfechtung. In: MDR 1999, S. 71–74, (zitiert: *Eckebrecht*, MDR 1999).

Eckebrecht, Marc: Neuere Gesetze zur Stärkung der Vaterrechte. In: FPR 2005, S. 205–210, (zitiert: *Eckebrecht*, FPR 2005).

Edenfeld, Stefan: Das neue Abstammungsrecht der Bundesrepublik Deutschland im nationalen und internationalen Vergleich. In: FuR 1996, S. 190–196, (zitiert: *Edenfeld*, FuR 1996).

Ehrhardt-Rauch, Andrea: Stärkung der Rechte des biologischen Vaters zum 30. April 2004 -*Änderung der Vorschriften über die Anfechtung der Vaterschaft und das Umgangsrecht von Bezugspersonen des Kindes*-. In: JAmt 2004, S. 175–178, (*Ehrhardt-Rauch*, JAmt 2004).

Eickhorst, Andreas: Vater. *Erleben, integrative Kompetenzen und Wohlbefinden.* Onlinezugriff: [https://repositorium.uni-osnabrueck.de/bitstream/urn:nbn:de:gbv:700-2005061713/2/E-Diss427_thesis.pdf], zugl. Diss. Osnabrück 2005, (zitiert: *Eickhorst*, Vater).

Eidenmüller, Horst: Der Auskunftsanspruch des Kindes gegen seine Mutter auf Benennung des leiblichen Vaters. In: JuS 1998, S. 789–795, (zitiert: *Eidenmüller*, JuS 1998).

Els, Hans van: Vaterschaftsanfechtung und fehlende sozial-familiäre Beziehung. In FPR 2011, S. 380–382, (zitiert: *Els*, FPR 2011).

Erdheim, Mario: Psychoanalytische Erklärungsansätze. In: Krüger, Heinz-Hermann/ Grunert, Cathleen (Hrsg.), Handbuch Kindheits- und Jugendforschung, 2. Auflage, Wiesbaden 2010, S. 65–83, (zitiert: *Erdheim*, in Krüger/Grunert (Hrsg.), Handbuch Kindheits- und Jugendforschung).

Erler, Gisela/Jaeckel, Monika/Pettinger, Rudolf/Sass, Jürgen: Kind? Beruf? Oder beides? Eine repräsentative Studie über die Lebenssituation und Lebensplanung junger Paare zwischen 18 und 33 Jahren in der Bundesrepublik Deutschland im Auftrag der Zeitschrift Brigitte, Hamburg 1988, (zitiert: *Erler/Jaeckel/Pettinger/ Sass*, Kind? Beruf? Oder beides?).

Erman: Bürgerliches Gesetzbuch. *Handkommentar mit AGG, EGBGB (Auszug), ErbbauRG, LPartG, ProdHaftG, UKlaG, VBVG, VersAusglG und WEG.* Herausgegeben von Westermann, Harm Peter/Grunewald, Barbara/Maier-Reimer, Georg, *2. Band, (§§ 759–2385),* 13. Auflage, Köln 2011, (zitiert: Erman/*Bearbeiter* (2011), §, Rn).

Ernst, Rüdiger: Die Vater-Kind-Zuordnung aufgrund der Ehe mit der Mutter, *Eine vergleichende Darstellung des deutschen und französischen Rechts,* Frankfurt a.M. u. a. 1993, zugl. Diss. Freiburg 1993, (zitiert: *Ernst*, Vater-Kind-Zuordnung).

Fallmann, Landesgerichtsrat: Vortrag in der zweiten Sitzung der zweiten Abteilung zum 32. Deutschen Juristentag am 13.09.1921. In: Verhandlungen des Zweiunddreißigsten Deutschen Juristentags (Bamberg) II, Berlin und Leipzig 1922, S. 150–182, (zitiert: *Fallmann*, 32. DJT).

FamRefK (Familienrechtsreformkommentar) mit BeistandG, KindRG, ErbGleichG, KindUG, EheschlRG, BtÄndG, Bielefeld 1998, (zitiert: FamRefK/*Bearbeiter* (1998), §, Rn).

Fascher, Ralf: Der vakante Vater. *Vatermangel in der Psychoanalyse und die vaterlose Gesellschaft*, Berlin 2004, zugl. Diss. Berlin 2004, (zitiert: *Fascher*, Der vakante Vater).

Feldhaus, Michael/Huinink, Johannes: Multiple Elternschaften in Deutschland – eine Analyse zur Vielfalt von Elternschaft in Folgepartnerschaften. In: Schwab,

Dieter/Vaskovics, Laszlo A. (Hrsg.), Pluralisierung von Elternschaft und Kindschaft, Familienrecht, -soziologie und -psychologie im Dialog, Sonderheft Zeitschrift für Familienforschung/Journal of Family Research, 8, Opladen u. a. 2011, S. 77–104, (zitiert: *Feldhaus/Huinink*, in Schwab/Vaskovics (Hrsg.), Pluralisierung von Elternschaft und Kindschaft).

Ferrer i Riba, Josep: Neueste Entwicklungen im spanischen Personen- und Familienrecht in den Jahren 2006–2007. In: FamRZ 2007, S. 1513–1517, (zitiert: *Ferrer i Riba*, FamRZ 2007).

Feuerabend, U.: Zu Deinert: Ein ständig wachsendes Problem: die „scheinehelichen" Kinder, DAVorm 1989, S. 203–204 (zitiert: *Feuerabend*, DAVorm 1989).

Feuerabend, U.: Vereinfachung der Ehelichkeitsanfechtung, DAVorm 1990, S. 1053–1054, (zitiert: *Feuerabend*, DAVorm 1990).

Finger, Peter: Vaterschaftsanfechtung nach § 1600 Abs. 1 Nr. 2, Abs. 2 BGB – *EuGHMR No 17080/07 (Schneider ./. Deutschland) v. 15.09.2011.* In: FuR 2011, S. 649–652, (zitiert: *Finger*, FuR 2011).

Fink, Sandra: Die Reform des Sorgerechts für nichteheliche Kinder aus verfassungsrechtlicher und rechtsvergleichender Perspektive. In: ZKJ 2011, S. 154–159, (zitiert: *Fink*, ZKJ 2011).

Firsching, Karl/Schmid, Jürgen: Familienrecht, 1. Halbband: Familiensachen, 7. Auflage, München 2010, (zitiert: *Firsching/Schmidt*, Familienrecht).

Fox, Greer Litton/Bruce, Carol: Conditional Fatherhood: Identity Theory and Parental Investment Theory as Alternative Sources of Explanation of Fathering. In: Journal of Marriage and Family 63 (2001), S. 394–403, (zitiert: *Fox/Bruce*, Journal of Marriage and Familiy 63 (2001)).

Fox, Nathan A./Kimmerley, Nancy L./Schafer, William D.: Attachment to Mother/ Attachment to Father: A Meta-Analysis. In: Child Development 62 (1991), S. 210–225, (zitiert: *Fox/Kimmerley/Schafer*, in Child Development 62 (1991)).

Frank, Rainer: Recht auf Kenntnis der genetischen Abstammung? In: FamRZ 1988, S. 113–120, (zitiert: *Frank*, FamRZ 1988).

Frank, Rainer: Die unterschiedliche Bedeutung der Blutsverwandtschaft im deutschen und französischen Familienrecht. In: FamRZ 1992, S. 1365–1372, (zitiert: *Frank*, FamRZ 1992).

Frank, Rainer: Gedanken zu einer isolierten Abstammungsklage. In: Leipold, Dieter (Hrsg.), Gedächtnisschrift für Peter Arens, München 1993, S. 65–87, (zitiert: *Frank*, GS Arens).

Frank, Rainer: Die zwangsweise körperliche Untersuchung zur Feststellung der Abstammung. In: FamRZ 1995, S. 975–981, (zitiert: *Frank*, FamRZ 1995).

Frank, Rainer: Abstammung und Status. In: Ramm, Thilo/Grandke, Anita (Hrsg.), Zur Familienrechtspolitik nach der Wiedervereinigung, Köln u. a. 1995, S. 71–98, (zitiert: *Frank*, in Ramm/Grandke (Hrsg.), Familienrechtspolitik nach der Wiedervereinigung).

Frank, Rainer: 100 Jahre BGB – Familienrecht zwischen Rechtspolitik, Verfassung und Dogmatik. In: AcP Bd. 200 (2000), S. 401–425, (zitiert: *Frank*, AcP 200 (2000).

Frank, Rainer: Grundzüge und Einzelprobleme des Abstammungsrechts. In: StAZ 2003, S. 129–136, (zitiert: *Frank*, StAZ 2003).

Frank, Rainer: Rechtsvergleichende Betrachtung zur Entwicklung des Familienrechts. In: FamRZ 2004, S. 841–847, (zitiert: *Frank*, FamRZ 2004).

Frank, Rainer: Rechtsvergleichende Betrachtungen zur Vaterschaftsanfechtung durch den leiblichen Vater des Kindes. In: Hofer, Sibylle/Klippel, Diethelm/ Walter, Ute (Hrsg.): Perspektiven des Familienrechts. Festschrift für Dieter Schwab, Bielefeld 2005, S. 1127–1139, (zitiert: *Frank*, FS Schwab).

Frank, Rainer: Missbräuchliche Vaterschaftsanerkennungen zur Erlangung von Aufenthaltstiteln. In: StAZ 2006, S. 281–286, (zitiert: *Frank*, StAZ 2006).

Frank, Rainer/Helms, Tobias: Kritische Bemerkungen zum Regierungsentwurf eines „Gesetzes zur Klärung der Vaterschaft unabhängig vom Anfechtungsverfahren". In: FamRZ 2007, S. 1277–1281, (zitiert: *Frank/Helms*, FamRZ 2007).

Freese, Jeremy/Li, Jui-Chung Allen/Wade, Lisa D.: The Potential Relevance of Biology to Social Inquiry. In: Annual Review of Sociology 29 (2003), S. 233–256, (zitiert: *Freese/Li/Wade*, Annual Review of Sociology 29 (2003)).

Fthenakis, Wassilios Emmanuel: Die Vaterrolle in der neueren Familienforschung. Psychologie in Erziehung und Unterricht 31 (1984), S. 1–21, (zitiert: *Fthenakis*, Psychologie in Erziehung und Unterricht 31 (1984)).

Fthenakis, Wassilios Emmanuel: Väter. Band 1. *Zur Psychologie der Vater-Kind-Beziehung*, München 1988, (zitiert: *Fthenakis*, Väter I).

Fthenakis, Wassilios Emmanuel: Väter. Band 2. *Zur Vater-Kind-Beziehung in verschiedenen Familienstrukturen*, München 1985, (zitiert: *Fthenakis*, Väter II).

Fthenakis, Wassilios Emmanuel: Engagierte Vaterschaft. *Die sanfte Revolution der Familie*, Opladen 1999, (zitiert: *Fthenakis*, Engagierte Vaterschaft).

Fthenakis, Wassilios Emmanuel/Minsel, Beate: Die Rolle des Vaters in der Familie, Broschüre des Bundesministeriums für Familie, Senioren, Frauen und Jugend, Onlinezugriff: [http://www.bmfsfj.de/RedaktionBMFSFJ/Broschuerenstelle/Pdf-Anlagen/PRM-24420-SR-Band-213,property=pdf,bereich=bmfsfj,sprache=de,rwb=true.pdf], (zitiert: *Fthenakis/Minsel*, Rolle des Vaters in der Familie).

Fuchs-Heinritz, Werner u. a. (Hrsg.): Lexikon zur Soziologie, 5. Auflage, Wiesbaden 2011, (zitiert: *Fuchs-Heinritz u. a.* (Hrsg.), Lexikon zur Soziologie).

Gaaz, Berthold/Bornhofen, Heinrich: Personenstandsgesetz, Handkommentar, 2. Auflage, Frankfurt a.M., Berlin 2010, (zitiert: *Gaaz/Bornhofen*, PStG, §, Rn).

Gauda, Gudrun: Der Übergang zur Elternschaft. *Eine qualitative Analyse der Entwicklung der Mutter- und Vateridentität*, Frankfurt a.M. u.a. 1990, zugl. Diss. Osnabrück 1989, (zitiert: *Gauda*, Übergang zur Elternschaft).

Gaul, Hans Friedhelm: Ehelichkeitsstatus und Recht des volljährigen Kindes auf Klärung der eigenen Abstammung. In: Gaul, Hans Friedhelm (Hrsg.), Familienrecht in Geschichte und Gegenwart: Symposion aus Anlass des 80. Geburtstags von Friedrich Wilhelm Bosch am 2. Dezember 1991, S. 23–47, (zitiert: *Gaul*, in Gaul (Hrsg.), Familienrecht in Geschichte und Gegenwart).

Gaul, Hans Friedhelm: Die pater-est-Regel der §§ 1591, 1592 BGB in ihrer herkömmlichen Bedeutung und in der Reformdiskussion. In: Lange, Hermann (Hrsg.), Festschrift für Joachim Gernhuber, Tübingen 1993, S. 619–649, (zitiert: *Gaul*, FS Gernhuber).

Gaul, Hans Friedhelm: Die Neuregelung des Abstammungsrechts durch das Kindschaftsrechtsreformgesetz. In: FamRZ 1997, S. 1441–1466, (zitiert: *Gaul*, FamRZ 1997).

Gaul, Hans Friedhelm: Ausgewählte Probleme des materiellen Rechts und des Verfahrensrechts im neuen Abstammungsrecht. In: FamRZ 2000, S. 1461–1476, (zitiert: *Gaul*, FamRZ 2000).

Geißler, Rainer: Die Sozialstruktur Deutschlands. *Zur gesellschaftlichen Entwicklung mit einer Bilanz zur Vereinigung*, 6. Auflage, Wiesbaden 2011 (1. Auflage 1992), (zitiert: *Geißler*, Sozialstruktur Deutschlands).

Genenger, Angie: Vom Erzeuger zum Vater? *Zur rechtlichen Stellung des biologischen Vaters unter besonderer Berücksichtigung des Rechts zur Anfechtung der Vaterschaft.* Studien zum Familienrecht Bd. 14, Hamburg 2006, zugl. Diss. Köln 2006, (zitiert: *Genenger*, Vom Erzeuger zum Vater?).

Genenger, Angie: Erleichterte Abstammungsklärung ohne Berücksichtigung der biologischen Väter. In: JZ 2008, S. 1031–1038, (zitiert: *Genenger*, JZ 2008).

Gernhuber, Joachim/Coester-Waltjen, Dagmar: Familienrecht. 6. Auflage, München 2010, (zitiert: *Gernhuber/Coester-Waltjen*, Familienrecht).

Gestrich, Andreas: Sozialgeschichte der Familie in der Neuzeit. In: Schneider, Norbert F. (Hrsg.), Lehrbuch moderne Familiensoziologie, S. 79–97, Opladen 2008, (zitiert: *Gestrich*, in Schneider (Hrsg.), Lehrbuch moderne Familiensoziologie).

Giesen, Dieter: Anmerkung zu BGH, Urteil vom 7.4.1983 – IX ZR 24/82. In: JZ 1983, S. 552–554, (zitiert: *Giesen*, JZ 1983).

Gloger-Tippelt, Gabriele: Familienbeziehungen – Formen und Wirkungen aus psychologischer Sicht. In: Vaskovics, Laszlo A. (Hrsg.), Familienleitbilder und Familienrealitäten, Opladen 1997, S. 83–95, (zitiert: *Gloger-Tippelt*, in Vaskovics (Hrsg.), Familienleitbilder und Familienrealitäten).

Goldstein, Joseph/Freud, Anna/Solnit, Albert Jay: Jenseits des Kindeswohls, Frankfurt a.M. 1974, (zitiert: *Goldstein/Freud/Solnit*, Jenseits des Kindeswohls).

Goldstein, Joseph/Freud, Anna/Solnit, Albert Jay: Diesseits des Kindeswohls. Frankfurt a.M. 1982, (zitiert: *Goldstein/Freud/Solnit*, Diesseits des Kindeswohls).

Gottwald, Peter: Recht auf Kenntnis der biologischen Abstammung? In: Forkel, Hans/Kraft, Alfons (Hrsg.), Beiträge zum Schutz der Persönlichkeit und ihrer schöpferischen Leistungen, Festschrift für Heinrich Hubmann, Frankfurt a.M. 1985, S. 111–125, (zitiert: *Gottwald*, FS Hubmann).

Gräfrath, Bernd: Evolutionäre Ethik? *Philosophische Programme, Probleme und Perspektive der Soziobiologie*, Berlin u. a. 1997, (zitiert: *Gräfrath*, Evolutionäre Ethik).

Grandke, Anita: Familienrecht, Lehrbuch, 3. Auflage, Berlin 1981, (zitiert: *Grandke*, Familienrecht).

Grandke, Anita: Zur rechtlichen und sozialen Situation der Familien in der DDR. In: FuR 1990, S. 293–296, (zitiert: *Grandke*, FuR 1990).

Grandke, Anita: Der Verzicht auf die Nichtehelichkeit als rechtliche Kategorie im Recht der ehemaligen DDR. In: Coester, Michael (Hrsg.), Das nichteheliche Kind und seine Eltern, Neuwied 1991, S. 13–30, (zitiert: *Grandke*, in Coester (Hrsg.), Das nichteheliche Kind und seine Eltern).

Grant, Hendrikje-Beatrice: Übergang zur Elternschaft und Generativität. *Eine ökologisch-psychologische Studie über die Bedeutung von Einstellungen und Rollenauffassungen beim Übergang zur Elternschaft und ihr Beitrag zur Generativität*, Aachen 1992, zugl. Diss. Düsseldorf 1992, (zitiert: *Grant*, Übergang zur Elternschaft).

Green, Maureen: Die Vater-Rolle, Reinbek 1977, (zitiert: *Green*, Vater-Rolle).

Griebel, Wilfried: Aufgabenteilung in der Familie. Was übernehmen Mutter, Vater, Kind (und Großmutter)? In: ZfF 1991, S. 21–53, (zitiert: *Griebel*, ZfF 1991).

Groß, Ingrid: Fristen und Anfangsverdacht im Abstammungsrecht. In: FPR 2007, S. 392–394, (zitiert: *Groß*, FPR 2007).

Grossmann, Karin/Grossmann, Klaus E.: Bindungen – das Gefüge psychischer Sicherheit, 5. Auflage, Stuttgart 2012, (zitiert: *Grossmann/Grossmann*, Bindungen).

Grossmann, Karin/Grossmann, Klaus E./Fremmer-Bombik, Elisabeth/Kindler, Heinz/Scheuerer-Englisch, Hermann/Zimmermann, Peter: The uniqueness of child-father attachment relationships: Father's sensitive and challenging play as the pivotal variable in a 16-year longitudinal study. In: Social Development 11 (2002), S. 307–331, (zitiert: *Grossmann u.*a., in Social Development 11 (2002)).

Grossmann, Klaus E./Volkmer, Hans-Joachim: Fathers Presence During Birth of their Infants and Paternal Involvement. In: International Journal of Behavioral Development 7 (1984), S. 157–165, (zitiert: *Grossmann/Vollmer*, International Journal of Behavioral Development 7 (1984)).

Grün, Klaus Jürgen: Zum Gesetzentwurf gegen missbräuchliche Vaterschaftsanerkennungen. In: FuR 2006, S. 497–501, (zitiert: *Grün*, FuR 2006).

Grün, Klaus Jürgen: Vaterschaftsfeststellung und –anfechtung für die gerichtliche, anwaltliche und behördliche Praxis, 2. Auflage, Berlin 2010, (zitiert: *Grün*, Vaterschaftsfeststellung und -anfechtung).

Grunow, Daniela: Wandel der Geschlechterrollen und Väterhandeln im Alltag. In: Mühling, Tanja/Rost, Harald (Hrsg.), Väter im Blickpunkt, Perspektiven der Familienforschung, Opladen 2007, S. 49–76, (zitiert: *Grunow*, in Mühling/Rost (Hrsg.), Väter im Blickpunkt).

Grziwotz, Herbert: Rechtsprechung zur nichtehelichen Lebensgemeinschaft. In: FamRZ 2003, S. 1417–1424, (zitiert: *Grziwotz*, FamRZ 2003).

Grziwotz, Herbert: Nichteheliche Lebensgemeinschaft, 4. Auflage, München 2006, (zitiert: *Grziwotz*, Nichteheliche Lebensgemeinschaft).

Grziwotz, Herbert: Umgangs- und Auskunftsrechte für den biologischen Vater. In: FF 2012, S. 382–386, (zitiert: *Grziwotz*, FF 2012).

Günther, Hermann: Die Feststellungsklage wegen Abstammung und die Familienrechtsnovelle. In: JW 1938, S. 1699–1701, (zitiert: *Günther*, JW 1938).

Haas, Hildegard/Waldenmaier, Claus (Hrsg.): Der Kuckucksfaktor. *Raffinierte Frauen? Verheimlichte Kinder? Zweifelnde Väter?*, Prien 2004, (zitiert: *Haas/Waldenmaier*, Kuckucksfaktor).

Hager, Johannes: Der rechtliche und der leibliche Vater. In: Hofer, Sibylle/Klippel, Diethelm/Walter, Ute (Hrsg.), Festschrift für Dieter Schwab, Perspektiven des Familienrechts, Bielefeld 2005, S. 773–781, (zitiert: *Hager*, FS Schwab).

Hammer, Stephan: Das neue Verfahren betreffend das Umgangs- und Auskunftsrecht des leiblichen, nicht rechtlichen Vaters. In: FamRB 2013, S. 298–302, (zitiert: *Hammer*, FamRB 2013).

Harder, Manfred: Wer sind Vater und Mutter? – Familienrechtliche Probleme der Fortpflanzungsmedizin. In: JuS 1986, S. 505–512, (zitiert: *Harder*, JuS 1986).

Haußleiter, Martin (Hrsg.): FamFG, Kommentar, München 2011, (zitiert: Haußleiter/ *Bearbeiter*, FamFG, §, Rn).

Heiderhoff, Bettina: Kann ein Kind mehrere Väter haben? In: FamRZ 2008, S. 1901–1908, (zitiert: *Heiderhoff*, FamRZ 2008).

Heiderhoff, Bettina: Entscheidungsanmerkung zu BGH, Urteil vom 16.4.2008 – XII ZR 144/06. In: ZJS 2008, S. 547–548, (zitiert: *Heiderhoff*, ZJS 2008).

Heiderhoff, Bettina: Das Kind und sein rechtlicher Vater. In: Bork, Reinhard/Repgen, Tilman (Hrsg.), Das Kind im Recht, S. 31–49, Berlin 2009, (zitiert: *Heiderhoff*, in Bork/Repgen (Hrsg.), Das Kind im Recht).

Heiderhoff, Bettina: Die Vaterschaftsklärung und ihre Folgen – von der Vaterschaftsanfechtung zur Vaterschaftsbeendigung? In: FamRZ 2010, S. 8–16, (zitiert: *Heiderhoff*, FamRZ 2010).

Heiderhoff, Bettina: Die Auflösung nicht abstammungsgemäßer rechtlicher Elternschaft und ihre Auswirkungen auf die Beteiligten. In: Schwab/Vaskovics (Hrsg.): Pluralisierung von Elternschaft und Kindschaft, Familienrecht, -soziologie und -psychologie im Dialog, Sonderheft Zeitschrift für Familienforschung/ Journal of Family Research, 8, Opladen u. a. 2011, S. 273–286, (zitiert: *Heiderhoff*, in Schwab/Vaskovics (Hrsg.), Pluralisierung von Elternschaft und Kindschaft).

Heiderhoff, Bettina: Anmerkung zu BGH, Urteil vom 15.05.2013 – XII ZR 49/11. In: FamRZ 2013, S. 1212–1214, (zitiert: *Heiderhoff*, FamRZ 2013).

Heiderhoff, Bettina/Schekahn, Birthe: Verfahrensrechtliche Probleme im Vaterschaftsanfechtungsverfahren. In: FPR 2011, S. 360–366, (zitiert: *Heiderhoff/Schekahn*, FPR 2011).

Heilmann, Stefan: Die Gesetzeslage zum Sorge- und Umgangsrecht. In: NJW 2012, S. 16–22, (zitiert: *Heilmann*, NJW 2012).

Heilmann, Stefan: Die Reform des Sorgerechts nicht miteinander verheirateter Eltern – Das Ende eines Irrwegs? In: NJW 2013, S. 1473–1478, (zitiert: *Heilmann*, NJW 2013).

Heistermann, Ulrich: Eilverfahren im Sorge- und Umgangsbereich nach dem FamFG. In: FF 2009, S. 281–285, (zitiert: *Heistermann*, FF 2009).

Helms, Tobias: Reform des deutschen Abstammungsrechts. *Zum Entwurf des Kindschaftsrechtsreformgesetzes aus rechtsvergleichender Perspektive.* In: FuR 1996, S. 178–189, (zitiert: *Helms*, FuR 1996).

Helms, Tobias: Vaterschaftsanfechtung durch den Erzeuger des Kindes? In: FamRZ 1997, S. 913–918, (zitiert: *Helms*, FamRZ 1997).

Helms, Tobias: Die Feststellung der biologischen Abstammung. *Eine rechtsvergleichende Untersuchung zum deutschen und französischen Recht,* Schriften zum

Internationalen Recht, Band 112, Berlin 1999, zugl. Diss. Freiburg 1998, (zitiert: *Helms*, Feststellung der biologischen Abstammung).

Helms, Tobias: Schriftliche Stellungnahme zur öffentlichen Anhörung des Rechtsausschusses des Deutschen Bundestages am 12. Dezember 2007, Onlinezugriff: [www.gesmat.bundesgerichtshof.de/gesetzesmaterialien/16_wp/vater schaftsklaerung/stellung_helms.pdf], (zitiert, *Helms*, Stellungnahme).

Helms, Tobias: Die missbräuchliche Anerkennung der Vaterschaft. In: StAZ 2007, S. 69–75, (zitiert: *Helms*, StAZ 2007).

Helms, Tobias: Das neue Verfahren zur Klärung der leiblichen Abstammung. In: FamRZ 2008, S. 1033–1037, (zitiert: *Helms*, FamRZ 2008).

Helms, Tobias: Die Stellung des potenziellen biologischen Vaters im Abstammungsrecht. In: FamRZ 2010, S. 1–8, (zitiert: *Helms*, FamRZ 2010).

Helms, Tobias: Anmerkung zu EuGHMR, Urteil v. 15.09.2011 – Beschwerde Nr. 17080/07; Schneider ./. Deutschland. In: FamRZ 2011, S. 1717–1718, (zitiert: *Helms*, FamRZ 2011).

Helms, Tobias: Das Nebeneinander von rechtlicher Vaterschaft und anderweitiger leiblicher Vaterschaft aus rechtlicher und rechtspolitischer Perspektive. In: Schwab, Dieter/Vaskovics, Laszlo A. (Hrsg.), Pluralisierung von Elternschaft und Kindschaft, Familienrecht, -soziologie und –psychologie im Dialog, Sonderheft Zeitschrift für Familienforschung/Journal of Family Research, 8, Opladen u. a. 2011, S. 105–120, (zitiert: *Helms*, in Schwab/Vaskovics (Hrsg.), Pluralisierung von Elternschaft und Kindschaft).

Helms, Tobias: Reformbedarf im Abstammungsrecht vor dem Hintergrund der gegenwärtigen Bemühungen um eine Reform des Rechts der elterlichen Sorge. In: Coester-Waltjen, Dagmar/Lipp, Volker/Schumann, Eva/Veit, Barbara (Hrsg.), Reformbedarf im nichtehelichen Eltern-Kind-Verhältnis, 10. Göttinger Workshop zum Familienrecht 2011, Göttingen 2012, S. 77–90, (zitiert: *Helms*, in Coester-Waltjen/Lipp/Schumann/Veit (Hrsg.), Reformbedarf im nichtehelichen Eltern-Kind-Verhältnis).

Helms, Tobias: 20. Deutscher Familiengerichtstag vom 18. – 21. September 2013, Arbeitskreis Nr. 9, Thema: Rechtliche, soziale und leibliche Eltern unter der Leitung von Tobias Helms, Onlinezugriff: [www.dfgt.de/resources/2013_Arbe itskreis_9.pdf], (zitiert: *Helms*, 20. DFGT).

Helms, Tobias/Balzer, Dominik: Das neue Verfahren in Abstammungssachen. In: ZKJ 2009, S. 348–352, (zitiert: *Helms/Balzer*, ZKJ 2009).

Helms, Tobias/Wanitzek, Ulrike: Die Entscheidung des Bundesverfassungsgerichts zur Kostenübernahme der Krankenkassen bei künstlicher Befruchtung: Verfassungsrechtlicher Stellenwert der Ehe aus familienrechtlicher Sicht. In: FamRZ 2007, S. 685–691, (zitiert: *Helms/Wanitzek*, FamRZ 2007).

Henke, Winfried: Kinderlosigkeit in Deutschland – *Aspekte eines Massenphänomens*. In: Alt, Kurt W./Kemkes-Grottenthaler, Ariane (Hrsg.), Kinderwelten. Anthropologie, Geschichte, Kulturvergleich, Köln 2002, S. 281–297, (zitiert: *Henke*, in Alt/Kemkes-Grottenthaler (Hrsg.), Kinderwelten).

Henrich, Dieter: Zum Entwurf eines Gesetzes zur Ergänzung des Rechts zur Anfechtung der Vaterschaft. In: FamRZ 2006, S. 977–979, (zitiert: *Henrich*, FamRZ 2006).

Henrich, Dieter: Streit um die Abstammung – Europäische Perspektiven. In: Spickhoff, Andreas/Schwab, Dieter/Henrich, Dieter/Gottwald, Peter (Hrsg.), Streit um die Abstammung -ein europäischer Vergleich-, Bielefeld 2007, S. 395–412, (zitiert: *Henrich*, in Spickhoff u. a. (Hrsg.), Streit um die Abstammung).

Herlth, Alois: Ressourcen der Vaterrolle. Familiale Bedingungen der Vater-Kind-Beziehung. In: Walter, Heinz (Hrsg.), Männer als Väter, Sozialwissenschaftliche Theorie und Empirie, Gießen 2002, S. 585–608, (zitiert: *Herlth*, in Walter (Hrsg.), Männer als Väter).

Hermanns, Manfred: Neuere sozialwissenschaftliche Befunde zum inhaltlichen Verständnis von Ehe und Familie. In: FamRZ 1994, S. 1001–1007, (zitiert: *Hermanns*, FamRZ 1994).

Heuer, Uwe-Jens: Allgemeines Landrecht und Klassenkampf, Berlin 1960, zugl. Diss. Berlin 1956, (zitiert: *Heuer*, ALR und Klassenkampf).

Hilgendorf, Eric: Irrwege des Biologismus. *Ein Kapitel aus der Geschichte des Verhältnisses von Biologie und Recht*. In: Festschrift für Norbert Horn, Berlin 2006, S. 1131–1148, (zitiert: *Hilgendorf*, FS Horn).

Hilgendorf, Eric: Stufungen des vorgeburtlichen Lebens- und Würdeschutzes. In: Gethmann, Carl Friedrich/Huster, Stefan (Hrsg.), Recht und Ethik in der Präimplantationsdiagnostik, München 2010, S. 115–130, (zitiert: *Hilgendorf*, in Gethmann/Huster (Hrsg.), Präimplantationsdiagnostik).

Hill, Paul B./Kopp, Johannes: Familiensoziologie: *Grundlagen und theoretische Perspektiven*, 5. Auflage, Wiesbaden 2013, (zitiert: *Hill/Kopp*, Familiensoziologie).

Hochwald, Monika: Vaterschaftsanerkennung statt Adoption. In: StAZ 2007, S. 183, (zitiert: *Hochwald*, StAZ 2007).

Höfelmann, Elke: Das neue Gesetz zur Änderung der Vorschriften über die Anfechtung der Vaterschaft und das Umgangsrecht von Bezugspersonen des Kindes. In: FamRZ 2004, S. 745–751, (zitiert: *Höfelmann*, FamRZ 2004).

Hönig, Franziska: Das Umgangsrecht im Spannungsfeld zwischen Eltern- und Kindesrechten unter besonderer Berücksichtigung der verfassungsrechtlichen Problematik. Schriftenreihe: Studien zum Familienrecht, Band 1, Hamburg 2004, zugl. Diss. Göttingen 2003, (zitiert: *Hönig*, Umgangsrecht).

Hofäcker, Dirk: Väter im internationalen Vergleich. In: Mühling, Tanja/Rost, Harald (Hrsg.), Väter im Blickpunkt, Perspektiven der Familienforschung, Opladen 2007, S. 161–204, (zitiert: *Hofäcker*, in Mühling/Rost (Hrsg.), Väter im Blickpunkt).

Hoffmann, Birgit: Das Gesetz zur Stärkung der Rechte des leiblichen, nicht rechtlichen Vaters. In: FamRZ 2013, S. 1077–1082, (zitiert: *Hoffmann*, FamRZ 2013).

Hoffmann-Riem, Christa: Elternschaft ohne Verwandtschaft: Adoption, Stiefbeziehung und heterologe Insemination. In: Nave-Herz, Rosemarie/Markefka, Manfred (Hrsg.), Handbuch der Familien- und Jugendforschung. Band I: Familienforschung, Neuwied 1989, S. 389–411, (zitiert: *Hoffmann-Riem*, in Nave-Herz/Markefka (Hrsg.), Handbuch Familien- und Jugendforschung).

Hoffmann-Riem, Christa: Das adoptierte Kind. *Familienleben mit doppelter Elternschaft*, 4. unveränderte Auflage, München 1996 (1. Auflage 1984), (zitiert: *Hoffmann-Riem*, Das adoptierte Kind).

Hohloch, Gerhard: Familienrecht, Stuttgart u. a. 2002, (zitiert: *Hohloch*, Familienrecht).

Hollstein, Walter: Männerdämmerung. Von Tätern, Opfern, Schurken und Helden, Göttingen 1999, (zitiert: *Hollstein*, Männerdämmerung).

Holmes, Jeremy: John Bowlby und die Bindungstheorie, 2. Auflage, München 2006, (zitiert: *Holmes*, John Bowlby und die Bindungstheorie).

Holzhauer, Heinz: Verwandtschaftliche Elternstellung, verfassungsmäßiges Elternrecht und elterliche Sorge. In: FamRZ 1982, S. 109–118, (zitiert: *Holzhauer*, FamRZ 1982).

Hradil, Stefan: Die Sozialstruktur in Deutschland im internationalen Vergleich, 2. Auflage, Wiesbaden 2006, (zitiert: *Hradil*, Sozialstruktur in Deutschland).

Huber, Christian: Wem gehören die Gene des Kindes? – *Sorgerechtsbefugnisse beim Vaterschaftstest*, FamRZ 2006, S. 1425–1427, (zitiert: *Huber*, FamRZ 2006).

Huber, Hugo: Die Familie aus sozialanthropologischer Sicht. In: Perrez, Meinrad (Hrsg.), Krise der Kleinfamilie? Bern u. a. 1979, S. 26–41, (zitiert: *Huber*, in Perrez (Hrsg.), Krise der Kleinfamilie?).

Huber, Peter/Antomo, Jennifer: Die Neuregelung der elterlichen Sorge nicht miteinander verheirateter Eltern. In: FamRZ 2012, S. 1257–1265, (zitiert: *Huber/Antomo*, FamRZ 2012).

Huinink, Johannes: Gegenstand der Familiensoziologie. In: Schneider, Norbert (Hrsg.), Lehrbuch moderne Familiensoziologie, Opladen 2008, S. 23–40, (zitiert: *Huinink*, in Schneider (Hrsg.), Lehrbuch moderne Familiensoziologie).

Hummel, Konrad: Der Stand der medizinischen Wissenschaft in der Abstammungsbegutachtung und die Frage: Vaterschaftsfeststellung ohne Beweisregel? In: FamRZ 1969, S. 19–23, (zitiert: *Hummel*, FamRZ 1969).

Hurrelmann, Klaus/ Bründel, Heidrun: Einführung in die Kindheitsforschung, Weinheim u. a. 2003, (zitiert: *Hurrelmann/Bründel*, Kindheitsforschung).

Huwiler, Kurt: Herausforderung Mutterschaft. *Eine Studie über das Zusammenspiel von mütterlichem Erleben, sozialen Beziehungen und öffentlichen Unterstützungsangeboten im ersten Jahre nach der Geburt*, Bern u. a. 1995, (zitiert: *Huwiler*, Herausforderung Mutterschaft).

Jacobi, Jens: Der Unterhaltsregreß des Scheinvaters. Hamburg 2005, zugl. Diss. Freiburg i.Br. 2004, (zitiert: *Jacobi*, Unterhaltsregreß des Scheinvaters).

Jansen, Ludwig/Knöpfel, Gottfried: Das neue Unehelichengesetz. *Die Gesetzesvorlage der Bundesregierung. Die Amtliche Begründung, Erläuterungen*, Berlin 1967, (zitiert: *Jansen/Knöpfel*, Unehelichengesetz).

juris PraxisKommentar: BGB, Familienrecht, herausgegeben von Viefhues, Wolfram, 5. Auflage, Saarbrücken 2011, (zitiert: jurisPK/*Bearbeiter* (2011), §, Rn).

Kaiser, Dagmar: Die mögliche Aufspaltung der Mutterschaft bei medizinisch assistierter Zeugung und ihre rechtliche Einordnung. In: Schwab/Vaskovics (Hrsg.), Pluralisierung von Elternschaft und Kindschaft, Familienrecht, -soziologie und –psychologie im Dialog, Sonderheft Zeitschrift für Familienforschung/Journal of Family Research, 8, Opladen u. a. 2011, S. 239–271, (zitiert: *Kaiser*, in Schwab/Vaskovics (Hrsg.), Pluralisierung von Elternschaft und Kindschaft).

Kassner, Karsten/Rüling, Anneli: „Nicht nur am Samstag gehört Papa mir!“ Väter in egalitären Arrangements von Arbeit und Leben. In: Tölke, Angelika/Hank, Kasten (Hrsg.), Männer – Das vernachlässigte Geschlecht in der Familienforschung, Zeitschrift für Familienforschung 2005, Sonderheft 4, S. 235–264, (zitiert: *Kassner/Rüling*, in Tölke/Hank (Hrsg.), Männer).

Kaufmann, Franz-Xaver: Familie und Modernität. In: Lüscher, Kurt/Wehrspaun, Michael/Schultheis, Frank (Hrsg.), Die „postmoderne“ Familie, familiale Strategien und Familienpolitik in einer Übergangszeit, Konstanz 1988, S. 391–415, (zitiert: *Kaufmann*, in Lüscher/Wehrspaun/Schultheis (Hrsg.), Die „postmoderne“ Familie).

Kaufmann, Franz-Xaver: Zukunft der Familie. *Stabilität, Stabilitätsrisiken und Wandel der familialen Lebensformen sowie ihre gesellschaftlichen und politischen Bedingungen*, München 1990, (zitiert: *Kaufmann*, Zukunft der Familie).

Keddi, Barbara/Seidenspinner, Gerlinde: Arbeitsteilung und Partnerschaft. In: Bertram, Hans (Hrsg.): Die Familie in Westdeutschland. Familien-Survey Band 1, S. 159–192, Opladen 1991, (zitiert: *Keddi/Seidenspinner*, in Bertram (Hrsg.), Familie in Westdeutschland).

Keidel, Theodor (Hrsg.): FamFG, Kommentar zum Gesetz über das Verfahren in Familiensachen und die Angelegenheiten der freiwilligen Gerichtsbarkeit, 17. Auflage, München 2011, (zitiert: Keidel/*Bearbeiter*, FamFG, §, Rn).

Keller, Jeanne: Die zweckwidrige Verwendung von Rechtsinstituten des Familienrechts, Zürich 1986, zugl. Diss. Zürich 1985, (zitiert: *Keller*, Zweckwidrige Verwendung von Rechtsinstituten des Familienrechts).

Kemper, Rainer: Anmerkung zu BGH, Urteil vom 12. Juli 1995 – XII ZR 128/94. In: FuR 1995, S. 309–311, (zitiert: *Kemper*, FuR 1995).

Kemper, Roland: Pränatale Vaterschaftsanerkennung eines Dritten während bestehender Ehe der Mutter nach § 1599 II BGB? In: DAVorm 1999, S. 191, (zitiert: *Kemper*, DAVorm 1999).

Kindler, Heinz: Väter und Kinder. *Langzeitstudien über väterliche Fürsorge und die sozioemotionale Entwicklung von Kindern*, Weinheim und München 2002, (zitiert: *Kindler*, Väter und Kinder).

Kindler, Heinz/Grossmann, Karin/Zimmermann, Peter: Kind-Vater-Bindungsbeziehungen und Väter als Bindungspersonen. In: Walter, Heinz (Hrsg.), Männer als Väter, Sozialwissenschaftliche Theorie und Empirie, Gießen 2002, S. 685–741, (zitiert: *Kindler/Grossmann/Zimmermann*, in Walter (Hrsg.), Männer als Väter).

Kirchmeier, Karl-Heinz: Einführung in das Vaterschaftsfeststellungsverfahren. In: FPR 2002, S. 370–376, (zitiert: *Kirchmeier*, FPR 2002).

Klaus, H. Marshall/Kennell, John H./Klaus, Phyllis H.: Der erste Bund fürs Leben. *Bonding*, Reinbek 1997, (zitiert: *Klaus/Kennell/Klaus*, Bonding).

Kloster-Harz, Doris: Gesetz zur Stärkung der Rechte des leiblichen, nicht rechtlichen Vaters auf Umgang und Auskunft – *Umsetzung der Rechtsprechung des EGMR durch den deutschen Gesetzgeber* –. In FamFR 2013, S. 337–343, (zitiert: *Kloster-Harz*, FamFR 2013).

Knibiehler, Yvonne: Geschichte der Väter, *Eine kultur- und sozialhistorische Spurensuche*, Freiburg i.Br. 1996, (zitiert: *Knibiehler*, Geschichte der Väter).

Knittel, Bernhard: Reform des Kindschaftsrechts vor dem Ziel. In: DAVorm 1997, S. 650–666, (zitiert: *Knittel*, DaVorm 1997).

Knoche, Joachim P.: Chancen einer erfolgreichen Vaterschaftsanfechtung nach den BGH-Entscheidungen zu heimlichen DNA-Tests. In: FuR 2005, S. 348–355, (zitiert: *Knoche*, FuR 2005).

Koch, Elisabeth: Der Anspruch des Deszendenten auf Klärung der genetischen Abstammung – ein Paradigmawechsel im Abstammungsrecht. In: FamRZ 1990, S. 569–574, (zitiert: *Koch*, FamRZ 1990).

Koch, Elisabeth: Pater semper incertus. In: Rechtshistorisches Journal 1990, S. 107–124, (zitiert: *Koch*, Rechtshistorisches Journal 1990).

König, René: Materialien zur Soziologie der Familie. Band 1, Bern 1946, (zitiert: *König*, Materialien zur Soziologie der Familie).

Kollhosser, Helmut: Rechtsprobleme bei medizinischer Zeugungshilfe. In: JA 1985, S. 553–562, (zitiert: *Kollhosser*, JA 1985).

Konietzka, Dirk u.a.: Wandel der Lebensformen in Deutschland: Probleme und Perspektiven. Vortrag auf dem Workshop des Max-Planck-Instituts für demografische Forschung zum Thema „Wandel der Lebensformen in Deutschland – Ausmaß, Ursachen und Konsequenzen im sozialpolitischen Kontext". Rostock, 22. und 23. März 2007, (zitiert: *Konietzka*, Wandel der Lebensformen in Deutschland).

Kreyenfeld, Michaela/Konietzka, Dirk: Kinderlosigkeit in Deutschland – theoretische Probleme und empirische Ergebnisse. In: Konietzka, Dirk/Kreyenfeld, Michaela (Hrsg.), Ein Leben ohne Kinder. *Kinderlosigkeit in Deutschland*, Wiesbaden 2007, S. 11–41, (zitiert: *Kreyenfeld/Konietzka*, in Konietzka/Kreyenfeld (Hrsg.), Leben ohne Kinder).

Kringe, Otto: Kindschaftsrecht in beiden deutschen Staaten. In: Zieger, Gottfried (Hrsg.), Das Familienrecht in beiden deutschen Staaten. *Rechtsentwicklung, Rechtsvergleich, Kollisionsprobleme. Symposium 9.–10. Oktober 1980*, Köln u.a. 1983, S. 129–146, (zitiert: *Kringe*, in Zieger (Hrsg.), Familienrecht in beiden deutschen Staaten).

Kropholler, Jan: Kritische Bestandsaufnahme im Nichtehelichenrecht. In: AcP 185 (1985), S. 244–307, (zitiert: *Kropholler*, AcP 185 (1985)).

Kudera, Werner: Neue Väter, neue Mütter – neue Arrangements der Lebensführung. In: Walter, Heinz (Hrsg.), Männer als Väter, Sozialwissenschaftliche Theorie und Empirie, Gießen 2002, S. 145–185, (zitiert: *Kudera*, in Walter (Hrsg.), Männer als Väter).

Kühnel, Martina: Die missbräuchliche Vaterschaftsanerkennung im System des Abstammungsrechts und deren behördliche Anfechtung, Berlin 2011, zugl. Diss. Marburg 2010, (zitiert: *Kühnel*, Die missbräuchliche Vaterschaftsanerkennung).

Kurz, Karin: Geschlechterrollen: Und sie bewegen sich doch? In: Heimbach-Steins, Marianne/Kerkhoff-Hader, Bärbel/Ploil, Elenore/Weinrich, Ines (Hrsg.), Strukturierung von Wissen und die symbolische Ordnung der Geschlechter, Münster

2004, S. 83–89, (zitiert: *Kurz*, in Heimbach-Stein u. a. (Hrsg.), Ordnung der Geschlechter).

Lackner, Karl/Kühl, Kristian: Strafgesetzbuch, Kommentar, 27. Auflage, München 2011, (zitiert: *Lackner/Kühl*, StGB, §, Rn).

Lamb, Michael E.: Fathers, Forgotten constributors to child development. In: Human Development 18 (1975), S. 245–266, (zitiert: *Lamb*, Human Development 18 (1975)).

Lang, Christiane A.: Entwurf eines Gesetzes zur Stärkung der Rechte des leiblichen, nicht rechtichen Vaters. In FPR 2013, S. 233–236, (zitiert: *Lang*, FPR 2013).

Lange, Hermann: Das neue Nichtehelichenrecht. In: NJW 1970, S. 297–306, (zitiert: *Lange*, NJW 1970).

Lauterbach, Wolfgang: Bedeutung der Abstammung für die Familien- und Verwandtschaftszugehörigkeit. In: Schwab, Dieter/Vaskovics, Laszlo A. (Hrsg.), Pluralisierung von Elternschaft und Kindschaft, Familienrecht, -soziologie und -psychologie im Dialog, Sonderheft Zeitschrift für Familienforschung/Journal of Family Research, 8, Opladen u. a. 2011, S. 191–210, (zitiert: *Lauterbach*, in Schwab/Vaskovics (Hrsg.), Pluralisierung von Elternschaft und Kindschaft).

Lenzen, Dieter: Vaterschaft. *Vom Patriarchat zur Alimentation*, Reinbek 1991, (zitiert: *Lenzen*, Vaterschaft).

Lenzen, Dieter: Zur Geschichte des Vaterkonzepts in Europa. In: Leonhard, Hans-Walter/Liebau, Eckart/Winkler, Michael (Hrsg.), Pädagogische Erkenntnis, Grundlagen pädagogischer Theoriebildung, Weinheim und München 1995, S. 69–88, (zitiert: *Lenzen*, in Leonhard/Liebau/Winkler (Hrsg.), Pädagogische Erkenntnis).

Limbach, Jutta: Die Rolle des Vaters im Wandel des Rechts. In: ZSE 1988, S. 298–308, (zitiert: *Limbach*, ZSE 1988).

Limbach, Jutta: Familienrecht und sozialer Wandel. In: FuR 1995, S. 200–204, (zitiert: *Limbach*, FuR 1995).

Limbach, Jutta/Willutzki, Siegfried: Die Entwicklung des Familienrechts seit 1949. In: Nave-Herz, Rosemarie (Hrsg.), Kontinuität und Wandel der Familie in Deutschland, Stuttgart 2002, S. 7–43, (zitiert: *Limbach/Willutzki*, in Nave-Herz (Hrsg.), Kontinuität und Wandel).

Lipp, Volker/Röthel, Anne/Windel, Peter A.: Familienrechtlicher Status und Solidarität, Tübingen 2008, (zitiert: *Lipp/Röthel/Windel*, Familienrechtlicher Status).

Löhnig, Martin: Probleme des neuen Verfahrens in Abstammungssachen nach §§ 169 ff. FamFG. In: FamRZ 2009, S. 1798–1800, (zitiert: *Löhnig*, FamRZ 2009).

Löhnig, Martin/Preisner, Mareike: Zur Reichweite des Einflusses der Rechtsprechung des EuGHMR auf das deutsche Kindschaftsrecht. In: FamRZ 2012, S. 489–496, (zitiert: *Löhnig/Preisner*, FamRZ 2012).

Löhnig, Martin/Preisner, Mareike: Anfechtung der Vaterschaft durch den Samenspender. In: FamFR 2013, S. 340–343, (zitiert: *Löhnig/Preisner*, FamFR 2013).

Lucke, Doris: Verwandtschaft im Recht – Rechtssoziologische Aspekte verwandtschaftlicher Beziehungen. In: Wagner, Michael/Schütze, Yvonne (Hrsg.), Verwandtschaft, Sozialwissenschaftliche Beiträge zu einem vernachlässigten Thema, Stuttgart 1998, S. 59–89, (zitiert: *Lucke*, in Wagner/Schütze (Hrsg.), Verwandtschaft).

Luh, Carla Katharina: Die Prinzipien des Abstammungsrechts. *Reformvorschlag im Lichte der höchstrichterlichen Rechtsprechung zu Vaterschaftstests*, Schriften zum Familienrecht, Bd. 19, Hamburg 2008, zugl. Diss. Mainz 2007, (zitiert: *Luh*, Prinzipien des Abstammungsrechts).

Macha, Hildegard: Die Renaissance des Vaterbildes in der Pädagogik. In: Drinck, Barbara (Hrsg.), Vaterbilder. *Eine interdisziplinäre und kulturübergreifende Studie zur Vaterrolle*, Festschrift zum 70. Geburtstag von Erich E. Geissler, Bonn 1999, S. 11–36, (zitiert: *Macha*, in Drinck (Hrsg.), Vaterbilder (zugl. FS Geissler)).

Mairock, Andreas: Der genetische Vater nichtehelicher Kinder. Online-Publikation 2007, zugl. Diss. Augsburg 2007, Onlinezugriff: [d-nb.info/984309721/34], (zitiert: *Mairock*, Genetischer Vater nichtehelicher Kinder).

Marbach, Jan H.: Verwandtschaftsbeziehung und Abstammung. *Eine Prüfung soziobiologischer und ethnologischer Thesen mit Hilfe familiensoziologischer Daten.* In: Wagner, Michael/Schütze, Yvonne (Hrsg.), Verwandtschaft, Stuttgart 1998, S. 91–126, (zitiert: *Marbach*, in Wagner/Schütze (Hrsg.), Verwandtschaft).

Martin, Ruth: Väter im Abseits. *Mutter und Kind in der vaterlosen Gesellschaft*, Stuttgart 1979, (zitiert: *Martin*, Väter im Abseits).

Martín-Casals, Miquel/Ribot, Jordi: Ehe und Scheidung in Spanien nach den Reformen 2005. In: FamRZ 2006, S. 1331–1336, (zitiert: *Martín-Casals/Ribot*, FamRZ 2006).

Martschukat, Jürgen/Stieglitz, Olaf: Geschichte der Männlichkeit, Frankfurt a.M. u.a. 2008, (zitiert: *Martschukat/Stieglitz*, Geschichte der Männlichkeit).

Massfeller, Franz: Das gesamte Familienrecht, Band 1, Das innerstaatliche Recht der Bundesrepublik Deutschland, Frankfurt a.M. u.a. 1962, (zitiert: *Massfeller*, Das gesamte Familienrecht).

Matzner, Michael: Vaterschaft heute. *Klischees und soziale Wirklichkeit*, Frankfurt a.M. 1998, (zitiert: *Matzner*, Vaterschaft heute).

Matzner, Michael: Vaterschaft aus Sicht von Vätern, Wiesbaden 2004, (zitiert: *Matzner*, Vaterschaft aus Sicht von Vätern).

Mayntz, Renate: Einladung zum Schattenboxen: Die Soziologie und die moderne Biologie. In: Rehberg, Karl-Siegbert (Hrsg.): Die Natur der Gesellschaft. Verhandlungen des 33. Kongresses der Deutschen Gesellschaft für Soziologie in Kassel 2006, Teil 1, S. 125–139, Frankfurt a.M. 2008, (zitiert: *Mayntz*, in Rehberg (Hrsg.), Die Natur der Gesellschaft).

McCullough, John M./Barton, Elaine Yorker: Relatedness and mortality risk during a crisis year, Plymouth colony, 1620–1621, Ethology and Sociobiology 12 (1991), S. 195–209, (zitiert: *McCullough/Barton*, Ethologie and Sociobiology 12 (1991)).

McFarland, David: Biologie des Verhaltens. *Evolution, Physiologie, Psychobiologie*, 2. Auflage, Heidelberg und Berlin 1999, (zitiert: *McFarland*, Biologie des Verhaltens).

Mead, Margaret: Mann und Weib. *Das Verhältnis der Geschlechter in einer sich wandelnden Welt*, Neuauflage, Frankfurt a.M. u.a. 1992, (zitiert: *Mead*, Mann und Weib).

Meder, Stephan: Familienrecht. *Von der Antike bis zur Gegenwart*, Köln u.a. 2013, (zitiert: *Meder*, Familienrecht).

Meier-Schatz, Christian J.: Über Entwicklung, Inhalt und Strukturelemente des Kindesrechts. In: AJP 1993, S. 1035–1051, (zitiert: *Meier-Schatz*, AJP 1993).

Merz, Eva-Maria/Schuengel, Carlo/Schulze, Hans-Joachim: Intergenerational Solidarity: An Attachment Perspective. In: Journal of Aging Studies 21 (2007), S. 175–186, (zitiert: *Merz/Schuengel/Schulze*, Journal of Aging Studies 21 (2007)).

Meuser, Michael: Vaterschaft im Wandel. *Herausforderungen, Optionen, Ambivalenzen*. In: Böllert, Karin/Peter, Corinna (Hrsg.), Mutter + Vater = Eltern? *Sozialer Wandel, Elternrollen und soziale Arbeit*, Wiesbaden 2012, S. 63–80, (zitiert: *Meuser*, in Böllert/Peter (Hrsg.), Mutter + Vater = Eltern?).

Mitterauer, Michael: Grundtypen alteuropäischer Sozialformen. Kultur und Gesellschaft, Band 5, Stuttgart 1979, (zitiert: *Mitterauer*, Grundtypen alteuropäischer Sozialformen).

Mitterauer, Michael: Entwicklungstrends der Familie in der europäischen Neuzeit. In: Nave-Herz, Rosemarie/Markefka, Manfred (Hrsg.), Handbuch der Familien- und Jugendforschung. Band I: Familienforschung, S. 179–194, Neuwied 1989, (zitiert: *Mitterauer*, in Nave-Herz/Markefka (Hrsg.), Handbuch Familien- und Jugendforschung).

Mitterauer, Michael/Sieder, Reinhard: Vom Patriarchat zur Partnerschaft. *Zum Strukturwandel der Familie*, München 1977, (zitiert: *Mitterauer/Sieder*, Vom Patriarchat zur Partnerschaft).

Motive: Motive zu dem Entwurfe eines Bürgerlichen Gesetzbuches für das deutsche Reich, Band IV, Familienrecht, Berlin und Leipzig 1888, (zitiert: Motive IV).

Mühling, Tanja/Rost, Harald: Einleitung. In: Mühling, Tanja/Rost, Harald (Hrsg.), Väter im Blickpunkt. *Perspektiven der Familienforschung*. Opladen 2007, S. 9–21, (zitiert: *Mühling/Rost*, in Mühling/Rost (Hrsg.), Väter im Blickpunkt).

Müller, Lothar: Die Ehelichkeitsanfechtung im deutschen Recht, Reformüberlegungen, Sinzheim 1998, zugl. Diss. Heidelberg 1997, (zitiert: *Müller*, Ehelichkeitsanfechtung im deutschen Recht).

Münchener Kommentar zum Bürgerlichen Gesetzbuch. Band 8: Familienrecht II (§§ 1589–1921), Hrsg: Rebmann, Kurt/Säcker, Franz Jürgen, 6. Auflage, München 2012, (zitiert: MüKo/*Bearbeiter* (2012), §, Rn).

Münchener Kommentar zum FamFG. §§ 1–491 FamFG, IZPR, EuZPR, Hrsg: Rauscher, Thomas, 2. Auflage, München 2013, (zitiert: MüKo/*Bearbeiter*, FamFG, §, Rn).

Mugdan, Benno: Die gesammelten Materialien zum Bürgerlichen Gesetzbuch für das Deutsche Reich. IV. Band, Familienrecht, Berlin 1899, (zitiert: *Mugdan*, Familienrecht).

Muscheler, Karlheinz: Vaterschaft durch Anerkennung und Feststellung. In: FPR 2005, S. 177–181, (zitiert: *Muscheler*, FPR 2005).

Muscheler, Karlheinz: Die Zukunft des heimlichen Vaterschaftstests. In: FPR 2007, S. 389–392, (zitiert: *Muscheler*, FPR 2007).

Muscheler, Karlheinz: Die Klärung der Vaterschaft. In: FPR 2008, S. 257–263, (zitiert: *Muscheler*, FPR 2008).

Muscheler, Karlheinz: Familienrecht, 3. Auflage, München 2013, (zitiert: *Muscheler*, Familienrecht).

Muscheler, Karlheinz/Beisenherz, Thorn: Das neue Abstammungsrecht, Teil 1 und Teil 2. In: JR 1999, S. 356–361 und S. 407–412, (zitiert: *Muscheler/Beisenherz*, JR 1999).

Muscheler, Karlheinz /Bloch, Anke: Das Recht auf Kenntnis der genetischen Abstammung und der Anspruch des Kindes gegen die Mutter auf Nennung des leiblichen Vaters. In: FPR 2002, S. 339–352, (zitiert: *Muscheler/Bloch*, FPR 2002).

Musielak, Hans-Joachim/Borth, Helmut: Familiengerichtliches Verfahren, 1. und 2. Buch, 4. Auflage, München 2013, (zitiert: *Musielak/Borth*, FamFG, §, Rn).

Mutschler, Dietrich: Emanzipation und Verantwortung – *Zur Neuordnung des Abstammungsrechts* –. In: FamRZ 1994, S. 65–71, (zitiert: *Mutschler*, FamRZ 1994).

Mutschler, Dietrich: Interessenausgleich im Abstammungsrecht – Teilaspekt der Kindschaftsrechtsreform. In: FamRZ 1996, S. 1381–1386, (zitiert: *Mutschler*, FamRZ 1996).

Nake, Angelika: Schriftliche Stellungnahme zur öffentlichen Anhörung des Rechtsausschusses des Deutschen Bundestages am 12. Dezember 2007, Onlinezugriff: [www.gesmat.bundesgerichtshof.de/gesetzesmaterialien/16_wp/vaterschaftsklaerung/stellung_nake.pdf], (zitiert, *Nake*, Stellungnahme).

Nake, Angelika: Stellungnahme im Wortprotokoll der 82. Sitzung des Rechtsausschusses des Deutschen Bundestages am 12. Dezember 2007, Onlinezugriff: [http://webarchiv.bundestag.de/cgi/show.php?fileToLoad=1251&id=1134] unter „Aus der Ausschussarbeit", „Öffentliche Anhörungen", „Archiv der öffentlichen Anhörungen", „Mittwoch, 12. Dezember 2007", „Wortprotokoll", (zitiert: *Nake*, Wortprotokoll zur 82. Sitzung des Rechtsausschusses).

Nave-Herz, Rosemarie: Familiäre Veränderungen seit 1950. *Eine empirische Studie.* Oldenburg 1984, (zitiert: *Nave-Herz*, Familiäre Veränderungen seit 1950).

Nave-Herz, Rosemarie: Bedeutungswandel von Ehe und Familie. In: Schulze, Hans-Joachim/Mayer, Tilman (Hrsg.), Familie, *Zerfall oder neues Selbstverständnis*? Würzburg 1987, S. 18–27, (zitiert: *Nave-Herz*, in Schulze/Mayer (Hrsg.), Familie).

Nave-Herz, Rosemarie: Zum Wandel der Vaterrolle, ZSE 1988, S. 242–245, (zitiert: *Nave-Herz*, ZSE 1988).

Nave-Herz, Rosemarie: Die Pluralität von Familienformen: Ideologie oder Realität. In: FuR 1992, S. 186–191, (zitiert: *Nave-Herz*, FuR 1992).

Nave-Herz, Rosemarie: Wandel und Kontinuität in der Bedeutung, in der Struktur und Stabilität von Ehe und Familie in Deutschland. In: Nave-Herz, Rosemarie (Hrsg.), Kontinuität und Wandel der Familie in Deutschland, Stuttgart 2002, S. 45–70, (zitiert: *Nave-Herz*, in Nave-Herz (Hrsg.), Kontinuität und Wandel).

Nave-Herz, Rosemarie: Über die Gegenwart prägende Prozesse familialer Veränderung: Thesen und Anti-Thesen. In: Krüsselberg, Hans-Günter/Reichmann, Heinz (Hrsg.), Zukunftsperspektive Familie und Wirtschaft. Vom Wert von Familie für Wirtschaft, Staat und Gesellschaft, Grafschaft-Birresdorf 2002, S. 133–150, (zitiert: *Nave-Herz*, in Krüsselberg/Reichmann (Hrsg.), Zukunftsperspektive Familie und Wirtschaft).

Nave-Herz, Rosemarie: Familie im Wandel? – Elternschaft im Wandel? In: Böllert, Karin/Peter, Corinna (Hrsg.), Mutter + Vater = Eltern? Sozialer Wandel, Elternrollen und soziale Arbeit, Wiesbaden 2012, S. 33–49, (zitiert: *Nave-Herz*, in Böllert/Peter (Hrsg.), Mutter + Vater = Eltern?).

Nave-Herz, Rosemarie: Familie heute. *Wandel der Familienstrukturen und Folgen für die Erziehung*, 5. Auflage, Darmstadt 2012, (zitiert: *Nave-Herz*, Familie heute).

Nave-Herz, Rosemarie: Ehe- und Familiensoziologie. *Eine Einführung in Geschichte, theoretische Ansätze und empirische Befunde*, 3. Auflage, Weinheim und Basel 2013, (zitiert: *Nave-Herz*, Ehe- und Familiensoziologie).

Neyer, Franz J./Lang, Frieder R.: Die Bevorzugung von genetisch Verwandten im Lebenslauf. *Längsschnittliche Befunde zu Plastizität und Stabilität der nepotistischen Orientierung bei jüngeren und älteren Erwachsenen*. In: Zeitschrift für Sozialpsychologie 35 (2004), S. 115–129, (zitiert: *Neyer/Lang*, Zeitschrift für Sozialpsychologie 35 (2004)).

Nickel, Horst/Köcher, Ellen M.T.: Väter von Säuglingen und Kleinkindern. *Zum Rollenwandel in der Bundesrepublik Deutschland*. In: Psychologie in Erziehung und Unterricht (Zeitschrift) 33 (1986), S. 171–184, (zitiert: *Nickel/Köcher*, in Psychologie in Erziehung und Unterricht 33 (1986)).

Oberloskamp, Helga: Stiefeltern- und Verwandtenadoption aus rechtlicher Sicht. In: Paulitz, Harald (Hrsg.), Adoption, Positionen Impulse Perspektiven, 2. Auflage, München 2006, S. 101–120, (zitiert: *Oberloskamp*, in Paulitz (Hrsg.), Adoption).

Oberndorfer, Rotraut/Rost, Harald: Neue Väter. Anspruch und Realität. In: ZfF (17) 2005, S. 50–65, (zitiert: *Oberndorfer/Rost*, ZfF (17) 2005).

Oelkers, Nina: Familialismus oder die normative Zementierung der Normalfamilie. *Herausforderung für die Kinder- und Jugendhilfe*. In: Böllert, Karin/Peter, Corinna (Hrsg.), Mutter + Vater = Eltern? *Sozialer Wandel, Elternrollen und soziale Arbeit*. Wiesbaden 2012, S. 135–154, (zitiert: *Oelkers*, in Böllert/Peter (Hrsg.), Mutter + Vater = Eltern?).

Ogorek, Regina: „Zwar sagt die Mutter, dass ich von ihm bin – aber ich weiß es nicht." Zur Verwertbarkeit heimlicher DNA-Analysen im Vaterschaftsanfechtungsverfahren. In: Kiesow, Rainer Maria (Hrsg.), Summa: Dieter Simon zum 70. Geburtstag, S. 459–486, (zitiert: *Ogorek*, FS Simon).

Ohly, Ansgar: Anmerkung zu BGH, Urteil vom 12.01.2005 – XII ZR 227/03. In: JZ 2005, S. 626–628, (zitiert: *Ohly*, JZ 2005).

Opp, Karl-Dieter: Wann befolgt man Gesetze? In: Wagner, Gerhard (Hrsg.), Kraft Gesetz, Beiträge zur rechtssoziologischen Effektivitätsforschung, Wiesbaden 2010, S. 35–63, (zitiert: *Opp*, in Wagner (Hrsg.), Kraft Gesetz).

Ostermann, Stephanie: Das Klärungsverfahren gemäß § 1598a BGB. *Abstammungsrechtlicher Kontext und verfassungsrechtliche Vorgaben*. Schriften zum Bürgerlichen Recht, Band 395, Berlin 2009, zugl. Diss. Konstanz 2009, (zitiert: *Ostermann*, Klärungsverfahren gemäß § 1598a BGB).

Ostner, Ilona: Familie und Geschlechterverhältnis. In: Schneider, Norbert F. (Hrsg.), Lehrbuch Moderne Familiensoziologie, Opladen 2008, S. 219–236, (zitiert: *Ostner*, in Schneider (Hrsg.), Lehrbuch Moderne Familiensoziologie).

Oswald, Silke: Veränderte Kindheit in regional vergleichender Perspektive, Kempten 2006, zugl. Diss. Passau 2005, (zitiert: *Oswald*, Veränderte Kindheit).

Palandt, Otto: Bürgerliches Gesetzbuch. 57. Auflage, München 1998, (zitiert: Palandt/*Bearbeiter* (1998), §, Rn).

Palandt, Otto: Bürgerliches Gesetzbuch. 61. Auflage, München 2002, (zitiert: Palandt/*Bearbeiter* (2002), §, Rn).

Palandt, Otto: Bürgerliches Gesetzbuch. 73. Auflage, München 2014, (zitiert: Palandt/*Bearbeiter* (2014), §, Rn).

Palkovitz, Robin Joseph/Copes, Marcella: Changes in attitudes, beliefs and expectations associated with the transition to parenthood. In: Palkovitz, Robin Joseph/Sussman, Marvin B., Transitions to parenthood, S. 183–200, New York 1988, (zitiert: *Palkovitz/Copes*, in Palkovitz/Sussmann (Hrsg.), Transitions to parenthood).

Paul, Andreas: Evolutionsbiologische Mutmaßungen über die Vaterschaft. In: Walter, Heinz (Hrsg.), Männer als Väter, Sozialwissenschaftliche Theorie und Empirie, Gießen 2002, S. 287–321, (zitiert: *Paul*, in Walter (Hrsg.), Männer als Väter).

Peschel-Gutzeit, Lore Maria: Das Kinderrechteverbesserungsgesetz – KindRVerbG – vom 9.4.2002. In: FPR 2002, S. 285–289, (zitiert: *Peschel-Gutzeit*, FPR 2002).

Peschel-Gutzeit, Lore Maria: Rechte und Funktionen des Vaters im Spiegel des modernen deutschen Rechts. In: Festschrift für Ingrid Groß, Bonn 2004, S. 175–198, (zitiert: *Peschel-Gutzeit*, FS Groß).

Peschel-Gutzeit, Lore Maria: Die Sorgerechtsstellung des nicht mit der Mutter des Kindes verheirateten Vaters. In: NJW 2010, S. 2990–2992, (zitiert: *Peschel-Gutzeit*, NJW 2010).

Peschel-Gutzeit, Lore Maria: Eine stille Revolution: Von der Nichtverwandtschaft zur Gleichberechtigung des nichtehelichen Vaters. In: Schwab, Dieter/Dose, Hans-Joachim (Hrsg.), Familienrecht in Praxis und Theorie, Festschrift für Meo-Micaela Hahne, Bielefeld 2012, S. 441–453, (zitiert: *Peschel-Gutzeit*, FS Hahne).

Peschel-Gutzeit, Lore Maria: Der doppelte Vater – Kritische Überlegungen zum Gesetz zur Stärkung der Rechte des leiblichen, nicht rechtlichen Vaters. In: NJW 2013, S. 2465–2469, (zitiert: *Peschel-Gutzeit*, NJW 2013).

Petersen, Imme: Konzepte und Bedeutung von „Verwandtschaft". *Eine ethnologische Analyse der Parlamentsdebatten zum bundesdeutschen Embryonenschutzgesetz,*

Herbolzheim 2000, (zitiert: *Petersen*, Konzepte und Bedeutung von „Verwandtschaft“).

Peuckert, Rüdiger: Familienformen im sozialen Wandel, 8. Auflage, Wiesbaden 2012, (zitiert: *Peuckert*, Familienformen im sozialen Wandel).

Pfeil, Elisabeth: Die Frau in Beruf, Familie und Haushalt. In: Oeter, Ferdinand (Hrsg.), Familie und Gesellschaft, Tübingen 1966, S. 141–175, (zitiert: *Pfeil*, in Oeter (Hrsg.), Familie und Gesellschaft).

Pfeil, Elisabeth: „Männliche“ und „weibliche“ Rolle – Dynamik und unausgetragene Konflikte. In: ZfS 1975, S. 380–402, (zitiert: *Pfeil*, ZfS 1975).

Planck, Gottlieb: Familienrecht, Teil 2, Beendigung der Ehe, Recht der Abkömmlinge, Vormundschaftsrecht. Berlin u.a. 1983, (zitiert: *Planck*, Vorentwürfe Familienrecht 2).

Potts, Diane: Abstammungsrecht für ein modernes Verständnis von Familie. In: JAmt 2013, S. 363–368, (zitiert: *Potts*, JAmt 2013).

Protokolle der Kommission für die zweite Lesung des Entwurfs des Bürgerlichen Gesetzbuchs, Band IV, Berlin 1897, (zitiert: Protokolle).

Prütting, Hanns/Helms, Tobias (Hrsg.): FamFG, Kommentar, 3. Auflage, Köln 2014, (zitiert: Prütting/Helms/*Bearbeiter*, FamFG, §, Rn).

Prütting, Hanns/Wegen, Gerhard/Weinreich, Gerd (Hrsg.): BGB Kommentar, 8. Auflage, Köln 2013, (zitiert: Prütting/Wegen/Weinreich/*Bearbeiter* (2013), §, Rn).

Puruckherr, Christoph: Zur Auslegung des Kindeswohlbegriffs im Vergleich des nationalen und multinationalen Rechts ausgewählter europäischer Länder, Norderstedt 2009, zugl. Diss. Hannover 2009, (zitiert: *Puruckherr*, Auslegung des Kindeswohlbegriffs).

Rauh, Hellgard: Vorgeburtliche Entwicklung und frühe Kindheit. In Oerter, Rolf/ Montada, Leo (Hrsg.), Entwicklungspsychologie, 6. Auflage, Weinheim u.a. 2008, S. 149–224, (zitiert: *Rauh*, in Oerter/Montada (Hrsg.), Entwicklungspsychologie).

Rauscher, Thomas: Vaterschaft auf Grund Ehe mit der Mutter. In: FPR 2002, S. 352–359, (zitiert: *Rauscher*, FPR 2002).

Rauscher, Thomas: Vaterschaft auf Grund Anerkennung. In: FPR 2002, S. 359–369, (zitiert: *Rauscher*, FPR 2002).

Rauscher, Thomas: Familienrecht, 2. Auflage, Heidelberg 2008, (zitiert: *Rauscher*, Familienrecht).

Reinke, Birgit: Das Recht des Kindes auf Kenntnis seiner genetischen Herkunft, Diss. Bayreuth 1991, (zitiert: *Reinke*, Recht des Kindes auf Kenntnis seiner genetischen Herkunft).

Remus, Juana/Liebscher, Doris: Wohnst du noch bei oder sorgst du schon mit? – Das Recht des Samenspenders zur Anfechtung der Vaterschaft. In: NJW 2013, S. 2558–2561, (zitiert: *Remus/Liebscher*, NJW 2013).

Rerrich, Maria S.: Was ist neu an den „neuen Vätern?". In: Keupp, Heiner/Bilden, Helga (Hrsg.), Verunsicherungen. Das Subjekt im gesellschaftlichen Wandel, Göttingen 1989, S. 93–102, (zitiert: *Rerrich*, Was ist neu an den „neuen Vätern"?).

Rerrich, Maria S.: Balanceakt Familie. *Zwischen alten Leitbildern und neuen Lebensformen*, 2. Auflage, Freiburg 1990, (zitiert: *Rerrich*, Balanceakt Familie).

RGRK (Reichsgerichtsrätekommentar): Das Bürgerliche Gesetzbuch mit besonderer Berücksichtigung der Rechtsprechung des Reichsgerichts und des Bundesgerichtshofs, Kommentar herausgegeben von Mitgliedern des Bundesgerichtshofs, Band IV, 3. Teil §§ 1589–1740g, 12. Auflage, Berlin u.a. 1999, (zitiert: RGRK/*Bearbeiter*, §, Rn).

Riehl, Wilhelm Heinrich: Die Naturgeschichte des Volkes als Grundlage einer deutschen Social-Politik. *Die Familie.* Dritter Band, 5. Unveränderter Nachdruck, Stuttgart und Augsburg 1858, (zitiert: *Riehl*, Die Familie).

Rixe, Georg: Schriftliche Stellungnahme zur öffentlichen Anhörung des Rechtsausschusses des Deutschen Bundestages am 12. Dezember 2007, Onlinezugriff: [www.gesmat.bundesgerichtshof.de/gesetzesmaterialien/16_wp/vaterschaftsklaerung/stellung_rixe.pdf], (zitiert, *Rixe*, Stellungnahme).

Rixe, Georg: Der EGMR als Motor einer Harmonisierung des Familienrechts in Europa. In: FPR 2008, S. 222–230, (zitiert: *Rixe*, FPR 2008).

Rixe, Georg: Anmerkung zu Nr. 1051 EuGHMR. In: FamRZ 2011, S. 1363–1367, (zitiert: *Rixe*, FamRZ 2011).

Rohner, Bettina: Alltagstheoretische Grundannahmen als Begrenzung der Väterlichkeit. In: Drinck, Barbara (Hrsg.), Vaterbilder, eine interdisziplinäre und kulturübergreifende Studie zur Vaterrolle, Festschrift zum 70. Geburtstag von Erich E. Geissler, Bonn 1999, S. 83–95, (zitiert: *Rohner*, in Drinck (Hrsg.), Vaterbilder (zugl. FS Geissler)).

Rollett, Brigitta/Werneck, Harald: Die Vaterrolle in der Kultur der Gegenwart und die väterliche Rollenentwicklung in der Familie. In: Walter, Heinz (Hrsg.), Männer als Väter, Sozialwissenschaftliche Theorie und Empirie, Gießen 2002, S. 323–343, (zitiert: *Rollett/Werneck*, in Walter (Hrsg.), Männer als Väter).

Rosenbaum, Heidi: Proletarische Familien. *Arbeiterfamilien und Arbeiterväter im frühen 20. Jahrhundert zwischen traditioneller, sozialdemokratischer und kleinbürgerlicher Orientierung*, Frankfurt a.M. 1992, (zitiert: *Rosenbaum*, Proletarische Familien).

Rost, Harald/Schneider, Norbert F.: Differentielle Elternschaft – Auswirkungen der Geburt auf Männer und Frauen. In: Nauck, Bernhard/Onnen-Isemann, Corinna (Hrsg.), Familie im Brennpunkt von Wissenschaft und Forschung, Neuwied 1995, S. 177–194, (zitiert: *Rost/Schneider*, in Nauck/Onnen-Isemann (Hrsg.), Familie im Brennpunkt).

Rotax, Horst-Heiner: Schriftliche Stellungnahme zur öffentlichen Anhörung des Rechtsausschusses des Deutschen Bundestages am 12. Dezember 2007, Onlinezugriff: [www.gesmat.bundesgerichtshof.de/gesetzesmaterialien/16_wp/vater schaftsklaerung/stellung_rotax.pdf], (zitiert: *Rotax*, Stellungnahme).

Roth, Andreas: Die Zustimmung eines Mannes zur heterologen Insemination bei seiner Ehefrau. In: FamRZ 1996, S. 769–771, (zitiert: *Roth*, FamRZ 1996).

Roth, Wolfgang: Vaterschaftsanfechtung durch den biologischen Vater. In: NJW 2003, S. 3153–3160, (zitiert: *Roth*, NJW 2003).

Rühle, Otto: Illustrierte Kultur- und Sittengeschichte des Proletariats. Band I, Frankfurt 1970 (Nachdruck von 1930), (zitiert: *Rühle*, Illustrierte Kultur- und Sittengeschichte).

Rüling, Anneli/Kassner, Karsten: Familienpolitik aus der Gleichstellungsperspektive. *Ein europäischer Vergleich*, Berlin 2007, (zitiert: *Rüling/Kassner*, Familienpolitik aus der Gleichstellungsperspektive).

Ruge, Helmut/Gerlach, Horst: Bürgerliches Gesetzbuch. *Textausgabe mit Einleitung, Gesetzesstand 01.11.1949*, Berlin 1950, (zitiert: *Ruge/Gerlach*, BGB).

Rupp, Marina/Blossfeld, Hans-Peter: Familiale Übergänge: Eintritt in nichteheliche Lebensgemeinschaften, Heirat, Trennung und Scheidung, Elternschaft. In: Schneider, Norbert F. (Hrsg.), Lehrbuch moderne Familiensoziologie, Opladen 2008, S. 139–166, (zitiert: *Rupp/Blossfeld*, in Schneider (Hrsg.), Lehrbuch moderne Familiensoziologie).

Rupp-v. Brünneck, Wiltraut.: Zur Einführung in das neue Recht der nichtehelichen Kinder. In: StAZ 1970, S. 226–235, (zitiert: *Rupp-v.Brünneck*, StAZ 1970).

Rusch, Martina: Rechtliche Elternschaft. *Rechtsvergleich und Reformvorschlag für die Schweiz*, Schriftenreihe zum Familienrecht, Band 13, Bern 2009, zugl. Diss. Zürich 2008, (zitiert: *Rusch*, Rechtliche Elternschaft).

Ruttner, Michael: Clinical implications of atttachment concepts. Retrospect and prospect. In: Journal of Child Psychology and Psychiatry 36 (1995), S. 549–571, (zitiert: *Ruttner*, Journal of Child Psychology and Psychiatry 36 (1995)).

Sabla, Kim-Patrick: Vaterschaft und Erziehungshilfen, *Lebensweltliche Perspektiven und Aspekte einer gelingenden Kooperation*, Weinheim und München 2009, zugl. Diss. TU Dortmund 2008, (zitiert: *Sabla*, Vaterschaft und Erziehungshilfen).

Sabla, Kim-Patrick: Vaterschaft und Erziehungshilfen, *Väter zwischen sozialen Rollenerwartungen und erlebten Erziehungsschwierigkeiten*. In: Böllert, Karin/Peter, Corinna (Hrsg.), Mutter + Vater = Eltern? Sozialer Wandel, Elternrollen und soziale Arbeit, Wiesbaden 2012, S. 225–240, (zitiert: *Sabla*, in Böllert/Peter (Hrsg.), Mutter + Vater = Eltern?).

Saltzwedel, Johanna: Das Risiko der Vaterentbehrung. *Wozu brauchen wir einen Vater?* Hamburg 2009, (zitiert: *Saltzwedel*, Risiko der Vaterentbehrung).

Savigny, Friedrich Carl von: System des heutigen römischen Rechts, Band 2, Neudruck Aalen 1973 (Originalausgabe Berlin 1840), (zitiert: *Savigny*, System des heutigen römischen Rechts).

Scharmann, Dorothea-Luise/Scharmann, Theodor: Die Vaterrolle im Sozialisations- und Entwicklungsprozess des Kindes – Theoretische Ansätze und empirische Materialien. In: Neidhardt, Friedhelm (Hrsg.), Frühkindliche Sozialisation. Theorien und Analysen, 2. Auflage, Stuttgart 1979, S. 270–320, (zitiert: *Scharmann/Scharmann*, in Neidhardt (Hrsg.), Frühkindliche Sozialisation).

Scheiwe, Kirsten: Vaterbilder im Recht seit 1900. *Über die Demontage väterlicher Vorrechte, Gleichberechtigung, Gleichstellung nichtehelicher Kinder, alte und neue Ungleichheiten*. In: Bereswill, Mechthild/Scheiwe, Kirsten/Wolde, Anja (Hrsg.), Vaterschaft im Wandel, Multidisziplinäre Analysen und Perspektiven aus geschlechtertheoretischer Sicht, S. 37–56, Weinheim und München 2006, (zitiert: *Scheiwe*, in Bereswill/Scheiwe/Wolde (Hrsg.), Vaterschaft im Wandel).

Schellhammer, Kurt: Familienrecht nach Anspruchsgrundlagen, 4. Auflage, Heidelberg 2006, (zitiert: *Schellhammer*, Familienrecht).

Schellhammer, Kurt: Zivilprozess, Gesetz – Praxis – Fälle, 14. Auflage, Heidelberg 2012, (zitiert: *Schellhammer*, Zivilprozess).

Schelsky, Helmut: Wandlungen der Deutschen Familie in der Gegenwart, 5. Auflage, Stuttgart 1967, (zitiert: *Schelsky*, Wandlungen der Deutschen Familie).

Scheunpflug, Annette: Elterninvestment. *Eine Annährung an für Erziehung relevantes Verhalten aus soziobiologischer Perspektive*. In: Scheunpflug, Annette/Wulf, Christoph (Hrsg.), Biowissenschaft und Erziehungswissenschaft, ZfE 2006, Beiheft 5, S. 117–132, (zitiert: *Scheunpflug*, ZfE Beiheft 05/2006).

Schlüter, Wilfried: BGB-Familienrecht, 14. Auflage, Heidelberg 2012, (zitiert: *Schlüter*, BGB-Familienrecht).

Schmidt, Andreas: Väter ohne Kinder. *Sorge, Recht und Alltag nach Trennung oder Scheidung*, Reinbek 1993, (zitiert: *Schmidt*, Väter ohne Kinder).

Schmidt, Uwe: Deutsche Familiensoziologie. *Entwicklung nach dem zweiten Weltkrieg*, Wiesbaden 2002, (zitiert: *Schmidt*, Deutsche Familiensoziologie).

Schmidt, Uwe/Moritz, Marie-Theres: Familiensoziologie, Bielefeld 2009, (zitiert: *Schmidt/Moritz*, Familiensoziologie).

Schmidt-Denter, Ulrich: Soziale Entwicklung. *Ein Lehrbuch über soziale Beziehungen im Laufe des menschlichen Lebens*, München 1988, (zitiert: *Schmidt-Denter*, Soziale Entwicklung).

Schmidt-Jortzig, Edzard: Kindschaftsrechts: Reform tut not. *Der Bundesjustizminister zur ersten Lesung des Regierungsentwurfs am 20.06.1996 im Deutschen Bundestag*. In: ZfJ 1996, S. 444, (zitiert: *Schmidt-Jortzig*, ZfJ 1996).

Schmitz, Ulrich: Der Unterhaltsanspruch des nichtehelichen Kindes gegen seinen Erzeuger. *Die rechtsgeschichtliche und dogmatische Entwicklung im deutschen Recht*, Rechtshistorische Reihe, Band 226, Frankfurt a.M. 2000, (zitiert: *Schmitz*, Unterhaltsanspruch).

Schmucker, Helga: Das Kind als Kostenfaktor. In: Oeter, Ferdinand (Hrsg.), Familie und Gesellschaft, Tübingen 1966, S. 267–304, (zitiert: *Schmucker*, in Oeter (Hrsg.), Familie und Gesellschaft).

Schneider, Sebastian: Die rechtsfolgenlose Klärung der biologischen Abstammung gemäß § 1598a BGB. *Unter besonderer Berücksichtigung der Exklusion des Vaterschaftsprätendenten*, Hamburg 2014, zugl. Diss. Hamburg 2013, (zitiert: *Schneider*, Rechtsfolgenlose Klärung der biologischen Abstammung gemäß § 1598a BGB).

Schneider, Werner: Die neuen Väter – Chancen und Risiken. *Zum Wandel der Vaterrolle in Familie und Gesellschaft*, Augsburg 1989, (zitiert: *Schneider*, Die neuen Väter).

Schölmerich, Axel/Lengning, Anke: Neugier, Exploration und Bindungsentwicklung. In: Ahnert, Liselotte (Hrsg.), Frühe Bindung. Entstehung und Entwicklung, 2. Auflage, München 2008, S. 198–210, (zitiert: *Schölmerich/Lengning*, in Ahnert (Hrsg.), Frühe Bindung).

Schönke, Adolf/Schröder, Horst: Strafgesetzbuch, Kommentar, 28. Auflage, München 2010, (zitiert: Schönke/Schröder/*Bearbeiter*, StGB, §, Rn).

Schon, Lothar: Vater und Sohn. *Entwicklungspsychologische Betrachtungen der ersten Jahre einer bedeutsamen Beziehung*. In: Walter, Heinz (Hrsg.), Männer als Väter, Sozialwissenschaftliche Theorie und Empirie, Gießen 2002, S. 477–517, (zitiert: *Schon*, in Walter (Hrsg.), Männer als Väter).

Schradin, Carsten: Die Biologie des Vaters. *Was die Verhaltensforschung über Väter berichten kann*, Fürth 2007, (zitiert: *Schradin*, Biologie des Vaters).

Schubert, Werner (Hrsg.): Die Projekte der Weimarer Republik zur Reform des Nichtehelichen-, des Adoptions- und des Ehescheidungsrechts. (Rechts- und Staatswissenschaftliche Veröffentlichungen der Görres-Gesellschaft, Neue Folge, Heft 43), Paderborn u. a. 1986, (zitiert: *Schubert*, Weimarer Projekte).

Schubert, Werner (Hrsg.): Akademie für Deutsches Recht 1933–1945, Protokolle der Ausschüsse, Familienrecht, Band III, 2, Berlin 1989, (zitiert: *Schubert*, Deutsches Recht 1933–1945).

Schubert, Werner (Hrsg.): Das Familien- und Erbrecht unter dem Nationalsozialismus. (Rechts- und Staatswissenschaftliche Veröffentlichungen der Görres-Gesellschaft, Neue Folge, Heft 68), Paderborn u.a. 1993, (zitiert: *Schubert*, Nationalsozialismus).

Schubert, Werner (Hrsg.): Die Reform des Nichtehelichenrechts (1961–1969). *Entstehung und Quellen des Gesetzes über die Rechtsstellung der nichtehelichen Kinder vom 19.8.1968*, Paderborn u. a. 2003, (zitiert: *Schubert*, Nichtehelichenrecht).

Schütze, Yvonne: Zur Veränderung im Eltern-Kind-Verhältnis seit der Nachkriegszeit. In: Nave-Herz, Rosemarie (Hrsg.), Kontinuität und Wandel der Familie in Deutschland, Stuttgart 2002, S. 71–97, (zitiert: *Schütze*, in Nave-Herz (Hrsg.), Kontinuität und Wandel).

Schütze, Yvonne/Wagner, Michael: Verwandtschaft. *Begriff und Tendenzen der Forschung*. In: Wagner, Michael/Schütze, Yvonne (Hrsg.), Verwandtschaft. Sozialwissenschaftliche Beiträge zu einem vernachlässigten Thema, Stuttgart 1998, S. 7–16, (zitiert: *Schütze/Wagner*, in Wagner/Schütze (Hrsg.), Verwandtschaft).

Schulte-Bunert, Kai: Das neue FamFG, 2. Auflage, Köln 2010, (zitiert: *Schulte-Bunert*, Das neue FamFG).

Schulte-Bunert, Kai/Weinreich, Gerd: FamFG Kommentar, 4. Auflage, Köln 2014, (zitiert: Schulte-Bunert/Weinreich/*Bearbeiter*, FamFG, §, Rn).

Schulze, Natascha: Das Umgangsrecht. *Die deutsche Reform im Kontext europäischer Rechtsentwicklung*, Untersuchungen zum Europäischen Privatrecht, Band 6, Berlin 2001, zugl. Diss. München 2000, (zitiert: *Schulze*, Umgangsrecht).

Schumacher, Klaus: Fortpflanzungsmedizin und Zivilrecht. In: FamRZ 1987, S. 313–321, (zitiert: *Schumacher*, FamRZ 1987).

Schumacher, Silvia: Das Rechtsverhältnis zwischen Eltern und Kindern in der Privatrechtsgeschichte, Rechtshistorische Reihe, Bd. 186, Frankfurt a. M. 1999, zugl. Diss. Bielefeld 1998, (zitiert: *Schumacher*, Eltern und Kinder in der Privatrechtsgeschichte).

Schumann, Eva: Die nichteheliche Familie. *Reformvorschläge für das Familienrecht mit einer Darstellung der geschichtlichen Entwicklung und unter Berücksichti-*

gung des Völker- und Verfassungsrechts, zugl. Diss. Leipzig 1997, München 1998, (zitiert: *Schumann*, Die nichteheliche Familie).

Schutter, Sabina: „Richtige" Kinder. *Von heimlichen und folgenlosen Vaterschaftstests*, Wiesbaden 2011, zugl. Diss. Wuppertal 2010, (zitiert: *Schutter*, „Richtige" Kinder).

Schutter, Sabina: Richtige Kinder und falsche Väter? Vaterschaftstests zwischen Rebiologisierung und „neuer Väterlichkeit". In: JAmt 2011, S. 566–572, (zitiert: *Schutter*, JAmt 2011).

Schwab, Dieter: Die Mitarbeitspflicht der Ehegatten nach § 1356 Abs. 2 BGB. In: JZ 1970, S. 1–7, (zitiert: *Schwab*, JZ 1970).

Schwab, Dieter: Entwicklungen und Perspektiven des Familienrechts. In: BMFS (Hrsg.), 40 Jahre Familienpolitik in der Bundesrepublik Deutschland, Rückblick/Ausblick, Festschrift, Berlin 1993, S. 63–89, (zitiert: *Schwab*, in BMFS (Hrsg.), 40 Jahre Familienpolitik).

Schwab, Dieter: Parallel laufende Erklärungen. *Zugleich ein Beitrag zur Gesetzestechnik der Kindschaftsrechtsreform.* In: Beuthien, Volker/Fuchs, Maximilian/Roth, Herbert/Schiemann, Gottfried/Wacke, Andreas (Hrsg.), Festschrift für Dieter Medicus zum 70. Geburtstag, Köln u. a. 1999, S. 587–603, (zitiert: *Schwab*, FS Medicus).

Schwab, Dieter: Familie. In: Brunner, Otto/Conze, Werner/Koselleck, Reinhart (Hrsg.), Geschichtliche Grundbegriffe. Historisches Lexikon zur politisch-sozialen Sprache in Deutschland. Band 2, E – G, S. 253–301, Stuttgart 2004, (zitiert: *Schwab*, in Brunner/Conze/Koelleck (Hrsg.), Geschichtliche Grundbegriffe).

Schwab, Dieter: Von gefallenen Mädchen, Zahlvätern und sozialen Familien: Eine rechtshistorische Betrachtung zum Kindschaftsrecht. In: JAmt 2006, S. 549–557, (zitiert: *Schwab*, JAmt 2006).

Schwab, Dieter: Zwischen Kenntnis der Abstammung und abstammungsgemäßer Zuordnung –*Eine Wanderung auf den Pfaden des Bundesverfassungsgerichts.* In: Manssen, Gerit/Jachmann, Monika/Gröpl, Christoph (Hrsg.), Nach geltendem Verfassungsrecht – Festschrift für Udo Steiner zum 70. Geburtstag, Stuttgart 2009, S. 758–777, (zitiert: *Schwab*, FS Steiner).

Schwab, Dieter: Die Begriffe der genetischen, biologischen, rechtlichen und sozialen Elternschaft (Kindschaft) im Spiegel der rechtlichen Terminologie. In: Schwab/Vaskovics (Hrsg.), Pluralisierung von Elternschaft und Kindschaft, Familienrecht, -soziologie und –psychologie im Dialog, Sonderheft Zeitschrift für Familienforschung/Journal of Family Research, 8, Opladen u. a. 2011, S. 41–56, (zitiert: *Schwab*, in Schwab/Vaskovics (Hrsg.), Pluralisierung von Elternschaft und Kindschaft I).

Schwab, Dieter: Fragen zwischen Sozial- und Rechtswissenschaften bei familienbezogener Forschung. In: Schwab/Vaskovics (Hrsg.), Pluralisierung von Elternschaft und Kindschaft, Familienrecht, -soziologie und –psychologie im Dialog, Sonderheft Zeitschrift für Familienforschung/Journal of Family Research, 8, Opladen u.a. 2011, S. 317–324, (zitiert: *Schwab*, in Schwab/Vaskovics (Hrsg.), Pluralisierung von Elternschaft und Kindschaft II).

Schwab, Dieter: Familienrecht, 21. Auflage, München 2013, (zitiert: *Schwab*, Familienrecht).

Schwab, Dieter/Wagenitz, Thomas: Einführung in das neue Kindschaftsrecht. In: FamRZ 1997, S. 1377–1383, (zitiert: *Schwab/Wagenitz*, FamRZ 1997).

Schwabe-Höllein, Marianne/August-Frenzel, Petra: Die Bedeutung der Bindung bei der Begutachtung in familienrechtlichen Angelegenheiten. In: Spangler, Gottfried/Zimmermann, Peter (Hrsg.), Die Bindungstheorie: Grundlagen, Forschung und Anwendung, 5. Auflage, Stuttgart 2009, S. 351–360, (zitiert: *Schwabe-Höllein/August-Frenel*, in Spangler/Zimmermann (Hrsg.), Bindungstheorie).

Schwägler, Georg: Der Vater in soziologischer Sicht. In: Tellenbach, Hubertus (Hrsg.), Das Vaterbild im Abendland I, Stuttgart u.a. 1978, S. 149–165, (zitiert: *Schwägler*, in Tellenbach (Hrsg.), Das Vaterbild im Abendland).

Schwenzer, Ingeborg: Ehelichkeitsvermutung und Ehelichkeitsanfechtung. In: FamRZ 1985, S. 1–9, (zitiert: *Schwenzer*, FamRZ 1985).

Schwenzer, Ingeborg: Vom Status zur Realbeziehung. *Familienrecht im Wandel*, Baden-Baden 1987, zugl. Habil. Freiburg 1986/87, (zitiert: *Schwenzer*, Vom Status zur Realbeziehung).

Schwenzer, Ingeborg: Die Rechtsstellung des nichtehelichen Kindes. In: FamRZ 1992, S. 121–128, (zitiert: *Schwenzer*, FamRZ 1992).

Schwenzer, Ingeborg: Empfiehlt es sich, das Kindschaftsrecht neu zu regeln? In: Verhandlungen des 59. Deutschen Juristentages Hannover 1992, Band I, Gutachten, S. A 1 – A 112, (zitiert: *Schwenzer*, 59. DJT).

Schwenzer, Ingeborg: Grundlinien eines modernen Familienrechts aus rechtsvergleichender Sicht. In: RabelsZ 71 (2007), S. 705–727, (zitiert: *Schwenzer*, RabelsZ 71 (2007)).

Seidel, Klaus: Was gilt, wenn der rechtliche Vater nicht der biologische ist? In: FPR 2005, S. 181–184, (zitiert: *Seidel*, FPR 2005).

Seiffge-Krenke, Inge: Neuere Ergebnisse der Vaterforschung. Sind Väter notwendig, überflüssig oder sogar schädlich für die Entwicklung ihrer Kinder? In: Psychotherapeut 46 (2001), S. 391–397, (zitiert: *Seiffge-Krenke*, Psychotherapeut 46 (2001)).

Seiffge-Krenke, Inge: Psychotherapie und Entwicklungspsychologie. *Beziehungen: Herausforderungen, Ressourcen, Risiken*, 2. Auflage, Heidelberg 2009, (zitiert: *Seiffge-Krenke*, Psychotherapie und Entwicklungspsychologie).

Seltzer, Judith A./Bachrach, Christine A./Bianchi, Suzanne M./Bledsoe, Caroline H./ Casper, Lynne M./ Chase-Lansdale, P. Lindsay/DiPrete, Thomas A./Hotz, V. Joseph/ Morgan, S. Philip/Sanders, Seth G./Thomas, Duncan: Explaining Family Change and Variation: Challenge for Family Demographers. In: Journal of Marriage and Family 67 (2005), S. 908–925, (zitiert: *Seltzer u.a.*, Journal of Marriage and Family 67 (2005)).

Sethe, Henning von: Die Durchsetzbarkeit des Rechts auf Kenntnis der eigenen Abstammung aus der Sicht des Kindes. *Eine Analyse des geltenden Rechts und Vorschläge für eine künftige Rechtsgestaltung*, Münsterische Beiträge zur Rechtswissenschaft, Band 93, Berlin 1995, zugl. Diss. Münster 1994, (zitiert: *Sethe*, Durchsetzbarkeit des Rechts auf Kenntnis der eigenen Abstammung).

Shorter, Edward: Der Wandel der Mutter-Kind-Beziehung zu Beginn der Moderne. In: Geschichte und Gesellschaft. Zeitschrift für historische Sozialwissenschaft (1) 1975, S. 256–287, (zitiert: *Shorter*, in Geschichte und Gesellschaft. Zeitschrift für historische Sozialwissenschaft (1) 1975).

Sieder, Reinhard: Sozialgeschichte der Familie, Frankfurt a.M. 1987, (zitiert: *Sieder*, Sozialgeschichte der Familie).

Siegfried, Dirk: Kinder vom anderen Ufer. In: FPR 2005, S. 120–122, (zitiert: *Siegfried*, FPR 2005).

Siegmund, Michael/Bröcher, Joachim: Pädagogische Grundlagen der Angewandten Kindheitswissenschaften, Norderstedt 2010, (zitiert: *Siegmund/Bröcher*, Pädagogische Grundlagen).

Simitis, Spiros: Personen- und Personenstandsrechtliche Grundfragen des neuen Nichtehelichenrechts. In: StAZ 1970, S. 255–264, (zitiert: *Simitis*, StAZ 1970).

Simitis, Spiros: Kindschaftsrecht – *Elemente einer Theorie des Familienrechts*. In: Festschrift für Müller-Freienfels, Baden-Baden 1986, S. 579–616, (zitiert: *Simitis*, FS Müller-Freienfels).

Simm, Regina: Partnerschaftsdynamik und Familienentwicklung. *Die interne Dynamik von Partner- und Familiensystemen und ihre strukturellen Bedingungen und Folgen*, Bielefeld 1987, (zitiert: *Simm*, Partnerschaftsdynamik und Familienentwicklung).

Skolnick, Arlene: Fatherhood in transition. In: BiB (Hrsg.): Changing families in Changing Societies, *Proceedings of the International Conference in Brussels, 8–10 February 1992* (Materialien zur Bevölkerungswissenschaft, Sonderheft 21),

Wiesbaden 1993, S. 51–60, (zitiert: *Skolnick*, in BiB (Hrsg.), Changing families in Changing Societies).

Socha, Ingo: Probleme des einstweiligen Rechtsschutzes nach dem FamFG am Beispiel der Kindschaftssachen. In: FamRZ 2010, S. 947–949, (zitiert: *Socha*, FamRZ 2010).

Soergel, Hans Theodor: Bürgerliches Gesetzbuch mit Einführungsgesetz und Nebengesetzen. Band 19/1 – Familienrecht 3/1 (§§ 1589–1615n), 13. Auflage, Stuttgart 2012, (zitiert: Soergel/*Bearbeiter* (2012), §, Rn).

Sommerkorn, Ingrid/Liebsch, Katharina: Erwerbstätige Mütter zwischen Beruf und Familie. Mehr Kontinuität als Wandel. In: Nave-Herz, Rosemarie (Hrsg.), Kontinuität und Wandel der Familie in Deutschland, Stuttgart 2002, S. 99–130, (zitiert: *Sommerkorn/Liebsch*, in Nave-Herz (Hrsg.), Kontinuität und Wandel).

Sorosky, Arthur D./Baran, Annette/Pannor, Reuben: Adoption. *Zueinander kommen – miteinander leben. Eltern und Kinder erzählen*, Reinbek 1982, (zitiert: *Sorosky/Baran/Pannor*, Adoption).

Specht, Rainer: Über die Funktion des Vaters nach Thomas von Aquino. In: Tellenbach, Hubertus (Hrsg.), Das Vaterbild im Abendland I, Stuttgart u.a. 1978, S. 95–109, (zitiert: *Specht*, in Tellenbach (Hrsg.), Das Vaterbild im Abendland).

Spickhoff, Andreas: Vaterschaft und konsentierte Fremdinsemination. In AcP 197 (1997), S. 398–429, (zitiert: *Spickhoff*, AcP 197 (1997)).

Spickhoff, Andreas: Vaterschaft und Fortpflanzungsmedizin. *Die Einwilligung zur künstlichen Befruchtung mittels Samenspende eines Dritten.* In: Hofer, Sibylle/Klippel, Diethelm/Walter, Ute (Hrsg.), Festschrift für Dieter Schwab, Perspektiven des Familienrechts, Bielefeld 2005, S. 923–945, (zitiert: *Spickhoff*, FS Schwab).

Spickhoff, Andreas: Der Streit um die Abstammung – Brennpunkte der Diskussion. In: Spickhoff, Andreas/Schwab, Dieter/Henrich, Dieter/Gottwald, Peter (Hrsg.), Streit um die Abstammung -ein europäischer Vergleich-, Bielefeld 2007, S. 13–71, (zitiert: *Spickhoff*, in Spickhoff u.a. (Hrsg.), Streit um die Abstammung).

Spickhoff, Andreas/Schwab, Dieter/Henrich, Dieter/Gottwald, Peter (Hrsg.), Streit um die Abstammung – ein europäischer Vergleich –, Bielefeld 2007, (zitiert: Spickhoff/Schwab/Henrich/Gottwald (Hrsg.), Streit um die Abstammung).

Statistisches Bundesamt: Statistiken der Kinder- und Jugendhilfe 2011. *Pflegschaften, Vormundschaften, Beistandschaften, Pflegeerlaubnis, Sorgerechtsentzug, Sorgeerklärungen*, Onlinezugriff: [https://www.destatis.de/DE/Publikationen/Thematisch/Soziales/KinderJugendhilfe/PflegeVormundBeistandschaftPflegeerlaubnis5225202117004.pdf], (zitiert: *Statistisches Bundesamt*, Statistiken der Kinder- und Jugendhilfe).

Statistisches Bundesamt (Hrsg.): Statistisches Jahrbuch 2013, Onlinezugriff: [https://www.destatis.de/DE/Publikationen/StatistischesJahrbuch/Bevoelkerung.pdf], (zitiert: Statistisches Bundesamt (Hrsg.), Statistisches Jahrbuch 2013).

Staudinger, Julius von: Kommentar zum Bürgerlichen Gesetzbuch, Buch 4, Familienrecht, §§ 1589–1600d (Abstammung). Neubearbeitung 2011, (zitiert: Staudinger/*Bearbeiter* (2011), §, Rn).

Staudinger, Julius von: BGB, Neubearbeitung 2014, über beck-online, (zitiert: Staudinger/*Bearbeiter* (2014), §, Rn).

Stein, Angelika: Das Gesetz zur Klärung der Vaterschaft unabhängig vom Anfechtungsverfahren. In: FF 2009, S. 10–14, (zitiert: *Stein*, FF 2009).

Steinbach, Anja: Generationsbeziehungen in Stieffamilien. *Der Einfluss leiblicher und sozialer Elternschaft auf die Ausgestaltung von Eltern-Kind-Beziehungen im Erwachsenenalter*, Wiesbaden 2010, zugl. Habil. Chemnitz 2009, (zitiert: *Steinbach*, Generationsbeziehungen in Stieffamilien).

Steinberg, Anke: Der Begriff des Kindeswohls im Wandel unter Berücksichtigung der Einflussnahme der Kindheitsforschung, Onlinezugriff: [http://elpub.bib.uni-wuppertal.de/edocs/dokumente/fbg/paedagogik/diss2009/steinberg/dg0904.pdf], zugl. Diss. Wuppertal 2009, (zitiert: *Steinberg*, Begriff des Kindeswohls).

Stein-Hilbers, Marlene: Frauen und Männer. Erste Anzeichen eines Wandels von Geschlechterverhältnissen. In: Sowi 1989, S. 221–227, (zitiert: *Stein-Hilbers*, Sowi 1989).

Stein-Hilbers, Marlene: Die sogenannten „Neuen Väter". *Veränderungen und Überhöhungen eines Eltern-Kind-Verhältnisses.* Widersprüche, Zeitschrift für sozialistische Politik im Bildungs-, Gesundheits- und Sozialbereich, Heft 40 (1991), S. 43–51, (zitiert: *Stein-Hilbers*, Widersprüche 1991).

Stein-Hilbers, Marlene: Biologie und Gefühl. *Geschlechterbeziehungen im neuen Kindschaftsrecht.* In: ZRP 1993, S. 256–261, (zitiert: *Stein-Hilbers*, ZRP 1993).

Stein-Hilbers, Marlene: Wem gehört das Kind? *Neue Familienstrukturen und veränderte Eltern-Kind-Beziehungen*, Frankfurt a.M. 1994, (zitiert: *Stein-Hilbers*, Wem gehört das Kind?).

Stephan, Christine: Bindungsbeziehung – Spielbeziehung – Kompetenzentwicklung. In: Spangler, Gottfried/Zimmermann, Peter (Hrsg.), Die Bindungstheorie: Grundlagen, Forschung und Anwendung, 5. Auflage, Stuttgart 2009, S. 265–280, (zitiert: *Stephan*, in Spangler/Zimmermann (Hrsg.), Bindungstheorie).

Stößer, Eberhard: Das neue Verfahren in Abstammungssachen nach dem FamFG. In: FamRZ 2009, S. 923–930, (zitiert: *Stößer*, FamRZ 2009).

Strick, Kerstin: Die Adoption des eigenen Kindes. *Zum Abbruch statusrechtlicher Verwandtschaftsbeziehungen*, Frankfurt a.M. 1996, zugl. Diss. Freiburg 1996, (zitiert: *Strick*, Adoption des eigenen Kindes).

Süß, Bernd: Die Feststellung der Vaterschaft unabhängig von Anfechtungsverfahren. *Das neue Abstammungsrecht unter besonderer Berücksichtigung der Perspektive der Väter*, Europäische Hochschulschriften II, Band 5032, Frankfurt a.M. 2010, zugl. Diss. Marburg 2009, (zitiert: *Süß*, Feststellung der Vaterschaft unabhängig vom Anfechtungsverfahren).

Suess, Gerhard J./Scheuerer-Englisch, Hermann: Überlegungen zur Arbeit mit Eltern und Pflegeeltern aus bindungstheoretischer Sicht. In: Julius, Henri/Gasteiger-Klicepera, Barbara/Kißgen, Rüdiger (Hrsg.), Bindung im Kindesalter, Diagnostik und Interventionen, Göttingen u.a. 2009, S. 253–276, (zitiert: *Suess/Scheuerer-Englisch*, in Julius/Gasteiger-Klicepera/Kißgen (Hrsg.), Bindung im Kindesalter).

Tenorth, Heinz-Elmar: Geschichte der Erziehung. *Einführung in die Grundzüge ihrer neuzeitlichen Entwicklung*, 5. Auflage, Weinheim u.a. 2010 (1. Auflage 1988), (zitiert: *Tenorth*, Geschichte der Erziehung).

Trepp, Anne-Charlott: Männerwelten privat: Vaterschaft im späten 18. und beginnenden 19. Jahrhundert. In: Kühne, Thomas (Hrsg.), Männergeschichte – Geschlechtergeschichte, Männlichkeit im Wandel der Moderne, Frankfurt a.M. u.a. 1996, S. 31–50, (zitiert: *Trepp*, in Kühne (Hrsg.), Männergeschichte – Geschlechtergeschichte).

Trotha, Trutz von: Zum Wandel der Familie. In: KZfSS Jahrgang 42 (1990), S. 452–473, (zitiert: *Trotha*, KZfSS 42 (1990)).

Tyrell, Hartmann: Ehe und Familie. *Institutionalisierung und Deinstitutionalisierung*. In: Lüscher, Kurt/Schultheis, Franz/Wehrspaun, Michael (Hrsg.), Die „postmoderne" Familie, familiale Strategien und Familienpolitik in einer Übergangszeit, Konstanz 1988, S. 145–156, (zitiert: *Tyrell*, in Lüscher/Schultheis/Wehrspaun (Hrsg.), Die „postmoderne" Familie).

Vaskovics, Laszlo A.: Segmentierung und Multiplikation von Elternschaft. Konzept zur Analyse von Elternschafts- und Elternkonstellationen. In: Schwab/Vaskovics (Hrsg.), Pluralisierung von Elternschaft und Kindschaft, Familienrecht, -soziologie und -psychologie im Dialog, Sonderheft Zeitschrift für Familienforschung/Journal of Family Research, 8, Opladen u.a. 2011, S. 11–40, (zitiert: *Vaskovics*, in Schwab/Vaskovics (Hrsg.), Pluralisierung von Elternschaft und Kindschaft).

Vaughn, Brian E./Heller, Carroll/Bost, Kelly K.: Bindung und Gleichaltrigenbeziehungen während der frühen Kindheit. In: Suess, Gerhard J./Scheuerer-Englisch, Hermann/Pfeifer, Walter-Karl P. (Hrsg.), Bindungstheorie und Familiendynamik. Anwendung der Bindungstheorie in Beratung und Therapie, Gießen

2001, S. 53–82, (zitiert: *Vaughn/Heller/Bost*, in Suess/Scheuerer-Englisch/Pfeifer (Hrsg.), Bindungstheorie und Familiendynamik).

Veit, Barbara: Verwandtschaftliche Elternstellung und elterliche Sorge bei Scheidungskindern. In: FamRZ 1999, S. 902–908, (zitiert: *Veit*, FamRZ 1999).

Vogel, Christian: Die Rolle der Familie im biogenetischen Geschehen. In: Voland, Eckart (Hrsg.), Fortpflanzung: Natur und Kultur im Wechselspiel, Frankfurt a.M. 1992, S. 145–169, (zitiert: *Vogel*, in Voland (Hrsg.), Fortpflanzung).

Voland, Eckart: Soziobiologie. *Die Evolution von Kooperation und Konkurrenz*, 4. Auflage, Berlin und Heidelberg 2013, (zitiert: *Voland*, Soziobiologie).

Voland, Eckart/Paul, Andreas: Vom „egoistischen Gen" zur Familiensolidarität – *Die soziobiologische Perspektive von Verwandtschaft*. In: Wagner, Michael/Schütze, Yvonne (Hrsg.), Verwandtschaft. Sozialwissenschaftliche Beiträge zu einem vernachlässigten Thema, Stuttgart 1998, S. 35–58, (zitiert: *Voland/Paul*, in Wagner/Schütze (Hrsg.), Verwandtschaft).

Vollersen, Nicolas Uwe: Begriff und System des deutschen Abstammungsrechts, Schriften zum Familien- und Erbrecht, Band 5, Baden-Baden 2012, zugl. Diss. Saarbrücken 2011, (zitiert: *Vollersen*, Begriff und System des deutschen Abstammungsrechts).

Volz, Rainer: Väter zwischen Wunsch und Wirklichkeit. *Zur Beharrlichkeit traditioneller Geschlechterbilder*. In: Mühling, Tanja/Rost, Harald (Hrsg.), Väter im Blickpunkt, Perspektiven der Familienforschung, Opladen 2007, S. 205–224, (zitiert: *Volz*, in Mühling/Rost (Hrsg.), Väter im Blickpunkt).

Wagenitz, Thomas/Barth, Thomas: Die Änderungen der Familie als Aufgabe für den Gesetzgeber. In: FamRZ 1996, S. 577–587, (zitiert: *Wagenitz/Barth*, FamRZ 1996).

Wagner, Gerhard: Unterhaltsrechtliche Folgen des scheidungsakzessorischen Statuswechsels nach dem Kindschaftsrechtsreformgesetz. In: FamRZ 1999, S. 7–15, (zitiert: *Wagner*, FamRZ 1999).

Wagner, Jutta/Albers, Marion: Stellungnahme des Deutschen Juristinnenbundes zum Entwurf eines Gesetzes zur Klärung der Vaterschaft unabhängig vom Anfechtungsverfahren. In: FPR 2007, S. 416–418, (zitiert: *Wagner/Albers*, FPR 2007).

Walbiner, Waltraut: Vom Patriarchat und anderen Mythen: Historischer Wandel in der Rolle des Vaters. In: BMFSFJ (Hrsg.), Facetten der Vaterschaft. Perspektiven einer innovativen Väterpolitik, Onlinezugriff: [http://www.bmfsfj.de/RedaktionBMFSFJ/Abteilung2/Pdf-Anlagen/facetten-vaterschaft,property=pdf,bereich=bmfsfj,sprache=de,rwb=true.pdf], (zitiert: *Walbiner*, in BMFSFJ (Hrsg.), Facetten der Vaterschaft).

Walper, Sabine/Wendt, Eva-Verena: Die Bedeutung der Abstammung für die Identitätsfindung und Persönlichkeitsentwicklung in der Adoleszenz: Adoption,

Samenspende und frühe Vaterabwesenheit nach Trennung der Eltern. In: Schwab, Dieter/Vaskovics, Laszlo A. (Hrsg.), Pluralisierung von Elternschaft und Kindschaft, Familienrecht, -soziologie und -psychologie im Dialog, Sonderheft Zeitschrift für Familienforschung/Journal of Family Research, 8, Opladen u.a. 2011, S. 211–237, (zitiert: *Walper/Wendt*, in Schwab/Vaskovics (Hrsg.), Pluralisierung von Elternschaft und Kindschaft).

Walter, Wolfgang: Das Verschwinden und Wiederauftauchen des Vaters. *Gesellschaftliche Bedingungen und soziale Konstruktionen.* In: Walter, Heinz (Hrsg.), Männer als Väter, Sozialwissenschaftliche Theorie und Empirie, Gießen 2002, S. 79–115, (zitiert: *Walter*, in Walter (Hrsg.), Männer als Väter).

Walter, Wolfgang/Künzler, Jan: Parentales Engagement. *Mütter und Väter im Vergleich.* In: Schneider, Norbert F./Matthias-Bleck, Heike (Hrsg.), Elternschaft heute. Gesellschaftliche Rahmenbedingungen und individuelle Gestaltungsaufgaben, ZfF Sonderheft 2, Opladen 2002, S. 95–120, (zitiert: *Walter/Künzler*, in Schneider/Matthias-Bleck (Hrsg.), Elternschaft heute).

Wanitzek, Ulrike: Rechtliche Elternschaft bei medizinisch unterstützter Fortpflanzung. Schriften zum deutschen, europäischen und vergleichenden Zivil-, Handels- und Prozessrecht, Bielefeld 2002, zugl. Habil. Bayreuth 2001, (zitiert: *Wanitzek*, Rechtliche Elternschaft).

Wanitzek, Ulrike: Vaterschaftsanfechtung. In: FPR 2002, S. 390–402, (zitiert: *Wanitzek*, FPR 2002).

Watzlawik, Meike/Ständer, Nina/Mühlhausen, Susi: Neue Vaterschaft. *Vater-Kind-Beziehung auf Distanz*, Münster 2007, (zitiert: *Watzlawik/Ständer/Mühlhausen*, Neue Vaterschaft).

Weber-Kellermann, Ingeborg: Die deutsche Familie. *Versuch einer Sozialgeschichte*, Frankfurt a.M. 1974, (zitiert: *Weber-Kellermann*, Die deutsche Familie).

Weber-Kellermann, Ingeborg: Die Kindheit, Frankfurt a.M. 1979, (zitiert: *Weber-Kellermann*, Kindheit).

Wehrstedt, Stefan: Die heterologe Samenspenden-Behandlung bei einer nicht verheirateten Frau. In: FPR 2011, S. 400–404, (zitiert: *Wehrstedt*, FPR 2011).

Wellenhofer, Marina: Das Vaterschaftsanfechtungsrecht des leiblichen Vaters – Vorschlag zur Änderung von § 1600 BGB. In: FamRZ 2003, S. 1889–1894, (zitiert: *Wellenhofer*, FamRZ 2003).

Wellenhofer, Marina: Die prozessuale Verwertbarkeit privater Abstammungsgutachten. In: FamRZ 2005, S. 665–668, (zitiert: *Wellenhofer*, FamRZ 2005).

Wellenhofer, Marina: Das neue Gesetz zur Klärung der Vaterschaft unabhängig vom Anfechtungsverfahren. In: NJW 2008, S. 1185–1189, (zitiert: *Wellenhofer*, NJW 2008).

Wellenhofer, Marina: Anmerkung zu BGH, Urteil vom 16.04.2008 – XII ZR 144/06. In: FamRZ 2008, S. 1427–1428, (zitiert: *Wellenhofer*, FamRZ 2008).

Wellenhofer, Marina: Grundrechte – Familienrecht. *Verfassungsmäßigkeit des geltenden Vaterschaftsanfechtungsrechts*. In: JuS 2009, S. 460–462, (zitiert: *Wellenhofer*, JuS 2009).

Wellenhofer, Marina: „Segmentierung“ der Elternschaft und Rechte des Kindes. In: Schwab/Vaskovics (Hrsg.), Pluralisierung von Elternschaft und Kindschaft, Familienrecht, -soziologie und -psychologie im Dialog, Sonderheft Zeitschrift für Familienforschung/Journal of Family Research, 8, Opladen u. a. 2011, S. 173–187, (zitiert: *Wellenhofer*, in Schwab/Vaskovics (Hrsg.), Pluralisierung von Elternschaft und Kindschaft).

Wellenhofer, Marina: Familienrecht, 2. Auflage, München 2011, (zitiert: *Wellenhofer*, Familienrecht).

Wellenhofer, Marina: Der Europäische Gerichtshof für Menschenrechte und das Vaterschaftsanfechtungsrecht des leiblichen Vaters – zugleich Anmerkung zu den Urteilen des EuGHMR vom 22.3.2012–23338/09 (Kautzor/Deutschland) und 45071/09 (Ahrens/Deutschland) – In: FamRZ 2012, S. 828–832, (zitiert: *Wellenhofer*, FamRZ 2012).

Wellenhofer, Marina: Die Samenspende und ihre (späteren) Rechtsfolgen. In: FamRZ 2013, S. 825–830, (zitiert: *Wellenhofer*, FamRZ 2013).

Werneck, Harald: Übergang zur Vaterschaft. *Auf der Suche nach den „Neuen Vätern“*, Wien u. a. 1998, (zitiert: *Werneck*, Übergang zur Vaterschaft).

Wichmann, Klaus: Die Reform des Kindschaftsrechts in der Diskussion. In: FuR 1996, S. 161–171, (zitiert: *Wichmann*, FuR 1996).

Wieser, Eberhard: Zur Anfechtung der Vaterschaft durch den leiblichen Vater. In: FamRZ 2004, S. 1773–1774, (zitiert: *Wieser*, FamRZ 2004).

Will, Annegret: Wer ist Vater im Sinne des Gesetzes? In: FPR 2005, S. 172–177, (zitiert: *Will*, FPR 2005).

Willekens, Harry: Long Term Developments in Family Law in Western Europe. In: Eekelaar, John/Nhlapo, Thandabantu (Hrsg.), The changing Family, International Perspectives on the Family and Family Law, Oxford 1998, S. 47–72, (zitiert: *Willekens*, in Eekelaar/Nhlapo (Hrsg.), The changing Family).

Willekens, Harry: Vaterschaft als Institution. In: Bereswill, Mechthild/Scheiwe, Kirsten/Wolde, Anja (Hrsg.), Vaterschaft im Wandel. Multidisziplinäre Analysen und Perspektiven aus geschlechtertheoretischer Sicht, Weinheim und München 2006, S. 19–35, (zitiert: *Willekens*, in Bereswill/Scheiwe/Wolde (Hrsg.), Vaterschaft im Wandel).

Willutzki, Siegfried: Heimliche Vaterschaftstests – Anstoß für den Gesetzgeber. In: ZRP 2007, S. 180–184, (zitiert: *Willutzki*, ZRP 2007).

Wilson, Edward Osborne: Sociobiology. *The New Synthesis*, Cambridge/London 1975, (zitiert: *Wilson*, Sociobiology – The new Synthesis).

Wilson, Edward Osborne: Biologie als Schicksal. *Die soziobiologischen Grundlagen menschlichen Verhaltens*, München 1980, (zitiert: *Wilson*, Biologie als Schicksal).

Winter, Gerd: Sozialer Wandel durch Rechtsnormen erörtert an der sozialen Stellung unehelicher Kinder. Schriftenreihe zur Rechtssoziologie und Rechtstatsachenforschung, Band 17, Berlin 1969, (zitiert: *Winter*, Sozialer Wandel).

Wittmann, Tobias: Genetische Realität anstelle der pater-est-Doktrin. Schriftenreihe Studien zum Familienrecht, Band 35, Hamburg 2012, zugl. Diss. Erlangen-Nürnberg 2011, (zitiert: *Wittmann*, Genetische Realität anstelle der pater-est-Doktrin).

Wolde, Anja: Väter im Aufbruch? *Deutungsmuster von Väterlichkeit und Männlichkeit im Kontext von Väterinitiativen*, Wiesbaden 2007, (zitiert: *Wolde*, Väter im Aufbruch?).

Wolf, Alfred: Biologische Abstammung und rechtliche Zuordnung. In: NJW 2005, S. 2417–2421, (zitiert: *Wolf*, NJW 2005).

Wolf, Andrea: Die Abstammung von durch medizinische Fortpflanzung gezeugten Kindern nach dem Kindschaftsreformgesetz (KindRG). In FuR 1998, S. 392–397, (zitiert: *Wolf*, FuR 1998).

Wolf, Michael: Untreue in Partnerschaften: *Zur Prävalenz von Nichtvaterschaft und zur Messung von Eifersucht*, Onlinezugriff: [http://docserv.uni-duesseldorf.de/servlets/DocumentServlet?id=18560], zugl. Diss. Düsseldorf 2011, (zitiert: *Wolf*, Untreue in Partnerschaften).

Wuketits, Franz Manfred: Gene, Kultur und Moral. *Soziobiologie – Pro und Contra*, Darmstadt 1990, (zitiert: *Wuketits*, Gene, Kultur und Moral).

Wuketits, Franz Manfred: Verdammt zur Unmoral? *Zur Naturgeschichte von Gut und Böse*, München 1993, (zitiert: *Wuketits*, Verdammt zur Unmoral).

Wuketits, Franz Manfred: Soziobiologie. *Die Macht der Gene und die Evolution sozialen Verhaltens*, 1. Auflage, Heidelberg u. a. 1997, Unveränderter Nachdruck 2012, (zitiert: *Wuketits*, Soziobiologie).

Wuketits, Frank Manfred: Was ist Soziobiologie? München 2002, (zitiert: *Wuketits*, Was ist Soziobiologie?).

Wurzbacher, Gerhard: Leitbilder gegenwärtigen deutschen Familienlebens, 4. Auflage, Stuttgart 1969, (zitiert: *Wurzbacher*, Familienleben).

Zenz, Gisela: Referat. In: Verhandlungen des 59. Deutschen Juristentages Hannover 1992, Band II Sitzungsberichte, München 1992, S. M9 – M27, (zitiert: *Zenz*, Referat beim 59. DJT (1992)).

Zimmermann, Jan-Martin: Die Abstammungsfeststellungsklage, Aachen 1995, zugl. Diss. Kiel 1990 unter dem Titel „Geschichte der Klage auf Feststellung der Abstammung", (zitiert: *Zimmermann*, Abstammungsfeststellungsklage).

Zimmermann, Michael J.: Scheinvaterschaften. *Die notwendige Beteiligung des Kindes an der Vaterschaftsfeststellung*, Studien zum Familienrecht Bd. 21, Hamburg 2008, zugl. Diss. Köln 2007, (zitiert: *Zimmermann*, Scheinvaterschaften).

Zimmermann, Michael J.: Die Feststellung der Vaterschaft unabhängig vom Anfechtungsverfahren. In: FuR 2008, S. 374–381, (zitiert: *Zimmermann*, FuR 2008).

Zimmermann, Michael J.: Anmerkung zu BVerfG, Beschluss vom 13.10.2008–1 BvR 1548/03. In: NJW 2009, S. 424–425, (zitiert: *Zimmermann*, NJW 2009).

Zimmermann, Michael J.: Das Sorgerecht des Vaters für sein nichteheliches Kind. In: FamFR 2010, S. 413–416, (zitiert: *Zimmermann*, FamFR 2010).

Zimmermann, Stefan: Das neue Kindschaftsrecht. In: DNotZ 1998, S. 404–437, (zitiert: *Zimmermann*, DNotZ 1998).

Zuck, Rüdiger: Der (heimliche) Vaterschaftstest: Was kann der Gesetzgeber tun? In: ZRP 2005, S. 117–119, (zitiert: *Zuck*, ZRP 2005).

Zulehner, Paul M./Volz, Rainer: Männer im Aufbruch. *Wie Deutschlands Männer sich selbst und wie Frauen sie sehen. Ein Forschungsbericht*, Ostfildern 1999, (zitiert: *Zulehner/Volz*, Männer im Aufbruch).

Zweigert, Konrad: Zur Reform des Unehelichenrechts. In: JuS 1967, S. 241–248, (zitiert: *Zweigert*, JuS 1967).

Einleitung

Es ist kaum möglich, Vaterschaft als Gegenstand einer wissenschaftlichen Arbeit zu wählen, ohne dabei einerseits von Eindrücken und Vorstellungen aus dem eigenen Erfahrungshorizont beeinflusst zu werden und ohne damit andererseits beim Leser persönliche Erlebnisse und Emotionen anzusprechen. Vaterschaft kann herbeigesehnt, befürchtet, verschwiegen, erstritten, aufgelöst, übernommen oder abgelehnt werden. Die persönliche Betroffenheit vom Thema ist Chance und Risiko zugleich. So ist das Thema Vaterschaft zwar interdisziplinär offen, gleichzeitig soll der Schwerpunkt der nachfolgenden Untersuchung aber auf dem rechtlichen Aspekt der Vaterschaft innerhalb des Abstammungsrechts liegen. Dieses Rechtsgebiet gehört zum Kernbereich des Kindschaftsrechts, weil es die Zuordnung eines Kindes zu einem bestimmten Mann als Vater regelt und damit die Anknüpfung an alle Rechte und Pflichten, die aus der Vaterschaft resultieren, überhaupt erst ermöglicht.

Es hat den Anschein, als würden biologische und soziale Elternschaft immer häufiger auseinanderfallen. Neben Stieffamilien, Adoptivfamilien und Inseminationsfamilien gibt es auch eine verdeckte Form fragmentierter Vaterschaft, die dann entsteht, wenn Kinder von einem Mann natürlich gezeugt werden, aber bei einem anderen Mann als Vater, dem sie rechtlich zugeordnet sind, aufwachsen. Dabei geht das Abstammungsrecht in generalisierender Weise von dem Grundsatz aus, dass jedes Kind nur einen Vater haben kann.

Inspiriert wurde diese Arbeit von der Fragestellung, ob dieser Grundsatz, dass jedes Kind nur einen Vater haben kann, nicht aufgegeben werden könnte oder gar sollte.[1] Ein allgemeiner Slogan in Werbung und Politik lautet: „Die Hälfte aller Eltern sind Väter". Bei einer möglichen Aufteilung der Vaterschaft in biologische, soziale und rechtliche Vaterschaft liegt jedoch die Vermutung nahe, dass ein Kind mehr Väter als Mütter haben könnte. Das Institut der Vaterschaft erscheint daher grundsätzlich für mehrfache Vaterschaften offen zu sein. Ein erster Ansatzpunkt könnte damit sein, aus interdisziplinärer Sicht zu untersuchen, inwieweit die unterschiedlichen Vaterpositionen für ein Kind von Bedeutung sind und wie dies rechtlich berücksichtigt werden müsste.

Ein bekanntes und gern zitiertes Gedicht besagt: „*Vater werden ist nicht schwer, Vater sein dagegen sehr*"[2]. Über dieses, ursprünglich auf die Notwendigkeit der Eheschließung für die Vaterschaft zielende Gedicht können einige Väter nur müde lächeln. Auch wenn heute die Eheschließung nicht mehr der einzige Weg zur rechtlichen Vaterschaft ist, wird einigen biologischen Vätern dennoch die rechtliche Vaterschaft verwehrt. Denn sie werden rechtlich gar nicht als Väter angesehen,

1 Vgl. *Heiderhoff*, FamRZ 2008, 1901 (1904 ff.).
2 Wilhelm Busch „*Julchen*" (1887).

da sie keinen Tatbestand der rechtlichen Vater-Kind-Zuordnung (§ 1592 BGB) erfüllen und auch nicht die Voraussetzungen, die für eine Vaterschaftsanfechtung aufgestellt worden sind (§ 1600 Abs. 1 Nr. 2, Abs. 2 und 4 BGB). Fraglich ist, ob mit dieser Ausgestaltung ein interessengerechter Ausgleich im Abstammungsrecht gelungen ist oder ob grundsätzlicher Reformbedarf besteht und wie ein solcher gegebenenfalls umzusetzen sein könnte. Mit dieser Problematik setzt sich die folgende Arbeit auseinander.

1. Teil: Einführung in die Problematik

Zunächst soll in die Problematik, die der vorliegenden Arbeit zugrunde liegt, eingeführt werden. Dabei geht es um die Festlegung und Definition der verwendeten Begrifflichkeiten sowie die Darstellung der familiären Konstellationen, welche die Verfasserin für die Bearbeitung zugrunde legt. Im Anschluss wird die rechtliche Problematik dieser familiären Situationen umrissen sowie deren Relevanz aufgezeigt, um danach die Zielsetzung und den Gang der Untersuchung vorzuzeichnen.

A. Begrifflichkeiten und familiäre Ausgangssituationen

Der biologische Vater, der durch Zeugung des Kindes diese Position innehat, ist von dem rechtlichen Vater, der einzig durch Erfüllung eines Tatbestands des § 1592 Nr. 1–3 BGB seine Vaterstellung einnimmt[3], und von dem sozialen Vater, der außerhalb des rechtlichen Rahmens seine Vaterposition durch Ausübung der Vaterrolle erhält, abzugrenzen. Im „Idealfall“ vereinigt ein und derselbe Mann alle drei Vaterpositionen in sich. Der Ehemann zeugt die Kinder seiner Ehefrau (biologischer Vater), kümmert sich um sie (sozialer Vater) und ist auch vor dem Gesetz aufgrund der Ehe mit der Kindsmutter als Vater legitimiert (rechtlicher Vater) oder der biologische Vater eines Kindes erkennt die Vaterschaft an oder wird gerichtlich als Vater festgestellt (rechtlicher Vater) und kümmert sich um das Kind (sozialer Vater). Von diesem „Idealfall“ gibt es jedoch eine Reihe von Ausnahmen. In der vorliegenden Untersuchung werden die Familienkonstellationen mit einem rechtlich-sozialen und einem biologischen Vater als Anknüpfungspunkt gewählt.

I. Biologischer Vater

Zunächst stellt sich die Frage, wie der biologische Vater zu definieren ist und aus welchem Grund in diesem Werk gerade der Begriff des biologischen Vaters verwendet wird.

1. Definition

Der biologische Vater ist naturgemäß der Mann, der das Kind gezeugt hat und von dem das Kind demzufolge biologisch abstammt. Hierbei kommt es nicht auf den Hintergrund der Zeugung an, so dass auch ein anonymer Samenspender, ein Vergewaltiger oder eine flüchtige Bekanntschaft der Mutter der biologische Vater ist, wenn er das Kind gezeugt hat. Der biologische Vater ist damit zunächst wertfrei allein durch die biologische Abstammung des Kindes von ihm zu bestimmen.

---

3 *Heiderhoff*, in Bork/Repgen (Hrsg.), Das Kind im Recht, 31 (32).

In Abgrenzung zu den Positionen des rechtlichen und sozialen Vaters hat der biologische Vater weder die rechtliche noch die soziale Vaterstellung inne.[4]

2. *Sprachliche Differenzierung*

Der Begriff des Vaters im Sinne des Gesetzes bezeichnet den *rechtlichen Vater.*[5] Es bedarf somit zur Abgrenzung und Präzisierung der unterschiedlichen Vaterpositionen spezifischer Begrifflichkeiten.[6] Da bereits die sprachliche Bezeichnung auf die Einstellung des Verfassers in Bezug auf seine darzulegenden Gedanken hindeutet, ist die richtige Begriffswahl von zentraler Bedeutung. Für den Ausdruck des *biologischen Vaters*[7] sind die Begriffe *Erzeuger*[8], *natürlicher Vater*[9], *genetischer Vater*[10] und *leiblicher Vater*[11] synonym, die gegen den Begriff des biologischen Vaters abzuwägen sind.

a) Erzeuger

Fraglich ist daher zunächst, was für und gegen den Begriff des Erzeugers spricht. Zuerst ist festzustellen, dass der Begriff Erzeuger als einzige Bezeichnung nicht das Wort Vater enthält. Dadurch ist sprachlich eine sehr klare Differenzierung zwischen dem gesetzlichen Ausdruck Vater als rechtlichen Vater und dem Begriff Erzeuger als biologischen Vater möglich.[12] Nachteil dieser Bezeichnung ist jedoch, dass der Begriff Erzeuger nicht ausschließlich mit der Bedeutung des biologischen Vaters besetzt ist. Vielmehr steht das Wort Erzeuger übergreifend für Personen, die etwas produzieren. Bereits in dem Entwurf des Nichtehelichengesetzes aus dem Jahr 1969 wurde festgestellt, dass das Wort Erzeuger veraltet ist und abwertend wirken kann[13], was daran liegt, dass die klare sprachliche Abgrenzung zu den sonstigen Bezeichnungen des biologischen Vaters durch das Fehlen des Wortes

---

4 *BVerfG*, FamRZ 2003, 816 (816); *Gernhuber/Coester-Waltjen*, Familienrecht, S. 597.

5 *Schwab*, in Schwab/Vaskovics (Hrsg.), Pluralisierung von Elternschaft und Kindschaft I, 41 (43).

6 Nach *Wellenhofer*, FamRZ 2003, 1889 (1890) bedarf das Wort Vater nur eines ergänzenden Adjektivs.

7 So bezeichnet beispielsweise in Staudinger/*Rauscher* (2011), § 1592, Rn 20 und 69; § 1600, Rn 6.

8 So: *Schlüter*, BGB-Familienrecht, S. 212.

9 So: *AG Bielefeld*, FamRZ 2003, 885 (885).

10 So verwendet bei: *Mairock*, Genetischer Vater nichtehelicher Kinder; wobei der Begriff nicht konsequent verwendet wird; *Schwab*, in Schwab/Vaskovics (Hrsg.), Pluralisierung von Elternschaft und Kindschaft I.

11 So aktuell verwendet in den §§ 1600 Abs. 2, 1686a Abs. 1 BGB; Außerdem: Palandt/*Brudermüller* (2014), § 1600, Rn 3, 7; *Wellenhofer*, FamRZ 2003, 1889 (1890) mit Begründung; MüKo/*Wellenhofer* (2012), Vor § 1599, Rn 10.

12 Diese Differenzierung wird besonders deutlich in dem Titel *„Vom Erzeuger zum Vater?"* von *Angie Genenger.*

13 BT-Drs. 5/2370, S. 25.

Vater eine Art von „Nichtvaterschaft“ impliziert und den Erzeuger damit auf die *„Umschreibung des Geschlechtsvorgangs reduziert“*[14]. Aus diesen Gründen wird der Begriff Erzeuger im Folgenden nicht verwendet.

b) Natürlicher Vater

In dem Adjektiv *natürlich* schwingt eine deutlich normative Komponente mit. Diese normative Komponente entstand durch die vordarwinistische Betrachtungsweise, bei der die Natur und das Natürliche als vom göttlichen Willen geordneter Kosmos verstanden wurde und die faktische und normative Betrachtungsweise nicht voneinander getrennt wurden.[15] So wurde dem Begriff des natürlichen Vaters zugleich die Bedeutung beigemessen, dass es sich hierbei um den richtigen, da von der Natur vorgegebenen, Vater handele.[16] Allein durch die Auswahl der Begrifflichkeit soll eine solche Wertung und damit bereits ein Vorabergebnis aber nicht vorgegeben werden. Darüber hinaus stehen dem Begriff Bedenken gegenüber, da die Bezeichnung zu vage sei.[17] Daher wird auch der Begriff des natürlichen Vaters im Weiteren nicht benutzt.

c) Genetischer Vater

Der biologische Vater heißt übersetzt ins Englische *biological father* oder *genitor* und im Französischen *père biologique* oder *père géniteur.* Die Bezeichnung des genetischen Vaters hat damit ebenso wie der Begriff des biologischen Vaters einen internationalen Wiedererkennungswert, was aufgrund der steigenden Bedeutung des Austausches mit anderen Rechtsordnungen als Vorteil gegenüber dem deutschen Begriff des leiblichen Vaters gewertet werden kann.

Das aus dem Griechischen stammende Wort *Biologie* bedeutet Lehre vom Leben. Auch das Wort *Genetik* kommt aus dem Griechischen und bezeichnet die Vererbungslehre, die ein Teilbereich der Biologie ist. Damit ist der Begriff des genetischen Vaters enger gefasst als derjenige des biologischen Vaters, denn der Begriff des genetischen Vaters reduziert den Vater allein auf die genetische Verbundenheit.[18]

Ein weiterer Grund für den Ausschluss des Begriffs des genetischen Vaters ist die Parallele zu dem Begriff der genetischen Mutter. Die genetische Mutter stellt ihr Erbgut zur Verfügung, trägt das Kind aber nicht selber aus. Die Frau, die das Kind austrägt, dessen Erbgut aber nicht von ihr stammt, wird wiederum als

---

14 *Zimmermann*, Scheinvaterschaften, S. 130.

15 *Hilgendorf*, FS Horn, 1131 (1145).

16 Zur Nachwirkung dieser Vorstellungen im modernen *„Potentialitätsargument“*: *Hilgendorf*, in Gethmann/Huster (Hrsg.), Präimplantationsdiagnostik, 115 (116 f.).

17 *Wellenhofer*, FamRZ 2003, 1889 (1890).

18 *Wellenhofer*, FamRZ 2003, 1889 (1890) gibt dem Begriff des genetischen Vaters als dem präziseren den Vorzug.

biologische Mutter bezeichnet.[19] Diese Differenzierung gibt es zwar bei der Vaterschaft so nicht, wenn man jedoch nur die Wertung aus dieser Differenzierung auf die Vaterschaft überträgt, könnte der genetische Vater als Samenspender eingestuft werden, der ebenso wie die genetische Mutter nur das Erbgut zur Verfügung stellt und sonst körperlich nicht weiter beteiligt ist. Im Gegensatz dazu liegt bei der Bezeichnung als biologischer Vater der Schluss näher, dass dieser das Kind auf herkömmliche Weise gezeugt hat und somit, wie auch die biologische Mutter, körperlich an der unmittelbaren Entstehung des Kindes beteiligt war. Da es bei der folgenden Untersuchung nicht ausschließlich um den Samenspender gehen soll, der lediglich sein Erbgut zur Verfügung gestellt hat, wird die Bezeichnung des genetischen Vaters im Folgenden nicht verwendet.

d) Leiblicher Vater

Die Bezeichnung als leiblicher Vater wird teilweise vom *Bundesverfassungsgericht* und vom *Bundesgerichtshof* genutzt[20], ebenso wie der Begriff des biologischen Vaters[21]. Damit sind beide Begriffe von der Rechtsprechung gleichermaßen anerkannt. Der Begriff des leiblichen Vaters hat zudem Eingang in das Gesetz (§§ 1600 Abs. 2 und § 1686a BGB) gefunden.

Die verbleibenden Bezeichnungen als biologischer Vater oder als leiblicher Vater drücken das Entscheidende wohl gleich gut aus, so dass die Wahl der Bezeichnung letztlich davon abhängt, ob ein deutscher oder ein eher internationaler Begriff bevorzugt wird.[22]

e) Ergebnis

Auch wenn damit im Ergebnis einiges für die Bezeichnung als leiblicher Vater spricht, soll aufgrund des internationalen Wiedererkennungswertes im Folgenden der Begriff des biologischen Vaters verwendet werden.

II. Rechtlich-sozialer Vater

Nachdem der biologische Vater definiert wurde und die Gründe für die Auswahl genau dieser Bezeichnung herausgearbeitet worden sind, ist klarzustellen, dass im Folgenden zwischen rechtlich-sozialem und biologischem Vater grundlegend

---

19 Bamberger/Roth/*Hahn* (2012), § 1307, Rn 5–7; *Kaiser*, in Schwab/Vaskovics (Hrsg.), Pluralisierung von Elternschaft und Kindschaft, 239 (240); *Oelkers*, in Böllert/Peter (Hrsg.), Mutter + Vater = Eltern?, 135 (137).

20 U.a. *BVerfG*, FamRZ 2008, 2257 (2257); *BVerfG*, FamRZ 2009, 189 (189); *BVerfG*, FamRZ 2013, 1195 (1195); *BGH*, FamRZ 1995, 865 (865); *BGH*, FamRZ 2007, 1969 (1972); *BGH*, FamRZ 2012, 859 (859); *BGH*, FamRZ 2012, 1290 (1290).

21 U.a. *BVerfG*, FamRZ 2007, 441 (441 ff.); *BGH*, FamRZ 1995, 865 (865); *BGH*, FamRZ 2009, 1404 (1404); *BGH*, FamRZ 2012, 200 (203); *BGH*, FamRZ 2012, 437 (438).

22 Aufgrund der Abneigung des Gesetzgebers gegenüber Fremdwörtern gibt *Wellenhofer*, FamRZ 2003, 1889 (1890) dem Begriff des leiblichen Vaters den Vorzug.

unterschieden wird. Daher wird nachfolgend der Begriff des rechtlich-sozialen Vaters definiert und von der Figur des biologischen Vaters abgegrenzt. Da der Begriff sowohl den rechtlichen als auch den sozialen Vater impliziert, werden zunächst beide Vaterpositionen getrennt voneinander dargestellt, um im Anschluss auf die Besonderheiten beim Zusammenfallen von rechtlicher und sozialer Vaterschaft in einer Person einzugehen.

1. *Sozialer Vater*

Aus familiensoziologischer Sicht umfasst der Begriff des Vaters in erster Linie die soziale Rolle des Vaters, die alle auf die Position des Vaters bezogenen Verhaltenserwartungen umfasst.[23] Die soziale Vaterschaft wird damit verbunden, dass der Mann Verantwortung für das Kind übernimmt, sich um dieses kümmert, also ein besonderes emotionales Verhältnis zwischen Mann und Kind besteht, das von der Gesellschaft als Vater-Kind-Verhältnis angesehen wird.[24] Alle Gesellschaften kennen die soziale Vaterschaft, deren Bedeutung teilweise höher eingeschätzt wird als die der biologischen Vaterschaft.[25] Die Bezeichnung des sozialen Vaters stammt aus der Soziologie und ist kein rechtlich geprägter Begriff.

Weiterhin kann die soziale Vaterschaft von der biologischen und der rechtlichen Vaterschaft dadurch abgegrenzt werden, dass der soziale Vater im Bewusstsein, dass es sich nicht um sein biologisches Kind handelt, in eine gewollte Vater-Kind-Beziehung tritt. Der reine Sozialvater ist somit der Mann, der für das Kind die Vaterrolle übernommen hat, obwohl er mit diesem weder rechtlich noch biologisch verbunden ist.[26]

Zwar kann die Position des sozialen Vaters von mehreren Männern gleichzeitig besetzt werden, in der Regel wird es sich aber um den jeweiligen Partner der Kindsmutter handeln, also um den Stiefvater des Kindes. Auch rechtlich wird der soziale Vater als Stiefvater berücksichtigt. Gemäß § 1687b BGB hat der Ehegatte eines allein sorgeberechtigten Elternteils seit dem Jahr 2005 das sogenannte kleine elterliche Sorgerecht, das ihm die Befugnis zur Mitentscheidung in Angelegenheiten des täglichen Lebens gibt. Außerdem gibt es das Rechtsinstitut der Einbenennung gemäß § 1618 BGB, gemäß dessen die Kindsmutter und der Stiefvater dem Kind ihren Ehenamen erteilen oder diesen dem von dem Kind geführten Namen voranstellen oder anfügen können. Auch kann dem Stiefvater ein Umgangsrecht nach § 1685 Abs. 2 BGB eingeräumt werden. Allerdings scheint sich der Gesetzgeber mit der Benennung des sozialen Vaters schwer zu tun. So wird dieser nicht als Vater bezeichnet, sondern erhält seine Bezeichnung über seine Beziehung zu der Mutter des Kindes. Dementsprechend wird er im Gesetz als Ehegatte eines

23 *Vaskovics*, in Schwab/Vaskovics (Hrsg.), Pluralisierung von Elternschaft und Kindschaft, 11 (13).
24 *Willekens*, in Bereswill/Scheiwe/Wolde (Hrsg.), Vaterschaft im Wandel, 19 (19).
25 *Knibiehler*, Geschichte der Väter, S. 338.
26 *Heiderhoff*, FamRZ 2008, 1901 (1901).

Elternteils bezeichnet. Die Rechte des Stiefvaters gelten damit nur für den Mann, der mit der Mutter des Kindes verheiratet ist.

Auch die Pflegeeltern, die kaum mit elterlichen Rechten ausgestattet sind, können als soziale Eltern bezeichnet werden.[27]

Zusammenfassend ist der soziale Vater also der Mann, der zu dem Kind in einem tatsächlichen Vater-Kind-Verhältnis steht, aber weder rechtlicher noch biologischer Vater des Kindes ist. Das Gesetz kennt den sozialen Vater in den Formen der Stiefvaterschaft und Pflegevaterschaft.

2. Rechtlicher Vater

Das BGB verwendet den Begriff des Vaters nur für den rechtlichen Vater[28]. Dies ist der Mann, der durch Erfüllung einer der drei Tatbestände des § 1592 BGB die rechtliche Vaterstellung erlangt hat. Demnach ist rechtlicher Vater, wer zum Zeitpunkt der Geburt des Kindes mit dessen Mutter verheiratet ist (§ 1592 Nr. 1 BGB), wer die Vaterschaft anerkannt hat (§ 1592 Nr. 2 BGB) oder wessen Vaterschaft gerichtlich festgestellt worden ist (§ 1592 Nr. 3 BGB). Diese Festlegung setzt nicht in allen Fällen eine tatsächliche biologische Verbundenheit zwischen Mann und Kind voraus. Ebenso wenig ist eine soziale Beziehung zwischen Vater und Kind für die rechtliche Vaterschaft erforderlich.

Zwar könnte auch der Adoptivvater als rechtlicher Vater im Sinne des BGB eingestuft werden[29], aber dieser Sonderfall der rechtlichen Vaterschaft, dessen Regelungen außerhalb des Abstammungsrechts in den §§ 1741 ff. BGB verankert sind, soll im Folgenden keine weitere Rolle spielen und bleibt daher im Folgenden unberücksichtigt.

Der rechtliche Vater, der nicht biologischer Vater des Kindes ist, kann außerdem als *Scheinvater* bezeichnet werden.[30] Um diese Bezeichnung rechtfertigen zu können muss sich der Mann aber zumindest für einen gewissen Zeitraum in Unkenntnis seiner fehlenden biologischen Vaterschaft befunden haben.[31] Da jedoch die rechtliche Vaterschaft auch mit Kenntnis von der fehlenden biologischen Vaterschaft angestrebt und eingenommen werden kann, kommt es hier auf die Kenntnis von der fehlenden biologischen Vaterschaft des rechtlichen Vaters nicht an, so dass der Begriff des Scheinvaters im Folgenden nicht verwendet wird.

Zusammenfassend ist der rechtliche Vater somit der Mann, der einen Tatbestand des § 1592 BGB erfüllt. Dabei spielt es grundsätzlich keine Rolle, ob dieser Mann biologischer oder sozialer Vater des Kindes ist.

---

27 In FamRZ 2007, 1969 (1972) bezeichnet der *BGH* die Pflegeeltern als *„soziale Familie"*.

28 Auch die Bezeichnung *juristischer Vater* oder *Vater im Rechtssinne* sind gebräuchlich.

29 Vgl. *Schwab*, in Schwab/Vaskovics (Hrsg.), Pluralisierung von Elternschaft und Kindschaft I, 41 (43).

30 *Jacobi*, Unterhaltsregreß des Scheinvaters, S. 1.

31 *Luh*, Prinzipien des Abstammungsrechts, S. 3.

3. Deckung von sozialer und rechtlicher Vaterschaft

Nach dem oben Gesagten ist damit rechtlich-sozialer Vater, wer die rechtliche Vaterschaft aufgrund der Erfüllung eines Tatbestandsmerkmals des § 1592 BGB innehat und gleichzeitig die soziale Vaterrolle ausübt. Die Herausarbeitung des Begriffs des rechtlich-sozialen Vaters macht hingegen nur Sinn, wenn dieser nicht der biologische Vater ist, da es andernfalls keiner Abgrenzung der einzelnen Vaterpositionen bedurft hätte. Damit ist der rechtlich-soziale Vater der Mann, der gemäß § 1592 BGB die rechtliche Vaterstellung bekleidet und zu dem Kind in einem sozialen Vater-Kind-Verhältnis steht, aber nicht der biologische Vater des Kindes ist.

Auch das BGB kennt den rechtlich-sozialen Vater. Es verknüpft die rechtliche und soziale Vaterschaft mit dem Begriff der sozial-familiären Beziehung in § 1600 Abs. 2, 3 und 4 BGB.

Der Begriff des rechtlich-sozialen Vaters wird statt der gesetzlichen Bezeichnung des Vaters, der zu seinem Kind in einer sozial-familiären Beziehung steht, aufgrund seiner Prägnanz und Kürze gewählt.

Ein Wesensmerkmal der rechtlich-sozialen Vaterschaft ist es, dass oftmals entweder die biologische Nichtvaterschaft trotz Wissens der rechtlich-sozialen Eltern vor dem Kind verschleiert wird oder darüber hinaus auch der rechtlich-soziale Vater nicht um seine fehlende biologische Vaterschaft weiß. Die Mutter wird naturgemäß zumindest Zweifel an der biologischen Vaterschaft des rechtlich-sozialen Vaters haben müssen.

III. Familienkonstellationen

An dieser Stelle werden die Familienkonstellationen, bei denen biologische und rechtlich-soziale Vaterschaft auseinanderfallen, näher beleuchtet.[32] Dafür werden die faktischen Hintergründe dieser Familienkonstellationen beschrieben und diese Konstellationen mit den Familienkonstellationen der biologisch fundierten Kernfamilie, der Stieffamilie sowie der Adoptivfamilie verglichen.

1. Familie mit rechtlich-sozialem und biologischem Vater

Wenn ein Kind einen rechtlich-sozialen und einen biologischen Vater hat, handelt sich bei einer solchen Familie um eine Konstellation mit vier Personen: Dem rechtlich-sozialen Vater, der Mutter, dem Kind und dem biologischen Vater. Diese vier Personen werden gegebenenfalls unterschiedliche Interessen haben, wobei vorliegend hauptsächlich die Blickwinkel des biologischen Vaters sowie des rechtlich-sozialen Vaters herausgearbeitet werden sollen.

32 Zu Analyse und Ursachen für „*Multiple Elternschaft*" und „*Segmentierung von Elternschaft*": *Feldhaus/Huinink*, in Schwab/Vaskovics (Hrsg.), Pluralisierung von Elternschaft und Kindschaft, 77 (77 ff.); *Wellenhofer*, in Schwab/Vaskovics (Hrsg.), Pluralisierung von Elternschaft und Kindschaft, 173 (174).

Bei Bestehen eines Familiengeheimnisses um die biologische Vaterschaft, entweder nur für das Kind oder für den rechtlich-sozialen Vater und das Kind, ist immer die Möglichkeit der Offenlegung dieses Geheimnisses gegeben. Mit der Offenbarung dieses Geheimnisses ist dann die Frage verbunden, wie die Beteiligten mit ihrem Wissen umgehen. Hierfür gibt es mehrere Möglichkeiten. Zum einen können die Beteiligten ihre Familie in ihrem rechtlich-sozialen Bestand bestehen lassen, was bedeutet, dass die Beteiligten ihre Familie in ihrer tatsächlichen Konstellation akzeptieren und diese so weiterführen wollen. Zum anderen könnte sich der rechtlich-soziale Vater auch von Mutter und Kind abwenden und dabei die Beziehung zur Mutter durch Scheidung oder faktische Trennung beenden und die rechtliche Verbindung zum Kind durch Anfechtung der Vaterschaft aufheben lassen. Des Weiteren könnte sich der rechtlich-soziale Vater auch von Mutter und Kind abwenden, die rechtliche Vaterschaft aber bestehen lassen. Es gibt dabei eine Vielzahl von Möglichkeiten, wie sich der Mann, der glaubte, biologischer Vater zu sein, verhält, wenn er herausfindet, dass er nicht der biologische Vater ist. Ein solches Familiengeheimnis kann außerdem in familiären Krisensituationen prinzipiell gegen die anderen Familienmitglieder eingesetzt werden. Da die Probleme erst mit dem Wissen um die fehlende biologische Vaterschaft auftreten, wird im Folgenden davon ausgegangen, dass die Beteiligten wissen, dass die biologische und die rechtlich-soziale Vaterschaft auseinander fallen. Die rechtliche Problematik um heimliche Vaterschaftstests[33] wird dabei in dieser Arbeit nicht thematisiert. Auch das Verhältnis des rechtlich-sozialen Vaters zu der Kindsmutter soll nicht Gegenstand der nachfolgenden Untersuchung sein.

a) Kuckuckskinder

Die vermutlich am häufigsten vorkommende Variante zur Entstehung der Familienkonstellation mit einem biologischen und einem rechtlich-sozialem Vater sind wohl die Ehebruchsfälle, in denen aus dem außerehelichen Zeugungsakt der Ehefrau ein Kind, das so genannte *Kuckuckskind*, entsteht. Der Ehemann wird dann aufgrund seiner Ehe mit der Mutter automatisch rechtlicher Vater und baut zu dem Kind in der Regel eine soziale Vater-Kind-Beziehung auf, vermutlich meistens in der Unwissenheit seiner fehlenden biologischen Vaterschaft.[34]

Zum anderen kann das Nebeneinander von biologischem und rechtlich-sozialem Vater auch die Folge einer Beziehungsproblematik zwischen den biologischen Eltern sein. So könnte ein neuer oder weiterer Partner der Mutter die Vaterschaft zu dem Kind anerkennen, das biologisch nicht von ihm abstammt. Dies könnte er in vollem Bewusstsein der fehlenden biologischen Abstammung tun oder weil er fälschlicherweise davon ausgeht, biologisch mit dem Kind verbunden zu sein.

---

33 Vertiefend dazu: *Schutter*, „Richtige" Kinder.

34 *Heiderhoff*, in Bork/Repgen (Hrsg.), Das Kind im Recht, 31 (34).

Auch könnten sich die biologischen Eltern vor der Geburt des Kindes getrennt haben. Die Mutter könnte in diesem Fall dem Vaterschaftsanerkenntnis eines anderen Mannes, in der Regel wohl dem ihres neuen Partners, zustimmen.

b) Künstliche Befruchtung

Auch die naturwissenschaftlichen Möglichkeiten der assistierten Fortpflanzung können zu Familienkonstellationen mit rechtlich-sozialem und biologischem Vater führen. Künstliche Befruchtungen mit Spendersamen werden jährlich in Deutschland etwa 1.000-mal durchgeführt. Zwischen 1970 und Ende der 1990er Jahre dürften in Deutschland rund 50.000 Kinder mittels Spendersamen gezeugt worden sein.[35]

Die Befruchtung der Frau mit Spendersamen hat im Gegensatz zu der Einpflanzung einer Eispende bei der Frau eine Entsprechung zum herkömmlichen Zeugungsvorgang.[36] Somit sind auch diese Konstellationen in die Untersuchung eingeschlossen. Jedoch sollen die Problematiken, die durch die modernen Reproduktionstechniken entstehen, nicht isoliert von den Problematiken, die bei herkömmlicher Zeugung entstehen, behandelt werden.

c) Geplante rechtlich-soziale Vaterschaft

Außerdem kann die rechtlich-soziale Vaterschaft auch im Vorweg der Kindszeugung geplant werden.

So könnte sich beispielsweise die Mutter auf herkömmliche Weise von einem Dritten befruchten lassen.[37] Später könnte dann entweder der Ehemann der Kindsmutter, wenn diese verheiratet ist oder ein anderer Mann als der biologische Vater durch Anerkenntnis rechtlich-sozialer Vater des Kindes werden.

2. *Vergleichbarkeit*

Fraglich ist, ob die Familienkonstellation mit biologischem und rechtlich-sozialem Vater mit anderen bekannten Familienkonstellationen vergleichbar ist und diese somit für eine rechtliche Einordnung herangezogen werden könnten. Die Betrachtung „normalisierter" Ausnahmen von dem Idealbild der Vaterschaft, das alle Aspekte der Vaterschaft in sich vereint, kann nämlich die Einschätzung und Bewertung der hier zugrunde gelegten Familienkonstellation erleichtern.

---

35 *Walper/Wendt*, in Schwab/Vaskovics (Hrsg.), Pluralisierung von Elternschaft und Kindschaft, 211 (221) m.w.N.

36 *Büchler*, AJP 2004, 1175 (1181).

37 Vgl. hierzu *BGH*, FamRZ 2013, 1209 (1209 ff.) für den Fall, bei dem ein Kind von einer Lebenspartnerin und den Spendersamen eines Bekannten gezeugt worden ist. Demnach wird auch derjenige, der ohne ärztlich assistierte Fortpflanzung seinen Samen zur Verfügung stellt in den Kreis der Anfechtungsberechtigten gemäß § 1600 Abs. 1 Nr. 2 BGB einbezogen.

a) Normalfamilie

Die hier als *Normalfamilie* bezeichnete Familienkonstellation vereinigt sowohl rechtliche, soziale als auch biologische Aspekte in sich. Eine solche biologisch fundierte Familie ist das Erste, woran beim Begriff Familie gedacht wird. Nach unserem generalisierten Normalitätsverständnis fallen in einer Familie biologische und soziale Vaterschaft zusammen und werden in der rechtlichen Vaterschaft legitimiert. Auch das Abstammungsrecht geht von dieser Konstellation aus. Diese *„Befangenheit im Normaltypusdenken“* macht es schwierig, neue Familienkonstellationen wertfrei anzunehmen.[38]

Demzufolge ist es verständlich, dass versucht wird, dieses Normalbild nachzuahmen. Dies wird besonders deutlich am Bild von rechtlich-sozialen Vätern, die aufgrund heterologer Insemination[39] nicht die biologischen Väter sind. Die meisten Paare, die durch heterologe Insemination Eltern werden, haben den Wunsch, dass der Samenspender dem Ehemann so ähnlich wie möglich sieht.[40] Auch bei reinen Adoptionsfamilien wird in der Regel besonderer Wert auf äußere Ähnlichkeiten zwischen den Familienmitgliedern gelegt.[41]

Gibt es keinen an der Vaterschaft interessierten biologischen Vater, ist die Familienkonstellation mit einem rechtlich-sozialen und einen biologischen Vater mit der Normalfamilie vergleichbar, denn in diesem Fall gibt es bei beiden Familienkonstellationen faktisch nur drei Beteiligte. Zumeist wird dies in Fällen der künstlichen Befruchtung mit Spendersamen der Fall sein, denn der heterologen Insemination ist es immanent, dass der Samenspender gerade keine Beziehung zu dem aus der Spende gezeugten Kind wünscht.

Da vorliegend die Rechte des biologischen Vaters im Abstammungsrecht untersucht werden sollen, sind die Fälle, in denen der biologische Vater kein Interesse an seinem Kind hat, zum Beispiel da er von vornherein nur eine Samenspende abgeben wollte, vorliegend nicht mit der Familienkonstellation mit einen rechtlich-sozialen und einen biologischen Vater vergleichbar, da davon ausgegangen wird, dass in dieser Konstellation der biologische Vater Interesse an dem Kind hat und auch die rechtliche und soziale Vaterstellung einnehmen möchte.

b) Stieffamilie

Innerhalb der Stieffamilienkonstellationen ist die Stiefvaterfamilie, bei der ein neuer Partner der Mutter Stiefvater des Kindes wird, am ehesten mit der Familienkonstellation vergleichbar, in der es einen rechtlich-sozialen und einen biologischen Vater gibt. Daher wird im Folgenden nur auf diese Stieffamilienkonstellation

38 *Hoffmann-Riem*, in Nave-Herz/Markefka, Handbuch Familien- und Jugendforschung, 389 (389).

39 Künstliche Befruchtung, bei der die Samenspende nicht vom Ehemann oder Partner der Mutter, sondern von einem anderweitigen Dritten stammt.

40 *Beck-Gernsheim*, Was kommt nach der Familie?, S. 128.

41 *Hoffmann-Riem*, Das adoptierte Kind, S. 299.

eingegangen, obwohl es diesbezüglich noch eine Vielzahl weiterer Konstellationen gibt.[42]

aa) Eigenschaften der Stiefvaterfamilie

Das Wesensmerkmal einer Stieffamilie besteht in erster Linie darin, dass ihr ein weder biologischer noch rechtlicher Elternteil angehört. In der weit überwiegenden Zahl der Stieffamilien ist das der Stiefvater.[43] Stiefvaterfamilien zeichnen sich dadurch aus, dass der biologische Vater, der auch rechtlicher und sozialer Vater sein wird, außerhalb der Hausgemeinschaft lebt oder bereits verstorben ist. Stiefvaterverhältnisse entstehen primär dadurch, dass sich die ursprüngliche Normalfamilie durch Trennung der Eltern (Scheidung, Tod, faktische Trennung) auflöst und die Kindsmutter einen neuen Partner findet, der Stiefvater des Kindes wird. Hinzu kommt, dass zwischen dem Stiefelternteil und dem Kind kein abstammungsrechtliches Verhältnis besteht.

bb) Ähnlichkeiten zur Familie mit rechtlich-sozialem und biologischem Vater

Ebenso wie bei der Familie mit rechtlich-sozialem und biologischem Vater geht es bei der Stiefvaterfamilie um eine Familienkonstellation mit vier Beteiligten. Während bei der Stiefvaterfamilie die Kindsmutter, das Kind und der Stiefvater eine Familie im engeren Sinne bilden, steht der biologische Vater außerhalb. Auch bei der Konstellation mit rechtlich-sozialem Vater und biologischem Vater bilden rechtlich-sozialer Vater, Kindsmutter und Kind eine Familie und der biologische Vater steht außerhalb. Eine weitere Parallele beider Konstellationen besteht darin, dass alle Beteiligten lernen müssen, sich mit dem Vorhandensein von zwei Vätern zu arrangieren.

cc) Unterschiede zur Familie mit rechtlich-sozialem und biologischem Vater

Der faktische Unterschied beider Familienkonstellationen besteht darin, dass bei der Stiefvaterfamilie der biologische Vater in der Regel früher mit der Kindsmutter und dem Kind zusammengelebt hat und somit eine Beziehung zu dem Kind aufgebaut hat, während bei der Konstellation mit einem biologischen und einem rechtlich-sozialem Vater der biologische Vater zumeist von Anfang an nicht am Familienleben beteiligt war.

Rechtlich liegt der Unterschied zwischen beiden Familienkonstellationen demgegenüber darin begründet, dass der rechtlich-soziale Vater rechtlicher Vater ist

---

42 *Balloff*, RdJB 1991, 444 (444 f.); *Döring*, Soziale Vaterschaft in Stieffamilien, S. 75 ff.; *Feldhaus/Huinink*, in Schwab/Vaskovics (Hrsg.), Pluralisierung von Elternschaft und Kindschaft, 77 (87).

43 *Fthenakis*, Engagierte Vaterschaft, S. 269.

und ihm so alle elterlichen Rechte und Pflichten zustehen, während in der Stiefvaterfamilie der biologische Vater als Vater im Rechtsinne anerkannt sein wird. Somit hat die rechtliche Vaterstellung bei der Stiefvaterfamilie der außerhalb dieser Familie stehende biologische Vater inne. Bei der Konstellation mit biologischem und rechtlich-sozialem Vater dagegen ist dagegen der in der Familie stehende rechtlich-soziale Vater der rechtliche Vater.

dd) Folgerung

Der biologische Vater hat bei der Stiefvaterfamilie eine ganz andere rechtliche Ausgangssituation als bei der Familienkonstellation mit einem rein biologischen und einem rechtlich-sozialen Vater, so dass die Stieffamilie nicht mit der Familienkonstellation, in der es einen biologischen und einen rechtlich-sozialen Vater gibt, vergleichbar ist.

c) Adoptivfamilie

Innerhalb der unterschiedlichen Konstellationen von Adoptivfamilien ist die *Stiefkindadoptionsfamilie*, bei welcher der Stiefvater sein Stiefkind adoptiert hat, am ehesten mit der Familienkonstellation, in der es sowohl einen rechtlich-sozialen als auch einen biologischen Vater gibt, vergleichbar, so dass im Folgenden nur die Stiefkindadoptionsfamilie beleuchtet wird.

aa) Eigenschaften der Stiefkindadoptionsfamilie

Statistisch gesehen macht die Stiefkindadoption über die Hälfte aller Adoptionen in Deutschland aus.[44] Da die Stiefvaterfamilie unter den Stieffamilien die häufigste Variante darstellt, kann geschlussfolgert werden, dass die Adoption durch den Stiefvater die häufigste Adoptionsform darstellt.

Bei der Stiefkindadoptionsfamilie kommt zu dem oben Gesagten über die Stiefvaterfamilie noch die Adoption durch den Stiefvater gemäß § 1741 Abs. 2, Satz 3 BGB hinzu, so dass der Stiefvater durch die Adoption zum rechtlichen Vater des Kindes wird (§ 1754 Abs. 1 BGB).

bb) Ähnlichkeiten zur Familie mit rechtlich-sozialem und biologischem Vater

In beiden Konstellationen ist der innerhalb der Familiengemeinschaft stehende Vater (rechtlich-sozialer Vater beziehungsweise Adoptivvater) rechtlicher Vater des Kindes, während der biologische Vater rechtlich nicht mit dem Kind verbunden ist.

Da jedoch der Adoptivvater nicht abstammungsrechtlich, sondern adoptionsrechtlich mit dem Kind verbunden ist, handelt es sich insoweit um eine andere rechtliche Vaterschaft als die hier behandelte rechtliche Vaterschaft gemäß § 1592 BGB.

---

44 *Oberloskamp*, in Paulitz (Hrsg.), Adoption, 101 (101).

cc) Unterschiede zur Familie mit rechtlich-sozialem und biologischem Vater

Der wesentliche Unterschied beider Familienkonstellationen ist wohl der, dass bei der Stiefkindadoptionsfamilie der biologische Vater in die Adoption gemäß § 1747 BGB einwilligen muss.

Gemäß § 1747 Abs. 1, Satz 1 BGB müssen die Eltern in die Adoption einwilligen. Gemeint ist hier neben der Mutter nach § 1591 BGB der rechtliche Vater nach § 1592 BGB. Gibt es keinen rechtlichen Vater gemäß § 1592 BGB, steht gemäß § 1747 Abs. 1, Satz 2 BGB dem Mann, der glaubhaft macht, Erzeuger des Kindes zu sein, das Einwilligungsrecht zu.

Bei der Konstellation mit rechtlich-sozialem und biologischem Vater hingegen hat der biologische Vater keine Möglichkeiten, auf die Entstehung der rechtlichen Vaterschaft des rechtlich-sozialen Vaters Einfluss zu nehmen.

dd) Folgerung

Die Stiefkindadoption wird in der Regel dem Willen aller Beteiligten entsprechen, während bei der Konstellation mit rechtlich-sozialem und biologischem Vater zumindest der Wille des biologischen Vaters rechtlich unbeachtlich ist, so dass die Stiefkindadoptionsfamilie nicht mit der Familienkonstellation mit einem rechtlich-sozialen und einem biologischen Vater vergleichbar ist.

d) Ergebnis

Die Familienkonstellation mit einem rechtlich-sozialen und einem biologischen Vater weist zwar Ähnlichkeiten zur Normalfamilie und Stieffamilie auf, gleichzeitig weist die Familienkonstellation mit einem biologischen und einem rechtlich-sozialen Vater aber auch spezifische Besonderheiten auf, so dass eine Einordnung unter die bisher rechtlich geregelten Familienkonstellationen kaum möglich ist.

3. Fazit

Im Ergebnis der vorangegangenen Betrachtungen könnte der rechtlich-soziale Vater als eine Art Stiefvater eingeordnet werden, der mehr oder weniger zufällig die rechtliche Vaterschaft erlangt hat.

Dadurch, dass der rechtlich-soziale Vater seine rechtliche Vaterschaft oftmals in engem zeitlichen Zusammenhang mit der Geburt des Kindes erlangt, ist die Konstellation mit rechtlich-sozialem und biologischem Vater derjenigen der Normalfamilie ähnlicher als derjenigen der Stieffamilie, da in Stieffamilien der Stiefvater in aller Regel erst später hinzutritt.

Damit lässt sich der rechtlich-soziale Vater weder vollständig als Stiefvater noch als Normalfamilienvater erfassen. Es ist vielmehr eine Vaterfigur, die sich zwischen diesen beiden Positionen befindet. Aufgrund der wesentlichen Unterschiede der Familienkonstellation mit rechtlich-sozialem und biologischem Vater zu der

Normalfamilie und Stieffamilie, ist eine eindeutige Vergleichbarkeit mit einer bereits normalisierten Familienkonstellation nicht gegeben.

IV. Schlussfolgerung

Es gibt neben der rechtlichen auch die soziale und die biologische Vaterschaft. Vereinen sich alle drei Vaterschaften in einer Person, wird es abstammungsrechtlich keine Probleme geben.

Teilen sich die Vaterschaftssegmente hingegen auf verschiedene Personen auf, so kann es zu abstammungsrechtlichen Problemstellungen kommen. Im Folgenden sollen die Problematiken behandelt werden, die auftreten können, wenn es einen rechtlich-sozialen und einen biologischen Vater gibt.

Da diese Familienkonstellation mit einem rechtlich-sozialen und einem biologischen Vater keine eindeutige Entsprechung in bereits normalisierten Familienkonstellationen hat, wird im Folgenden höchstens in Einzelpunkten auf andere Familienkonstellationen eingegangen.

B. Problemstellung, Zielsetzung und Gang der Untersuchung

I. Problemstellung

Im Folgenden wird die Problemstellung, die dieser Bearbeitung zugrunde liegt, erörtert.

1. Ausschluss des biologischen Vaters

Rechte und Pflichten eines Vaters werden im deutschen Recht an seinen Status als rechtlicher Vater angeknüpft. Das heißt, ohne den Status als rechtlicher Vater, kann ein Mann weder seine Väterrechte geltend machen noch zur Erfüllung seiner Pflichten herangezogen werden. Die abstammungsrechtlichen Regelungen der §§ 1592 ff. BGB sind somit den weiteren Regelungen des Kindschaftsrechts grundsätzlich vorgeschaltet.

Innerhalb des Abstammungsrechts besteht für den biologischen Vater bei Bestehen einer rechtlich-sozialen Vaterschaft heute keine Möglichkeit, die rechtliche Vaterschaft des rechtlich-sozialen Vaters anzufechten, um selber rechtlicher Vater des Kindes zu werden.

Der Gesetzgeber räumt somit in generalisierender Weise der rechtlich-sozialen Vaterschaft den Vorrang gegenüber der biologischen Vaterschaft ein. Die biologische Vaterschaft wird demgegenüber im Abstammungsrecht bei Vorliegen einer anderweitigen rechtlich-sozialen Vaterschaft in den Hintergrund gedrängt.

Problematisch wird es immer dann, wenn es dem biologischen Vater, gegen seinen Willen, verwehrt wird, die Stellung als rechtlicher Vater einzunehmen und seine väterlichen Rechte und Pflichten auszuüben, weil bereits die rechtlich-soziale Vaterschaft eines anderen Mannes etabliert ist.[45]

In dieser Konstellation wird eine der heikelsten Fragen des Abstammungsrechts aufgeworfen: Was ist das tragfähigere Fundament für eine Vater-Kind-Zuordnung, die biologische Verbundenheit oder die gelebte Beziehung?

Die Frage, welchen Sinn und Zweck das Abstammungsrecht des BGB verfolgt, ist dabei nicht eindeutig zu beantworten. So trägt das Abstammungsrecht zum einen der Klärung der biologischen Abstammung Rechnung, zum anderen dem Schutz sozialer Vater-Kind-Beziehungen.[46]

2. Relevanz der Problematik

Indem familiäre Beziehungen rechtlich ausgestaltet werden, normiert und bewertet der Gesetzgeber die in einer Gesellschaft gelebten Familienbeziehungen. Durch die Wirkung rechtlicher und sozialer Normen auf die existierenden Familienbeziehungen werden diese geprägt und deren künftiger Stellenwert in der Gesellschaft mitbestimmt. Damit werden durch die Gesetzgebung familiäre Beziehungen *„abgesichert, kanalisiert, kontrolliert und ideologisch legitimiert“*.[47]

Ausschließlich oder überwiegend um die Rechte des biologischen Vaters im Abstammungsrecht ging es in mehreren Gesetzesreformen allein in den letzten zehn Jahren.[48] Trotz dieser Neuerungen bleiben jedoch Zweifel, ob mit dem Anfechtungs- und Umgangsrecht des biologischen Vaters ein ausgewogener Interessenausgleich zwischen dem rechtlich-sozialen und dem biologischen Vater erzielt worden ist.

a) Anzahl von Familien mit rechtlich-sozialem und biologischem Vater

Der Anteil von Kuckuckskindern wird in diversen Studien sehr unterschiedlich eingeschätzt und liegt, je nach Methode und Datenbasis, bei bis zu 30 Prozent.[49]

Eine neue Auswertung auf Basis einer Analyse von 971 Knochenmarkspendern und -empfängern ergab lediglich eine Nichtvaterschaftsrate von einem Prozent[50], so dass es in Deutschland wohl sehr viel weniger Kuckuckskinder gibt als bisher angenommen.

---

45 *Helms*, FamRZ 2010, 1 (1).

46 *Frank*, StAZ 2003, 129 (129).

47 *Lucke*, in Wagner/Schütze (Hrsg.), Verwandtschaft, 59 (73 f.).

48 Einführung des Anfechtungsrechts für den biologischen Vater im Jahr 2004; Einführung eines Abstammungsklärungsanspruchs unter Ausschluss des biologischen Vaters im Jahr 2008; Einführung eines Umgangsrechts für den biologischen Vater im Jahr 2013.

49 *Haas/Waldenmaier*, Kuckucksfaktor, S. 21; *Wolf*, Untreue in Partnerschaften, S. 7 ff.

50 *Peuckert*, Familienformen im sozialen Wandel, S. 381 f.; *Wolf*, Untreue in Partnerschaften, S. 71 f.

Bei Zugrundelegung von einer Kuckuckskindrate von einem Prozent macht das für das Jahr 2011 bei 662.685 Neugeborenen[51] gut 6.600 Kuckuckskinder aus. Wenn man von stabilen Werten ausgeht, ergibt das auf einen Zeitraum von 25 Jahren hochgerechnet rund 165.000 Kuckuckskinder.

b) Interessenvertretungen von Vätern

Das Vaterbild wandelt sich dahingehend, dass der nicht mit der Mutter verheiratete biologische Vater häufig an seiner Vaterschaft interessiert ist, diese freiwillig anerkennt oder unter Umständen sogar eine anderweitige Vaterschaftszuordnung korrigieren lassen möchte.[52] So kann Männern, die heute innerhalb einer rechtlich nicht formalisierten Beziehung Vater werden, kein generelles Desinteresse an ihren Kindern unterstellt werden[53], selbst wenn eine dauerhafte Beziehung zur Kindsmutter nicht unbedingt erwünscht ist. Demgegenüber kann auch nicht davon ausgegangen werden, dass in den Fällen, in denen sich die Mutter entschließt, das Kind unter Ausschluss des biologischen Vaters in eine andere soziale Familiengemeinschaft zu integrieren, diese andere Sozialbeziehung stets von Dauer sein wird.[54]

Mit wachsendem Interesse an Kontakt und engen emotionalen Beziehungen zu den eigenen biologischen Kindern problematisieren viele Väter die nahezu selbstverständliche Zuordnung von Kindern zur Mutter und deren Partner. Die von jenen Vätern festgestellte eigene Benachteiligung sowie die rechtliche und soziale Privilegierung der Mutter-Kind-Beziehung wurden in den letzten Jahren in zahlreichen Beiträgen bearbeitet.[55]

Indiz für diese Entwicklung ist unter anderem das neuere soziale Phänomen sogenannter Väterinitiativen[56], bei denen sich Väter in kollektiven Interessengruppen zusammentun, um ihren Forderungen nach mehr Väterrechten verstärkt Ausdruck zu verleihen.[57] Auch durch die Väterinitiativen erhalten die Themen rund um die Vaterschaft eine hohe Medienpräsenz.[58]

---

51 *Statistisches Bundesamt (Hrsg.)*, Statistisches Jahrbuch 2013, S. 33.

52 *Gernhuber/Coester-Waltjen*, Familienrecht, S. 569 f.

53 *Genenger*, Vom Erzeuger zum Vater?, S. 206; *Helms*, Feststellung der biologischen Abstammung, S. 106.

54 *Helms*, FamRZ 2010, 1 (2).

55 *Vaskovics*, in Schwab/Vaskovics (Hrsg.), Pluralisierung von Elternschaft und Kindschaft, 11 (29 f.).

56 Statt vieler: „Väter für Kinder e.V."; „Väteraufbruch für Kinder e.V."; „DIALOG zum Wohle des Kindes e.V.".

57 *Stein-Hilbers*, ZRP 1993, 256 (258).

58 *Wolde*, Väter im Aufbruch?, S. 54.

c) Gesellschaftliche Entwicklung

Auch die gesellschaftliche Entwicklung verschärft die grundlegende Problematik um mehrfache Vaterschaften. Leben wir heute in einer kinderarmen[59], dafür aber elternreichen Zeit[60], werden zukünftig entweder zeitlich nacheinander oder parallel oftmals mehr als nur eine Mutter und ein Vater für ein Kind die Elternrolle einnehmen.

3. Fazit

Da die rechtlich-soziale Vaterschaft im Abstammungsrecht gegenüber der biologischen Vaterschaft den Vorrang zu genießen scheint und gleichzeitig immer mehr biologische Väter an ihrer Vaterschaft interessiert sind und es zukünftig noch zu einer Steigerung mehrfacher Vaterschaften kommen wird, sollte die Konstellation mit rechtlich-sozialem und biologischem Vater auch rechtlich angemessen berücksichtigt werden, was im Folgenden untersucht wird.

II. Zielsetzung

Ziel dieser Arbeit ist es, das väterliche Abstammungsrecht sowohl aus der Warte des rechtlich-sozialen Vaters als auch des biologischen Vaters zu betrachten und beide Interessenspositionen gegeneinander abzuwägen.

Beabsichtigt wird dabei, beide Vaterpositionen zu berücksichtigen, wobei von der Grundannahme ausgegangen wird, dass *per se* keiner Position der generelle Vorzug zu geben sei.

Die folgenden Ausführungen werden vielfach rechtspolitisch zu verstehen sein. Ziel der Arbeit ist es insbesondere, einen neuen gesellschaftlichen und rechtspolitischen Ansatz zum Umgang mit der Familienkonstellation mit mehreren Vaterfiguren zu finden und zur Diskussion zu stellen.

III. Gang der Untersuchung

Die nachfolgende Untersuchung widmet sich im Kern der Fragestellung, inwieweit der biologische Vater innerhalb des Abstammungsrechts gegenüber dem rechtlich-sozialen Vater benachteiligt wird, ob eine Benachteiligung gegebenenfalls gerechtfertigt ist und ob seine Stellung im Abstammungsrecht verändert werden sollte.

Um die Position des Vaters umfassend verstehen zu können, wird die Vaterschaft zunächst aus interdisziplinärer Sicht untersucht. Hierbei werden gesellschaftliche Wandlungsprozesse nachgezeichnet sowie aus biologischer und psychologischer Sicht erforscht, warum Männer die Vaterrolle gegenüber einem Kind einnehmen (2. Teil: Interdisziplinäre Aspekte der Vaterschaft).

---

59 *Hurrelmann/Bründel*, Kindheitsforschung, S. 65.
60 *Büchler*, AJP 2004, 1175 (1183).

Im Anschluss werden die Prinzipien, die dem Abstammungsrecht zugrunde liegen, herausgearbeitet und die historische Entwicklung des Abstammungsrechts seit Inkrafttreten des BGB am 01.01.1900 dargestellt (3. Teil: Prinzipien und Historie des Abstammungsrechts des BGB).

Hieran schließt sich eine kritische Analyse des geltenden Abstammungsrechts an. Dabei wird zwischen der Vater-Kind-Zuordnung einerseits, der Vaterschaftsanfechtung andererseits sowie der Klärung der biologischen Abstammung unterschieden. Weitergehend wird auf die Möglichkeit der Feststellung der biologischen Vaterschaft im Umgangsrecht eingegangen (4. Teil: Kritische Darstellung des geltenden Abstammungsrechts).

Sofern die kritische Würdigung des geltenden Abstammungsrechts zu dem Ergebnis kommt, dass die Rechtsstellung des biologischen Vaters im Abstammungsrecht verändert werden sollte, werden zuletzt Überlegungen zu einer Neugestaltung des Rechts des biologischen Vaters im Abstammungsrecht angestellt (5. Teil: Neugestaltung des Rechts des biologischen Vaters).

2. Teil: Interdisziplinäre Aspekte der Vaterschaft

Nicht allein die Rechtswissenschaft setzt sich mit dem Institut der Vaterschaft und den daraus resultierenden Konsequenzen auseinander. Unter anderem beschäftigen sich auch die Soziologie, die Biologie und hier insbesondere die Soziobiologie als Teildisziplin der Biologie, die Psychologie, die Politik- und Geschichtswissenschaft, die Anthropologie sowie die Ethnologie in jeweils spezifischer Weise mit diesem Thema. Allein aus dieser Vielzahl von Disziplinen, die sich mit der Vaterschaft beschäftigen, lässt sich schlussfolgern, dass diese zwar biologischen Regeln folgt, aber dadurch allein nicht eindeutig und vollständig zu bestimmen ist.

Für eine vollständige Erfassung der verschiedenen Aspekte von Vaterschaft wäre somit eine weitreichende interdisziplinäre Betrachtung sinnvoll, die jedoch im Rahmen der vorliegenden Arbeit nicht zu leisten ist. Um die Regelungen der rechtlichen Vaterschaft dennoch besser zu verstehen, und um Kriterien für neue Formen rechtlicher Vaterschaft entwickeln zu können, wird in einem ersten Schritt dennoch auf einige der oben benannten und hier als juristische Hilfswissenschaften herangezogenen wissenschaftlichen Disziplinen Bezug genommen und es werden einige interdisziplinäre Aspekte der Vaterschaft aufgegriffen. Die folgenden Ausführungen sind daher nur als eine grobe Orientierung zur Veranschaulichung verschiedener Aspekte der Väterforschung zu verstehen und erheben keinesfalls einen Anspruch auf Vollständigkeit.

A. Sozialhistorischer Wandel von Familie und Vaterschaft

Zur Beurteilung des heutigen Vaterschaftskonzepts ist es aufschlussreich, aus sozialhistorischer Sicht die Rolle des Vaters in der Familie zu beleuchten. Das Nachzeichnen des familiären Wandels ist auch insofern von Interesse, da Vaterschaft und Familie häufig immer noch an alten Vorstellungen gemessen werden, obwohl diese von den realen Lebensbedingungen längst überholt sein könnten. In Anbetracht der grundlegenden Veränderungen, die sich bezüglich Definition und Inhalt von Familie und Vaterschaft vollziehen, ist es außerdem interessant, aus historischer Sicht zu untersuchen, auf welchen Faktoren in früherer Zeit Vaterschaft begründet war und welche Funktionen der Vater in der Familie besaß. Denn die Vaterrolle ist ein „*soziales, kulturelles und ideologisches Konstrukt*“[61], das einem steten Wandel unterworfen ist. Die Untersuchung bezüglich der Entwicklung der Vaterrolle bis in die Gegenwart ist auch deshalb von Belang, weil rechtliche Reformdiskussionen zur Erweiterung von väterlichen Rechten oftmals unter der Einschränkung betrachtet werden, dass ein eklatantes Missverhältnis zwischen der Forderung nach

---

61 *Matzner*, Vaterschaft aus Sicht von Vätern, S. 133.

mehr Rechten und der praktischen Anteilnahme der Väter am Leben ihrer Kinder bestehe.[62] Diese Argumentation bedarf der Überprüfung.

Der nachfolgende soziologische Teil soll daher in einem Überblick die soziodemographischen Entwicklungen im Bereich von Familie und Vaterschaft vermitteln. Aufgabe der Familiensoziologie ist es, die Realität der Familie und ihrer Erscheinungsformen empirisch zu erfassen, zu beschreiben und theoretisch zu erklären.[63] Da Vaterschaft sowohl ein *„soziales als auch familiales Phänomen“*[64] darstellt, kann die Vaterrolle nicht losgelöst von den familiären Veränderungen betrachtet werden. So wird in den Sozialwissenschaften bei Untersuchungen zur Entwicklung der Vaterrolle zunächst der Wandel der Familie vorangestellt, um daraus Erkenntnisse zur Vaterschaft zu gewinnen.[65] Aus diesem Grund werden Feststellungen der Familiensoziologie zur historischen Betrachtung von Familie jeweils vorangestellt, um nachfolgend auf die sozialhistorische Entwicklung der Vaterschaft einzugehen, um letztlich das heutige Familien- und Vaterbild charakterisieren zu können.

In dem Wissen, dass es zu keiner Zeit nur eine einheitliche Familienform gab[66], werden im Folgenden zur Vereinfachung dennoch nur die charakteristischsten Ausprägungen dargestellt, um anhand dieser die eklatanten Veränderungen des Familienbildes zu beleuchten. Auch die Rolle des Vaters hat in jeder Zeit immer stark variiert. Es lassen sich somit für sämtliche Vatertypen, von brutal bis liebevoll, für jede Zeit und in jeder Kultur Nachweise finden.[67] So sind Veränderungen bezüglich der Vaterrolle, ebenso wie beim Familienbild, keineswegs linear verlaufen. Die daher selbstverständlich vorhandenen Variationen und Überschneidungen der väterlichen Rollenausprägungen können im Rahmen dieser Arbeit jedoch nicht berücksichtigt werden. Unter Beachtung dieser Einschränkung soll dennoch versucht werden, einen Überblick über den Wandel von Familie und Vaterschaft zu geben. Die in den folgenden Abschnitten der jeweiligen Zeit zugeordnete Vaterfigur ist dabei als Annäherung an eine komplexere soziale Realität zu verstehen.

---

62 Vgl. *Stein-Hilbers*, Widersprüche 1991, 43 (49); *Stein-Hilbers*, Wem gehört das Kind?, S. 146 m.w.N.

63 *Schwab*, in Schwab/Vaskovics (Hrsg.), Pluralisierung von Elternschaft und Kindschaft II, 317 (317).

64 *Fthenakis*, Engagierte Vaterschaft, S. 12.

65 *Nave-Herz*, in Böllert/Peter (Hrsg.), Mutter + Vater = Eltern?, 33 (33 f.); *Sabla*, Vaterschaft und Erziehungshilfen, S. 21.

66 Hierzu ausführlich: *Nave-Herz*, Ehe- und Familiensoziologie, S. 43 ff.

67 *Matzner*, Vaterschaft aus Sicht von Vätern, S. 155; *Watzlawik/Ständer/Mühlhausen*, Neue Vaterschaft, S. 23.

I. Familie und Vaterschaft in der vorindustriellen Zeit

1. *Familie als Haus- und Wirtschaftsgemeinschaft*

Zur Zeit der vorindustriellen, ständischen Gesellschaft[68] war, insbesondere in der Landwirtschaft, die am weitesten verbreitete Lebens- und Familienform die des *ganzen Hauses*[69]. Zum ganzen Haus gehörte die gesamte Hausgemeinschaft, die neben der Kernfamilie[70], also den Eheleuten und ihren Kindern, auch die Hausangestellten[71] sowie gelegentlich entferntere Verwandte umfasste. Die dominierende Familienform des ganzen Hauses wurde durch die wirtschaftlichen Gegebenheiten, wie der geringen Marktverflechtung und der noch weitgehenden häuslichen Produktion der vorindustriellen Zeit, bestimmt[72], obwohl innerhalb dieser Zeit insgesamt eine Vielzahl von Lebens- und Familienformen vorherrschten[73].

a) Wirtschaftliche Situation

Die deutsche Wirtschaft war in der vorindustriellen Zeit noch in hohem Maße von landwirtschaftlicher und handwerklicher Eigenproduktion geprägt.[74] So ergab sich aus der schlechten Infrastruktur und weitgehender Selbstversorgung eine verhältnismäßig große Unabhängigkeit der einzelnen landwirtschaftlichen und handwerklichen Betriebe, die vor allem von der unentgeltlichen Zusammenarbeit aller Haushaltsmitglieder getragen wurde.[75] Alle Mitglieder des ganzen Hauses waren ohne besondere Rücksicht auf Alter und Geschlecht in den Produktionsprozess

---

68 Die Blütezeit des ständischen Gesellschaftssystems lag in der Zeit vom 15. bis zum 17. Jahrhundert.

69 Das Wort Familie ist erst im 18. Jahrhundert in die deutsche Umgangssprache eingedrungen, *Brunner*, in Oeter (Hrsg.), Familie und Gesellschaft, 23 (33); *Drinck*, in Drinck (Hrsg.), Vaterbilder (zugl. FS Geissler), 37 (37); *Mitterauer/Sieder*, Vom Patriarchat zur Partnerschaft, S. 19; *Riehl*, Die Familie, S. 147; *Schwab*, in Brunner/Conze/Koelleck (Hrsg.), Geschichtliche Grundbegriffe, 253 (266).

70 Die Kernfamilie bestand zumeist aus zwei Generationen (den Eltern und ihren Kindern); Dreigenerationshaushalte waren dagegen wegen der geringen Lebenserwartung und eines relativ späten Heiratsalters selten, *Mitterauer/Sieder*, Vom Patriarchat zur Partnerschaft, S. 51; *Nave-Herz*, in Böllert/Peter (Hrsg.), Mutter + Vater = Eltern?, 33 (37); *Nave-Herz*, Ehe- und Familiensoziologie, S. 44 ff.

71 Diese werden zumeist als Gesinde bezeichnet, vgl. *Dörner*, Industrialisierung und Familienrecht, S. 21; *Mitterauer*, Grundtypen alteuropäischer Sozialformen, S. 40.

72 *Dörner*, Industrialisierung und Familienrecht, S. 20.

73 *Trotha*, KZfSS 42 (1990), 452 (453); Vertiefend zur Vielzahl der vorindustriellen Familienformen siehe *Mitterauer*, Grundtypen alteuropäischer Sozialformen, S. 35–97.

74 *Böhme*, Sozial- und Wirtschaftsgeschichte, S. 9; *Dörner*, Industrialisierung und Familienrecht, S. 19; *Heuer*, ALR und Klassenkampf, S. 24.

75 *Dörner*, Industrialisierung und Familienrecht, S. 20.

eingebunden.[76] Produktionsstätte und privater Lebensbereich waren räumlich nicht voneinander getrennt.[77] Das ganze Haus glich damit einer Produktionsgemeinschaft und war Grundlage für die gesamte Wirtschaft, insbesondere des agrarischen Sektors, der vorindustriellen Zeit.[78]

Diese Eigenschaften, die die vorindustrielle Familienform des ganzen Hauses kennzeichneten, waren aber nicht allein auf den noch überwiegenden landwirtschaftlichen Teil der Bevölkerung beschränkt. Auch ein Großteil der Haushalte der Stadtbevölkerung wies die gleichen Eigenschaften auf.

b) Patriarchalische Strukturen

In der vorindustriellen Zeit herrschte ein charakteristisches Über-Unterordnungs-Verhältnis zwischen Staat und Bürgern, welches sich innerhalb der hierarchischen Struktur des ganzen Hauses fortsetzte.[79] In der weitgehend autarken wirtschaftlichen Selbstversorgung fiel dem Hausvater als patriarchalischem Oberhaupt die Regelung von Produktion und Konsum zu.[80] Dies setzte seine umfassende Dispositionsbefugnis voraus.[81] Die Hausgemeinschaft wurde als Gesamtpersönlichkeit angesehen[82], die von dem Hausvater repräsentiert und von ihm nach außen hin in allen Angelegenheiten vertreten wurde.[83] Damit trat jedes Individuum der häuslichen Gemeinschaft hinter dem Gesamtverband des ganzen Hauses zurück.[84]

c) Beziehung der Ehegatten

Die ökonomische Funktion des ganzen Hauses blieb nicht ohne Einfluss auf die Beziehung der Ehegatten zueinander. Die Ehefrau musste sich ebenso wie die übrigen Hausangehörigen der Autorität des Mannes fügen. Die gemeinsame Arbeit innerhalb der Produktionsgemeinschaft verband die Ehegatten und stand im Vordergrund des ehelichen Lebens. Materielle Sorgen und die aus dem noch niedrigen technischen Niveau resultierende starke Arbeitsbelastung standen einer Romantisierung und Emotionalisierung der Partnerbeziehung entgegen. Die Einbindung der Ehe in den größeren Organismus der Hausgemeinschaft verhinderte so die Zentrierung auf Romantik und Intimität.[85] Die Ehe wurde grundsätzlich als eine

76 *Dülmen*, Das Haus und seine Menschen, S. 15.
77 *Nave-Herz*, Ehe- und Familiensoziologie, S. 44, 48 ff.
78 *Brunner*, in Oeter (Hrsg.), Familie und Gesellschaft, 23 (23 ff.).
79 *Heuer*, ALR und Klassenkampf, S. 34; *Rusch*, Rechtliche Elternschaft, S. 9.
80 *Dülmen*, Das Haus und seine Menschen, S. 38 ff.
81 *Brunner*, in Oeter (Hrsg.), Familie und Gesellschaft, 23 (30).
82 *Riehl*, Die Familie, S. 147; *Schumacher*, Eltern und Kinder in der Privatrechtsgeschichte, S. 381.
83 *Dülmen*, Das Haus und seine Menschen, S. 39 f.
84 *Schwab*, in Brunner/Conze/Koelleck (Hrsg.), Geschichtliche Grundbegriffe, 253 (290).
85 Das Recht zur Eheschließung war ein Privileg, durch das der Einzelne einen eigenen Haushalt gründen und damit zur rechtlichen Selbständigkeit gelangen konnte.

zweckmäßige Einrichtung für alle Beteiligten angesehen, die in erster Linie auf ihren ökonomischen Nutzen in der agrarisch-ständischen Gesellschaft basierte.[86] Durch hohe Sterblichkeitsraten kamen auch Teilfamilien und diverse Stieffamilienverhältnisse häufig vor.[87]

In der vorindustriellen Zeit wurde bereits eine geschlechtsspezifische Arbeitsteilung praktiziert. Dabei war die Frau für vielfältige Haushaltstätigkeiten, zusätzlich aber auch für bestimmte Arbeiten aus dem Erwerbs- und Produktionsbereich verantwortlich. Da es keine strikte Trennung zwischen Privat- und Produktionsbereich gab, beschränkte sich auch der Aufgabenbereich der Männer nicht ausschließlich auf landwirtschaftliche oder handwerkliche Arbeiten, sondern bezog auch hauswirtschaftliche Tätigkeiten mit ein.[88]

d) Eltern-Kind-Beziehung

Die Eltern-Kind-Beziehung war, im Vergleich zu heute, von geringeren Emotionen geprägt, also von sachlicherer Qualität, was in der hohen Kindersterblichkeit begründet liegen mag, denn es musste stets damit gerechnet werden, dass Kinder bereits nach kurzer Zeit verstarben.[89] Eine Geburtenregelung fand nicht statt, so dass die durchschnittliche Geburtenzahl einer Frau bei acht bis zwölf lag. Aufgrund der hohen Kindersterblichkeit lag die Kinderzahl pro Familie aber nur bei drei bis vier.[90]

Kinder stellten zusätzliche Erwerbskräfte dar und sollten daher frühzeitig zu dem Unterhalt der Familie beitragen.[91] Die Kindheit, als notwendiger Prozess zur Formung eines Menschen, war zu dieser Zeit noch nahezu unbekannt. Es gab keine systematische, altersgerechte Erziehung. Folglich wurden Kinder wie *„kleine Erwachsene“*[92] behandelt und stellten oftmals lediglich eine weitere Arbeitskraft dar. Kinder wurden so, ohne eine herausragende Sonderstellung zu beanspruchen, in die Produktionsgemeinschaft des ganzen Hauses integriert. Eine

---

86 *Hill/Kopp*, Familiensoziologie, S. 35; *Peuckert*, Familienformen im sozialen Wandel, S. 13.

87 *Beck-Gernsheim*, Was kommt nach der Familie?, S. 30; *Gestrich*, in Schneider (Hrsg.), Lehrbuch moderne Familiensoziologie, 79 (88); *Hill/Kopp*, Familiensoziologie, S. 31; *Trotha*, KZfSS 42 (1990), 452 (455).

88 *Nave-Herz*, Ehe- und Familiensoziologie, S. 44.

89 *Alt*, in Alt/Kemkes-Grottenthaler (Hrsg.), Kinderwelten, 223 (223, 236 f.); *Ariès*, Geschichte der Kindheit, S. 99; *Arnold*, Kind und Gesellschaft, S. 29 ff.; *Badinter*, Mutterliebe, S. 107 ff.; *Shorter*, in Geschichte und Gesellschaft. Zeitschrift für historische Sozialwissenschaft (1) 1975, 256 (262).

90 *Mitterauer*, in Nave-Herz/Markefka (Hrsg.), Handbuch Familien- und Jugendforschung, 179 (184); *Nave-Herz*, Ehe- und Familiensoziologie, S. 44 f.

91 *Nave-Herz*, Ehe- und Familiensoziologie, S. 196; *Wurzbacher*, Familienleben, S. 163.

92 *Nave-Herz*, Ehe- und Familiensoziologie, S. 196; *Siegmund/Bröcher*, Pädagogische Grundlagen, S. 53 f.

individuelle Lebensgestaltung mit einer Abkehr von dieser festgelegten Ordnung war selten.[93]

2. Herrschaft des Hausvaters über das ganze Haus

Der Hausvater als patriarchalisches Oberhaupt der Familie nahm in der vorindustriellen Zeit die höchste Stellung innerhalb des ganzen Hauses ein.[94] Seine Beziehung zu den Hausangehörigen war auf der Grundlage der gemeinsamen Produktion von Schutz und Zwang, aber auch von Fürsorge und Gehorsam geprägt und enthielt notwendiger Weise ein herrschaftliches Element, ohne dessen Wirksamkeit ein Funktionieren des Gebildes des ganzen Hauses nicht möglich gewesen wäre.[95] Die väterliche Rolle war damit in der vorindustriellen Zeit deutlich mit seinem ökonomischen Arbeits- und Zuständigkeitsbereich verbunden.

a) *Pater familias* als Ursprung des patriarchalischen Vaters

Wenn die historische Entwicklung der Vaterschaft aufgezeigt wird, wird häufig mit der Vaterschaft zur Zeit des Römischen Reichs begonnen. Die umfangreiche Dokumentation aus dieser Zeit zeichnet ein klares Familien- und Vaterbild, das die Vorstellung von Familie und Vaterschaft in der vorindustriellen Zeit maßgeblich geprägt hat.[96] Der Familienvater (*pater familias*) im Römischen Reich hatte, als absolutes Oberhaupt der Familie, äußerst weitreichende Machtbefugnisse. Er durfte alleine über den Familienbesitz verfügen, unerwünschte Neugeborene aussetzen oder in die Sklaverei verkaufen und somit über Leben und Tod seiner Kinder entscheiden.[97] Die väterliche Gewalt (*patria potestas*) erstreckte sich über alle Mitglieder, Tiere und Gegenstände des Hauses.[98] Die Autorität des *pater familias* war fester Bestandteil der römischen Gesellschaft und mit einer Rechtsstellung vergleichbar. Die Stellung als *pater familias* gründete sich aber nicht auf die biologische Vaterschaft[99], sondern der biologische Aspekt trat ganz deutlich hinter seinen herrschaftlichen Gewaltbefugnissen zurück.[100] Seine Stellung sowohl in der Familie als auch in der Gesellschaft wurde höher geschätzt als die biologische Abstammung der Kinder von ihm. Der *pater familias* war dementsprechend nicht zwingend identisch mit dem biologischen Vater, sondern

---

93 *Dörner*, Industrialisierung und Familienrecht, S. 24; *Tenorth*, Geschichte der Erziehung, S. 158; *Weber-Kellermann*, Kindheit, S. 73.

94 *Dülmen*, Das Haus und seine Menschen, S. 38 ff.; siehe auch bereits oben unter: 2. Teil. A. I. 1. b) Patriarchalische Strukturen.

95 *Brunner*, in Oeter (Hrsg.), Familie und Gesellschaft, 23 (35).

96 *Sabla*, Vaterschaft und Erziehungshilfen, S. 16; vgl. auch *Drinck*, Vatertheorien, S. 10, 43; *Macha*, in Drinck (Hrsg.), Vaterbilder (zugl. FS Geissler), 11 (16).

97 *Werneck*, Übergang zur Vaterschaft, S. 5.

98 *Sabla*, Vaterschaft und Erziehungshilfen, S. 16.

99 *Drinck*, Vatertheorien, S. 43.

100 *Knibiehler*, Geschichte der Väter, S. 32; *Oberndorfer/Rost*, ZfF (17) 2005, 50 (51).

das älteste männliche Familienmitglied.[101] Die patriarchalisch organisierte Familie wurde zu einer festen sozialen Einheit innerhalb der römischen Gesellschaft und spielte eine wichtige Rolle, sowohl für die Erziehung der Kinder als auch für die Erhaltung des Staates.[102] Mit dem Bild des *pater familias* wurde ein Vaterbild geschaffen, welches mit Einschränkungen bis ins 19. Jahrhundert fortgewirkt hat.[103]

b) Legitimation des Patriarchats

Die hierarchische Struktur innerhalb der Hausgemeinschaft war für die Effektivität im Hinblick auf die Produktionsgemeinschaft des ganzen Hauses äußerst wichtig. Der Vater, als Oberhaupt des ganzen Hauses, war verantwortlich für die Steuerung der Tätigkeiten der einzelnen Familienmitglieder, während Frauen und Kinder dieser männlichen Autorität unterlagen.[104] Diese patriarchalische Struktur innerhalb des ganzen Hauses bedeutete aber nicht, im Gegensatz zu der Stellung des *pater familias* im römischen Reich, das Recht zur uneingeschränkten Machtausübung. Hauptsächlich war das ganze Haus nämlich Schutz- und Solidargemeinschaft für seine Angehörigen. Der Hausvater hatte dafür Sorge zu tragen, dass die Produktion des ganzen Hauses die Versorgung und den Schutz ihrer Mitglieder sichern konnte. Dabei musste der Hausvater einen Ausgleich zwischen herrschaftlichem und beschützendem Verhalten finden, denn eine rein herrschaftliche Leitung des ganzen Hauses hätte die Funktion als Schutz- und Solidargemeinschaft eher gefährdet als ihr genützt.[105] Die patriarchalische Binnenstruktur erschien zum Zweck der Aufrechterhaltung des Wirtschaftsbetriebs folglich durchaus als legitim.[106]

Daneben war das Patriarchat in ein kulturelles Legitimations- und Ordnungssystem eingebunden. In der Organisation des ganzen Hauses fand sich ein Niederschlag der gesamtgesellschaftlichen politischen und sozialen Anschauungen und Verhältnisse wieder.[107] Die Autorität des Hausvaters war konform mit dem vorherrschenden Patriarchalismus und spiegelte so die gesellschaftlichen und staatlichen Machtverhältnisse der damaligen Zeit wider.[108]

---

101 *Macha*, in Drinck (Hrsg.), Vaterbilder (zugl. FS Geissler), 11 (17); vgl. auch *Mitterauer/Sieder*, Vom Patriarchat zur Partnerschaft, S. 20, der die Ansicht vertritt, dass die Stellung des *pater familias* mit der biologischen Vaterschaft überhaupt keine Verbindung hatte.

102 *Drinck*, Vatertheorien, S. 10, 43.

103 Kritisch zu Überlieferungen vom römischen Patriarchat: *Lenzen*, Vaterschaft, S. 91 ff.

104 *Fthenakis*, Engagierte Vaterschaft, S. 17.

105 *Burkart*, Familiensoziologie, S. 118.

106 *Drinck*, in Drinck (Hrsg.), Vaterbilder (zugl. FS Geissler), 37 (38); *Fascher*, Der vakante Vater, S. 185 f.

107 *Schelsky*, Wandlungen der Deutschen Familie, S. 323 ff.

108 *Dörner*, Industrialisierung und Familienrecht, S. 22.

Die Autorität des Hausvaters war damit aufgrund der ökonomischen Gegebenheiten legitimiert. Daneben diente auch das staatliche Machtgefüge als Vorbild für die innerfamiliäre Organisation.

c) Aufgaben des vorindustriellen Hausvaters

Entsprechend den beschriebenen patriarchalischen Strukturen hatten sich alle Haushaltsmitglieder der Autorität des Hausvaters zu unterwerfen. Im Gegenzug musste der Hausvater jedoch auch vielfältige Pflichten übernehmen. Er war nicht nur eine strenge Autorität, sondern auch ein Vater, der viel Verantwortung übernahm.[109] Insgesamt war eine hohe Präsenz und Bedeutung des Vaters für die Kinder festzustellen.[110] So wurden die Kinder zumeist von dem Hausvater unterrichtet. Er traf außerdem für die Kinder die Entscheidung zur Berufswahl und Heirat und war verantwortlich, falls Angehörige seiner Hausgemeinschaft in Verruf kamen, denn er hatte für einen *„sittlich-moralischen Lebenswandel“*[111] zu sorgen. Der Hausvater schlichtete überdies Streitigkeiten zwischen den Mitgliedern des ganzen Hauses und übernahm damit eine Art Gerichtsfunktion.[112]

Bei dieser Vielfalt häuslicher Aufgaben trat die biologische Vaterschaft, wie auch bei dem *pater familias*, in den Hintergrund.[113] So konnte auch ein mit den Kindern nicht biologisch verwandter Mann Hausvater des ganzen Hauses sein.[114] Dies kam häufig vor, denn es hatten sich aufgrund hoher Todesraten in einigen Regionen komplexe Familiensysteme mit Stiefeltern, Halbgeschwistern etc. entwickelt, in denen der Hausvater keinerlei biologische Verbindung zu den Kindern besaß.[115]

Charakteristisch für die vorindustrielle Gesellschaft war die große Bedeutung, die der Vater-Sohn-Beziehung zugeschrieben wurde. Sie wurde höher bewertet als die eheliche oder die Mutter-Kind-Beziehung. Dies lag auch an den wirtschaftlichen Gegebenheiten, denn Söhne waren immer potenzielle Nachfolger für den familiären Produktionsbetrieb.[116]

d) Schwerpunkt der Vaterfunktion

Schon frühzeitig wurde das Vaterbild allgemein mit den Funktionen als Erzeuger, Ernährer und Erzieher der Kinder verbunden und auch heute noch gilt

---

109 *Matzner*, Vaterschaft aus Sicht von Vätern, S. 137 f.

110 *Watzlawik/Ständer/Mühlhausen*, Neue Vaterschaft, S. 24.

111 *Burkart*, Familiensoziologie, S. 118.

112 *Dülmen*, Das Haus und seine Menschen, S. 15.

113 *Schütze/Wagner*, in Wagner/Schütze (Hrsg.), Verwandtschaft, 7 (9).

114 *Drinck*, in Drinck (Hrsg.), Vaterbilder (zugl. FS Geissler), 37 (37); *Specht*, in Tellenbach (Hrsg.), Das Vaterbild im Abendland, 95 (105); *Walter*, in Walter (Hrsg.), Männer als Väter, 79 (87).

115 *Fthenakis*, Engagierte Vaterschaft, S. 18.

116 *Walbiner*, in BMFSFJ (Hrsg.), Facetten der Vaterschaft, S. 6.

grundsätzlich diese dreifache Verknüpfung.[117] Dennoch dominierte zu jeder Zeit eine der väterlichen Funktionen im Besonderen. Diese soll im Folgenden für den Hausvater in der vorindustriellen Zeit herausgearbeitet werden.

Die Alimentation der Familie oblag nicht allein dem Vater, sondern basierte auf der Gesamtleistung aller Mitglieder des ganzen Hauses als Produktionsgemeinschaft. Somit trat die Funktion des Hausvaters als Ernährer seiner Familie für die vorindustrielle Zeit nicht als außerordentlich charakteristisch hervor.

Die Erzeugerfunktion des Vaters war zwar für die Vererbung der Produktionsstätte von Bedeutung, trat jedoch im Gesamtgefüge des ganzen Hauses und der Vaterstellung auch gegenüber biologisch nicht verwandten Hausangehörigen als Funktion in den Hintergrund. Dies mag auch darin begründet liegen, dass die tatsächliche biologische Abstammung noch nicht naturwissenschaftlich überprüft werden konnte.

Die Funktion des Vaters als Erzieher hatte in der vorindustriellen Zeit dagegen eine besondere Bedeutung.[118] Der vorindustrielle Vater war, wie oben bereits beschrieben[119], ein Lehrer und Ausbilder für seine Kinder.[120] Für die Epoche der vorindustriellen Zeit nahm somit die Funktion des Vaters als Erzieher eine Sonderstellung ein und kennzeichnet den Hausvater am eindeutigsten. Ein gegenüber seinen Kindern engagierter Vater ist damit aus sozialhistorischer Sicht nicht neu, sondern vielmehr charakteristisch für den Hausvater der vorindustriellen Zeit.[121]

3. *Fazit*

Zusammenfassend betrachtet war in der vorindustriellen Zeit die Gemeinschaft des ganzen Hauses gleichzeitig Produktions-, Wohn-, Lebens- und Schutzgemeinschaft. Für emotionale Beziehungen der Ehegatten zueinander und zwischen Eltern und Kindern blieb wenig Raum.

Der Hausvater nahm eine wichtige Sonderstellung innerhalb des ganzen Hauses ein. Seine patriarchalische Stellung war aufgrund seiner vielfältigen Funktionen im Familienverband und den ökonomischen Gegebenheiten bei den Haushaltsmitgliedern weitestgehend akzeptiert. Eine Schlüsselstellung nahm hierbei die Erzieherfunktion des Hausvaters ein.

Das vorindustrielle Familien- und Vaterbild war stark von den ökonomischen Gegebenheiten dieser Epoche geprägt. Der Hausvater war mit einer Vielzahl von Rechten, aber auch Pflichten gegenüber den Hausangehörigen ausgestattet.

---

117 *Andresen*, in Brenner/Oelkers (Hrsg.), Historisches Wörterbuch der Pädagogik, 1091 (1106).

118 Ausführlich zur Erzieherfunktion des vorindustriellen Vaters: *Trepp*, in Kühne (Hrsg.), Männergeschichte – Geschlechtergeschichte, 31 (43 ff.).

119 S.o.: 2. Teil. A. I. 2. c) Aufgaben des vorindustriellen Hausvaters.

120 *Werneck*, Übergang zur Vaterschaft, S. 10.

121 So auch: *Meuser*, in Böllert/Peter (Hrsg.), Mutter + Vater = Eltern?, 63 (64).

Von ihm wurde sowohl von der Hausgemeinschaft als auch von Staat und Kirche erwartet, dass er die familiäre Gemeinschaft erfolgreich leitet. Die Vaterschaft in der vorindustriellen Zeit war somit kein individuelles Attribut, sondern ein zentrales gesellschaftliches Ordnungsprinzip, welches das Leben aller Mitglieder des ganzen Hauses beeinflusste. Dahinter musste die biologische Vaterschaft in ihrer Bedeutung zurücktreten.

II. Wandel durch die Industrialisierung[122]

1. Entstehung des Ideals der traditionellen bürgerlichen Kernfamilie

Mit der zunehmenden Trennung von Haushalt und Arbeitsstätte, von privatem und beruflichem Leben durch die Industrialisierung und dem damit einhergehenden Wegfall der Funktion der Familie als Produktionsgemeinschaft sowie der Verstaatlichung einiger grundlegender sozialer Aufgaben, wie beispielsweise der Unterrichtung und Ausbildung der Kinder, der Kranken- und Altenversorgung sowie bestimmter Gerichtsfunktionen, die bisher das ganze Haus wahrgenommen hatte[123], veränderte sich das Familienbild. Diese Veränderungen schlossen damit ab, dass sich die zur Familie zählenden Personen auf die Mitglieder der Kernfamilie reduzierten und statt der Produktions- nur noch eine Konsumgemeinschaft bestand, die durch die emotionalen Beziehungen der einzelnen Familienmitglieder zusammengehalten wurde.[124]

a) Reduktion auf die Kernfamilie

Für die Gemeinschaft des ganzen Hauses bedeutete die Industrialisierung, dass die Eigenverarbeitung im häuslichen Bereich zunehmend unrentabel und daher nach und nach aufgegeben wurde.[125] Das Gesinde verließ das ganze Haus, um in den städtischen Fabriken zu arbeiten. Die Hausangestellten schieden daher aus dem räumlichen Bereich des ganzen Hauses aus.[126] Das vorher familiäre Verhältnis zwischen ihnen und der Kernfamilie wurde, wenn überhaupt, durch vertragliche Regelungen ersetzt.[127] Dadurch erfuhr der Familienbegriff eine Eingrenzung auf die biologisch fundierte Kernfamilie, die sich aus den Eheleuten und ihren gemeinsam

---

122 Der Begriff *Industrialisierung* bezeichnet allgemein die Einführung und Verbreitung industriell-mechanischer Formen der Produktion. Sie begann in England während der zweiten Hälfte des 18. Jahrhunderts. Später verbreitete sie sich schrittweise in andere Länder Europas und Nordamerikas.

123 *Geißler*, Sozialstruktur Deutschlands, S. 332; *Peuckert*, Familienformen im sozialen Wandel, S. 13. Vertiefend zum Funktionsverlust der Familie: *Mitterauer/Sieder*, Vom Patriarchat zur Partnerschaft, S. 92–117.

124 *Dörner*, Industrialisierung und Familienrecht, S. 68.

125 *Heuer*, ALR und Klassenkampf, S. 35.

126 *Hill/Kopp*, Familiensoziologie, S. 31, 41.

127 *Schwab*, JZ 1970, 1 (3).

in einer Hausgemeinschaft lebenden Kindern zusammensetzte und sich innerhalb ihres nunmehr alleinigen Wohnbereichs von der Außenwelt abgrenzte.[128]

b) Neujustierung des Geschlechterverhältnisses

Die Trennung von Erwerbs- und Privatsphäre führte zu unterschiedlichen, auch räumlich getrennten Rollen der Geschlechter im Produktions- und Reproduktionsbereich. So war der Vater nun nach Möglichkeit alleine für die finanzielle Versorgung der Familie verantwortlich, was meist nur durch eine Erwerbstätigkeit außer Haus möglich war. Die Mutter hingegen war, aufgrund der außerhäuslichen Erwerbstätigkeit des Vaters, alleine für die familiären und häuslichen Aufgaben zuständig.[129] Die patriarchalische Vormachtstellung des Vaters blieb aber weiterhin bestehen, auch wenn diese jetzt nicht mehr mit der notwendigen Leitung der familiären Produktionsgemeinschaft legitimiert werden konnte und so zu einem inhaltslosen Relikt wurde[130], was einen Begründungsansatz für den beginnenden Emanzipationsprozess der Frauen bot.[131]

c) Emotionalisierung der Ehegattenbeziehung

Die Aufgabe der familiären Produktionsgemeinschaft und die damit einhergehende Trennung von Haushalt und Arbeitsplatz bewirkte den Rückzug der Familie von der Außenwelt hin zu einem rein privaten Mikrokosmos und schaffte dadurch erst die Voraussetzungen für die Entwicklung von Emotionalität und Intimität in der innerfamiliären Struktur.[132] Die Verbindung der Familienmitglieder hatte ihren ökonomischen Zweckcharakter verloren, so dass die nun von Gefühlsbindungen getragenen familiären Beziehungen zum eigentlichen Sinn und Zweck von Ehe und Familie wurden.[133]

Nicht mehr der institutionelle Charakter der Ehe stand im Vordergrund, sondern das Ideal einer Partnerschaft, die auf gegenseitiger emotionaler Unterstützung aufbaut. Liebe als Heiratsgrund löste damit idealerweise rationale Heiratsmotive ab.[134] Damit wurde erst durch die Trennung von Familie und Beruf der Wandel der Ehe von einer vertraglichen, zwei Familien miteinander verbindenden

---

128 *Tenorth*, Geschichte der Erziehung, S. 195 f.

129 *Bertram*, in Böllert/Peter (Hrsg.), Mutter + Vater = Eltern?, 99 (108 f.); *Büchner*, in Krüger/Grunert (Hrsg.), Handbuch Kindheits- und Jugendforschung, 519 (524); *Burkart*, Familiensoziologie, S. 123; *Geißler*, Sozialstruktur Deutschlands, S. 38, 332; *Peuckert*, Familienformen im sozialen Wandel, S. 14.

130 *Weber-Kellermann*, Die deutsche Familie, S. 10 f.

131 *Burkart*, Familiensoziologie, S. 130.

132 *Dörner*, Industrialisierung und Familienrecht, S. 70; *Walter*, in Walter (Hrsg.), Männer als Väter, 79 (90).

133 *Hermanns*, FamRZ 1994, 1001 (1001); *König*, Materialien zur Soziologie der Familie, S. 92 f.; *Schelsky*, Wandlungen der Deutschen Familie, S. 17–25; *Wagenitz/Barth*, FamRZ 1996, 577 (578).

134 *Beck/Beck-Gernsheim*, Chaos der Liebe, S. 108 f.

Institution zu einer Heirat aus Liebe und Zuneigung und daran anschließender lebenslanger, streng monogamer Beziehung mit einer geschlechtsspezifischen Arbeitsteilung, die darauf abzielte, Kinder zu bekommen und aufzuziehen, möglich. Die Heirat war dabei gleichbedeutend mit der Familiengründung. Durch diesen neuen Sinn der Ehe wurde die Elternschaft außerhalb einer Ehe zunehmend vehement stigmatisiert.[135]

d) Veränderung der Eltern-Kind-Beziehung

Die Emotionalisierung zwischen den Familienmitgliedern veränderte auch die Eltern-Kind-Beziehung. Die Kindheit wurde als eigene Entwicklungsphase anerkannt.[136] War das Kind vor der Industrialisierung noch voll in die Produktionsgemeinschaft der Familie eingegliedert und stellte somit einen ökonomischen Nutzen dar, wurde es nun zum Kostenfaktor für seine Eltern.[137] Das Verhältnis zwischen Eltern und Kindern wandelte sich in eine Beziehung, die durch Zuneigung und intensive emotionale Sozialbeziehungen geprägt war. Außerdem veränderte sich die Funktion der Kinder innerhalb des Familienverbandes grundsätzlich. Der frühere weitgehend ökonomische Zweck der Ehe war weggefallen. An diese Stelle trat neben den emotionalen Bindungen der Eheleute vornehmlich der Zweck, Kinder zu zeugen und zu erziehen.[138] Damit wurde der psychologische Nutzen der Kinder für ihre Eltern verstärkt und sie wurden zum vordergründigen Sinn und Zweck der Familie.[139] So verschob sich der Mittelpunkt der Familie vom Vater zum Kind.[140]

Es setzte sich mehr und mehr die Ansicht durch, dass ausschließlich die biologischen Eltern zur Erziehung ihrer Kinder berufen seien, so dass insbesondere die frühkindliche Erziehung in die Verantwortung der Kernfamilie gelegt wurde.[141] Elternschaft wurde dabei aus psychologischer Sicht vor allem mit der Mutterschaft verbunden.

e) Durchsetzung der traditionellen bürgerlichen Kernfamilie

Die durch die äußeren Lebensverhältnisse bestimmte geschlechtsspezifische Rollenverteilung wurde zunehmend als vermeintlich von der Natur vorgegebenes Gebilde angesehen und entsprechend idealisiert, alle anderen Familienformen wurden dagegen ausgegrenzt und stigmatisiert.[142] An diesem Familienleitbild

---

135 *Peuckert*, Familienformen im sozialen Wandel, S. 15 f.
136 *Nave-Herz*, Ehe- und Familiensoziologie, S. 55, 196 f.
137 *Schmucker*, in Oeter (Hrsg.), Familie und Gesellschaft, 267 (267).
138 *Seiffge-Krenke*, Psychotherapie und Entwicklungspsychologie, S. 153.
139 *Nave-Herz*, Ehe- und Familiensoziologie, S. 197.
140 *Walter*, in Walter (Hrsg.), Männer als Väter, 79 (97 f.).
141 *Nave-Herz*, Ehe- und Familiensoziologie, S. 56.
142 *Baumgarten*, Entstehung des Unehelichenrechts, S. 291 f.; *Walter*, in Walter (Hrsg.), Männer als Väter, 79 (90).

orientierten sich alle Bevölkerungsschichten. Allerdings konnten zu Beginn der Industrialisierung nur die privilegierten Schichten dieses Familienmodell tatsächlich umsetzen.[143] Beginnend im 20. Jahrhundert war dann eine weite Verbreitung der traditionellen bürgerlichen Familie erkennbar. Doch erst nach dem zweiten Weltkrieg mit dem wirtschaftlichen Aufschwung der Nachkriegszeit (Wirtschaftswunder) und dem Ausbau der sozialen Sicherungssysteme konnte sich die traditionelle bürgerliche Familie vollständig etablieren. Insbesondere die 50er und 60er Jahre des 20. Jahrhunderts, die „*golden ages of marriage*"[144] beziehungsweise das „*Goldenen Zeitalter der Familie*"[145], können als Blütezeit der traditionellen bürgerlichen Familie bezeichnet werden.[146] In dieser Zeit nahm die Familie in den alten Bundesländern eine in der Geschichte einzigartige Monopolstellung ein.[147] So sank der Anteil der Geburten von Kindern, deren Eltern nicht miteinander verheiratet waren, von 1945 bis zum Ende der 1960er Jahre stetig, von 16,34 % im Jahr 1946 auf unter 5 % im Jahr 1965.[148] Auch in der damaligen DDR war die Familienform, bestehend aus Vater, Mutter und ihren minderjährigen Kindern vorherrschend. Die Situation in Westdeutschland und der damaligen DDR unterschied sich jedoch im Hinblick auf die Erwerbstätigkeit der Mütter. Während in der damaligen DDR nach dem sozialistischen Familienbild auch die Ehefrau und Mutter erwerbstätig war und häufiger eine Familie auch ohne Ehe gegründet wurde[149], dominierte in Westdeutschland das Bild der „klassischen Hausfrau". So waren im Jahr 1950 gut Dreiviertel der Mütter mit minderjährigen Kindern nicht erwerbstätig. 1961 war zwar schon jede dritte Mutter erwerbstätig, die Erwerbsquote verharrte jedoch während der 1960er Jahre bei einem Drittel und stieg erst Mitte der 1970er Jahre weiter an.[150]

143 *Geißler*, Sozialstruktur Deutschlands, S. 39; *Meuser*, in Böllert/Peter (Hrsg.), Mutter + Vater = Eltern?, 63 (67).

144 *Golden Age of Marriage* ist ein Begriff der Familiensoziologie, der den Zeitraum von etwa 1950 bis circa 1970 bezeichnet, in der über 90 % der Bevölkerung mindestens einmal im Leben heirateten, *Geißler*, Sozialstruktur Deutschlands, S. 333; *Nave-Herz*, in Nave-Herz (Hrsg.), Kontinuität und Wandel, 45 (66); *Nave-Herz*, Ehe- und Familiensoziologie, S. 68; *Tyrell*, in Lüscher/Schultheis/Wehrspaun (Hrsg.), Die „postmoderne" Familie, 145 (151).

145 *Sieder*, Sozialgeschichte der Familie, S. 476 ff.; *Trotha*, KZfSS 42 (1990), 452 (453).

146 *Bertram*, in Böllert/Peter (Hrsg.), Mutter + Vater = Eltern?, 99 (103 f.).

147 *Geißler*, Sozialstruktur Deutschlands, S. 332 f.; *Peuckert*, Familienformen im sozialen Wandel, S. 15 f.

148 *Arnold*, Familiengründung ohne Partner, S. 20; *Rupp-v.Brünneck*, StAZ 1970, 226 (227); *Simitis*, StAZ 1970, 255 (255); *Winter*, Sozialer Wandel, S. 14.

149 *Kudera*, in Walter (Hrsg.), Männer als Väter, 145 (162); *Grandke*, FuR 1990, 293 (295).

150 *Nave-Herz*, Ehe- und Familiensoziologie, S. 63; *Sommerkorn/Liebsch*, in Nave-Herz (Hrsg.), Kontinuität und Wandel, 99 (101).

2. Rückzug des traditionellen bürgerlichen Vaters aus der Familie

Im Zuge des familiären Wandels zur traditionellen bürgerlichen Familie kam es zu einem Rückzug der Vaterfigur aus dem neu aufkommenden emotionalen Familienleben. Der Vater lebte faktisch in zwei verschiedenen Welten, der beruflichen Arbeitswelt und der privaten Familienwelt, die beide räumlich und zeitlich streng voneinander getrennt waren. Der Vater war nun idealerweise alleine für die Alimentation der Familie verantwortlich.[151] Auf ihn kamen neue Anforderungen zu, denn er musste sich in der Arbeitswelt, die sich stetig an die Bedingungen der Wirtschaft anpasste, behaupten.[152] Die Familie wurde zu einem Rückzugsort für den Vater, an dem er sich von seiner außerhäuslichen Erwerbsarbeit erholen sollte.

a) Vaterabwesenheit

Die zeitweise Abwesenheit des Vaters während seiner Arbeitszeit wurde durch die Industrialisierung tradiert, da der Vater nunmehr außer Haus einer Erwerbstätigkeit nachging und somit den größten Teil des Tages in Abwesenheit von der Familie verbrachte.[153]

Aus diesem Grund kam es ungefähr ab 1900 zu einem Wandel in der Bedeutung der Vaterschaft. Ausschlaggebend war die Befürchtung, dass Jungen bei alleiniger Erziehung durch die Mutter *verweichlichen* könnten. Somit wurde in der Folge die Bedeutung des Vaters als Rollenmodell männlicher Identitätsentwicklung betont. Vor allem gegenüber den Söhnen wurde von den Vätern ein aktiveres Engagement gefordert.

Durch die Weltkriege war die Realität der Familien in Deutschland dann tatsächlich von der Vaterabwesenheit geprägt, weil die Väter im Krieg gefallen, in Kriegsgefangenschaft geraten oder mit allen Kräften in den Wiederaufbau involviert waren. Daher traten abermals ausgeprägte Befürchtungen zutage, dass die Vaterabwesenheit die Ursache einer Vielzahl von psychischen und sozialen Problemen bei Kindern sein könnte. Von den Vätern wurde daher wieder vermehrtes väterliches Engagement als Geschlechtsrollenmodell[154] und als Disziplinierungsperson gefordert, nicht jedoch die Teilnahme des Vaters an der Betreuung der Kinder.[155] Stattdessen wurde die Bedeutung der Mutter als Betreuungsperson des Kindes idealisiert[156], so dass sich aus der *„Not des abwesenden Vaters die Tugend der allgegenwärtigen Mutter etablierte“*.[157]

---

151 *Lenzen*, Vaterschaft, S. 202.
152 *Peuckert*, Familienformen im sozialen Wandel, S. 660.
153 *Rosenbaum*, Proletarische Familien, S. 231.
154 *Walbiner*, in BMFSFJ (Hrsg.), Facetten der Vaterschaft, S. 9.
155 *Fthenakis*, Engagierte Vaterschaft, S. 22 f.
156 *Walbiner*, in BMFSFJ (Hrsg.), Facetten der Vaterschaft, S. 9.
157 *Fascher*, Der vakante Vater, S. 195.

b) Degradierung der Vaterrolle

Es gehörte bis etwa in die 1970er Jahre zu den erstrebenswerten Zielen des Vaters und war eine zentrale Komponente seines bürgerlichen Status, dass seine Ehefrau und Mutter seiner Kinder keiner außerhäuslichen Erwerbstätigkeit nachgehen musste. Viele Männer mussten „*ihre eigenen Kräfte überstrapazieren, um ihre Frauen vor der Lohnarbeit zu schützen*".[158] Die wirtschaftliche Stellung des Vaters und damit der ganzen Familie wurde instabiler. War seine Stellung in der Vergangenheit noch als naturgegeben angesehen worden, so musste er nun dem wirtschaftlichen und sozialen Druck standhalten. Der väterliche Lebenslauf war nicht mehr in dem Maße wie zuvor vorherbestimmt, sondern Erfolg und Misserfolg waren direkt mit seiner Erwerbstätigkeit verknüpft.[159]

Folge dieser Entwicklung war, dass sich viele Väter beruflich stark engagierten und sich zunehmend weniger um familiäre Belange kümmerten. Anstelle des Vaters kam nun der Mutter die Hauptverantwortung für die Kindererziehung zu.[160] Die Auffassung, dass die Mutter von Natur aus die bessere Erzieherin der Kinder wäre, setzte sich zudem zu dieser Zeit mehr und mehr durch.[161] Die Rolle des Mannes und Vaters wurde dagegen verstärkt mit dem Arbeitsleben und nicht mit dem Familienleben in Verbindung gebracht.[162] Zudem wurde der Vater durch den Ausbau der mütterlichen Position notwendigerweise in den familiären Hintergrund gedrängt.[163]

Nunmehr war die Erziehung der Kinder nicht mehr dem Vater, sondern in der Bevölkerungsschicht, in der die Frauen aufgrund des wirtschaftlichen Standes nicht erwerbstätig sein mussten, den Müttern anvertraut. In sozial schwächeren Bevölkerungsschichten, in denen beide Elternteile einer außerhäuslichen Erwerbstätigkeit nachgehen mussten, wurde die Kindererziehung hingegen von staatlichen Institutionen wahrgenommen.[164] Damit einhergehend verlor der Vater seine wichtige Erziehungsfunktion als Lehrer und Ausbilder an das staatliche Schulwesen, welches immer weiter ausgebaut wurde.[165] Mit dem Verlust dieser schichtübergreifenden Funktion als „*Vermittler von Lebenspraxis*", kann

---

158 *Lenzen*, Vaterschaft, S. 202.

159 *Walbiner*, in BMFSFJ (Hrsg.), Facetten der Vaterschaft, S. 8.

160 *Mühling/Rost*, in Mühling/Rost (Hrsg.), Väter im Blickpunkt, 9 (11); *Oberndorfer/Rost*, ZfF (17) 2005, 50 (52).

161 *Walbiner*, in BMFSFJ (Hrsg.), Facetten der Vaterschaft, S. 7.

162 *Bode/Wolf*, Still-Leben mit Vater, S. 34 f.; *Mühling/Rost*, in Mühling/Rost (Hrsg.), Väter im Blickpunkt, 9 (11); *Trepp*, in Kühne (Hrsg.), Männergeschichte – Geschlechtergeschichte, 31 (47).

163 *Martin*, Väter im Abseits, S. 149.

164 *Claessens*, in Oeter (Hrsg.), Familie und Gesellschaft, 235 (262 f.); *Oberndorfer/Rost*, ZfF (17) 2005, 50 (52); *Lenzen*, Vaterschaft, S. 215.

165 *Bode/Wolf*, Still-Leben mit Vater, S. 34; *Geißler*, Sozialstruktur Deutschlands, S. 35 f.

teilweise der gesamte Funktionsverlust der Väter durch die Industrialisierung erklärt werden.[166]

Der Wandel der Bedeutung des Vaters in der Kindererziehung zeigt sich auch bei der Regelung des Sorgerechts. Bis zur Mitte des 19. Jahrhunderts wurde bei einer Scheidung das Sorgerecht üblicherweise dem Vater zugesprochen. Danach, ab Mitte des 19. Jahrhunderts, wurde in aller Regel der Mutter das Sorgerecht übertragen.[167]

c) Aufgaben des traditionellen bürgerlichen Vaters

Durch die traditionelle Arbeitsteilung wurde die Aufgabe des Vaters als Ernährer der Familie besonders hervorgehoben.[168]

Nach außen hin blieb der Vater, trotz weitgehender Abwesenheit, das Oberhaupt der Familie, was oftmals damit gerechtfertigt wurde, dass nur der Vater finanziell für die Familie sorgen konnte. Das autoritäre Verhalten des Vaters in der Familie wird überdies damit erklärt, dass die in der Arbeitswelt häufigen Versagungen in der Familie kompensiert wurden.[169] Für die Familie war der Vater vorwiegend eine außenstehende, übergeordnete und disziplinierende Instanz.[170]

Eine weitere Aufgabe des traditionellen bürgerlichen Vaters bestand darin, dass dieser seine gesellschaftliche Stellung auf seine Familie übertrug. Verließ der Vater die Familie, verloren Ehefrau und Kinder ihre gesellschaftliche Stellung, die durch den Vater vermittelt wurde.[171] Der Vater war mithin sowohl für das finanzielle Wohlergehen als auch für die gesellschaftliche Position von Frau und Kindern verantwortlich.

d) Verlagerung des Schwerpunkts der Vaterfunktion

Bei einer Bewertung der drei väterlichen Funktionen als Erzeuger, Ernährer und Erzieher[172] tritt bei dem traditionellen bürgerlichen Vater ganz klar die Funktion des Ernährers in den Vordergrund.[173] Die Ernährerfunktion wird dabei als sozialisiertes, spezifisch menschliches Verhalten eingestuft.[174] In den 1950er und 1960er Jahren,

---

166 *Böhnisch*, in Böhnisch/Lenz (Hrsg.), Familien, 155 (158 f.).

167 *Walbiner*, in BMFSFJ (Hrsg.), Facetten der Vaterschaft, S. 8.

168 *Drinck*, Vatertheorien, S. 17 f.; *Fthenakis*, Engagierte Vaterschaft, S. 20 ff.; *Martschukat/Stieglitz*, Geschichte der Männlichkeit, S. 85, 90.

169 *Mitterauer/Sieder*, Vom Patriarchat zur Partnerschaft, S. 90; *Rosenbaum*, Proletarische Familien, S. 232; *Rühle*, Illustrierte Kultur- und Sittengeschichte, S. 287 f.

170 *Oberndorfer/Rost*, ZfF (17) 2005, 50 (52); *Trepp*, in Kühne (Hrsg.), Männergeschichte – Geschlechtergeschichte, 31 (47).

171 *Claessens*, in Oeter (Hrsg.), Familie und Gesellschaft, 235 (263); *Green*, Vater-Rolle, S. 12.

172 Vgl. bereits oben: 2. Teil. A. I. 2. d) Schwerpunkt der Vaterfunktion.

173 So auch: *Lenzen*, in Leonhard/Liebau/Winkler (Hrsg.), Pädagogische Erkenntnis, 69 (85).

174 *Mead*, Mann und Weib, S. 170 ff.

der Blütezeit der traditionellen bürgerlichen Familie, kann das Vaterbild sogar gleichgesetzt werden mit der väterlichen Funktion als Ernährer der Familie, was nur durch die vollständige und dauerhafte Einbindung der Väter in die Arbeitswelt möglich war.[175]

Die in der vorindustriellen Zeit vorherrschende väterliche Funktion des Erziehers und hierbei insbesondere die Teilfunktion als Vermittler von Wissen und Fertigkeiten hatte der Vater an staatliche Institutionen und an die Mutterrolle verloren. Daher ist sie nicht charakteristisch für den traditionellen bürgerlichen Vater.

Die Erzeugerfunktion kann zwar nach der Industrialisierung höher bewertet werden, da sich die Familie auf die biologisch fundierte Kernfamilie reduzierte, die Kinder nunmehr Kostenfaktoren darstellten, sowie eine viel stärkere emotionale Bindung zwischen Eltern und Kind bestand und daher die Bedeutung der biologischen Verbundenheit mehr in den Vordergrund rückte. Da die biologische Abstammung aber weiterhin noch nicht wissenschaftlich feststellbar war, konnte eine biologische Verbundenheit nicht nachgewiesen werden. Für den traditionellen bürgerlichen Vater tritt die Erzeugerfunktion daher hinter die Ernährerfunktion zurück.

3. Fazit

Die wirtschaftlichen Veränderungen der Industrialisierung wandelten Familie und Vaterschaft vom ganzen Haus der vorindustriellen Zeit und seinem Hausvater in eine Kernfamilie mit ihrem traditionellen bürgerlichen Vaterbild. Durch Emotionalität und Intimität, Häuslichkeit und Privatsphäre grenzte sich die Familie gegenüber der Außenwelt ab. Die Liebesheirat wurde zur Norm und die Kindheit wurde als eine eigenständige Lebensphase anerkannt. Die Liebe der Ehegatten zueinander und die Erziehung der Kinder wurden Sinn und Zweck der Familie. Es entstand eine Neujustierung der geschlechtsspezifischen Rollen innerhalb der Familie.

Die Rolle des Vaters in der Familie war nach der Industrialisierung von einer sichtlich abnehmenden Einflussnahme der Väter auf das Leben ihrer Kinder, einer Abnahme der väterlichen Aufgaben und einer Reduzierung des väterlichen Engagements in der Familie gekennzeichnet. Sein alltäglicher Kontakt zu den Kindern nahm drastisch ab. Seine Autorität gründete sich nunmehr nur noch auf materielle Ressourcen. Schlüsselelemente der Hausvaterschaft, wie die moralische Überwachung und Ausbildung der Kinder, gingen verloren. Stattdessen wurden nunmehr die väterlichen Funktionen als Geschlechtsrollenmodell sowie Disziplinierungsperson hervorgehoben. Charakterisiert wird der traditionelle bürgerliche Vater jedoch in seiner Funktion als Ernährer. Der Vater verlor seine Zentralität innerhalb der Familie an das Kind, seine patriarchalische Herrschaft an eine gleichberechtigten Partnerschaft und seine Erziehungsfunktion an die Mutter.

---

175 *Born/Krüger*, in Walter (Hrsg.), Männer als Väter, 117 (119); *Meuser*, in Böllert/Peter (Hrsg.), Mutter + Vater = Eltern?, 63 (66).

Durch die Herausbildung der traditionellen bürgerlichen Familie wurde ein Standardisierungsprozess in Gang gesetzt, der so in der Geschichte einzigartig war. Dieses familiäre Leitbild wurde bis etwa in die 1960er Jahre nicht in Frage gestellt.[176]

III. Weiterentwicklung von Familie und Vaterschaft bis heute

1. Familiärer Wandlungsprozess seit den 1960er Jahren

Seit etwa den 1960er Jahren vollzieht sich, nicht nur in Deutschland, sondern in sämtlichen westlichen Industrienationen, ein grundlegender gesellschaftlicher und damit auch die Familien und die Vaterschaft betreffender Wandel.[177]

Dieser Wandel wird zunächst anhand ausgewählter soziodemographischer Veränderungen aufgezeigt, um anschließend zu analysieren, durch welche Einflüsse die Entwicklungen verursacht wurden und wie sich der Wandel insbesondere auf Partnerschaft, Eheschließung und Familiengründung sowie auf das Eltern-Kind-Verhältnis auswirkt.

a) Soziodemographische Trends

Der oben genannte Wandel ist anhand soziodemographischer Veränderungen eindeutig zu erkennen. So nimmt die Zahl der Eheschließungen seit den *golden ages of marriage*[178], also etwa seit 1970, kontinuierlich ab. Von 1960 bis 2010 haben sich die Heiratsraten in etwa halbiert[179], während gleichzeitig dazu ein Anstieg an Ehescheidungen zu verzeichnen ist[180]. Dagegen hat die Verbreitung nichtehelicher Lebensgemeinschaften ohne Kinder sprunghaft zugenommen.[181] Diese münden jedoch nicht selten in einer Ehe, wenn ein Kind erwünscht oder bereits erwartet wird, was als sogenannte *kinderorientierte Ehe* bezeichnet wird.[182] Die deutliche Mehrheit der Kinder, nämlich knapp 70 Prozent, wird nach wie vor in eine Ehe hineingeboren.[183] Ehe und Familiengründung sind demzufolge weiterhin eng miteinander verbunden.[184] Dennoch nimmt die Zahl der außerehelichen

---

176 *Conen*, FuR 1996, 171 (173); *Walbiner*, in BMFSFJ (Hrsg.), Facetten der Vaterschaft, S. 10.

177 *Peuckert*, Familienformen im sozialen Wandel, S. 661; *Trotha*, KZfSS 42 (1990), 452 (452).

178 S.o.: 2. Teil. A. II. 1. e) Durchsetzung der traditionellen bürgerlichen Kernfamilie.

179 *Peuckert*, Familienformen im sozialen Wandel, S. 30 ff. m.w.N.

180 *Schmidt/Moritz*, Familiensoziologie, S. 48; kritisch *Beck-Gernsheim*, Was kommt nach der Familie?, S. 38 ff.

181 *Nave-Herz*, Familie heute, S. 18.

182 *Hill/Kopp*, Familiensoziologie, S. 152 f.; *Nave-Herz*, in Nave-Herz (Hrsg.), Kontinuität und Wandel, 45 (50); *Nave-Herz*, Ehe- und Familiensoziologie, S. 107.

183 *Statistisches Bundesamt (Hrsg.)*, Statistisches Jahrbuch 2013, S. 35.

184 *Geißler*, Sozialstruktur Deutschlands, S. 341; *Nave-Herz*, Ehe- und Familiensoziologie, S. 107 m.w.N.

Geburten[185], der Kinder, die von einer Scheidung ihrer Eltern betroffen sind[186] und die Zahl der Stiefkinder[187] sowie die Zahl der Kinder, die in Einelternfamilien aufwachsen[188], beständig zu. Insgesamt sind die Geburtenzahlen[189] sowie die Anzahl der Kinder innerhalb einer Familie jedoch rückläufig[190], was wiederum eine sich verringernde durchschnittliche Haushaltsgröße bedingt[191]. Die Gründe für die abnehmende Kinderzahl sind vielfältig. Unter anderem könnte der (Wieder) Anstieg des durchschnittlichen Heirats- und Familiengründungsalters mitverantwortlich sein.[192] Außerdem entscheiden sich heute mehr Menschen gänzlich gegen Kinder.[193] Des Weiteren ist ein starker Anstieg der Erwerbstätigkeit von Frauen festzustellen.[194]

b) Pluralisierungstendenzen

Seit der geschichtlichen Ausnahmezeit der 1950er und 1960er Jahre, in der die Kernfamilie die am meisten verbreitete Lebensform war, sind entscheidende

---

185 Im Jahr 1960 lag die Zahl der Geburten außerhalb einer Ehe bei 7,6 %, 1990 waren es bereits mit gut 15 % mehr als doppelt so viele und im Jahr 2010 hatte ein Drittel der geborenen Kinder Eltern, die nicht miteinander verheiratet waren, *Statistisches Bundesamt (Hrsg.)*, Statistisches Jahrbuch 2013, S. 34 f.

186 Die Zahl hat sich zwischen 1960 und 2009 fast verdreifacht, *Peuckert*, Familienformen im sozialen Wandel, S. 305 f. m.w.N.

187 *Oswald*, Veränderte Kindheit, S. 52; *Peuckert*, Familienformen im sozialen Wandel, S. 383 f.

188 Von 1996 bis 2010 ist die Zahl der Ein-Eltern-Familien um gut 20 % gestiegen, *Peuckert*, Familienformen im sozialen Wandel, S. 347 m.w.N.

189 Die Zahl der Geburten hat sich zwischen 1964 (dem Jahr des *Babybooms*) und heute mehr als halbiert, *Peuckert*, Familienformen im sozialen Wandel, S. 17 f.; *Henke*, in Alt/Kemkes-Grottenthaler (Hrsg.), Kinderwelten, 281 (285 f.).

190 Die Kinderzahl pro Familie sank kontinuierlich von durchschnittlich 2,4 Kindern im Jahr 1950 auf etwa 1,5 Kinder im Jahr 2010.

191 Die durchschnittliche Haushaltsgröße nahm von 4,64 Mitgliedern im Jahre 1871 über einen Wert unter 3 für das Jahr 1950 auf einen Wert von 2,02 im Jahr 2011 ab, *Hill/Kopp*, Familiensoziologie, S. 41.

192 Das Erstheiratsalter für Männer und Frauen lag während der Weimarer Republik bei circa 29 Jahren und sank bis 1975 auf 22,7 Jahre für Frauen und 25,3 Jahre für Männer. Seitdem ist ein kontinuierlicher Anstieg, auf 30,5 bzw. 33,3 Jahre für Frauen und Männer im Jahr 2011 festzustellen, vgl. *Hill/Kopp*, Familiensoziologie, S. 42 f.; *Rupp/Blossfeld*, in Schneider (Hrsg.), Lehrbuch moderne Familiensoziologie, 139 (147); *Statistisches Bundesamt*, Statistisches Jahrbuch 2013, S. 53. Der Übergang zur Vaterschaft erfolgt heute auch erst mit etwa 33 Jahren, *Oberndorfer/Rost*, ZfF (17) 2005, 50 (51).

193 *Peuckert*, Familienformen im sozialen Wandel, S. 249 ff.

194 *Kurz*, in Heimbach-Stein u. a. (Hrsg.), Ordnung der Geschlechter, 83 (84); *Ostner*, in Schneider (Hrsg.), Lehrbuch Moderne Familiensoziologie, 219 (227).

gesellschaftliche Veränderungen zu bemerken, die einen Trend weg von der traditionellen bürgerlichen Kernfamilie aufzeigen.

aa) Abkehr von der Familie

Aus diesem Grund wird die Attraktivität von Familie in Frage gestellt[195], denn bei einem Vergleich der heutigen gesellschaftlichen Familiensituation mit der Situation der 1950er und 1960er Jahre wird deutlich, dass heute ein weitaus kleinerer Teil der Gesellschaft in einer traditionellen bürgerlichen Kernfamilie, beziehungsweise überhaupt in einer Familienform lebt.[196] Nicht vergessen werden darf aber, dass es sich bei den *golden ages of marriage* historisch um eine Ausnahmeerscheinung gehandelt hat, denn sowohl vor als auch nach dieser Zeit war das Familien- und Gesellschaftsbild deutlich uneinheitlicher.[197] Die soziodemographischen Änderungen sind somit nur ausgehend von der Blütezeit der traditionellen bürgerlichen Familie als Indikatoren für eine Pluralisierung der Lebensformen zu verstehen.

bb) Lebensformen versus Familienformen

Unter dem Begriff Lebensformen sind vorliegend die relativ beständigen Konstellationen, in denen Menschen im Alltag mit den ihnen am nächsten stehenden Mitmenschen zusammen leben, zu verstehen.[198] Der Begriff der Lebensform ist von dem Begriff der Familienform zu differenzieren, durch welchen eine Lebensform bezeichnet wird, in der die Mitglieder direkt oder vermittelt über Eltern-Kind-Beziehungen verbunden sind.[199] Der Begriff Lebensform ist somit weiter zu fassen und schließt die Familienformen ein.

cc) Aktuelles Bild der Lebens- und Familienformen

Neben der traditionellen bürgerlichen Kernfamilie, die heute stets als Vergleichsmaßstab herangezogen wird, bestimmen eine Vielzahl abweichender Lebens- und Familienformen aktuell das gesellschaftliche Bild. Dazu gehören unter anderem gleichgeschlechtliche Partnerschaften, nichteheliche Lebensgemeinschaften, Alleinlebende, getrenntwohnende Paare (*living apart together*), kinderlose Ehepaare, Mehrgenerationenhaushalte, Ein-Eltern-Familien sowie Stief-, Adoptions- und Pflegefamilien.[200]

---

195 Vgl. beispielsweise *Dettling*, Auslaufmodell Familie.

196 *Martschukat/Stieglitz*, Geschichte der Männlichkeit, S. 85; *Meuser*, in Böllert/Peter (Hrsg.), Mutter + Vater = Eltern?, 63 (65).

197 *Hill/Kopp*, Familiensoziologie, S. 49.

198 *Hradil*, Sozialstruktur in Deutschland, S. 87.

199 *Huinink*, in Schneider (Hrsg.), Lehrbuch moderne Familiensoziologie, 23 (23).

200 *Seiffge-Krenke*, Psychotherapie und Entwicklungspsychologie, S. 156.

aaa) Pluralisierungstendenz am Beispiel 35-jähriger Frauen

Besonders plakativ ist diese Pluralisierungstendenz am Beispiel 35-jähriger Frauen zu veranschaulichen: Im Jahr 1976 lebten in Deutschland noch 45 Prozent der 35-jährigen Frauen in einer traditionellen bürgerlichen Familie. 55 Prozent der 35-jährigen Frauen lebten dagegen in anderen Lebens- und Familienformen. Bis ins Jahr 2004 hat sich der Anteil der 35-jährigen Frauen, die in einer traditionellen bürgerlichen Familie leben, auf 19 Prozent reduziert und damit mehr als halbiert. Mit 81 Prozent dominieren 2004 eindeutig diverse andere Lebens- und Familienformen.[201]

bbb) Familie in der Minderheit

Insgesamt sind in Deutschland von allen Haushalten nur noch circa ein Drittel Haushalte, in denen Eltern mit ihren Kindern leben. Damit stellen die Familienformen im Sinne einer Eltern-Kind-Einheit heute eine Minderheit innerhalb der gesamten Spannbreite an Lebensformen dar. Trotz dessen ist die große Mehrheit der Bevölkerung irgendwann in ihrem Erwachsenenleben einmal in eine Familie eingebunden. Dieses scheinbare Paradoxon ist damit zu erklären, dass die Familienphase aufgrund der geringeren Geburten- und Kinderzahl durchschnittlich nur noch circa 25 Jahre andauert und die Menschen davor sowie danach in anderen nichtfamiliären Lebensformen leben.[202] Da heute keine Lebensform mehr so eindeutig dominiert wie noch vor gut 50 Jahren die traditionelle bürgerliche Familie, ist eine Tendenz zur Pluralisierung der Lebensformen seit den 1960er Jahren grundsätzlich zu bejahen.

ccc) Pluralisierungstendenzen aus der Perspektive minderjähriger Kinder

Aus der Perspektive von minderjährigen Kindern ist eine Pluralisierung der Lebensformen aber weniger stark ausgeprägt. So waren im Jahr 2012 knapp 70 Prozent der in Deutschland lebenden Familien Ehepaare mit Kindern. Allein erziehende Mütter und Väter mit Kindern machten gut 23 Prozent aller Familien aus und nichteheliche Lebensgemeinschaften mit Kindern gut sieben Prozent.[203] Der Anteil der Kinder, deren Mutter bei deren Geburt nicht verheiratet ist, beträgt knapp 30 Prozent, doch wachsen etwa zwei Drittel dieser Kinder später bei verheirateten Eltern auf.[204] Damit lebt die deutliche Mehrheit der Kinder bei verheirateten Eltern. Diese Statistik scheint zunächst nicht mit den hohen Scheidungsraten[205] vereinbar zu sein. Allerdings ist die Ehescheidungsquote der kinderlosen Ehen am höchsten, so dass von Kindern ein stabilisierender Einfluss auf die Ehe ihrer Eltern

---

201 Nach *Konietzka*, Wandel der Lebensformen in Deutschland, abgedruckt in *Peuckert*, Familienformen im sozialen Wandel, S. 20.

202 *Nave-Herz*, FuR 1992, 186 (189 f.).

203 *Statistisches Bundesamt (Hrsg.)*, Statistisches Jahrbuch 2013, S. 51.

204 *Helms/Wanitzek*, FamRZ 2007, 685 (687).

205 S.o.: 2. Teil. A. III. 1. a) Soziodemographische Trends.

auszugehen scheint.[206] So waren im Jahr 2011 bei über der Hälfte aller Scheidungen keine minderjährigen Kinder beteiligt.[207] Ferner werden relativ viele Ehen erst geschieden, wenn die Kinder bereits erwachsen sind.[208] Eine Entkoppelung von Ehe und Elternschaft ist aufgrund dieser Datenerhebungen noch als gering zu bewerten. Pluralisierungstendenzen der Familienformen sind somit zwar schwächer ausgestaltet als die Pluralisierung der Lebensformen, die ohne Kinder leben. Dennoch sind auch bei den Familienausprägungen deutliche Pluralisierungstendenzen festzustellen. Beispielsweise kann dies dadurch aufgezeigt werden, dass 1996 gut 20 Prozent der minderjährigen Kinder bei Alleinerziehenden oder nichtehelichen Lebensgemeinschaften lebten. Bis 2012 ist dieser Wert bereits auf knapp über 30 Prozent angestiegen.[209]

ddd) Resultat

Eine Pluralisierung der Lebensformen ist somit in erster Linie in dem Teil der Bevölkerung auszumachen, der nicht mit Kindern zusammenlebt. Also ist auf der theoretischen Ebene eine mögliche Vielfalt von Familienformen zwar denkbar, die soziale Realität in Deutschland sieht jedoch insofern anders aus, als dass die Familienform mit zwei verschiedengeschlechtlichen Eltern und ihren minderjährigen Kindern weiterhin die am häufigsten vertretene Familienform und mithin weiterhin die „Normalfamilie" darstellt. Alle übrigen Familienformen sind daneben in der Minderheit.[210] Allerdings ist hier zu hinterfragen, ob nicht einige Familienformen statistisch als traditionelle bürgerliche Kernfamilie gewertet werden, obwohl ein oder beide Elternteile biologisch nicht mit dem Kind verbunden sind. So wird in den bekannten Statistiken die biologische Verbundenheit zwischen Eltern und Kindern nicht berücksichtigt, so dass auch Adoptionsfamilien, Stieffamilien sowie Familien, deren Kinder durch künstliche Befruchtung entstanden sind, zu den traditionellen bürgerlichen Familien gezählt werden. Daher ist es schwer einzuschätzen, inwieweit sich die Zahl der biologisch nichtverwandten Eltern-Kind-Verbindungen in einer von außen betrachteten traditionellen bürgerlichen Familie verändert hat. Diesbezüglich ist anzunehmen, dass die ursprüngliche biologisch-soziale Einheit der Familie sich beständig auflöst, wobei die Vaterschaft hierbei in besonderem Maße betroffen ist.[211]

---

206 *Schmidt*, Deutsche Familiensoziologie, S. 328 f.; *Schmidt/Moritz*, Familiensoziologie, S. 50.
207 *Statistisches Bundesamt (Hrsg.)*, Statistisches Jahrbuch 2013, S. 54.
208 *Nave-Herz*, Familie heute, S. 24; *Nave-Herz*, Ehe- und Familiensoziologie, S. 69.
209 *Statistisches Bundesamt (Hrsg.)*, Statistisches Jahrbuch 2013, S. 51.
210 *Nave-Herz*, FuR 1992, 186 (189).
211 *Peuckert*, Familienformen im sozialen Wandel, S. 381 f.; *Stein-Hilbers*, Wem gehört das Kind, S. 63 f., 99.

dd) Folgerung

Zusammenfassend hat die Familie als Lebensform seit den 1960er Jahren ihre Monopolstellung aufgeben müssen und ist heute innerhalb der Lebensformen in der Minderheit. Innerhalb dieser Minderheit der Familienformen ist die Kernfamilie mit zwei verheirateten Eltern und ihren minderjährigen Kindern aber weiterhin in der Mehrheit, wobei jedoch die biologisch-soziale Einheit insbesondere der Vaterschaft nicht berücksichtigt werden konnte. Der Entschluss zur Familiengründung ist heute damit zwar seltener, aber wenn Kinder gewünscht sind, ist die Familienform der traditionellen bürgerlichen Kernfamilie weiterhin das bevorzugte Modell. Daher ist es nicht verwunderlich, dass das traditionelle bürgerliche Idealbild der Kernfamilie auch heute noch hohe ideelle Akzeptanz besitzt und daher die Wahrscheinlichkeit groß ist, dass viele Familien diesem Ideal möglichst nahe kommen wollen.

c) Individualisierung

Einen Erklärungsansatz für die oben beschriebenen soziodemographischen Entwicklungen könnte außerdem die Individualisierungsthese bieten.[212] Unter dem Begriff Individualisierung ist dabei die zunehmende Verselbständigung des Einzelnen im Gegensatz zu den vorgegebenen Strukturen früherer Gesellschaften zu verstehen.[213] Heute wird der Lebenslauf eher als ein Ergebnis eigener Entscheidungen interpretiert und nicht mehr als gesellschaftlich vorgegeben betrachtet. Wurde früher das Leben der Menschen durch eine Vielzahl traditioneller Bindungen und Vorgaben bestimmt, so sind die Menschen heute gezwungen, sich selbst zum Zentrum ihrer eigenen Lebensplanung zu machen.[214] Somit verändert sich durch die *„Ablösung der früher vorgegebenen Sozialformen und -bindungen im Sinne klassischer Versorgungszusammenhänge“*[215] und den *„Verlust von traditionellen Lebensgewissheiten“* das Familienbild zunehmend.[216]

Die erste Phase der gesellschaftlichen Individualisierung begann mit der Industrialisierung und blieb weitestgehend auf die Männer beschränkt, bis sich in den 1960er Jahren eine neue Individualisierungsphase abzeichnete, die diesmal insbesondere die Frauen betraf. Durch die Bildungsexpansion der 1970er Jahre wurde es auch Frauen verstärkt ermöglicht, beruflichen Erfolg anzustreben. So wurde die Berufskarriere als Konkurrenz zur Familie für viele Frauen immer wichtiger. Es ist nunmehr nicht mehr für jede Frau selbstverständlich zu heiraten und

---

212 Zur Individualisierungsthese *Beck*, Risikogesellschaft, S. 205 ff.; *Burkart*, Familiensoziologie, S. 159 ff.; *Peuckert*, Familienformen im sozialen Wandel, S. 659 ff.

213 *Fuchs-Heinritz u. a. (Hrsg.)*, Lexikon zur Soziologie, S. 299.

214 *Beck-Gernsheim*, Was kommt nach der Familie?, S. 65.

215 Wie beispielsweise bei der Produktionsgemeinschaft des ganzen Hauses.

216 *Beck*, Risikogesellschaft, S. 206; *Hermanns*, FamRZ 1994, 1001 (1001).

Kinder zu bekommen.[217] Daher ist es nicht verwunderlich, dass individualistische Lebensformen wie Singles, nicht zusammenlebende Paare oder auch kinderlose Paare, eine Alternative zu familiären Lebensformen geworden sind. Die Individualisierung hat daher grundsätzlich zur Pluralisierung der Lebensformen und zur Abnahme familiärer Lebensformen beigetragen.

Eine Schlussfolgerung aus den historischen Individualisierungsprozessen der einzelnen Familienmitglieder und der Pluralisierung der Formen des Zusammenlebens[218] ist, dass Familie gegenwärtig etwas ist, das durch eigene Bemühungen der Familienmitglieder im Verlauf des Lebens immer wieder hergestellt beziehungsweise verhandelt werden muss. Familie und Partnerschaft werden damit als dynamische Prozesse verstanden und die gelebten Realitäten von Generations- und Partnerschaftsbeziehungen werden als konstitutiv für die Familie angesehen.[219] Dies birgt nicht nur erweiterte individuelle Freiräume der Familienmitglieder, sondern Familie wird zugleich ein steter Balanceakt zwischen unterschiedlichen, unter Umständen auch widersprüchlichen Lebenszielen, Lebensentwürfen sowie Erwartungen an das Leben.[220]

d) Auswirkungen auf Partnerschaft, Eheschließung und Familiengründung

Zunächst scheint die traditionelle, geschlechtsspezifische Rollenverteilung durch die Emanzipation der Frau, ihrer zunehmend außerhäuslichen Erwerbstätigkeit, die sie auch finanziell unabhängiger von einem Partner macht, durch wirtschaftliche Wandlungsprozesse sowie die Bildungsexpansion der 1970er Jahre zunehmend aufgelöst zu sein.[221] Der Wandel der Frauenrolle im Verlauf des 20. Jahrhunderts gehört damit zu den wichtigsten Veränderungen der westlichen Gesellschaft und es ist nicht verwunderlich, dass sich diese Veränderungen auch auf die Paarbeziehung niedergeschlagen haben.

So steht der Anstieg des durchschnittlichen Heiratsalters und der Ledigenquote nicht in Zusammenhang mit sich ändernden ökonomischen Bedingungen, sondern kann als Ausdruck für die Bevorzugung alternativer Lebensformen gewertet werden.[222] Es stellt sich heute für die meisten jungen Paare nicht mehr die Frage, ob sie heiraten sollen oder ohne Trauschein zusammen leben wollen. Vielmehr sind nichteheliche Lebensgemeinschaft und Ehe verschiedene Formen der Beziehungsgestaltung, die eher als Abfolgen in der Beziehungsentwicklung gesehen werden,

---

217 *Beck*, Risikogesellschaft, S. 208; *Peuckert*, Familienformen im sozialen Wandel, S. 660 f.

218 S.o.: 2. Teil. A. III. 1. b) Pluralisierungstendenzen.

219 *Schmidt*, Deutsche Familiensoziologie, S. 15 f.; *Schmidt/Moritz*, Familiensoziologie, S. 44 f.

220 *Beck-Gernsheim*, Was kommt nach der Familie?, S. 67 f.

221 *Peuckert*, Familienformen im sozialen Wandel, S. 405.

222 *Gestrich*, in Schneider (Hrsg.), Lehrbuch moderne Familiensoziologie, 79 (86).

denn als sich gegenseitig ausschließende Alternativen.[223] Über die Hälfte aller deutschen Paare führen, bevor sie heiraten, eine nichteheliche Lebensgemeinschaft, was unter anderem an der heute hohen gesellschaftlichen Akzeptanz des unverheirateten Zusammenlebens im Gegensatz zur früheren Ächtung desselben liegt.[224] Das Vorschalten einer nichtehelichen Lebensgemeinschaft vor eine Heirat kann auch das spätere Heiratsalter erklären.[225]

Daneben fanden in den 1960er Jahren Emanzipationsbestrebungen der Frauen ihren Anfang. Deren Forderungen waren, dass die geschlechtsspezifische Rollenverteilung sowohl im Haushalt als auch im Beruf überwunden werde. Die traditionelle bürgerliche Familie mit dem erwerbstätigen Mann und der nicht erwerbstätigen Hausfrau sollte nicht mehr leitender Maßstab für die innerfamiliäre Rollenverteilung sein. Die Realität weicht allerdings bis heute von diesen Vorstellungen ab. Bemerkenswert ist, dass auch in der ehemaligen DDR, trotz stark abweichenden Strukturbedingungen, die geschlechtsspezifischen Rollenmuster innerhalb der Familie beibehalten wurden. Insgesamt entspricht die Arbeitsteilung innerhalb der Familie somit noch nicht den ansonsten anerkannten partnerschaftlichen Vorstellungen.[226] Eine Begründung hierfür liefert der *Doing-Gender*-Ansatz. Dieser stützt sich auf die Annahme, dass die Identifikation mit dem eigenen Geschlecht stetig dargestellt und kopiert werden müsse. Demnach müssen Männer zeigen, dass sie „Männer" und Frauen, dass sie „Frauen" sind und zwar sowohl innerhalb der Partnerschaft als auch gesellschaftlich durch die Ausübung geschlechtsspezifischer Rollen.[227]

Abnehmende Geburtenzahlen können in der steigenden individuellen Unsicherheit begründet liegen. Unsicherheiten in Bezug auf individuelle Lebensperspektiven beeinträchtigen den Wunsch und die Bereitschaft, dauerhafte Verbindungen einzugehen. Eheschließung und Familiengründung sind dauerhafte Lebensentscheidungen, die das Leben einschneidend beeinflussen.[228] Auch erscheint die Vereinbarkeit von Elternschaft und individualistischer Lebensführung für eine Vielzahl der Deutschen nur schwer möglich, so dass auf Kinder verzichtet wird.[229]

Im Ergebnis lässt sich festhalten, dass die Paarbeziehungen und mit ihr die Ehe instabiler geworden sind. Dennoch erfährt die Ehe eine hohe gesellschaftliche Akzeptanz und nimmt in der persönlichen Wertpräferenz des Einzelnen einen

---

223 *Nave-Herz*, Ehe- und Familiensoziologie, S. 108 f.

224 *Rupp/Blossfeld*, in Schneider (Hrsg.), Lehrbuch moderne Familiensoziologie, 139 (144).

225 S.o.: 2. Teil. A. III. 1. a) Soziodemographische Trends.

226 *Nave-Herz*, in Nave-Herz (Hrsg.), Kontinuität und Wandel, 45 (60 f.).

227 *Rupp/Blossfeld*, in Schneider (Hrsg.), Lehrbuch moderne Familiensoziologie, 139 (156).

228 *Rupp/Blossfeld*, in Schneider (Hrsg.), Lehrbuch moderne Familiensoziologie, 139 (157).

229 *Peuckert*, Familienformen im sozialen Wandel, S. 263.

Spitzenplatz ein.[230] Die Familiengründung wird oftmals vertagt oder bleibt ganz aus, was zu einer erhöhten Kinderlosigkeit führt.[231] Im Bereich der innerfamiliären Arbeitsteilung ist die geschlechtsspezifische Rollenverteilung fast unverändert bestehen geblieben. Die allgemeinen Geschlechtsrollenerwartungen beginnen sich zwar aufzulösen und sind nicht mehr legitimiert. Dieser Wandel scheint jedoch weitgehend auf der normativen Ebene stehen geblieben zu sein.[232] Somit sind Partnerschaft, Ehe und Elternschaft in einem seit den 1960er Jahren bestehenden Wandel weiterhin involviert und es bleibt abzuwarten, wohin dieser Wandel führen wird.

e) Veränderung im Eltern-Kind-Verhältnis

Aufgrund der nachlassenden Hoffnung auf eine dauerhafte Paarbeziehung rückt die Beziehung zum Kind weiter ins Zentrum der Familie.[233] Die Erwartung an die emotionale Beziehung zum Kind ist daher groß, denn mit Kindern werden heute oftmals immaterielle Werte verbunden, ihre psychologische Bedeutung steht für die Eltern im Vordergrund. Dieser Funktions- und Bedeutungswandel von Kindern für ihre Eltern sowie der Wandel in der Einstellung der Eltern zu ihrer Rolle als Eltern in Verbindung mit den gestiegenen hohen Leistungserwartungen an diese Rolle sind unter anderem ausschlaggebende Gründe dafür, dass viele Eltern nur noch ein Kind haben.[234] Daher ist das Kind oftmals Mittelpunkt des Familienlebens.[235] Die Beziehung zwischen Eltern und Kindern baut heute während der gesamten Lebensspanne auf Beistand und Unterstützung auf, denn Kinder sind sowohl in emotionaler als auch in finanzieller Hinsicht die wichtigste Investition ihrer Eltern, welche sich durch die nachhaltige Verbundenheit auch nach ihrem Auszug bei den Eltern lohnt.[236]

Nach der Emanzipation von Frau und Mann wurden auch Kinder ihren Eltern gleichgestellt.[237] Dies ist an den rechtspolitischen Debatten um Kinderrechte und dem Kindeswohl zu erkennen.[238] Interaktion und Kommunikation sind wichtige Punkte in der Beziehungsstruktur zwischen Eltern und dem minderjährigen Kind. Daher verwundert es nicht, dass sich die Erziehungspraktik der

---

230 Vgl. *Nave-Herz*, in Krüsselberg/Reichmann (Hrsg.), Zukunftsperspektive Familie und Wirtschaft, 133 (137 ff.).

231 *Kreyenfeld/Konietzka*, in Konietzka/Kryenfeld (Hrsg.), Leben ohne Kinder, 11 (18 ff.).

232 *Nave-Herz*, in Nave-Herz (Hrsg.), Kontinuität und Wandel, 45 (66).

233 *Beck/Beck-Gernsheim*, Chaos der Liebe, S. 55, 98 ff.; *Nave-Herz*, Familie heute, S. 62 ff.

234 *Nave-Herz*, Familie heute, S. 127.

235 *Schutter*, JAmt 2011, 566 (566).

236 *Hill/Kopp*, Familiensoziologie, S. 274.

237 *Schwenzer*, RabelsZ 71 (2007), 705 (707).

238 *Nave-Herz*, Ehe- und Familiensoziologie, S. 197.

Verhandlungsstrategie durchgesetzt[239] und damit das früher anerkannte Gewalt- und Herrschaftsverhältnis zwischen Eltern und Kindern abgelöst hat. Die Erziehung hat sich dahingehend geändert, dass traditionelle Erziehungsziele wie Ehrlichkeit, Sauberkeit und Gehorsam an Bedeutung verloren haben und, aufgrund der verringerten Familiengröße, die Erziehung zu Individualität und Selbständigkeit stärker betont wird.

Zusammenfassend ist ein Wandel von einem elterlichen, bzw. väterlichen Herrschaftsverhältnis, in welchem Kinder hauptsächlich von ökonomischer Bedeutung für ihre Eltern waren, hin zu einem gleichberechtigten Verhältnis zwischen Eltern und Kindern, in welchem Kinder in erster Linie eine emotionale Bedeutung für ihre Eltern haben, zu konstatieren.

2. Vaterschaft im Kontext des sozialen und familiären Wandlungsprozesses

Etwa seit den 1970er Jahren wurden Veränderungen in der Rolle des Vaters in den Mittelpunkt kontroverser wissenschaftlicher Diskussionen gestellt.[240]

Die Darstellung eines modernen Vaterbildes ist bis heute widersprüchlich geblieben. Auf der einen Seite wird die fehlende Anteilnahme der Väter im familiären Alltag weiterhin beklagt.[241] Andererseits wird der steigende väterliche Einsatz bei der Pflege der Kinder gelobt und das Entstehen einer neuen väterlichen Emotionalität beobachtet.[242] Begründet werden kann diese Widersprüchlichkeit damit, dass die Vaterschaft heute in vielfältiger Weise wahrgenommen wird. Es gibt einerseits den reinen Samenspender, der sonst nichts mit dem Kind zu tun haben möchte, andererseits aber auch den Vater, der Erziehungsurlaub nimmt oder seine Berufstätigkeit zugunsten der Kindererziehung aufgibt. Zwischen diesen beiden Extremen, die jeweils nur eine Minorität ausmachen, wird die Vaterrolle so unterschiedlich gelebt, dass es heute nicht mehr möglich ist, *den Vater* zu klassifizieren.[243] So verwundert es nicht, dass nach der Blütezeit der traditionellen bürgerlichen Familie in der Mitte des 20. Jahrhunderts die Darstellung nur einer Vaterkonzeption kaum mehr möglich ist.[244]

Da festgestellt wurde, dass sich in der Forschung unter dem Aspekt *Wandel der Vaterschaft* verschiedene Ebenen differenzieren lassen, auf denen Veränderungen

---

239 BT-Drs. 12/7560, S. 83; *Nave-Herz*, Ehe- und Familiensoziologie, S. 207 f.; *Schütze*, in Nave-Herz (Hrsg.), Kontinuität und Wandel, 71 (86).

240 Zum Beispiel: *Rerrich*, Was ist neu an den „neuen Vätern“?; *Stein-Hilbers*, Widersprüche 1991, 43 (43 ff.).

241 *Burkart*, Familiensoziologie, S. 196, 199 f.; *Fascher*, Der vakante Vater, S. 194 ff.; *Schmidt*, Väter ohne Kinder, S. 17.

242 *Kaufmann*, Zukunft der Familie, S. 102 f.; *Nave-Herz*, Familie heute, S. 58 ff.; *Rerrich*, Balanceakt Familie, S. 157 ff.

243 *Rohner*, in Drinck (Hrsg.), Vaterbilder (zugl. FS Geissler), 83 (83).

244 So auch: *Lenzen*, Vaterschaft, S. 219.

der Vaterrolle festgestellt werden können[245], sollen, daran angelehnt, im Folgenden Wandlungstendenzen der Vaterrolle dargestellt werden.

Die erste Ebene betrifft dabei den Wandel in der Einstellung der Bevölkerung zur Vaterschaft. Ein Wandel auf dieser Ebene drückt sich vor allem in veränderten Vaterschaftsbildern und Erziehungskonzepten aus. Daher wird zunächst das gesellschaftliche *Idealbild* des Vaters auf der normativ-individuellen Einstellungsebene skizziert. Die nächsten Ebenen betreffen handlungspraktische Veränderungen, wie die emotionale Hinwendung des Vaters zum Kind und dadurch eine Mehraufwendung von Zeit, die mit dem Kind verbracht wird, die Relativierung der männlichen Ernährerrolle durch veränderte Arbeitsformen und Arbeitszeiten sowie die Veränderung der innerfamilialen Arbeitsteilung. Anschließend wird der Wandlungsprozess im faktischen väterlichen Verhalten seit etwa den 1970er Jahren aufgezeigt. In einem dritten Schritt geht es darum, die Beharrungstendenzen darzustellen, die eine endgültige Enttraditionalisierung der Vaterrolle zu verhindern scheinen. Zuletzt wird erläutert, wie sich der Schwerpunkt der bereits dargestellten Vaterfunktionen verschoben hat.

a) Normativ-individuelle Einstellungsebene

Das Leitbild des modernen Vaters zeichnet sich heute dadurch aus, dass der Vater sich aktiv um seine Kinder kümmert und partnerschaftlich Hausarbeit und Kindererziehung mit seiner Frau teilt.[246] Statt lediglich als Ernährer für das finanzielle Wohl der Familie zu sorgen, werden heute Eigenschaften wie Sensibilität und Einfühlsamkeit der Väter zunehmend gesellschaftlich erwartet.[247] Da heute auch ein hoher Anteil von Frauen und Müttern erwerbstätig ist, lässt sich eine Nichtbeteiligung des Vaters an der Haushalts- und Familienarbeit nicht mehr mit einer ausschließlichen Erwerbstätigkeit des Mannes und Vaters entschuldigen. Des Weiteren lässt sich anhand der erwerbstätigen Mütter erkennen, dass eine Nichtbeteiligung an Haushalt und Familienarbeit nicht zwingend zusammen mit dem Ausüben einer Berufstätigkeit fallen muss.[248] Die Rolle des traditionellen bürgerlichen Vaters, der sich aus dem emotionalen Familienleben und der Kindererziehung weitestgehend raushält, ist daher mittlerweile gesellschaftlich nicht mehr legitimiert.[249]

Bis in die 1970er Jahren war in Deutschland noch hauptsächlich ein traditionelles Vaterbild vorherrschend.[250] Aber bereits in den 1980er Jahren wurde der Beginn

245 *Kassner/Rüling*, in Tölke/Hank (Hrsg.), Männer, 235 (237).

246 *Stein-Hilbers*, Widersprüche 1991, 43 (43 f.).

247 *Herlth*, in Walter (Hrsg.), Männer als Väter, 585 (588).

248 *Walter*, in Walter (Hrsg.), Männer als Väter, 79 (101).

249 *Meuser*, in Böllert/Peter (Hrsg.), Mutter + Vater = Eltern?, 63 (64); *Rerrich*, Balanceakt Familie, S. 161; ausführlich hierzu: *Schneider*, Die neuen Väter, S. 35 ff.

250 *Pfeil*, in Oeter (Hrsg.), Familie und Gesellschaft, 141 (153); *Pfeil*, ZfS 1975, 380 (393, 394 f.).

eines Wandels der Einstellung von Männern zur Vaterrolle festgestellt.[251] Dies galt insbesondere für die Akzeptanz weiblicher Berufstätigkeit, der partnerschaftlichen Haushaltsführung sowie der gemeinsamen Kindererziehung.[252]

Auch international wird ein Wandel in der Einstellung und im Erziehungsverhalten von Vätern hin zu einer aktiveren Beteiligung am Familienleben gefordert.[253] In den 1990er Jahren hat sich dieser beobachtete Einstellungswandel weiter gefestigt.[254] Wandlungstendenzen wurden dabei insbesondere bei jungen Vätern hinsichtlich der Bedeutung, die sie der Beziehung zu ihrem Kind zuschreiben, festgestellt.[255] Neuere Studien belegen, dass sich die Einstellung zur Geschlechter- und Elternrolle weiterhin zugunsten egalitärer Rollenerwartungen wandelt. Während 1982 noch etwa 70 Prozent der Männer und Frauen in Westdeutschland eine traditionelle Arbeitsteilung für sinnvoll und richtig hielten, sank diese Zustimmung auf circa 50 Prozent und blieb dort bis etwa ins Jahr 2000 stabil. Bis zum Jahr 2004 sank diese Kennziffer dann auf 40 Prozent ab und stabilisierte sich dort in den folgenden Jahren. Auffällig ist hierbei, dass insbesondere in den jüngeren Generationen die Zustimmung zu einer traditionellen Aufgabenverteilung innerhalb der Familie verstärkt abnimmt. In Ostdeutschland liegt die Zahl der Befürworter einer traditionellen Arbeitsteilung für diesen Zeitraum auf deutlich niedrigerem Niveau.[256] Aktuelle Befunde bestätigen diesen Trend eines Wandels in der Einstellung der deutschen Bevölkerung.[257] So sehen sich mittlerweile gut 70 Prozent der Väter an erster Stelle als Erzieher und nicht mehr ausschließlich als Ernährer ihrer Kinder.[258] Diese Entwicklung auf der Einstellungsebene wird auch durch die Medien bestätigt, die seit einiger Zeit das Bild eines neuen engagierten Vaters in den Vordergrund stellen.[259]

---

251 *Erler/Jaeckel/Pettinger/Sass*, Kind? Beruf? Oder beides?, S. 8 ff.; *Fthenakis*, Väter II, S. 205 ff.; *Nickel/Köcher*, in Psychologie in Erziehung und Unterricht 33 (1986), 171 (180); *Stein-Hilbers*, Sowi 1989, 221 (224 f.).

252 Dadurch, dass jüngere Väter ihre Nichtbeteiligung an der Hausarbeit zu entschuldigen versuchten, zeigt sich, dass traditionelle Regeln für sie an Gültigkeit und Selbstverständlichkeit verloren haben müssen, *Nave-Herz*, Familie heute, S. 58.

253 *Fthenakis*, Väter I, S. 152 f.; *Hofäcker*, in Mühling/Rost (Hrsg.), Väter im Blickpunkt, 161 (161 ff.).

254 Vgl. z.B. *Zulehner/Volz*, Männer im Aufbruch.

255 *Werneck*, Übergang zur Vaterschaft, S. 47 f.

256 *Blohm/Walter*, in Statistisches Bundesamt (Hrsg.), Datenreport 2011, 393 (396).

257 *Dressel/Cornelißen/Wolf*, in Cornelißen (Hrsg.), Gender-Datenreport, 278 (307 ff.); *Watzlawik/Ständer/Mühlhausen*, Neue Vaterschaft, S. 16.

258 Vgl. *Fthenakis/Minsel*, Rolle des Vaters in der Familie, S. 66; *Oberndorfer/Rost*, ZfF (17) 2005, 50 (54).

259 In diese Richtung auch *Nave-Herz*, ZSE 1988, 242 (242); *Sabla*, in Böllert/Peter (Hrsg.), Mutter + Vater = Eltern?, 225 (229).

Die Forschungsergebnisse der letzten Jahrzehnte stützen folglich die Annahme, dass sich auf der Einstellungsebene das traditionelle Vaterbild aufgelöst und sich zu einem erweiterten Vaterschaftskonzept gewandelt hat.

b) Tatsächliche Wandlungstendenzen

Auf der faktischen Ebene ist ein Wandel der Vaterrolle daran erkennbar, dass einzelne Eigenschaften und Handlungen, die dem *neuen Vater* zugeordnet werden, mittlerweile von einem Großteil der Väter umgesetzt werden.[260] Allerdings trifft dies in erster Linie auf die Väter höherer sozialer Schichten zu.[261]

Säuglinge und Kleinkinder erfahren heute eine viel stärkere Aufmerksamkeit durch ihre Väter als noch vor 30 Jahren. Aus vielen empirischen Untersuchungen wird vor allem die heutige affektive Beziehung zwischen dem Vater und seinen Kindern deutlich. Ein Indikator für diese steigende Einbeziehung des Vaters in familiäre Belange ist, dass Väter heute in der sehr deutlichen Mehrheit bei der Geburt ihrer Kinder aktiv dabei sind.[262] Die verstärkte Teilhabe von Vätern an Schwangerschaft, Geburtsvorbereitung, Entbindung und frühkindlicher Pflege ist ein Hinweis darauf, dass ein Entdifferenzierungsprozess auch auf der handlungsrelevanten Ebene begonnen hat.[263] Des Weiteren scheinen Väter, im Vergleich zu Müttern, in Bereichen mit spielerischen Tätigkeiten oder beim Sport eine ähnliche bzw. größere Bedeutung als Bezugsperson für das Kind zu haben.[264]

Im Hinblick auf den Wandel eines autoritären Erziehungsstils hin zum Erziehungsstil der Verhandlungsstrategie hat die traditionelle bürgerliche Vaterrolle ihre Prägung als häusliche Autorität verloren und verschwindet so weitestgehend.[265] So ist der väterliche Erziehungsstil in den letzten Jahrzehnten zärtlicher und verständnisvoller geworden.[266] Die Mehrheit der Väter ist heute als aktiver bei der Kindererziehung einzustufen.[267] Dies spricht für einen Trend zur Intensivierung der Vater-Kind-Beziehung. Ein weiteres Anzeichen für die zunehmende

---

260 *Eickhorst*, Vater, S. 22.

261 *Kassner/Rüling*, in Tölke/Hank (Hrsg.), Männer, 235 (237 f., 240); *Stein-Hilbers*, Widersprüche 1991, 43 (45).

262 Zwischen 1972 und 1983 stieg die Präsenz der deutschen Väter bei der Geburt ihrer Kinder von 20 % auf über 80 %, *Fthenakis*, Psychologie in Erziehung und Unterricht 31 (1984), 1 (14). Heute liegt die Zahl der bei der Geburt anwesenden Väter im gesamten mitteleuropäischen Raum bei circa 90 %, *Rollett/Werneck*, in Walter (Hrsg.), Männer als Väter, 323 (329); vgl. auch *Werneck*, Übergang zur Vaterschaft, S. 57 f.

263 *Nave-Herz*, Familie heute, S. 59 f., 53; *Nickel/Köcher*, in Psychologie in Erziehung und Unterricht 33 (1986), 171 (172).

264 *Griebel*, ZfF 1991, 21 (36).

265 *Walter*, in Walter (Hrsg.), Männer als Väter, 79 (100).

266 *Werneck*, Übergang zur Vaterschaft, S. 53.

267 *Matzner*, Vaterschaft heute, S. 72.

Bereitschaft von Vätern, elterliche Verantwortung zu übernehmen, kann in der Zunahme alleinerziehender Väter gesehen werden.[268]

c) Traditionalisierungseffekt

Das sich wandelnde Vaterbild erhält jedoch eine Einschränkung, wenn die Idealvorstellungen, Absichten und Erwartungen an die Väter sowie die egalitäre Rollenaufteilung dem tatsächlichen Engagement und faktischem Handeln der Väter in zeitlicher Hinsicht gegenübergestellt werden.[269] Hier zeigt sich nach mehreren Untersuchungen noch eine deutliche Diskrepanz.[270] Im Übergang zur Elternschaft stellt sich bei Paaren nämlich häufig eine Traditionalisierung der Aufgabenverteilung ein.[271] So hat sich der Zeitaufwand von Vätern für die Kinderbetreuung von 1985 bis 2005 nicht signifikant verändert[272] und weiterhin gibt in der Regel die Mutter ihre Berufstätigkeit zumindest zeitweise auf.[273] Allerdings haben sich die Muster bei der Aushandlung der Frage innerfamiliärer Arbeitsteilung anlässlich der Geburt eines Kindes nachhaltig gewandelt, nicht aber die Lösungen. Eine Erklärung dafür könnte sein, dass es für die Familie eine größere finanzielle Einbuße bedeuten würde, wenn der Vater Erziehungsurlaub nimmt, da Männer durchschnittlich immer noch mehr verdienen und daher oftmals die Hauptverdiener der Familie sind.[274] Damit liegt es nahe, dass nicht nur die Einstellung zur Rollenverteilung innerhalb der Familie von Bedeutung ist, sondern auch die ökonomischen Gegebenheiten die Vaterrolle prägen.[275] Die Einstellung der Bevölkerung zur Vaterrolle hat sich bereits geändert, so dass ein Ausbleiben von Veränderungen auf der faktischen Handlungsebene auch aufgrund von sozialstrukturellen Gegebenheiten begründet werden kann.

---

268 *Fthenakis*, Väter II, S. 87 f.; *Matzner*, Vaterschaft heute, S. 142 ff., wonach ein sehr starker Anstieg an alleinerziehenden Vätern zu verzeichnen ist.

269 *Baader*, in Bereswill/Scheiwe/Wolde (Hrsg.), Vaterschaft im Wandel, 117 (117 ff.); *Beck-Gernsheim*, Was kommt nach der Familie?, S. 93 f.; *Walter/Künzler*, in Schneider/Matthias-Bleck (Hrsg.), Elternschaft heute, 95 (99).

270 Vgl. *Grant*, Übergang zur Elternschaft, S. 34; *Hermanns*, FamRZ 1994, 1001 (1006 f.); *Keddi/Seidenspinner*, in Bertram (Hrsg.), Familie in Westdeutschland, 159 (169 f.); *Meuser*, in Böllert/Peter (Hrsg.), Mutter + Vater = Eltern?, 63 (72); *Oberndorfer/Rost*, ZfF (17) 2005, 50 (54); *Palkovitz/Copes*, in Palkovitz/Sussmann (Hrsg.), Transitions to parenthood, 183 (197); *Volz*, in Mühling/Rost (Hrsg.), Väter im Blickpunkt, 205 (219).

271 *Fthenakis/Minsel*, Rolle des Vaters in der Familie, S. 94; *Kudera*, in Walter (Hrsg.), Männer als Väter, 145 (178 ff.); siehe auch bereits oben unter 2. Teil. A. III. 1. d) Auswirkungen auf Partnerschaft, Eheschließung und Familiengründung.

272 *Grunow*, in Mühling/Rost (Hrsg.), Väter im Blickpunkt, 49 (61 ff.).

273 *Beck-Gernsheim*, Was kommt nach der Familie?, S. 94; *Stein-Hilbers*, Sowi 1989, 221 (226).

274 *Oberndorfer/Rost*, ZfF (17) 2005, 50 (54).

275 *Rüling/Kassner*, Familienpolitik aus der Gleichstellungsperspektive, S. 73.

Durch ein stärkeres Engagement der Väter bei der Erziehung ihrer Kinder sind zwar einige Teile der Mutter- und der Vaterrolle nicht mehr so klar einer der beiden Rollenmuster zuzuordnen, dennoch ist die Verbindung der Vater- mit der Ernährerfunktion weiterhin tradiert.[276] So gilt die Einschätzung von „*verbaler Aufgeschlossenheit bei weitgehender Verhaltensstarre*"[277] eingeschränkt bis heute. Mit dem erkennbar stärkeren väterlichen Engagement für ihre Kinder ist dennoch bisher keine Veränderung der traditionellen Zuständigkeit für die Kinderbetreuung verbunden.

Da die Änderung der Vaterrolle bisher hauptsächlich auf der normativen Ebene stattgefunden hat, stimmen Einstellungsebene und Realität nicht mehr überein, was sich häufig in scheinbar widersprüchlichen Ergebnissen neuerer empirischer Väterforschung widerspiegelt.[278] So wird einerseits weiterhin die Rolle des traditionellen Vaters als Ernährer der Familie als der Normalfall dargestellt.[279] Andererseits wird die Vaterschaft aber auch als die Rolle mit der relevantesten Veränderung innerhalb der Familie eingeordnet.[280]

d) Verschiebung des Schwerpunkts der Vaterfunktion

Von den Vaterschaftsfunktionen tritt heute die des Erzeugers verstärkt in den Mittelpunkt, aber auch die Funktion des Erziehers scheint wieder weiter in den Vordergrund zu rücken, während die einseitige Orientierung am Leitbild des Vaters als Ernährer der Familie im Vaterschaftsdiskurs eine Absage erhält[281].

Die entscheidende Funktion als Ernährer beim traditionellen bürgerlichen Vaterbild hat sich, aufgrund ökonomischer und institutioneller Veränderungen wie beispielsweise der zunehmenden Müttererwerbstätigkeit, der staatlichen Versorgungs- und Betreuungsangebote sowie der Reintegration des Vaters in das emotionale Familienleben, zu den weiteren Vaterfunktionen leicht ausbalanciert.[282] Die ökonomische Rolle des Ernährers ist zwar weiterhin für viele Väter wichtig, steht jedoch nicht mehr konkurrenzlos an erster Stelle, sondern tritt neben die weiteren Vaterfunktionen.[283] Diese Wandlung in der Bedeutsamkeit der väterlichen

---

276 *Meuser*, in Böllert/Peter (Hrsg.), Mutter + Vater = Eltern?, 63 (70 f.); *Nave-Herz*, Familie heute, S. 128.

277 *Beck*, Risikogesellschaft, S. 169.

278 *Sabla*, Vaterschaft und Erziehungshilfen, S. 27.

279 *Nave-Herz*, Familie heute, S. 59 f.

280 *Born/Krüger*, in Walter (Hrsg.), Männer als Väter, 117 (127 ff.); *Skolnick*, in BiB (Hrsg.), Changing families in Changing Societies, 51 (58); *Werneck*, Übergang zur Vaterschaft, S. 53.

281 *Meuser*, in Böllert/Peter (Hrsg.), Mutter + Vater = Eltern?, 63 (63).

282 *Meuser*, in Böllert/Peter (Hrsg.), Mutter + Vater = Eltern?, 63 (70).

283 *Meuser*, in Böllert/Peter (Hrsg.), Mutter + Vater = Eltern?, 63 (71 f.).

Ernährerfunktion zeigt den Wandel weg von der Rolle des traditionellen bürgerlichen Vaters.[284]

Die väterliche Funktion des Erziehers ist zwar, insbesondere auf normativer Ebene, wieder wichtiger geworden. Auf faktischer Ebene tritt dieser Wandel aber noch nicht so deutlich hervor. So kamen Studien zwar zu der Erkenntnis, dass Mutter- und Vaterrolle im Erziehungsprozess prinzipiell gleichrangig seien.[285] Dennoch verbleibt die Hauptverantwortung für die Erziehung der Kinder weiterhin bei der Mutter.[286]

Insbesondere aus feministischer Sicht wird argumentiert, dass die historische Bedeutung des Vaters als Erzieher und Ernährer durch die Emanzipation obsolet geworden und nur noch die Funktion des Vaters als Erzeuger des Kindes relevant sei. Biologisch sei ohnehin nur der Erzeuger, nicht aber die soziale Vaterschaft determiniert.[287] Von der naturwissenschaftlichen Möglichkeit, die biologische Vaterschaft heute eindeutig feststellen zu lassen, machen eine Vielzahl von Vätern Gebrauch. Die *Biologisierung* der Vaterschaft könnte aus dem veränderten gesellschaftlichen Stellenwert der Kinder folgen. Zum einen sind die früheren sozialen und wirtschaftlichen Gründe, um Kinder zu bekommen, weggefallen. Wenn es aber als Begründung zum Kinderkriegen nur noch den natürlichen Drang zur Reproduktion gibt, dann ist es nicht länger egal, wer die Kinder gezeugt hat. Der Mann hat ein verstärktes Interesse daran, dass er Erzeuger der Kinder ist. Dieses Interesse hat es zwar schon immer gegeben. Es stand aber häufig im Widerspruch zu den sozialen und wirtschaftlichen Interessen sowie zu den naturwissenschaftlichen Möglichkeiten der Überprüfbarkeit.[288]

3. *Fazit*

Seit etwa den 1970er Jahren wandelt sich das gesellschaftliche Familienbild in Deutschland. Hierbei muss aber beachtet werden, dass sich diese Wandlungstendenzen immer an der Zeit, in der die traditionelle bürgerliche Kernfamilie eine Monopolstellung innehatte, orientieren. Ehe und Familie sind nicht mehr biographische Normalität, sondern eine bewusste Entscheidung jedes Einzelnen. Folge davon ist, dass eine Pluralisierung der Lebensformen und auch der Familienformen zu beobachten ist. Während die Paarbeziehungen instabiler geworden sind und insbesondere bei der Verteilung der häuslichen Arbeiten ein Verharren in alten

---

284 *Scharmann/Scharmann*, in Neidhardt (Hrsg.) Frühkindliche Sozialisation, 270 (287 f.); *Werneck*, Übergang zur Vaterschaft, S. 8.

285 *Fthenakis*, Väter I, S. 282 f.

286 *Rüling/Kassner*, Familienpolitik aus der Gleichstellungsperspektive, S. 11, 73; *Rost/Schneider*, in Nauck/Onnen-Isemann (Hrsg.), Familie im Brennpunkt, 177 (192 f.); *Auer*, in Werneck/Beham/Palz (Hrsg.), Aktive Vaterschaft, 28 (29).

287 *Scharmann/Scharmann*, in Neidhardt (Hrsg.) Frühkindliche Sozialisation, 270 (283 f.); *Werneck*, Übergang zur Vaterschaft, S. 7.

288 *Willekens*, in Bereswill/Scheiwe/Wolde (Hrsg.), Vaterschaft im Wandel, 19 (31 f.).

Traditionen zu erkennen ist, ist die Eltern-Kind-Beziehung partnerschaftlicher geworden. Da Kinder heute keine Selbstverständlichkeit mehr sind, sondern eine bewusste Entscheidung ihrer Eltern, werden hohe Anforderungen an die Eltern-Kind-Beziehung gestellt.

Obwohl sich die Vaterrolle auf der individuellen Einstellungsebene bereits stark gewandelt hat, hat auf der faktischen Handlungsebene ein Wandel nur im Bereich der Geburtsbegleitung durch Väter, der Kleinkindpflege sowie der Erziehung der Kinder verstärkt stattgefunden. Es ist daher festzustellen, dass Veränderungen im Partizipationsverhältnis von Familie und Erwerbsarbeit auf der individuell-normativen Einstellungsebene verbleiben, während ihre praktische Umsetzung anscheinend nur schwer zu realisieren ist. Insgesamt aber haben gesellschaftliche Modernisierungsprozesse dazu beigetragen, dass die gesellschaftlichen Erwartungen an die Mutter- und Vaterrolle zu einem beginnenden praktischen Wandel dieser Rollen geführt haben. Dieser langsame und längst nicht abgeschlossene Übergang von traditionellen zu neuen Formen von Vaterschaft wird wegen der ihn begleitenden Schwierigkeiten einer Identitäts- und Rollenfindung auch als *„Trauma des Wandels"* bezeichnet.[289]

Insgesamt ist festzuhalten, dass sich zwar in der Mehrzahl der heutigen Familien kein vollständig dem derzeit geltenden gesellschaftlichen Ideal genügender Vater befindet, aber dennoch ein langsamer und gradueller Übergang von traditionellen Vaterrollen hin zum *neuen Vater* zu beobachten ist.

IV. Schlussfolgerung

Die in ihrer jeweiligen Epoche dominierenden Familienformen mit ihren differierenden Strukturen und Funktionen sowie die hierzu entsprechenden Ausprägungen des Vaterbildes wurden wesentlich von wirtschaftlichen und gesellschaftlichen Gegebenheiten geprägt. Demgemäß ist das Prinzip der Vaterschaft bis heute einem steten Wandel unterworfen. Der innerfamiliäre Einfluss des Vaters war in der vorindustriellen Zeit immens und hat sich dann mit der Industrialisierung und der außerhäuslichen Erwerbsarbeit des Vaters stark reduziert, so dass zwischenzeitlich sogar die Verzichtbarkeit des Vaters im Familienleben, insbesondere bei der Kindererziehung, diskutiert wurde. Diese Einstellung erscheint jedoch rückläufig, denn die aktuelle Entwicklung tendiert dahin, dass sich der Vater wieder vermehrt in der Familie und insbesondere bei der Kindererziehung engagiert.

Das herkömmliche Vater- und Familienbild wird durch die tatsächlichen biologischen und gesellschaftlichen Entwicklungen in Frage gestellt und verändert sich stetig. Aufgrund dieser steten Wandlungsprozesse kann auch das Familienrecht nicht beständig sein. Es hat sich gesellschaftlichen und familialen Wandlungen in gewissen Maßen kontinuierlich anzupassen. Für die Rolle des Vaters bedeutet

---

289 *Hollstein*, Männerdämmerung, S. 17.

dies, dass auf die sich verändernden Familienstrukturen eingegangen und rechtliche Optionen bereitgestellt werden sollten. Die bürgerliche Kernfamilie stellt zwar noch die Mehrheit innerhalb der Familienformen dar, aber die Pluralisierungstendenzen führen zu einem stetigen Anstieg alternativer Familienformen. Außerdem ist das zunehmende Engagement des Vaters in Bezug auf seine Kinder rechtlich zu berücksichtigen.

Die soziale Vaterrolle sowie die biologische Vaterschaft müssen damit heute verstärkt in das Zentrum rechtlicher Erwägungen rücken, da durch die anhaltende und ansteigende Pluralisierung der Familienformen ein verstärktes Auseinanderfallen von sozialer und biologischer Vaterschaft zu erwarten ist. Insbesondere der Begriff der Vaterschaft wird durch die Veränderung familiären Zusammenlebens ausgeweitet und verliert an Schärfe. Kinder wachsen immer öfter mit einem sozialen Vater auf, der zwar elterliche Verantwortung übernimmt, zu dem aber keine biologische Verbindung besteht. Kinder haben immer häufiger mehrere Väter und der Zusammenhang zwischen biologischer und sozialer Vaterschaft wird zunehmend aufgehoben. Charakterisierend für die Ausprägungen pluralisierter Familienformen ist somit, dass die ursprüngliche biologisch-soziale Einheit der Familie gespalten wird. Die Zeugung eines Kindes und die Übernahme elterlicher Verantwortung für dieses können beispielsweise aufgrund wechselnder Paarbeziehungen auseinanderfallen.[290] Im europäischen Kulturraum gilt dennoch grundsätzlich weiterhin die biologische Elternschaft als die *richtige* Elternschaft. Hinter dieser Vorstellung steht weiterhin das Idealbild von der traditionellen bürgerlichen Familie, bei der auf die Liebe die Ehe und danach die biologisch-soziale Elternschaft folgen soll.[291]

Da sich die Rolle des sozialen Vaters in einem Wandlungsprozess hin zu mehr Engagement und Partizipation an der kindlichen Erziehung befindet, ist auch dieser Wandel rechtlich zu berücksichtigen. Allerdings ist auch zu beachten, dass die traditionelle bürgerliche Familie und damit auch die traditionelle bürgerliche Vaterschaft, mit ihrem Schwerpunkt auf der Ernährerfunktion, weiterhin eine große gesellschaftliche Bedeutung besitzt und heute keineswegs als überholt anzusehen ist. Um aber eine faktische Umsetzung der bereits erfolgten Einstellungsänderung bezüglich einer engagierten Vaterschaft auch rechtlich zu unterstützen, ist es wichtig, Vätern nicht von vornherein eine Partizipation am Leben ihrer Kinder zu versagen, sondern ihnen rechtlich die Möglichkeiten zu verschaffen, die Vorstellungen von Vaterschaft tatsächlich zu leben.

Aus der sozialhistorischen Perspektive lässt sich somit bezüglich der Vaterschaft für die Entwicklung des Familienrechts ableiten, dass es vermehrt sowohl rein soziale als auch rein biologische Väter geben wird. Es ist zwar nicht Alleinzweck des Rechts,

---

290 Ausführlich zur Entkoppelung von biologischer und sozialer Elternschaft: *Peuckert*, Familienformen im sozialen Wandel, S. 381 ff.

291 *Büchler*, AJP 2004, 1175 (1175, 1181); *Kaufmann*, Zukunft der Familie, S. 83 f.

die Realität abzubilden[292], dennoch sollte der Gesetzgeber auf diesen Umstand reagieren und für die Realität der multiplen Vaterschaft ein normatives Regelungswerk bereithalten. Sozialwissenschaftliche Befunde können auf das Recht einwirken, indem sie aufzeigen, dass das Recht *„an der Wirklichkeit vorbei geht"*.[293] Außerdem wäre darüber nachzudenken, ob sich aus dem sich wandelnden Vaterbild auch eine Wandlung der Rechtsstellung des Vaters ergeben müsste, die es dem Vater ermöglicht, aktiv und engagiert zur Kindererziehung beizutragen.

B. Vateridentität

Im vorangegangenen Teil ist bereits deutlich geworden, dass die Vaterrolle stark von sozialen Gegebenheiten geprägt ist. Wovon es aber abhängen könnte, wer die Rolle des Vaters einnimmt und behält, wird nachfolgend erörtert. Es wird untersucht, wie Vateridentität entsteht, was also die Motivation eines Mannes zur Ausübung der Vaterrolle ist. Der Begriff *Vateridentität*[294] meint an dieser Stelle die Identifizierung mit der Rolle als Vater, die ein entsprechend väterliches Verhalten gegenüber dem Kind bewirkt.

Aufschlussreich ist die Frage nach der Vateridentität dafür, ob eher biologische oder soziale Aspekte relevant sind, damit ein Mann die soziale Vaterrolle für ein Kind übernimmt und bewahrt, mithin, ob eher die biologische oder die soziale Vaterschaft aus interdisziplinärer Sicht auf einem festeren Fundament steht.

Um diese Frage beantworten zu können, werden im Folgenden die biologischen Aspekte mit Hilfe der Soziobiologie und die psychologischen Aspekte unter Heranziehung der Bindungstheorie in groben Zügen dargestellt.

I. Biologischer Ansatz

Inwieweit die Ausübung der Vaterrolle eine biologische Grundlage besitzt, ist umstritten. Die Ansicht, ein Mensch würde allein durch individuelle Erfahrungen und seine Umwelt geprägt, wodurch die biologische Vaterschaft per se unmaßgeblich sei und es nur auf die soziale Vaterschaft ankomme, wird seit einigen Jahrzehnten insbesondere von den Soziobiologen zunehmend in Frage gestellt. Zwar kommt Vaterschaft im Sinne einer Beziehung zwischen Erzeuger und Nachwuchs in der Natur eher selten vor, wodurch die Vaterschaft zum Teil als *„soziale Erfindung"* bezeichnet wird.[295] Auch ist das Eingehen einer Bindung zwischen Mann und Nachwuchs nicht unbedingt nur dem biologischen Vater

292 *Schwab*, in Schwab/Vaskovics (Hrsg.), Pluralisierung von Elternschaft und Kindschaft II, 317 (317 f.).

293 *Schwab*, in Schwab/Vaskovics (Hrsg.), Pluralisierung von Elternschaft und Kindschaft II, 317 (322).

294 Ausführlich zum Begriff der Elternidentität in *Gauda*, Übergang zur Elternschaft, S. 52 ff.

295 *Mead*, Mann und Weib, S. 166 ff.

vorbehalten. Noch heute gibt es ursprüngliche Stämme, bei denen dem Bruder der Mutter eine Art Vaterrolle zukommt.[296] Vaterschaft scheint also auf den ersten Blick nicht nur biologisch bestimmt zu sein. Dennoch ist es vielen biologischen Vätern wichtig, zu ihrem Kind eine Beziehung aufzubauen und für es zu sorgen.

Auf die Frage, inwieweit die Ausübung der Vaterrolle biologisch beziehungsweise genetisch bedingt ist und aus welcher Motivation väterliches Verhalten resultiert, könnte die Soziobiologie eine Antwort geben. Dafür wird im Folgenden zunächst die Lehre der Soziobiologie mit ihren Grundannahmen und kritischen Gegenstimmen vorgestellt, um anschließend auf die spezifischen Theorien der Soziobiologie bezüglich der Vaterschaft einzugehen.

1. Einführung

Die Soziobiologie[297] entstammt der Evolutionsbiologie von *Charles Darwin* (1809–1882)[298] und wurde in den 1940er Jahren in den USA begründet.[299] Die Soziobiologie ist damit ein evolutionsbiologisch orientierter Zweig der Verhaltensbiologie. Das Neue an dieser Disziplin ist die Zusammenführung älterer Ansätze unter anderem aus der Ethologie und der Psychologie mit neuen Resultaten aus Feldstudien und Laborversuchen sowie die Interpretation der Ergebnisse auf der Grundlage moderner Genetik, der Ökologie und der Populationsbiologie.

a) Soziobiologische Grundannahmen

Ausgangspunkt der Soziobiologie ist die These, dass sich nicht nur die körperliche Ausstattung von Lebewesen im Laufe der Evolution entwickelt hat, sondern auch das Sozialverhalten. Demnach stellt sich die menschliche Kultur als Folge einer positiven genetischen Selektion dar. Die Soziobiologie geht davon aus, dass sich die besser angepassten Verhaltensweisen mit größerer Wahrscheinlichkeit verbreiten.[300] Die Soziobiologie untersucht die biologischen Automatismen auf evolutionsbiologischer und genetischer Grundlage, die sowohl tierisches als auch

296 *Green*, Vater-Rolle, S. 23; *Huber*, in Perrez (Hrsg.), Krise der Kleinfamilie?, 26 (28).

297 Es gibt eine ganze Reihe unterschiedlicher Bezeichnungen für Ansätze aus der Biologie (Evolutionsbiologie, Evolutionspsychologie, Verhaltensbiologie, Biosoziologie, Ethologie), deren Aussagen allerdings vergleichbar sind, *Barkow*, in Barkow (Hrsg.), Missing the Revolution, 3 (5 f.). Im Folgenden wird jedoch nur der Begriff Soziobiologie verwendet.

298 *Burkart*, Familiensoziologie, S. 82; *Hill/Kopp*, Familiensoziologie, S. 70.

299 1948 wurde der Begriff erstmals anlässlich eines interdisziplinären Symposiums verwendet; geprägt wurde der Begriff Soziobiologie allerdings erst 1975 durch *Wilson* in seinem Werk „Sociobiology – The New Synthesis“, *Wuketits*, Was ist Soziobiologie?, S. 11.

300 *Wuketits*, Was ist Soziobiologie, S. 72.

menschliches Sozialverhalten erklären sollen.[301] Dabei soll das soziale Verhalten nicht durch eine direkte genetische Steuerung entstehen. Vielmehr soll der Zusammenhang zwischen Erbinformation und Verhalten durch psychologische Mechanismen vermittelt werden.[302] Aus dieser Grundannahme kann gefolgert werden, dass ein Mann die Vaterrolle vermeintlich aus freien Stücken willentlich ausfüllt, aber sein väterliches Verhalten eigentlich biologisch vorbestimmt ist.

Im Gegensatz zu *Darwin*, der davon ausging, dass sich sämtliches Verhalten auf den Zweck der gesamten Arterhaltung zurückführen lässt, stellt die Prämisse der Soziobiologie die Weitergabe beziehungsweise Erhaltung nur der eigenen Gene dar.[303] So soll das Verhalten des Einzelnen nicht auf Erhaltung seiner gesamten Gattung zurückzuführen sein, sondern nur zugunsten seiner eigenen genetischen Abstammungslinie interpretiert werden können.[304] Diese Einsicht führte zu der These vom *„egoistischen Gen"*[305]. Demnach ist jedes Lebewesen lediglich Instrument seiner nach Replikation und Weiterexistenz strebenden egoistischen Gene. Damit wird auch erklärbar, dass sich Lebewesen unter bestimmten Bedingungen altruistisch verhalten können, nämlich dann, wenn sie nicht in ihre eigene Fortpflanzung investieren können, sondern ihre Verwandten unterstützen, um so die eigenen Gene indirekt über Nachkommen von nahen Verwandten in die nächste Generation zu tragen. Für einen Mann bedeutet dies, dass er sich in erster Linie um seine eigenen biologischen Kinder kümmern müsste oder um die Kinder naher Verwandter.

Der Soziobiologie zufolge ist das letztendliche Ziel aller Verhaltensmerkmale die Maximierung des Fortpflanzungserfolges.[306] Sämtliche Verhaltensmerkmale können demnach als Ergebnis einer Kosten-Nutzen-Rechnung angesehen werden.[307] Die Aufgabe der Optimierung des eigenen Reproduktionserfolges kann dabei quantitativ, aber auch qualitativ gelöst werden, also durch die Produktion vieler Nachkommen bei wenig elterlichem Investment oder durch wenige Nachkommen, in welche aber viel elterliches Investment gesteckt wird.[308] Hier könnte eine Parallele zu der sozialhistorischen Entwicklung der Vaterschaft liegen. War noch vor der Industrialisierung eine größere Kinderzahl normal, in die aber

---

301 *Voland*, Soziobiologie, S. 2; *Wuketits*, Soziobiologie, S. 16 ff.

302 *Voland/Paul*, in Wagner/Schütze (Hrsg.), Verwandtschaft, 35 (47).

303 *Hill/Kopp*, Familiensoziologie, S. 70 f., 73; *Wuketits*, Verdammt zur Unmoral, S. 175.

304 *Burkart*, Familiensoziologie, S. 82.

305 Vgl. *Dawkins*, Das egoistische Gen.

306 Die eigene Fortpflanzung wir dabei fachlich als *direkte Fitness* bezeichnet und die durch Verwandtenunterstützung erreichte Fortpflanzung der biologischen Verwandten als *indirekte Fitness*. Beide zusammen ergeben die *Gesamtfitness*, *McFarland*, Biologie des Verhaltens, S. 74 f., 78; *Voland*, Soziobiologie, S. 6.

307 *Voland*, Soziobiologie, S. 4 f.

308 *Eickhorst*, Vater, S. 10; *Hill/Kopp*, Familiensoziologie, S. 73; *McFarland*, Biologie des Verhaltens, S. 108 ff.

weniger Engagement investiert wurde, verringert sich die Kinderzahl beständig, die Anforderungen an die Elternschaft scheinen dabei aber anzusteigen.

Vateridentität, also das Einnehmen der Vaterrolle und die Aufopferung für die Kinder ist nach der Argumentation der Soziobiologen somit eine evolutionär erfolgreiche und genetisch eigennützige Strategie.

b) Kritik an der Soziobiologie

Den Annahmen der Soziobiologie wird mit der Kritik begegnet, dass es sich oftmals um bloße Plausibilitätsannahmen handele, denn soziobiologische Arbeiten würden lediglich ex-post-Interpretationen darstellen, was einer funktionalistischen Betrachtung nahekomme und keine empirische Erklärungskraft entfalten könne.[309] Auch seien die Schlüsse der Soziobiologen aufgrund ihrer ex-post-Betrachtungen nicht zwingend, sondern würden mögliche alternative Erklärungsansätze einfach ausblenden.[310] Soziobiologen betonen demgegenüber, dass die Soziobiologie allein auf der Grundlage naturwissenschaftlicher Beweiskraft handle. Die Soziobiologie biete ein rein empirisches, und daher grundsätzlich überzeugendes, naturwissenschaftliches Modell zum Verständnis menschlichen Verhaltens.[311]

Die soziobiologischen Aussagen werden besonders bemängelt, wenn von tierischem Verhalten mehr oder weniger direkt auf menschliches Verhalten geschlossen wird.[312] Beanstandet wird dabei insbesondere, dass dadurch oftmals der Anspruch erhoben werde, die Soziobiologie sei eine allumfassende Wissenschaft vom Leben, wodurch sich wiederum die Sozialwissenschaftler in ihrer Arbeit herabgesetzt fühlen, da die Soziobiologie nicht entscheidend zwischen tierischem und menschlichem Verhalten unterscheiden würde.[313] Dabei entstehe der Eindruck, als habe der Mensch keine Entscheidungsfreiheit, sondern sein Verhalten werde nur durch seine Gene gesteuert.[314] Dagegen kann angeführt werden, dass Kultur- und Umweltbedingungen, auch wenn aus soziobiologischer Sicht beim Menschen entsprechende Ergebnisse nachgewiesen werden, als Erklärungsfaktoren nie ausgeschlossen werden können.[315] Kultur und Biologie sind nämlich voneinander losgelöst, so dass immer die Frage zu stellen ist, ob menschliches Verhalten kulturell oder biologisch bedingt ist.[316] Allerdings wird in soziobiologischen Arbeiten häufig auf das Zusammenspiel von Kultur und Biologie hingewiesen.[317] Insbesondere weisen

309 *Hill/Kopp*, Familiensoziologie, S. 77 f.

310 *Hill/Kopp*, Familiensoziologie, S. 77.

311 *Wuketits*, Soziobiologie, S. 4.

312 Vgl. z.B. *Gräfrath*, Evolutionäre Ethik?, S. 42 ff.

313 *Buss*, Evolutionäre Psychologie, S. 42; *Burkart*, Familiensoziologie, S. 89 f.

314 *Wuketits*, Gene, Kultur und Moral, S. 4.

315 *Buss*, Evolutionäre Psychologie, S. 42; zur Problematik des Menschen zwischen Biologie und Kultur vgl. *Wuketits*, Gene, Kultur und Moral.

316 *Burkart*, Familiensoziologie, S. 77.

317 Vgl. *Voland*, Soziobiologie, S. 15.; *Wuketits*, Was ist Soziobiologie?, S. 75 ff.

Soziobiologen bei Kritik an einer vermeintlich ideologischen Betrachtungsweise[318] darauf hin, dass die Soziobiologie ohne ethisch-moralische Bewertung oder politische Zielsetzung auskomme.[319]

c) Ergebnis

Die Interpretationen der Soziobiologen stützen sich auf empirische Daten und sind daher wissenschaftlich legitim. Alternative Interpretationen sind demgegenüber immer möglich und daher kein Ausschlusskriterium. Die Erkenntnisse der Soziobiologie müssen nicht zwingend als Konkurrenz zu soziologischen Beurteilungen gesehen werden, sondern können auch miteinander verbunden werden[320] im Sinne einer *„problemorientierten Interdisziplinarität"*[321], die Missverständnisse zwischen den wissenschaftlichen Disziplinen[322] ausräumen kann. Den soziobiologischen Annahmen ein ideologisches Motiv unterstellen zu wollen ist mittlerweile überholt, da zunehmend die Soziobiologie als methodisch kontrollierte Wissenschaft anerkannt wird.[323]

Daher wird im Folgenden der biologische Ansatz weiter verfolgt und es werden soziobiologische Theorien dargestellt, die Aufschluss darüber geben können, warum ein Mann die Vaterrolle gegenüber einem Kind einnimmt.

2. Väterliche Fürsorge als direktes genetisches Investment

Wenn im Tierreich die Aufzucht der Jungen von nur einem Elternteil erfolgreich und effektiv bewältigt werden kann, wird dies zwangsläufig dazu führen, dass der andere Elternteil sich weniger oder gar nicht an der Aufzucht beteiligt, zumal, wenn er auf diese Weise seinen eigenen Reproduktionserfolg noch weiter steigern kann, indem er sich zum Beispiel neu verpaart.[324] So liegen die Verhältnisse bei den Säugetieren, bei denen nur die Mutter während Schwangerschaft und Stillzeit für das Kind sorgen kann. Nur eine kleine Gruppe von Säugetieren zeigt daher überhaupt männliches Fürsorgeverhalten (väterliches Verhalten).[325] Daher ist es nicht verwunderlich, dass auch bei den Menschen mütterliches

---

318 Vgl. bereits oben: 1. Teil. A. I. 2. b) Natürlicher Vater.

319 *Scheunpflug*, ZfE Beiheft 05/2006, 117 (129).

320 *Freese/Li/Wade*, Annual Review of Sociology 29 (2003), 233 (234); *Marbach*, in Wagner/Schütze (Hrsg.), Verwandtschaft, 91 (122); *Mayntz*, in Rehberg (Hrsg.), Die Natur der Gesellschaft, 125 (136); *Seltzer u.*a., Journal of Marriage and Family 67 (2005), 908 (913 f.), *Steinbach*, Generationsbeziehungen in Stieffamilien, S. 69.

321 *Gräfrath*, Evolutionäre Ethik? S. 224.

322 *Buss*, Evolutionäre Psychologie, S. 43 ff.

323 *Voland*, Soziobiologie, S. 22.

324 *Wilson*, Biologie als Schicksal, S. 119.

325 *Voland*, Soziobiologie, S. 197.

Investment grundsätzlich höher ausfällt als väterliches.[326] Dennoch sind Vaterschaft und väterliche Fürsorge, wenn auch weniger als mütterliche Fürsorge, bei den Menschen verbreitet.[327]

a) Bevorzugung biologischer Kinder

Den Grundannahmen der Soziobiologie zufolge sind alle sozialen Verhaltensweisen dazu bestimmt, die eigenen Gene in die nächste Generation weiterzutragen.[328] Väterliche Fürsorge ist daher konsequent, da ohne eine angemessene *Brutpflege* die Weitergabe der Gene verschwendet wäre.[329] Folglich resultiert väterliche Fürsorge in erster Linie daraus, dass ein Mann in seine biologischen Kinder und damit in die erfolgreiche Weitergabe seiner Gene investieren will.

Demnach sind Menschen, wie alle Lebewesen, in erster Linie an ihrer eigenen Fortpflanzung und der Aufzucht der eigenen biologischen Kinder interessiert. Daraus folgt ein *„eigennütziges, egoistisches Verhalten"*[330], welches die Vermutung nahelegt, dass Väter nur an der Erziehung ihrer eigenen biologischen Kinder interessiert sind. Diese Bedeutung von biologischer Verwandtschaft, insbesondere beim Austausch von Unterstützungsleistungen, also die enge Verbindung von biologischen und sozialen Beziehungen, wurde in verschiedenen Studien nachgewiesen.[331] Insgesamt unterstreichen die Befunde die große Bedeutung der biologischen Verwandtschaft für die Gestaltung sozialer Beziehungen.[332] So sind als besonders prägnantes Beispiel für die bevorzugte Unterstützung biologischer Kinder die Erfahrungen der Pilgerväter, die im Jahr 1620 von England nach Amerika auswanderten, zu nennen. Von den 103 Schiffspassagieren im Beispielsfall überlebten nur 50 das erste Jahr in der neuen Welt. Dabei starben von den insgesamt 31 Kindern (15 Kinder, um die sich mindestens ein Elternteil kümmerte und 16 Waisenkinder) acht Waisenkinder und damit 50 Prozent der Waisenkinder und keines der 15 Kinder, um das sich mindestens ein Elternteil kümmerte.[333]

Aus diesen Angaben kann nach soziobiologischen Maßgaben geschlussfolgert werden, dass Eltern die Elternrolle in erster Linie gegenüber ihren biologischen Kindern einnehmen, da sie bei der Erziehung ihrer biologischen Kinder in die Weitergabe ihrer eigenen Gene investieren.

---

326 Vgl. *Paul*, in Walter (Hrsg.), Männer als Väter, 287 (290 ff.), *Walter/Künzler*, in Schneider/Matthias-Bleck (Hrsg.), Elternschaft heute, 95 (100).

327 *Asendorpf*, in Oerter/Montada (Hrsg.), Entwicklungspsychologie, 49 (56).

328 Siehe oben unter 2. Teil. B. I. 1. a) Soziobiologische Grundannahmen.

329 *Buss*, Evolutionäre Psychologie, S. 257; *Fthenakis*, Väter I, S. 31.

330 *Wuketits*, Soziobiologie, S. 70.

331 Vgl. *Buss*, Evolutionäre Psychologie, S. 267.

332 *Neyer/Lang*, Zeitschrift für Sozialpsychologie 35 (2004), 115 (124).

333 Beispiel nach *McCullough/Barton*, Ethologie and Sociobiology 12 (1991), 195 (195 ff.); abgedruckt in *Burkart*, Familiensoziologie, S. 92; *Voland/Paul*, in Wagner/Schütze (Hrsg.), Verwandtschaft, 35 (35 f.).

Demnach sind Familien vorrangig auf biologische Fortpflanzung angelegt. Diese Annahme der Soziobiologie spricht dafür, dass biologische Väter die soziale Vaterrolle für ihr biologisches Kind am ehesten übernehmen werden.

b) Auswirkungen der Vaterschaftsunsicherheit

Fraglich bleibt aber, inwieweit Männer die Vaterrolle übernehmen, die sich ihrer biologischen Vaterschaft nicht sicher sind. Für Männer stellt sich aus soziobiologischer Sicht die Frage, ob sich väterliches Engagement als genetisches Investment lohnt. So findet man väterliches Verhalten in Form von Brutpflege im Tierreich in erster Linie dann, wenn die biologische Vaterschaft des Männchens, aufgrund der Kontrolle des Weibchens bezüglich seiner Treue, als sicher angesehen werden kann.[334] Auch in fremden Kulturen mit hoher weiblicher sexueller Promiskuität und daher weitgehend ungeklärten Vaterschaftsverhältnissen investieren die vermeintlichen Väter nicht in die Kinder ihrer Frauen, sondern vererben ihre materiellen Güter an die Kinder ihrer Schwester und lösen damit den Konflikt zwischen Vaterschaftsunsicherheit und Fürsorgebereitschaft weitestgehend kompromisslos.[335] In diesen als *Avunkulat* bezeichneten Institutionen trägt der Bruder der Mutter eine Menge an Verantwortung und Verpflichtungen für die Kinder seiner Schwester, womit ihm eine Art Vaterrolle zugewiesen wird.[336]

Einige Lösungen, wie mit Vaterschaftsunsicherheiten in anderen Kulturen umgegangen wird, sind aus Sicht der westlichen Kultur sicherlich ungewöhnlich. Dennoch kann generell davon ausgegangen werden, dass ungeklärte Vaterschaftsverhältnisse für menschliche Familien konfliktträchtig sind.[337] Da es beim Menschen üblich ist, dass beide Elternteile zur erfolgreichen Erziehung der Kinder beitragen, ist es aus soziobiologischer Sicht ein wichtiges strategisches Ziel des Mannes, Fehlinvestitionen auszuschließen.[338] Vor diesem Hintergrund können zum Beispiel patriarchalische Strukturen, die von einer Unterdrückung der Frau gekennzeichnet sind, erklärt werden, denn es müsste Männern viel daran gelegen sein, die sexuelle Treue der Frau und damit die Gewissheit, dass ihre Kinder von ihnen biologisch abstammen, sicherzustellen. Auch das Verlangen von Männern nach genetischen Vaterschaftstests kann vor diesem Hintergrund erklärt werden.

c) Konsequenz

Konsequenterweise müsste ein Mann, der nicht biologischer Vater eines Kindes ist, im Gegensatz zu dem biologischen Vater, weniger beziehungsweise nicht bereit sein, sich um ein Kind zu kümmern. Diese Vermutung belegen auch

334 *Burkart*, Familiensoziologie, S. 87.

335 *Voland*, Soziobiologie, S. 199; *Voland/Paul*, in Wagner/Schütze (Hrsg.), Verwandtschaft, 35 (44).

336 *Voland*, Soziobiologie, S. 200.

337 *Voland*, Soziobiologie, S. 189 f.

338 *Vogel*, in Voland (Hrsg.), Fortpflanzung, 145 (156 f.).

Untersuchungen zum Vergleich von biologischen und sozialen Vaterschaften. So haben Studien aus den USA, Kanada und England ergeben, dass das Risiko für Stiefkinder, von ihrem Stiefelternteil misshandelt oder gar getötet zu werden, um ein Vielfaches höher ist als das von biologischen Kindern in Bezug auf ihre biologischen Elternteile.[339]

Nach der dargestellten soziobiologischen Argumentation über das genetische Investment verwundert es, dass es überhaupt soziale Väter gibt, die sich liebevoll um die biologisch nicht von ihnen abstammenden Kinder kümmern.[340] Auch ein Mann, der Zweifel an seiner biologischen Vaterschaft hat, sollte demnach weniger väterliches Engagement zeigen, als ein Mann, der sich seiner biologischen Vaterschaft sicher ist. Dies spiegelt sich allerdings in den Beobachtungen der Soziobiologen nicht eindeutig wider.[341] Somit kann der Ansatz vom eigenen genetischen Investment nur erklären, warum biologische Väter die Vaterrolle ausfüllen, nicht aber, warum es viele Familien gibt, in denen sich der soziale Vater auch gut um ein nicht von ihm abstammendes Kind kümmert. Eine Erklärung für diese Phänomene, die auf den ersten Blick nicht in die Erkenntnisse der Soziobiologie über genetisches Elterninvestment passen, kann die nachfolgende Theorie der Soziobiologie bieten.

3. Väterliches Verhalten als Paarungsstrategie und Paarungsaufwand

Wenn in der Soziobiologie die Erklärung des elterlichen Engagements auf *Fitnessmaximierung* und Weitergabe der Erbanlagen basiert, dann ist zu erwarten, dass soziale Väter ihre Kinder nicht in gleichem Maße fördern wie biologische Väter ihre Kinder.[342] So geht die Soziobiologie davon aus, dass sich in Stiefelternverhältnissen tiefe, reproduktionsstrategisch begründete Konflikte bündeln. Das *egoistische Gen* könne nicht begründen, dass Eltern sich gegenüber allen Kindern, biologischen wie sozialen, gleich verhalten würden, weil dies ihren *egoistischen Genen* widersprechen würde.[343]

Da es aber entgegen dieser Annahme liebevolle Stiefelternverhältnisse gibt, wird angenommen, dass männliches Fürsorgeverhalten statt als genetisches Investment auch als Paarungsstrategie und Paarungsaufwand interpretiert werden könnte.[344] Dies würde erklären, warum Männer die Vaterrolle für Kinder ihrer Partnerin, die biologisch nicht von ihnen abstammen, ausüben.

---

339 *Buss*, Evolutionäre Psychologie, S. 269 ff.; *Daly/Wilson*, in Parmigiani/vom Saal (Hrsg.), Infanticide and Parental Care, 121 (129 f.); *Daly/Wilson*, The Truth about Cinderella, S. 26 ff.; *Schradin*, Biologie des Vaters, S. 181 f.

340 Einschränkend ist jedoch festzuhalten, dass „böse" Stiefväter die Minderheit der Stiefväter darstellen, *Schradin*, Biologie des Vaters, S. 182.

341 *Voland*, Soziobiologie, S. 197 m.w.N.

342 *Walter/Künzler*, in Schneider/Matthias-Bleck (Hrsg.), Elternschaft heute, 95 (100).

343 *Voland*, Soziobiologie, S. 194.

344 *Voland*, Soziobiologie, S. 197.

a) Theoretischer Erklärungsansatz

Männliches Fürsorgeverhalten kann unter Umständen auch genetisch eigennützig sein, während es auf der psychologischen Ebene als uneigennützig, selbstlos oder sogar aufopfernd erscheinen mag.[345] Dieses Phänomen ist bei sozialen Vaterschaften zu beobachten. Frauen scheinen bei der Partnerwahl unter anderem auch auf solche Eigenschaften zu achten, die vermuten lassen, dass der Mann ein guter Vater sein wird.[346] Ein Mann, der durch die Evolution mit der Eigenschaft väterlicher Gefühle auch für nicht von ihm abstammende Kinder ausgestattet ist, wird daher viel eher darin erfolgreich sein, eine langfristige Bindung mit einer Frau einzugehen, die bereits ein Kind hat, und somit wahrscheinlich noch ein eigenes biologisches Kind mit dieser Frau bekommen.[347]

Soziobiologen gehen davon aus, dass etwa die Hälfte der Mühen, die Väter für ihre Kinder, egal ob biologische oder soziale, auf sich nehmen, letztlich Partnerschaftsbemühungen sind. Väter engagieren sich also auch deshalb für Kinder, um die Beziehung zur Kindsmutter zu stärken.[348] Mangelnde Zufriedenheit in der Partnerschaft könnte dazu führen, dass der Mann auch sein väterliches Engagement vernachlässigt.[349] Diese Verbindung zwischen der Paarbeziehung und der Vater-Kind-Beziehung wurde in einer Metaanalyse bestätigt.[350]

b) Praktischer Anhaltspunkt

Der Frage, ob väterliches Fürsorgeverhalten sowohl als Paarungsaufwand als auch als genetisches Investment dient, wurde in einer Studie aus den USA, in der es um die Finanzierung des Collegebesuchs ging, nachgegangen.[351] Hierbei wurden je nach Beziehung eines Mannes zu einem Kind und zur Mutter dieses Kindes vier familiäre Konstellationen unterschieden:

Konstellation 1: Biologisches Kind, Mutter ist die aktuelle Partnerin;
Konstellation 2: Biologisches Kind, Mutter ist nicht die Partnerin;
Konstellation 3: Soziales Kind, Mutter ist die aktuelle Partnerin;
Konstellation 4: Soziales Kind, Mutter ist nicht die Partnerin.

Die Väter, die in einer Partnerschaft mit der Kindsmutter und dem biologischen Kind zusammenlebten (Konstellation 1), investierten am meisten in das Kind. Die Wahrscheinlichkeit, dass ein Vater seinem biologischen Kind einen

345 *Voland/Paul*, in Wagner/Schütze (Hrsg.), Verwandtschaft, 35 (37).
346 *Burkart*, Familiensoziologie, S. 87.
347 *Schradin*, Biologie des Vaters, S. 182 ff.
348 *Haas/Waldenmaier*, Kuckucksfaktor, S. 77.
349 *Huwiler*, Herausforderung Mutterschaft, S. 56.
350 Vgl. *Burman/Erel*, Linkage between marital quality and the parent-child relationship.
351 *Anderson/Kaplan/Lancaster*, Paternal care by genetic and stepfathers: Abgedruckt in *Haas/Waldenmaier*, Kuckucksfaktor, S. 77 f.; *Scheunpflug*, ZfE Beiheft 05/2006, 117 (122); *Schradin*, Biologie des Vaters, S. 183 f.; *Voland*, Soziobiologie, S. 198.

Collegebesuch ermöglichte, war, unter finanziellen und auch sonst gleichen Bedingungen, rund doppelt so hoch, wenn er mit der Mutter des Kindes zusammen lebte als wenn er von ihr getrennt war. Lebte der Mann von der Kindsmutter getrennt, ging aber davon aus, dass es sich um sein biologisches Kind handelt, investierte er immer noch Einiges (Konstellation 2). Lebte der Mann mit der Mutter in einer Partnerschaft, wusste aber, dass das Kind nicht sein biologisches ist (Konstellation 3), investierte er dennoch fast so viel in das Kind wie in ein biologisches bei der zweiten Konstellation. Nach einer Trennung von der Kindsmutter (Konstellation 4) nahm diese Investition aber sehr viel drastischer ab als bei einem biologischen Kind.

Dieses Ergebnis bestätigt den zuvor dargestellten theoretischen Erklärungsansatz. In der ersten Konstellation addieren sich genetisches Investment und Paarungsaufwand. Es war also nach dem theoretischen Erklärungsansatz der Soziobiologie zu erwarten, dass bei der ersten Konstellation die höchste Investition erfolgt. Ebenso war damit zu rechnen, dass bei der zweiten und dritten Konstellation eine ungefähr gleich hohe Investition getätigt wird. Bei Konstellation 2 handelt es sich um reines genetisches Investment, während es sich bei Konstellation 3 nur um Paarungsaufwand handeln kann, da der Mann hier keinerlei Motivation zur Finanzierung des Collegebesuchs als genetischem Investment haben kann.[352] Nach dem soziobiologischen Erklärungsansatz nicht zu beantworten ist die Frage, warum der Vater bei Konstellation 4 überhaupt noch in das Kind seiner ehemaligen Partnerin investiert.

c) Ergebnis

Neben dem direkten genetischen Investment in die biologischen Kinder kann väterliches Engagement demnach auch als Paarungsstrategie beziehungsweise Paarungsaufwand verstanden werden. Ein sozialer Vater, der mit der Kindsmutter eine Beziehung führt, investiert daher fast genauso viel in das Kind wie ein biologischer Vater, der mit der Kindsmutter keine Beziehung führt.

4. Fazit

Aus soziobiologischer Sicht kann väterliches Verhalten auf zwei verschiedene Arten erklärt werden. Zum einen wirkt es als direkte genetische Investition bei biologischer Vaterschaft. Zum anderen wirkt es als Paarungsstrategie beziehungsweise Paarungsaufwand, was sowohl bei biologischer als auch bei sozialer Vaterschaft zutrifft, wenn der Mann mit der Mutter des Kindes eine Beziehung führt. Damit kann sowohl biologische als auch soziale Vaterschaft mit dem soziobiologischen Ansatz erklärt werden.

Nicht erklären kann die Soziobiologie hingegen, warum es soziale Väter gibt, die nach der Trennung von der Kindsmutter weiterhin die soziale Vaterrolle für

352 Vgl. auch Abbildung 4.24 in *Voland*, Soziobiologie, S. 198.

ein nicht von ihnen abstammendes Kind ausüben, wie sich aus Konstellation 4 der oben dargestellten Studie ergibt[353]. In diesem Zusammenhang ist zu berücksichtigen, dass die Grundannahme der Soziobiologie, dass das Sozialverhalten durch die genetische Ausstattung vermittelt wird, nur ein Ansatzpunkt ist. Die Psychologie hat jedoch eine andere Grundlage, auf der diese Frage beantwortet werden könnte. Im Gegensatz zur Soziobiologie, die das menschliche Verhalten anhand der genetischen Ausstattung begründet, versucht die Psychologie das Verhalten des Menschen auf Ereignisse während des Lebensverlaufs zurückzuführen.

II. Psychologischer Ansatz

Neben den biologischen sind auch besonders soziale und psychologische Faktoren für die Vateridentität maßgebend.[354] Da bereits einige soziale Faktoren (unter A.) und biologische Aspekte (unter B.I.) untersucht worden sind, schließt dieser Teil nachfolgend mit der Hinzuziehung eines psychologischen Blickwinkels ab. Um die Lücke zu schließen, die die Soziobiologie auf die Frage, warum einige soziale Väter auch nach der Trennung von der Kindsmutter die Vaterrolle weiterhin ausfüllen, gelassen hat, wird die Bindungstheorie, die psychologisches Wissen mit soziobiologischen Überlegungen kombiniert[355], herangezogen.

Dabei kann die komplexe Bindungsforschung nicht annährungsweise vollständig dargelegt werden. Im Folgenden wird daher nur auf die für diese Arbeit wichtigsten Aspekte in Bezug auf die Bindungstheorie eingegangen.

1. Einführung

Die Bindungstheorie (*Attachment Theory*) ist von dem britischen Kinderarzt, Kinderpsychiater und Psychoanalytiker *John Bowlby* (1907–1990) unter Einbeziehung entwicklungspsychologischer, psychoanalytischer und evolutionsbiologischer Aspekte formuliert worden. Die kanadische Entwicklungspsychologin *Mary Dinsmore Salter Ainsworth* (1913–1999) konnte die Annahmen *Bowlbys* mittels ihrer empirischen Forschung bestätigen. Heute gehört die Bindungstheorie zu den etablierten und einflussreichsten empirisch verankerten Theorien innerhalb der Psychologie.[356]

Unter Bindung versteht man dabei eine lang andauernde emotionale Beziehung zu ganz bestimmten Personen, die nicht ohne Weiteres auswechselbar sind.[357] Daher müsste die Bindungstheorie auch erklären können, warum zwischen Eltern

353 S.o.: 2. Teil. B. I. 3. b) Praktischer Anhaltspunkt.
354 *Fthenakis*, Väter I, S. 99.
355 *Grossmann/Grossmann*, Bindungen, S. 31.
356 Vgl. *Ruttner*, Journal of Child Psychology and Psychiatry 36 (1995), 549 (550).
357 *Ahnert*, Bindung, S. 43; *Seiffge-Krenke*, Psychotherapie und Entwicklungspsychologie, S. 58.

und Kindern eine typische Eltern-Kind-Beziehung entsteht und zumeist über das gesamte Leben hinweg aufrechterhalten wird.[358]

a) Hintergrund[359]

Bowlby sah seinen Forschungsschwerpunkt darin, die Auswirkungen von realen Familienereignissen auf die kindliche Entwicklung zu untersuchen, in Ablehnung zu der damals herrschenden Ansicht, dass innere, unbewusste Prozesse für spätere psychische Krankheiten verantwortlich seien.[360] Im Jahr 1940 schrieb *Bowlby* erstmals über die Bindungstheorie[361], ohne sie jedoch bereits als solche zu bezeichnen. Im Mittelpunkt seiner Forschung stand das Thema der Trennung von Müttern und ihren Kindern.[362] Im Jahr 1957 stellt er die Bindungstheorie in drei umstrittenen Vorträgen offiziell vor.[363] Später formulierte er die Grundlagen der Bindungstheorie ausführlich.[364]

Ainsworth konnte die Theorien *Bowlbys* mit ihren empirischen Forschungsergebnissen untermauern. In ihren Studien von Müttern und Kindern in Uganda und Baltimore[365] konnte sie unterschiedliche Bindungsqualitäten zwischen Müttern und Kindern feststellen und damit die Bindungstheorie für eine empirische Entwicklungspsychologie öffnen.[366]

Neben Untersuchungen der Mutter-Kind-Bindung und von Müttern als Bindungspersonen werden heute unter anderem auch die Bindung des Kindes zu anderen Personen sowie die Bindungsbeziehungen zwischen Erwachsenen erforscht.[367]

---

358 So auch: *Gloger-Tippelt*, in Vaskovics (Hrsg.), Familienleitbilder und Familienrealitäten, 83 (95).

359 Ausführlicher zur historischen Entwicklung der Bindungstheorie: *Bretherton*, in Spangler/Zimmermann (Hrsg.), Bindungstheorie, S. 27–49; *Holmes*, John Bowlby und die Bindungstheorie.

360 *Grossmann/Grossmann*, Bindungen, S. 36 f.; *Kindler/Grossmann/Zimmermann*, in Walter (Hrsg.), Männer als Väter, 685 (687).

361 *Bowlby*, International Journal of Psycho-Analysis (21) 1940, S. 154–178.

362 *Erdheim*, in Krüger/Grunert (Hrsg.), Handbuch Kindheits- und Jugendforschung, 65 (69).

363 Abgedruckt bei *Bowlby*, International Journal of Psycho-Analysis (39) 1958, S. 350–373.

364 *Bowlby*, Bindung; *Bowlby*, Trennung; *Bowlby*, Verlust.

365 Von 1953–1955 untersuchte *Ainsworth* das Bindungsverhalten von Kindern und Müttern in Uganda und setzte Anfang der 1960er Jahre ihre Beobachtungen in der Baltimore-Studie fort.

366 *Kindler/Grossmann/Zimmermann*, in Walter (Hrsg.), Männer als Väter, 685 (687).

367 *Seiffge-Krenke*, Psychotherapie und Entwicklungspsychologie.

b) Grundzüge der Bindungstheorie

aa) Grundbedürfnis

Die Bindungstheorie geht davon aus, dass jeder Mensch ein angeborenes Bindungsbedürfnis hat, das als Grundbedürfnis ebenso wichtig ist wie beispielsweise das Bedürfnis nach Nahrung. Da der Säugling bei der Geburt weder mit ausgebildeten Körper- noch Verhaltensfunktionen ausgestattet ist, stellen Schutz und Fürsorge von zumindest einer Person für ihn eine äußerst wichtige Überlebensstrategie dar.[368]

bb) Bindungsverhalten

Dem Bindungsbedürfnis wird ein eigenes Verhaltenssystem (Bindungsverhalten) zugeordnet, das die Nähe zur Bindungsperson herstellen oder aufrechterhalten soll.[369] Das Bindungsverhalten ist in erster Linie bei Säuglingen und kleinen Kindern zu beobachten, weshalb diese auch zunächst Mittelpunkt der Bindungsforschung waren. Das Bindungsverhalten wird bei Angst und Stress aktiviert, bei Wohlbefinden hingegen ruht es.[370] Es ist daher zwischen Bindungsverhalten, das eine Anzahl von variablen Verhaltensweisen bezeichnet, die das Kind mit seiner Bindungsperson in Verbindung bringen sollen, und dem Bestehen einer Bindung, die ein hypothetisches Konstrukt darstellt und immer und überall zwischen den Bindungspersonen vorhanden ist, grundlegend zu unterscheiden.[371]

cc) Schutz versus Erkundung

Ein weiterer wesentlicher Zweck von Bindung ist neben Schutz und Fürsorge des Kindes auch die Unterstützung von Erkundungsverhalten.[372] Diese sich abwechselnden Verhaltensweisen von Schutzsuchen und Erkunden erscheinen im Lichte der Soziobiologie wiederum sinnvoll. Da nicht das Überleben allein, sondern auch die erfolgreiche Weitergabe der Gene angestrebt wird, ist für die Eltern nicht nur das Überleben des Kindes, sondern auch dessen Aufbau von sozialen Kompetenzen, die ihm später helfen sollen, seine Gene weiterzutragen, von Bedeutung.[373] Dem Erkundungsverhalten des Kindes wird wiederum ein eigenes Verhaltenssystem zugeordnet, das im Gegensatz zum Bindungsverhalten des Kindes steht.[374]

---

368 *Ahnert*, Bindung, S. 4 f.

369 *Grossmann/Grossmann*, Bindungen, S. 38 f.

370 *Grossmann/Grossmann*, Bindungen, S. 70.

371 *Grossmann/Grossmann*, Bindungen, S. 73.

372 *Grossmann/Grossmann*, Bindungen, S. 234 f.; *Schölmerich/Lengning*, in Ahnert (Hrsg.), Frühe Bindung, 198 (207 f.), die das Zusammenspiel von Schutzsuchen und Erkunden als *erweiterte Bindungstheorie* beschreiben.

373 *Kindler*, Väter und Kinder, S. 163 f.

374 *Stephan*, in Spangler/Zimmermann (Hrsg.) Bindungstheorie, 265 (265).

dd) Fürsorgeverhalten

Dem angeborenen Bindungsverhalten des Kindes entspricht auf der Seite der Bindungsperson gewöhnlich ein komplementäres Fürsorgeverhalten.[375] Im Englischen gibt es für diese Gegenseitigkeit von Bindungsbeziehungen auch sprachlich eine klare Differenzierung. So wird die Bindung der Eltern an ihr Kind als *Bonding* bezeichnet, die Bindung des Kindes an seine Bindungspersonen wird *Attachment* genannt.[376] Originär beschäftigte sich die Bindungstheorie (*Attachment Theory*) auch nur mit der Bindung kleiner Kinder an die Bindungsperson. Da die Bindungstheorie aber nicht abschließend, sondern offen für neue Ansätze entwickelt wurde[377], kann die Bindungstheorie auch zur weiteren Erklärung der Ausgestaltung von Eltern-Kind-Beziehungen erweitert werden.[378]

Die Bindung von Eltern an ihr Kind (*Bonding*) ist dabei noch weitgehend ungeklärt. Ein Ansatz, wonach diese Bindung kurz nach der Geburt durch den Kontakt mit dem Neugeborenen automatisch ausgelöst werde[379], ist jedenfalls abzulehnen. Die wissenschaftlichen Befunde sprechen gegen einen solchen Prägevorgang.[380] Demnach sind zwar die Bindungsverhaltensweisen des Säuglings angeboren, die Bindungsbeziehung zwischen Eltern und Kind muss sich jedoch entwickeln. Es ist ein längerer Prozess, in welchem die Eltern eine Bindung zu ihrem Kind eingehen und umgekehrt, wobei das Kind im Alter von drei bis sechs Monaten zwingend zumindest zu seiner Betreuungsperson eine Bindung aufbaut.[381] Diese Bindung entsteht aus dem Bindungsverhalten eines Säuglings, der Nähe und Kontakt zu einem Erwachsenen herstellen und erhalten möchte.[382] Es werden daher auch nicht automatisch die biologischen Eltern Bindungspersonen des Kindes, sondern diejenigen Personen, die das Bindungsverhalten des Kindes mit ihrem Fürsorgeverhalten kompensieren. Daher können beispielsweise auch Adoptiv-, Pflege- sowie Stiefeltern Bindungspersonen des Kindes werden.[383]

---

375 *Ainsworth*, Mutter-Kind-Bindungsmuster, in Grossmann/Grossmann (Hrsg.), Bindung und menschliche Entwicklung, 317 (318); *Kindler/Grossmann/Zimmermann*, in Walter (Hrsg.), Männer als Väter, 685 (688); *Vaughn/Heller/Bost*, in Suess/Scheuerer-Englisch/Pfeifer (Hrsg.), Bindungstheorie und Familiendynamik, 53 (54).

376 *Klaus/Kennell/Klaus*, Bonding, S. 18; *Rauh*, in Oerter/Montada (Hrsg), Entwicklungspsychologie, 149 (160).

377 Vgl. *Bretherton*, in Spangler/Zimmermann (Hrsg.), Bindungstheorie, 27 (49).

378 So auch: *Steinbach*, Generationsbeziehungen in Stieffamilien, S. 69 f.

379 Dahingehend: *Klaus/Kennell/Klaus*, Bonding, S. 109.

380 *Rauh*, in Oerter/Montada (Hrsg.), Entwicklungspsychologie, 149 (160).

381 *Grossmann/Grossmann*, Bindungen, S. 78.

382 *Ainsworth*, Mutter-Kind-Bindungsmuster, in Grossmann/Grossmann (Hrsg.), Bindung und menschliche Entwicklung, 317 (317 f.).

383 *Merz/Schuengel/Schulze*, Journal of Aging Studies 21 (2007), 175 (179).

ee) *Auswirkungen*

Die einmal zu Bindungspersonen gewordenen Menschen sind nicht beliebig austauschbar, sondern einmal eingegangene Bindungsbeziehungen werden bei Trennung von der Bindungsperson schmerzlich vermisst.[384] Von allen während des Lebensverlaufs eingegangenen Bindungsbeziehungen ist die Bindung zwischen Eltern und Kind eine ganz besondere und bildet das Fundament für lebenslang bestehende Beziehungen.[385]

Daher ist es nicht verwunderlich, dass die Bindungserfahrungen im Kindesalter die spätere Bindungsfähigkeit des Kindes entscheidend beeinflussen und somit die Beziehung zwischen Kind und Eltern einen großen Einfluss auf das spätere Leben des Kindes hat.[386] Gute Erfahrungen mit verschiedenen Bindungspersonen wirken sich positiv auf die Bindungsentwicklung des Kindes aus.[387]

c) Ergebnis

Die Bindung dient dem Schutz und der Erkundungsunterstützung des Kindes. Komplementär zu diesem Bindungsverhalten steht das Fürsorgeverhalten der Eltern. Eltern und Kind entwickeln so unter normalen Umständen in den ersten Lebensmonaten des Kindes eine Bindung von besonderer Qualität. Die Bedeutung der Bindung ist dabei unbestritten, jedoch gibt es noch viele Fragen über ihr Entstehen und ihre Dynamik.

2. Bindungstheorie in Bezug auf Vaterschaft

Die frühere Bindungsforschung bezog sich fast ausschließlich auf die Mutter-Kind-Bindung, die Vaterforschung wurde dagegen vernachlässigt.[388] Erst seit etwa den 1970er Jahren wurde auch auf dem Gebiet der Bindungsforschung vermehrt die Bindung zwischen Kind und Vater untersucht[389], was mit dem Wandel der Vaterrolle aus soziologischer Sicht[390], der etwa zur gleichen Zeit begann, erklärbar ist. Ändert sich nämlich das gesellschaftliche Bild des Vaters, so bleibt dies nicht ohne Auswirkungen auf andere wissenschaftliche Disziplinen.[391]

---

384 Vgl. *Bowlby*, Trennung; *Bowlby*, Verlust.

385 *Klaus/Kennell/Klaus*, Bonding, S. 19; *Lauterbach*, in Schwab/Vaskovics (Hrsg.), Pluralisierung von Elternschaft und Kindschaft, 191 (197).

386 *Gloger-Tippelt*, in Vaskovics (Hrsg.), Familienleitbilder und Familienrealitäten, 83 (94); *Grossmann/Grossmann*, Bindungen, S. 660.

387 *Kindler*, Väter und Kinder, S. 174.

388 *Bode/Wolf*, Still-Leben mit Vater, S. 56 f.; *Schmidt-Denter*, Soziale Entwicklung, S. 45.

389 Vgl. z.B. *Fox/Kimmerley/Schafer*, in Child Development 62 (1991), S. 210–225; *Fthenakis*, Väter I, S. 228 ff.; *Grossmann u.a.*, in Social Development 11 (2002), S. 307–331; *Lamb*, Human Development 18 (1975), 245–266.

390 S.o.: 2. Teil. A. III. Weiterentwicklung von Familie und Vaterschaft bis heute.

391 *Schwägler*, in Tellenbach (Hrsg.), Das Vaterbild im Abendland, 149 (149 f.).

a) Väterliche Bindungsforschung

Zunächst ging *Bowlby* davon aus, dass der Säugling nur eine zentrale Bindungsperson, und zwar die das Kind versorgende Person, haben könne (monotropische Bindung).[392] Da die das Kind versorgende Person nach dem damaligen vorherrschenden Familienbild[393] in aller Regel die Mutter war, wurde dem Vater generell nur eine untergeordnete und indirekte Bedeutung für das Kind beigemessen und die grundlegenden Voraussetzungen für eine stabile Bindung zu seinem Kind wurden ihm abgesprochen.[394] Das Konzept der Bindungsfähigkeit zu nur einer zentralen Bindungsperson war jedoch nach evidenten empirischen Befunden[395] nicht lange haltbar, so dass *Bowlby* von diesem Ansatz frühzeitig wieder abrückte.[396]

Stattdessen ist es heute grundsätzlich anerkannt, dass der Vater neben der Mutter die gleichen Voraussetzungen zum Aufbau einer Bindungsbeziehung zum Kind mitbringt. Sowohl Mutter als auch Vater entwickeln Bindungen zum Kind und das Kind entwickelt unabhängig voneinander Bindungen zu Mutter und Vater, was dafür spricht, dass es sich bei Bindungsbeziehungen um spezifische Beziehungen handelt.[397] Ein sicherer Bindungsaufbau gelingt somit auch dann, wenn gleichzeitig Beziehungen zu mehreren Bindungspersonen bestehen.[398] Dies lässt sich auch aus soziobiologischer Sicht erklären. Da nämlich das Aufziehen von Kindern eine lange Zeit und viel Energie in Anspruch nimmt, ist es vorteilhaft, wenn sich sowohl die Mutter als auch der Vater an der Kindererziehung beteiligen.

Allerdings unterscheiden die meisten Kinder ihre Bindungspersonen nach einer eindeutigen Rangfolge und bevorzugen die primäre Bindungsperson[399], die das Kind versorgende Person und damit zumeist die Mutter sein wird. Die Intensität und Qualität der Bindung zwischen Kind und Vater scheint hingegen in keinem Verhältnis zu der Quantität der zusammen verbrachten Zeit zu stehen.[400] So stellt der Vater in der Regel die zweite Bindungsperson des Kindes dar, obwohl er wesentlich weniger Zeit mit ihm verbringt als die primäre Bindungsperson oder

392 *Bowlby*, International Journal of Psycho-Analysis (39) 1958, 350 (370).

393 Vgl. oben: 2. Teil. A. II. 2. Rückzug des traditionellen bürgerlichen Vaters aus der Familie.

394 *Bode/Wolf*, Still-Leben mit Vater, S. 55; *Fthenakis*, Väter I, S. 210; *Meuser*, in Böllert/Peter (Hrsg.), Mutter + Vater = Eltern?, 63 (66 f.).

395 *Fthenakis*, Väter I, S. 228 ff.; *Kindler*, Väter und Kinder, S. 174.

396 *Bowlby*, Bindung, S. 279 f.

397 *Fthenakis*, Väter I, S. 282 f.; *Gloger-Tippelt*, in Vaskovics (Hrsg.), Familienleitbilder und Familienrealitäten, 83 (93); *Seiffge-Krenke*, Psychotherapie und Entwicklungspsychologie, S. 200 f.

398 *Fthenakis*, Väter I, S. 285; *Helms*, 20. DFGT, Punkt 2; *Kindler/Grossmann/Zimmermann*, in Walter (Hrsg.), Männer als Väter, 685 (696 f.); *Saltzwedel*, Risiko der Vaterentbehrung, S. 10.

399 *Grossmann/Grossmann*, Bindungen, S. 71 f.

400 *Schwabe-Höllein/August-Frenzel*, in Spangler/Zimmermann (Hrsg.), Bindungstheorie, 351 (358).

andere Betreuungspersonen.[401] Auch ist die Beziehung zwischen Kind und Vater erst ab einem Alter, bei dem das Kind den Vater verstehen und mit ihm etwas unternehmen kann, besonders wichtig[402], denn für die väterliche Bindung ist insbesondere die Unterstützung beim Erkundungsverhalten charakteristisch.[403]

Zusammenfassend kann daher festgestellt werden, dass der Vater neben der Mutter die wichtigste Bindungsperson des Kindes ist. Da sich, wie oben festgestellt, die Vaterrolle im Wandel hin zu einer aktiveren Vaterschaft befindet und Bindungsbeziehungen immer komplementär sind, wird im Folgenden zwischen Kind-Vater-Bindung und Vater-Kind-Bindung grundlegend unterschieden, wobei die Kind-Vater-Bindung die Bindung des Kindes an seinen Vater meint (*Attachment*), während die Bezeichnung Vater-Kind-Bindung die Beziehung des Vaters zu seinem Kind (*Bonding*) darstellen soll.

b) Kind-Vater-Bindung (*Attachment*)

Zunächst wird die Bindung des Kindes an seinen Vater (*Attachment*) untersucht. Da neben der Mutter auch der Mann, der die Vaterposition einnimmt, Bindungsperson des Kindes ist und die Qualität der Bindung des Kindes zum Vater nicht durch die Erfahrungen des Kindes mit seiner Mutter bestimmt wird[404], kann bei einer unsicheren Bindung zur Mutter eine stärkere Hinwendung des Kindes zum Vater dieses Defizit ausgleichen[405]. Es gilt als gesichert, dass das Bestehen mehrerer sicherer Bindungsbeziehungen eines Kindes innerhalb der Familie mit einer positiveren Entwicklung des Kindes einhergeht als wenn nur eine oder keine sichere Bindung besteht. Die Bindungsforschung konnte außerdem zeigen, dass das Engagement des Vaters positiven Einfluss auf die Entwicklung des Kindes hat.[406]

Problematisch erscheint es jedoch, wenn ein (weiterer) Vater erst nach einigen Lebensjahren des Kindes in dessen Leben tritt. Dann verfügt das Kind nämlich bereits über gewachsene Bindungsbeziehungen. Die Problematik ergibt sich daraus, dass der Bindungsaufbau zwischen Kind und verantwortlichen Bezugspersonen aufgrund der gemeinsamen Beziehungserfahrungen stattfindet, die bei einer neuen Vaterfigur zunächst fehlen. Nach dem oben Gesagten ist jedoch auch dem neuen Vater prinzipiell die Möglichkeit eröffnet, eine Bindung zu dem Kind aufzubauen, ohne dabei die bereits bestehenden Bindungen zu den bisherigen Eltern zu beeinträchtigen.[407]

---

401 *Grossmann/Grossmann*, Bindungen, S. 229.

402 *Grossmann/Grossmann*, Bindungen, S. 230 ff.

403 *Grossmann/Grossmann*, Bindungen, S. 233 ff.; *Kindler/Grossmann/Zimmermann*, in Walter (Hrsg.), Männer als Väter, 685 (709 ff.); *Seiffge-Krenke*, Psychotherapeut 46 (2001), 391 (394).

404 *Kindler/Grossmann/Zimmermann*, in Walter (Hrsg.), Männer als Väter, 685 (729).

405 *Kindler*, Väter und Kinder, S. 175; *Seiffge-Krenke*, Psychotherapeut 46 (2001), 391 (396).

406 *Kindler*, Väter und Kinder, S. 191 f.

407 So auch: *Helms*, 20. DFGT, Punkt 2.

Kinder in Familien mit Mutter und Vater haben zwei Chancen, gute Bindungsbeziehungen aufzubauen, da der jeweilige Elternteil die Schwächen des anderen ausgleichen kann.[408] Angesichts dieses Vorteils müsste die Möglichkeit einer Bindung mit einem dritten Elternteil und damit die weitere Chancenerhöhung auf eine gute Bindungsbeziehung ebenso positiv gewertet werden.

Insgesamt kann festgehalten werden, dass die Bindungsqualität individuell von den Bindungspersonen abhängt, es aber aus Sicht des Kindes möglich und sogar vorteilhaft sein kann, Bindungen zu mehreren Bindungspersonen zu haben.

c) Vater-Kind-Beziehung (*Bonding*)

Da die Bindungsbeziehung immer zweiseitig ist, kann die Bindungstheorie auch Aussagen über die Verbindung von Vätern zu ihren Kindern machen. Daher soll im Folgenden die Bindungsbeziehung von Vätern zu ihren Kindern (*Bonding*) näher beleuchtet werden. Die Bindungsbeziehung kann nur durch Kontakt und Nähe entwickelt werden, so dass an dieser Stelle auch nur auf die Konstellation eingegangen werden kann, in der Vater und Kind in Kontakt stehen und der Vater die soziale Vaterrolle ausfüllt. Es wird daher im Folgenden um den sozialen Vater des Kindes gehen.

Das Zusammenwirken zwischen der Bindung des Kindes und der Fürsorge der Bindungsperson ist komplex.[409] Es ist aus empirischer Sicht heute belegt, dass in der Regel der Aufbau einer Bindungsbeziehung zwischen Kind und Vater bereits in der frühen Kindheit stattfindet.[410] Der Vater entwickelt somit unter entsprechenden Bedingungen eine enge emotionale Beziehung zum Kind und das Kind entwickelt seinerseits eine enge emotionale Bindung zu dem Mann, der die Vaterposition einnimmt.

Es ist dabei allerdings kaum erforscht, wie die Bindung des Vaters an sein Kind entsteht. Das Miterleben der Geburt und die ersten Kontakte zum neugeborenen Säugling sollen beim Aufbau der Vaterschaft entscheidend sein.[411] Ein Zusammenhang zwischen dem Miterleben der Geburt des Kindes und der späteren väterlichen Fürsorge konnte jedoch in empirischen Studien nicht festgestellt werden[412] und auch sonst ist eine Entstehung der Bindung aufgrund eines einzigen Erlebnisses wohl nicht möglich, sondern hängt von einer Reihe von Ereignissen ab. So wird angenommen, dass die elterliche Sensibilität mit den eigenen, in der Kindheit

---

408 *Steinbach*, Generationsbeziehungen in Stieffamilien, S. 77.

409 *Suess/Scheuerer-Englisch*, in Julius/Gasteiger-Klicepera/Kißgen (Hrsg.), Bindung im Kindesalter, 253 (254).

410 *Kindler/Grossmann/Zimmermann*, in Walter (Hrsg.), Männer als Väter, 685 (696 f.) mit Nachweisen zu den empirischen Studien; *Schon*, in Walter (Hrsg.), Männer als Väter, 477 (493).

411 *Ahnert*, Bindung, S. 78.

412 *Grossmann/Volkmer*, International Journal of Behavioral Development 7 (1984), 157 (164); *Martin*, Väter im Abseits, S. 152.

gemachten Bindungserfahrungen zusammenhängt.[413] Eine von Anfang an gute Vater-Kind-Bindung entwickelt sich außerdem aus der körperlichen Nähe zum Kind, die bei Versorgung und Pflege des Kindes entsteht. Diese väterliche Präsenz ist eine Grundlage für die Entwicklung von Vateridentität.[414]

Es konnte in einer Studie nachgewiesen werden, dass väterliches Verhalten mit sozialen und biologischen Kriterien in Zusammenhang steht, wobei nach den Ergebnissen der Untersuchung die sozialen Aspekte wichtiger zu sein scheinen als die biologischen. Die Bindungsqualität konnte dabei nicht mit der biologischen Vaterschaft oder der Vaterschaftssicherheit der Männer in Verbindung gebracht werden.[415]

Ob ein Mann ein guter Vater ist und die Beziehung zwischen Vater und Kind beständig sein wird, hängt demnach von vielen Faktoren ab. Ob der Mann biologischer Vater des Kindes ist, erscheint dabei jedoch nicht von gänzlich übergeordneter Bedeutung zu sein.

Angesichts der Tatsache, dass sich Vaterschaft heute hin zu einer aktiven, engagierten und verantwortungsbewussten Vaterschaft wandelt[416] und Väter damit in aller Regel eine Bindungsbeziehung zu ihrem Kind aufbauen und aus dieser Bindung eine Liebe zum Kind entsteht[417], ist davon auszugehen, dass soziale Väter diese Bindung auch im Falle einer Trennung von der Kindsmutter oder im Fall des Aufdeckens einer anderen biologischen Vaterschaft aufrechterhalten möchten, denn die Bindungsbeziehung ist auf Gegenseitigkeit ausgelegt. Dieser psychologische Aspekt kann das Beibehalten der sozialen Vaterrolle auch ohne biologische Verbundenheit oder Verbundenheit über die Beziehung zur Mutter erklären.

d) Ergebnis

Die Beziehung zwischen Vater und Kind wird für die Entwicklung von Kindern für ebenso wichtig gehalten wie die Beziehung zwischen Mutter und Kind. Dabei kann sowohl für die Kind-Vater-Bindung als auch für die Vater-Kind-Bindung festgehalten werden, dass die besten Chancen für eine gute Bindungsbeziehung dann bestehen, wenn sich der Vater von Geburt an um das Kind kümmert. Aber auch später kann eine Bindung aufgebaut werden. Dies hängt dann jedoch in verstärktem Maß von der Sensibilität des *Neuen* im Umgang mit dem Kind ab. Insgesamt ist so vor dem bindungstheoretischen Hintergrund zu erklären, warum viele Partner der

---

413 *Kindler/Grossmann/Zimmermann*, in Walter (Hrsg.), Männer als Väter, 685 (724 ff.); *Seiffge-Krenke*, Psychotherapie und Entwicklungspsychologie, S. 74 f.

414 *Ainsworth*, Bindungen im Verlauf des Lebens, in Grossmann/Grossmann (Hrsg.), Bindung und menschliche Entwicklung, 341 (354 f.); *Bode/Wolf*, Still-Leben mit Vater, S. 77 f.

415 *Fox/Bruce*, Journal of Marriage and Family 63 (2001), 394 (402).

416 S.o.: 2. Teil. A. III. 2. Vaterschaft im Kontext des sozialen und familiären Wandlungsprozesses.

417 *Grossmann/Grossmann*, Bindungen, S. 72.

Mutter, die nicht biologische Väter sind, ihre einmal eingenommene soziale Vaterrolle auch nach einer Trennung von der Mutter beibehalten.

3. Fazit

Im Einklang mit dem soziobiologischen Ansatz, der sowohl für biologische Väter als auch für Partner der Mutter (soziale Väter) eine Motivation zur Ausübung der Vaterrolle herleitet, bindet sich das Kind an denjenigen, der die soziale Vaterrolle ausfüllt. Dies wird gewöhnlich der Partner der Mutter sein, der mit dieser und dem Kind zusammenlebt. Dabei kann sich das Kind auch an mehrere Menschen gleichzeitig und unabhängig voneinander binden. Hierbei ist nicht maßgeblich, ob es sich um den biologischen Vater handelt. In erster Linie wird daher der Partner der Mutter, auch wenn er nicht biologischer Vater des Kindes ist, eine Bindungsbeziehung zu dem Kind aufbauen und kann diese dann, auch bei Trennung von der Mutter, beibehalten.

Der außerhalb dieser sozialen Familie stehende biologische Vater dagegen hat es ungleich schwerer eine (sichere) Bindung zu seinem Kind aufzubauen und wird daher nicht aufgrund gefestigter Bindungen Kontakt und Nähe zu seinem Kind suchen, sondern aufgrund der oben beschriebenen soziobiologischen Aspekte.

III. Schlussfolgerung

Nach der Untersuchung von biologischen und psychologischen Aspekten in Bezug auf Vateridentität liegt der Schluss nahe, dass es kein allgemeingültiges Ergebnis auf die Frage gibt, ob der soziale oder der biologische Vater eine größere Vateridentität aufweist. Im Gegenzug kann aber auch nicht generell davon ausgegangen werden, dass weder der soziale noch der biologische Vater in der Lage seien, eine Vateridentität zu entwickeln. Ob und wie Vateridentität entsteht, scheint von vielen individuellen Faktoren abzuhängen. Es können dennoch aus soziobiologischen und bindungstheoretischen Erwägungen einige grundsätzliche Aussagen getroffen werden.

Spricht aus soziobiologischer Sicht vieles dafür, dass der biologische Vater in erster Linie Vateridentität entwickelt und daher dafür bestimmt ist, die soziale Vaterrolle einzunehmen, so kann dem soziobiologischen Ansatz zufolge daneben auch der Partner der Mutter, der nicht der biologische Vater ist, Vateridentität entwickeln und damit ein Interesse daran haben, die soziale Vaterrolle auszufüllen.

Nach bindungstheoretischer Argumentation entsteht zwischen dem Partner der Mutter, der die soziale Vaterrolle eingenommen hat, und dem Kind im Laufe der ersten Lebensjahre des Kindes eine Bindungsbeziehung. Da Bindungsbeziehungen gegenseitig sind und Eltern-Kind-Bindungen in der Regel über das gesamte Leben hinweg bestehen, ist anzunehmen, dass der einmal die Vaterrolle innehabende soziale Vater diese Bindungsbeziehung und damit die Vaterrolle gegenüber dem Kind auch im Falle einer Trennung von der Kindsmutter weiterhin ausfüllen möchte.

Damit ist sowohl der biologische Vater als auch der Partner der Kindsmutter dazu prädestiniert, Vateridentität zu entwickeln und auch nach Trennung von dieser beizubehalten. Für den biologischen Vater ist dieses Ergebnis aus dem soziobiologischen Aspekt des genetischen Investments und für den Partner bzw. Ex-Partner der Mutter aus dem soziobiologischen Gesichtspunkt der Paarungsstrategie sowie aus dem bindungstheoretischen Ansatz zu erklären.

Daher ist die These zu bestätigen, dass nicht die Zeugung und die damit einhergehende biologische Verbundenheit zwischen Mann und Kind allein den Mann zum Vater macht.[418] Vaterschaft ist erst dann vollständig beschrieben, wenn neben die biologische auch weitere, wie die soziale und psychologische Komponente mit einbezogen werden. Sowohl die biologische Verbundenheit als auch die Bindung zwischen Eltern und Kindern sind somit das Fundament für lebenslang bestehende Beziehungen.[419]

C. Bilanz

Im sozialhistorischen Teil wurde dargestellt, dass Vaterschaft sowohl von gesellschaftlichen als auch ökonomischen Gegebenheiten geprägt ist und so einem steten Wandlungsprozess unterworfen ist. Aufgrund des gesellschaftlichen Trends hin zu einer engagierten Vaterschaft möchten Väter heute verstärkt am Aufwachsen ihrer Kinder teilhaben. So scheint heute das Engagement von Vätern, auch rein sozialer oder rein biologischer Väter, stärker zu sein als noch bis in die 1970er Jahre. Auch ist eine Tendenz hin zum vermehrten Auseinanderfallen der biologisch-sozialen Einheit der Vaterschaft zu beobachten, wobei sich das Familienbild weiterhin an der bürgerlichen traditionellen Kernfamilie orientiert und ein Auseinanderfallen von biologischer und sozialer Vaterschaft daher oftmals gar nicht offenkundig gemacht wird. Auch statistisch gibt es hier keine Belege. Rechtliche Rahmenbedingungen sollten daher nicht nur für den biologisch-sozialen Vater, sondern auch für den rein sozialen oder rein biologischen Vater bereitgehalten werden.

Auf die Frage, warum Vateridentität entsteht, lässt sich aus dem soziobiologischen Blickwinkel herleiten, dass sowohl biologische Väter als auch Partner der Mutter väterliches Verhalten entwickeln, da sie nämlich entweder als direktes genetisches Investment in ihre biologischen Kinder oder paarungsstrategisch in die Kinder ihrer Partnerin investieren wollen. Unter Einbeziehung des bindungstheoretischen Ansatzes lässt sich weiter erklären, warum einmal entstandene und gelebte Vateridentität aufrecht erhalten wird, auch wenn, beispielsweise

418 So: *Ahnert*, Bindung, S. 71 f.

419 *Lauterbach*, in Schwab/Vaskovics (Hrsg.), Pluralisierung von Elternschaft und Kindschaft, 191 (197).

nach Trennung des sozialen Vaters von der Kindsmutter, aus soziobiologischer Sicht hierfür keine Begründung mehr besteht. Die zwischen Eltern und Kindern aufgebauten Beziehungen sind nämlich auf Dauerhaftigkeit ausgelegt und dauern somit oftmals das gesamte Leben. Diesbezüglich ist festzuhalten, dass sowohl biologische als auch soziale Väter Vateridentität entwickeln und „gute" Väter sein können.

Trotz des nicht zu unterschätzenden biologischen Aspekts der Vaterschaft scheinen gesellschaftliche Einflüsse die Ausübung der Vaterrolle wesentlich zu beeinflussen. Die eindeutige Einordnung der Vaterschaft als biologisches Merkmal oder soziales Konstrukt ist somit auch in anderen Disziplinen nicht möglich. Indiz für eine Verbindung sowohl biologischer als auch sozialer Aspekte in der Vaterschaft ist außerdem, dass in einigen Kulturen eine personale Trennung zwischen biologischer und sozialer Vaterschaft praktiziert wird.[420] Ein Rangverhältnis bei Auseinanderfallen von biologischer und sozialer Vaterschaft kann daher aus interdisziplinärer Sichtweise nicht festgelegt werden. Beide Ausformungen von Vaterschaft erscheinen schützenswert. Es kann nicht stereotyp festgelegt werden, welche Vaterschaft für die Entwicklung eines Kindes vorzugswürdig ist. Dies hängt jeweils vom Einzelfall ab und wird selbst dann nicht immer zu beantworten sein, wenn nämlich sowohl der soziale als auch der biologische Vater interessierte und engagierte Väter sind.

Einerseits ist ein starkes, aus soziobiologischer Sicht einfach zu erklärendes Interesse biologischer Väter an ihren Kindern festzustellen, dem auf der anderen Seite eine tatsächliche Abnahme der traditionellen bürgerlichen Familie und damit ein häufigerer Wechsel von sozialen Vätern gegenübersteht. Im Unterschied zu wechselnden sozialen Vaterschaften soll die biologische Verbundenheit Stabilität und Kontinuität bezüglich der Vater-Kind-Beziehung versprechen.[421]

Welche Auswirkungen haben die Ergebnisse aus der interdisziplinären Betrachtung von Vaterschaft nun auf das Familienrecht? Zwar ist das Recht grundsätzlich unabhängig von den Erkenntnissen anderer wissenschaftlicher Disziplinen. Das Recht kann diese aber auch nicht vollständig ignorieren beziehungsweise leugnen, ohne Gefahr zu laufen, die Akzeptanz der gesetzlichen Regelungen in der Bevölkerung zu verlieren.[422] Das Recht sollte sich daher an sich verändernde Wertvorstellungen anpassen, Begriffe neu definieren und neue Optionen bereitstellen. Das Recht sollte sich also der Pluralität von alternativen Lebensformen annehmen und darauf mit differenzierenden, sachgerechten Lösungen reagieren.[423] Rechtssoziologische Untersuchungen zeigen aber, dass sich das Familienrecht in der

420 *Bleibtreu-Ehrenberg*, Psychosozial Nr. 58 (1994), 25 (27).

421 *Helms*, FamRZ 1997, 913 (913 f.).

422 Vgl. *Opp*, in Wagner (Hrsg.), Kraft Gesetz, 35 (36).

423 Zu den Wechselwirkungen zwischen Rechtsfortbildung und gesellschaftlichem Wandel vgl. *Willekens*, in Eekelaar/ Nhlapo (Hrsg.), The changing Family, 47 (47, 60).

Vergangenheit oft nur gesellschaftlichen Veränderungsprozessen angepasst hat.[424] Wünschenswert wäre aber, dass das Recht bereits frühzeitig gesellschaftliche Wandlungstendenzen aufgreift und sachgerechte Lösungen bereitstellt. Die Herausforderung dabei ist es, die gesellschaftliche Vielfalt und die Rechtsordnung zusammenzuführen.[425] Inwieweit dies möglich und angebracht ist, wird im Folgenden erörtert.

424 *Limbach*, ZSE 1988, 298 (303 ff.).

425 *Beck-Gernsheim*, Was kommt nach der Familie?, S. 18.

3. Teil: Prinzipien und Historie des Abstammungsrechts des BGB

Die Regelungen der Abstammung betreffen einen der wichtigsten Aspekte rechtlicher Vaterschaft, denn die Festlegung, wer nach dem Gesetz Vater eines Kindes ist, ist aus dogmatischer Sicht Vorfrage für alle weiteren väterlichen Rechte und Pflichten. Vor diesem Hintergrund werden zunächst die dem Abstammungsrecht des BGB zugrunde liegenden Prinzipien sowie der historische Hintergrund des Abstammungsrechts analysiert, um daran anschließend eine kritische Betrachtung des aktuellen Abstammungsrechts vornehmen zu können.

A. Prinzipien rechtlicher Vaterschaft im Abstammungsrecht

Dem Abstammungsrecht liegen mehrere fundamentale Prinzipien zugrunde, die zueinander in Konkurrenz stehen und daher voneinander abgegrenzt und gegeneinander ausbalanciert werden müssen. Dabei sind nicht nur die Normen des Abstammungsrechts, die im 2. Titel des 2. Abschnitts des 4. Buches des BGB festgelegt sind, direkt heranzuziehen, sondern darüber hinaus auch die Allgemeinen Vorschriften des 1. Titels des 2. Abschnitts des 4. Buches des BGB, die den weiteren Regelungen des Verwandtschaftsrechts und damit auch des Abstammungsrechts vorgeschaltet sind. Im Folgenden werden die abstammungsrechtlichen Grundsätze des Statussystems, der Statuswahrheit, des Willens der Beteiligten, der Kenntnis der eigenen biologischen Identität sowie das Verhältnis des Abstammungsrechts gegenüber dem sonstigen Kindschaftsrecht dargestellt und bewertet.

I. Statussystem

Dem deutschen Abstammungsrecht liegt ein Statussystem zugrunde. Der Status dient dabei als „*dogmatisches Ordnungskriterium*“[426] und geht historisch auf das römische Recht zurück, in dem der Status unter anderem als „*die Stellung, welche der einzelne Mensch in den verschiedenen Arten des Familienverhältnisses einnimmt*“ beschrieben wurde.[427]

426 *Lipp/Röthel/Windel*, Familienrechtlicher Status, S. V.
427 *Savigny*, System des heutigen römischen Rechts, S. 460.

1. Definition

Heute kann der Status als

> *„zentrale rechtliche Eigenschaft einer natürlichen Person, die auf längere Zeit angelegt ist, dem Verkehr in irgendeiner Weise erkennbar gemacht wird, in den verschiedensten Rechtsgebieten Rechtsfolgen auslösen kann und der Person einen Inbegriff von subjektiven Rechten und Pflichten vermittelt“*[428]

definiert werden.

Die rechtliche Vaterschaft ist eine zentrale rechtliche Eigenschaft einer natürlichen Person. Sie ist auf längere Zeit angelegt, nämlich grundsätzlich von der Geburt des Kindes an lebenslang. Die Vaterschaft wird außerdem gemäß §§ 1 Abs. 1, 21, 27 PStG in das Personenstandsregister eingetragen und ist damit dem Verkehr erkennbar. Außerdem löst die rechtliche Vaterschaft in den verschiedensten Rechtsgebieten Rechtsfolgen aus, wie beispielsweise im Sozial-, Steuer-, Erb- oder Staatsangehörigkeitsrecht. Des Weiteren werden durch die rechtliche Vaterschaft subjektive Rechte und Pflichten, zum Beispiel in den Rechtsgebieten Umgang, Sorge oder Unterhalt begründet. Folglich ist die rechtliche Vaterschaft ein Status, der den Grundsätzen eines Statussystems unterliegt.

Das Statussystem des Abstammungsrechts als solches soll unter nachfolgenden Aspekten der Klarheit, Stabilität, Formalität, Wirkung und Unität erläutert und präzisiert werden.

2. Statusklarheit

Das Prinzip der Statusklarheit legt fest, dass bei der Begründung der Vaterschaft eine klare, eindeutige und nach außen offensichtliche Erkennbarkeit der Statusbeziehung zwischen Vater und Kind gegeben sein muss.[429] Da der Anknüpfungspunkt der Zeugung weit weniger offenkundig ist als die Geburt des Kindes durch die Mutter (§ 1591 BGB), hat der historische Gesetzgeber als Anknüpfungspunkte für die Vater-Kind-Zuordnung äußerlich sichtbare, für jedermann erkennbare Tatbestände (§ 1592 BGB), nämlich eine zur Zeit der Geburt bestehende Ehe mit der Mutter (Nr. 1), die mit Zustimmung der Mutter abgegebene Vaterschaftsanerkennung des Mannes (Nr. 2) und die gerichtliche Feststellung der Vaterschaft (Nr. 3) gewählt.[430] Die Ehe ist eine öffentlich vollzogene, in Registern eingetragene, generell bekannte Tatsache und bietet sich demnach als Anknüpfungspunkt nach dem Grundsatz der Statusklarheit an. Die Anerkennung der Vaterschaft bedarf einer öffentlichen Beurkundung (§ 1597 Abs. 1 BGB) und die

---

428 *Helms*, in Schwab/Vaskovics (Hrsg.), Pluralisierung von Elternschaft und Kindschaft, 105 (106); *Muscheler*, Familienrecht, S. 53.

429 MüKo/*Wellenhofer* (2012), vor § 1591, Rn 21.

430 *Coester-Waltjen*, Jura 2009, 427 (427 f.).

Vaterschaftsfeststellung erfolgt im Rahmen eines gerichtlichen Verfahrens.[431] Auch die Aufhebung der rechtlichen Vaterschaft bedarf einer gerichtlichen Entscheidung (§ 1599 Abs. 1 BGB).

3. *Statusstabilität*

Die Statusstabilität hat die Beständigkeit der Primärzuordnung eines Kindes zu einem Mann als seinen Vater zum Ziel.[432] Grundsätzlich gilt die einmal getroffene rechtliche Zuordnung eines Kindes zu einem Mann als seinem Vater von der Geburt des Kindes an lebenslang. Eine Beendigung kommt nur durch die Anfechtung der Vaterschaft in Betracht.

Bei uneingeschränkter Geltung der Statusstabilität würde es folglich kein Vaterschaftsanfechtungsrecht geben. Der Grundsatz der Statusstabilität ist aber nur ein Grundsatz unter mehreren, so dass eine Anfechtung eingeschränkt zugelassen wird. Dem Aspekt der Statusstabilität wird dadurch Rechnung getragen, dass das Anfechtungsrecht mehreren Einschränkungen unterliegt. So kann das Anfechtungsrecht nicht privatrechtlich, sondern nur in einem gerichtlichen Verfahren mit weitgehendem Amtsermittlungsgrundsatz ausgeübt werden. Es ist nicht für jedermann zugänglich, sondern auf einen kleinen Personenkreis begrenzt. Es gibt klare Anfechtungsfristen und gegebenenfalls gesonderte Voraussetzungen je nachdem, wer das Anfechtungsrecht ausübt.

4. *Statusformalität*

Dieser Aspekt des Statussystems besagt, dass es keine materielle Kontrolle der Vaterschaftszuordnung gibt, gemessen einerseits an § 1589 BGB, ob die rechtliche Vaterschaft mit der biologischen übereinstimmt oder andererseits, ob eine sozial-familiäre Beziehung zwischen Vater und Kind besteht.[433] Sobald die formalen Voraussetzungen der Vaterschaftszuordnung erfüllt sind, wird der Status begründet.[434] Das Recht verlässt sich somit auf den Status.[435] Es wird nicht geprüft, ob eine biologische Verbundenheit tatsächlich besteht oder ob eine soziale Vaterschaft wirklich gelebt wird. Ebenso wichtig wie die inhaltlichen Rechte und Pflichten ist daher die präzise Festlegung von Begründung und Auflösung der rechtlichen Vaterschaft. Daher knüpft die rechtliche Vaterschaft an transparente und öffentliche Merkmale an[436], um eine zügige Vaterschaftszuordnung zu erreichen.

---

431 *Muscheler*, Familienrecht, S. 348, 350.
432 *Coester-Waltjen*, Jura 2009, 427 (428).
433 *Muscheler*, Familienrecht, S. 100.
434 *Luh*, Prinzipien des Abstammungsrechts, S. 69.
435 *Muscheler*, Familienrecht, S. 100.
436 S.o.: 3.Teil. A. I. 2. Statusklarheit.

5. *Statuswirkung*

a) Grundsatz

Die Zugrundelegung eines Statussystems bewirkt für das Abstammungsrecht die Festlegung und Auflösung der Vaterschaft in einem nur dafür vorgesehenen Verfahren mit Wirkung für und gegen alle. Dieses Prinzip der *Inter-omnes*-Wirkung ist ein wichtiges Kennzeichen von Statusbeziehungen.[437] So gilt die rechtliche Vaterschaft nicht nur in familienrechtlichen Zusammenhängen zwischen den einzelnen Familienmitgliedern, sondern auch in allen anderen Rechtsgebieten, wie beispielsweise im Sozial-, Steuer- oder Erbrecht und gegenüber jedem Dritten. Die Beschlüsse in Abstammungssachen besitzen daher Rechtskraft nicht nur zwischen den Parteien, sondern für und gegen alle (§ 184 Abs. 2 FamFG).

Diese Statuswirkung ist nicht selbstverständlich. Dies zeigt bereits ein Blick in einige ausländische Rechtsordnungen, wie beispielsweise dem englischen Recht. Dort wird zur Klärung der Vaterschaft zwar auch auf objektive Tatsachen wie die Anknüpfung der Vaterschaft an den Ehemann der Kindsmutter, zurückgegriffen, diese Anknüpfung bewirkt jedoch keine statusrechtliche Vaterschaftszuordnung zwischen Mann und Kind. Vielmehr erlangen im englischen Recht Tatsachen, an die eine Vaterschaft geknüpft wird, erst dann Bedeutung, wenn die biologische Vaterschaft in einem konkreten Rechtsstreit bestritten oder behauptet wird. Die Vaterschaft wird dann nicht mit Wirkung für und gegen alle festgestellt, sondern nur inzident zwischen den Parteien des Rechtsstreits. So kann es sein, dass die Frage, wer Vater eines Kindes ist, immer wieder zur Disposition steht, weil ein Urteil Dritten gegenüber keine Bindungswirkung entfaltet.[438]

b) Ausnahmen

Eine Inzidentfeststellung der Vaterschaft dürfte in einem Statussystem daher nicht möglich sein. Allerdings tendiert die neuere Rechtsprechung dennoch zu Inzidentfeststellungen, um unbillige Ergebnisse zu vermeiden.[439]

Beispielsweise können Unbilligkeiten in der Konstellation entstehen, bei der die rechtliche Vaterschaft von der biologischen abweicht und die Formalität des Statussystems ausgenutzt wird, um den Vaterpflichten zu entgehen. Ein geradezu typisches Beispiel hierfür ist der Scheinvaterregress. Hierbei hat der rechtliche Vater seine Vaterschaft angefochten, aber weder der biologische Vater noch ein anderer Berechtigter haben gemäß § 1592 Nr. 2 oder 3 BGB die rechtliche Vaterschaft des

---

437 *Muscheler*, Familienrecht, S. 100 f., der diese Wirkung als *„Prinzip der Generalität"* bezeichnet.

438 *Frank*, in Ramm/Grandke (Hrsg.), Familienrechtspolitik nach der Wiedervereinigung, 71 (72).

439 Noch ablehnend: *BGH*, FamRZ 1993, 696 (696 f.); Änderung der Rechtsprechung durch *BGH*, FamRZ 2008, 1424 (1424 ff.); *BGH*, FamRZ 2008, 1836 (1838 ff.); *BGH*, FamRZ 2009, 32 (32 ff.); *BGH*, FamRZ 2012, 200 (200 ff.); *BGH*, FamRZ 2012, 437 (437 ff.).

biologischen Vaters eingefordert, um dem Unterhaltsregress des rechtlichen Vaters gegen den biologischen Vater zu entgehen.[440]

Ein gesetzlich verankerter Fall der Inzidentfeststellung ist im Umgangs- und Auskunftsverfahren gemäß § 1686a BGB angelegt. Hier werden die Statuswirkungen der Vaterschaft innerhalb des Umgangs- und Auskunftsrechts umgangen, um dem Fakt, dass ein Kind zwei Vaterfiguren haben kann, nicht statusrechtlich zu manifestieren.

c) Ergebnis

Eine solche Aushebelung anerkannter statusrechtlicher Prinzipien durch Inzidentfeststellungen führt zu einer Schwächung des Statussystems.

6. Unität der Vaterschaft

Der Grundsatz der Unität der Vaterschaft besagt, dass jedes Kind, in Anlehnung an die biologische Realität, rechtlich nur eine Mutter und einen Vater haben kann. Nach dem Prinzip der Unität[441] darf somit jedes Kind rechtlich nur einem Mann als Vater zugeordnet werden.[442]

a) Zeitliches Moment

Dass jedes Kind rechtlich nur einem Mann als Vater zugeordnet werden kann, gilt nicht nur für einen bestimmten Zeitpunkt oder für bestimmte Zeiträume im Leben eines Kindes.[443] Das Ein-Vater-Prinzip besteht ebenso wie die rechtliche Vaterschaft lebenslang. Wird die rechtliche Vaterschaft erfolgreich angefochten, wird die Vaterschaft mit Wirkung *ex tunc*, also mit Rückwirkung zum Tag der Geburt des Kindes, aufgehoben.[444] Die Begründung der rechtlichen Vaterschaft hingegen gilt immer ab dem Tag der Geburt des Kindes.[445] Somit fingiert das Abstammungsrecht eine einheitliche lebenslange Vaterschaft, selbst wenn dem Kind letztlich erst im Erwachsenenalter ein (neuer) Vater zugeordnet wird. Begründet wird das Verbot einer gleichwertigen doppelten rechtlichen Vaterschaft damit, dass eine klare Zuordnung zu einem Vater dem Kind hilft, Ungewissheiten auszuschließen, die sich ansonsten negativ auf seine Entwicklung auswirken können.[446]

---

440 Vertiefend zur Problematik des Scheinvaterregresses: *Jacobi*, Unterhaltsregreß des Scheinvaters.

441 Bei *Gernhuber/Coester-Waltjen*, Familienrecht, S. 591 als *„Ein-Vater-Prinzip"* bezeichnet.

442 Zum Grundsatz der einheitlichen Vaterschaft: *BGHZ 60* (1973), 247 (252); *BGH*, NJW 1973, 2249 (2251).

443 *Muscheler*, Familienrecht, S. 331.

444 *BGHZ 57* (1972), 229 (235); Staudinger/*Rauscher* (2011), § 1599, Rn 34 ff.

445 Staudinger/*Rauscher* (2011), § 1592, Rn 77; Kritisch gegenüber dieser zeitlichen Wirkung: *Heiderhoff*, FamRZ 2010, 8 (8 ff.).

446 *Rauscher*, FPR 2002, 359 (362); MüKo/*Wellenhofer* (2012), § 1594, Rn 29.

b) Sperrwirkung

Ausprägung des Unitätsprinzips ist die Sperrwirkung der Vaterschaft.

Solange ein Mann rechtlicher Vater ist, kann er sämtliche Rechte geltend und zu allen Vaterpflichten herangezogen werden bis die rechtliche Vaterschaft durch Anfechtung beseitigt worden ist (positive Sperrwirkung). Hat ein Mann die rechtliche Vaterschaft nicht inne, so können hingegen auch noch keine Väterrechte und -pflichten geltend gemacht werden (negative Sperrwirkung).

Die Sperrwirkung wird weiter dadurch verwirklicht, dass sich die drei Zurechnungstatbestände des § 1592 BGB gegenseitig ausschließen.[447] Eine Zurechnung des Ehemanns nach § 1592 Nr. 1 BGB sperrt eine Vaterschaftszuordnung nach § 1592 Nr. 2 und 3 BGB.[448] Im Verhältnis der Zurechnungstatbestände der Anerkennung und der gerichtlichen Feststellung gilt das zeitliche Prioritätsprinzip.[449]

Die Sperrwirkungen werden grundsätzlich nicht angetastet, um unbillige Ergebnisse zu vermeiden.[450] Die Vermeidung von Doppelfeststellungen wird somit als wichtiger eingestuft als die Statuswirkung[451] *inter-omnes.*

Dieses Verbot der statusrechtlichen Doppelfeststellung ist für das Statussystem charakteristisch und verhindert, dass eine Vaterschaftsfeststellung durchgeführt wird, solange dem Kind durch die Rechtsordnung bereits ein bestimmter Mann als Vater zugeordnet ist.[452]

c) Ausnahmen

Es gibt jedoch eine Reihe von Ausnahmen vom Unitätsprinzip im Recht und damit versteckt doppelte Vaterschaften beziehungsweise doppelte väterliche Verwandtschaften, die nachfolgend aufgeführt werden.

aa) § 1764 Abs. 3 BGB

Zunächst ist als Ausnahme zum Unitätsprinzip § 1764 Abs. 3 BGB zu nennen. Dieser regelt die Rückgliederung eines adoptierten Kindes in seine Ursprungsfamilie nicht mit Wirkung auf die Geburt des Kindes zurück, sondern mit Wirkung *ex-nunc.*[453] Damit sind gemäß § 1764 Abs. 3 BGB mehrere, zeitlich nacheinander folgende Vaterschaften möglich. § 1764 Abs. 3 BGB stellt somit eine Ausnahme sowohl von der Statuswirkung als auch vom Grundsatz der Unität dar.

---

447 *Rauscher*, FPR 2002, 352 (353); *Wanitzek*, FPR 2002, 390 (390).
448 Staudinger/*Rauscher* (2011), § 1592, Rn 15.
449 MüKo/ *Wellenhofer* (2012), § 1594, Rn 31 f.
450 *BGH*, FamRZ 2012, 437 (439).
451 S.o.: 3. Teil. A. I. 5. Statuswirkung.
452 *Helms*, Feststellung der biologischen Abstammung, S. 221.
453 *Gernhuber/Coester-Waltjen*, Familienrecht, S. 901.

bb) Adoption mit Verwandtenvorbehalt

Als mittelbare Ausnahme vom Unitätsprinzip ist die *„Adoption mit Verwandtenvorbehalt"*[454] gemäß § 1756 BGB zu nennen, bei der nur die Verwandtschaft zu den bisherigen Eltern bzw. dem bisherigen Elternteil gelöst wird, nicht jedoch die über diese Eltern bzw. einem Elternteil vermittelte Verwandtschaft. Hierbei sind die familieninterne Adoption durch Onkel und Tante (§ 1756 Abs. 1 BGB) und die Stiefkindadoption (§ 1756 Abs. 2 BGB) zu unterscheiden. In beiden Fällen werden dem Kind drei Verwandtschaftsstämme zugeordnet statt der üblichen zwei (dem mütterlichen und dem väterlichen Verwandtenstamm). Bei der familieninternen Adoption des Kindes durch Tante und Onkel des Kindes behält es seine Verwandtschaftsverhältnisse mütterlicher- und väterlicherseits und erhält noch das Verwandtschaftsverhältnis über den jeweils angeheirateten Verwandten (Tante oder Onkel) hinzu. Bei der Stiefkindadoption bleibt auch das Verwandtschaftsverhältnis zu beiden Eltern bestehen, wenn ein Elternteil verstorben ist und zuvor die elterliche Sorge innehatte. Hinzu kommt dann das Verwandtschaftsverhältnis zum adoptierenden Stiefelternteil. Nicht aufgegeben wurde hier damit zwar der Grundsatz, dass kein Kind mehr als einem Elternpaar zugeordnet werden darf, die Zuordnung eines Kindes zu drei Verwandtschaftsstämmen ist aber zumindest ein mittelbarerer Verstoß gegen das Unitätsprinzip.

cc) § 1307 BGB

Das verwandtschaftliche Eheverbot des § 1307 BGB gilt sowohl zwischen den nur biologischen Verwandten als auch den nur rechtlichen Verwandten.[455] Damit ist § 1307 BGB Ausdruck eines rechtlichen Nebeneinanders von rechtlicher und biologischer Vaterschaft.

dd) §§ 173, 174 Abs. 1 Nr. 3 StGB

In den §§ 173, 174 Abs. 1 Nr. 3 StGB wird hingegen, wie aus dem heutigen Wortlaut *„leiblich"* klar zu erkennen ist, nur auf die biologischen Verwandtschaftsverhältnisse abgestellt[456], die rechtliche Verwandtschaft aufgrund § 1592 BGB ist indessen für eine Strafbarkeit gemäß §§ 173, 174 Abs. 1 Nr. 3 StGB nicht relevant.[457] Damit wird auch im Sexualstrafrecht bewusst zwischen rechtlicher und biologischer Verwandtschaft unterschieden beziehungsweise die Möglichkeit eines Nebeneinanders von rechtlicher und biologischer Verwandtschaft anerkannt.

---

454 *Gernhuber/Coester-Waltjen*, Familienrecht, S. 905 f.

455 Palandt/*Brudermüller* (2014), § 1307, Rn 3, 5; Erman/*Hammermann* (2011), § 1592, Rn 24; Erman/*Roth* (2011), § 1307, Rn 2.

456 *Lackner/Kühl*, StGB, § 173, Rn 2.

457 *BGH*, FamRZ 1981, 436 (436); Erman/*Hammermann* (2011), § 1592, Rn 25; Schönke/Schröder/*Lenckner/Bosch*, StGB, § 173, Rn 4.

ee) Inzidente doppelte Vaterschaften

Auch im Fall einer inzidenten Vaterschaftsfeststellung[458] neben einer Statusvaterschaft, wie in § 1686a BGB vorgesehen, entsteht eine doppelte Vaterschaft.

d) Ergebnis

Das Prinzip von der Unität der Vaterschaft findet seine Ausprägung zum einen in dem zeitlichen Moment der Vaterschaft, denn eine Vaterschaft soll immer lebenslang bestehen. Um dies zu erreichen, wirkt die Begründung ebenso wie die Anfechtung der Vaterschaft auf die Geburt des Kindes zurück. Zum anderen darf eine rechtliche Vaterschaft nicht doppelt bestehen. Daher schließen sich die einzelnen Zurechnungstatbestände des § 1592 BGB gegenseitig aus und eine neue Vaterschaft kann erst wirksam begründet werden, wenn die alte durch Anfechtung aufgehoben ist.

Allerdings wird das Unitätsprinzip an einigen Stellen des BGB nicht streng durchgehalten. Es gibt eine Reihe von rechtlichen Konstellationen, bei denen das Unitätsprinzip zumindest mittelbar umgangen wird. Dies ist dem Umstand geschuldet, dass die rechtliche Zuordnung zwangsläufig nicht immer alle Aspekte von Vaterschaft (soziale und biologische Komponenten) in sich vereinen kann, auf die es aber an anderer Stelle ankommt.

Fraglich bleibt momentan, ob an der Unität der rechtlichen Vaterschaft weiterhin festgehalten werden sollte, obwohl eine einheitliche rechtliche Vaterschaft oftmals nicht mehr mit der Lebensrealität vieler Familien übereinstimmt.

7. Fazit

Der Vorteil eines Statussystems liegt darin, dass es stabilisierend auf die rechtliche Vater-Kind-Zuordnung wirkt und die Einmischung familienfremder Dritter in familiäre Angelegenheiten verhindert. Außerdem beruht das Statussystem auf bewährter deutscher Rechtstradition und findet allgemeine Zustimmung.[459] Das Statussystem hat darüber hinaus auch die soziale und gesellschaftliche Funktion, die Entstehung eines Zusammengehörigkeits- und Verantwortungsgefühls und damit einhergehend konstanter Sozialbindungen zwischen den Generationen zu begünstigen.[460] Darüber hinaus kann das Statussystem mit Blick auf diverse, insbesondere öffentlich-rechtliche Vorschriften, die auf die rechtliche Vaterschaft Bezug nehmen, gerechtfertigt werden. Wenn es keine Feststellung der Vaterschaft mit Wirkung für und gegen alle geben würde, müsste in jedem Einzelfall die streitige

---

458 S.o 3. Teil. A. I. 5. Statuswirkung.

459 *Frank*, in Ramm/Grandke (Hrsg.), Familienrechtspolitik nach der Wiedervereinigung, 71 (80); *Luh*, Prinzipien des Abstammungsrechts, S. 67.

460 Zu den verschiedenen Funktionen eines Statussystems, vgl. *Strick*, Adoption des eigenen Kindes, S. 76 ff. m.w.N.

Vaterschaft als anspruchsbegründende Voraussetzung behauptet und bewiesen werden.[461]

Andererseits sind mit dem Statussystem auch Nachteile verbunden. So muss ein Anfechtungsrecht bereitgestellt werden und es müssen deren Rechtsinhaber, einzelne Voraussetzungen und Fristen festgelegt werden. Außerdem müssen die Interessen weiterer Familienmitglieder, wie beispielsweise des biologischen Vaters oder der Großeltern, an der Feststellung der biologischen Abstammung, obwohl sie an sich schützenswert sind, teilweise zurückgestellt werden, um das Ziel der Statusstabilität nicht zu gefährden. Ein weiterer grundlegender Mangel des Statussystems besteht darin, dass nicht nur die Anfechtung, sondern auch die Feststellung der Vaterschaft notwendigerweise nur einem kleinen Kreis von Personen offen steht. Die Entscheidung darüber, wer in diesen Kreis aufgenommen werden muss, ist seit jeher umstritten, daher auch in der Geschichte des BGB mehrmals geändert worden[462] und kann somit in Einzelfällen zu persönlichen Härten der Beteiligten führen.[463]

Zusammenfassend hat das Statussystem das Ziel, die Vaterschaftszuordnung klar, eindeutig, offenkundig und beständig auszugestalten, womit es in Konkurrenz zu dem nachfolgend vorgestellten Prinzip der Abstammungswahrheit treten kann.

II. Abstammungswahrheit

Das Prinzip der Abstammungswahrheit[464] als ein maßgeblicher Grundsatz des Abstammungsrechts besagt, dass sich die rechtliche Vaterschaft aus der biologischen ergeben soll.

1. *Herleitung*

In den meisten Kulturen wird die Verwandtschaft auf den Grundsatz der Blutsverwandtschaft zurückgeführt.[465] Auch das deutsche Abstammungsrecht orientiert sich grundsätzlich an der biologischen Abstammung.[466] Das Prinzip der Abstammungswahrheit ist in § 1589 Satz 1 BGB manifestiert, der als Allgemeine Vorschrift des Rechts der Verwandtschaft für das gesamte Abstammungsrecht gilt. Diese allgemein die Verwandtschaft regelnde Norm setzt den Begriff der Verwandtschaft

461 *Luh*, Prinzipien des Abstammungsrechts, S. 71.
462 Vgl. unter: 3. Teil. B. Historische Entwicklung des Abstammungsrechts.
463 *Frank*, in Ramm/Grandke (Hrsg.), Familienrechtspolitik nach der Wiedervereinigung, 71 (80, 81).
464 Auch Prinzip der Verität der Abstammung genannt, so bei *Muscheler*, Familienrecht, S. 331.
465 *Petersen*, Konzepte und Bedeutung von „Verwandtschaft", S. 16 f.
466 *Schwab*, Familienrecht, S. 248.

mit der biologischen Abstammung zwischen den Beteiligten gleich.[467] Vater soll demnach grundsätzlich der Mann sein, der das Kind gezeugt hat.[468]

2. *Zielsetzung*

Ziel des Prinzips der Abstammungswahrheit ist demnach die rechtliche Zuordnung von Vater und Kind allein aufgrund der biologischen Abstammung. Würde die Abstammungswahrheit als einziges Prinzip im Abstammungsrecht gelten, müsste das Abstammungsrecht vollkommen anders ausgestaltet sein, als es aktuell der Fall ist. So müsste jede Vater-Kind-Zuordnung allein auf der biologischen Abstammung beruhen und daraufhin überprüft werden. Dies könnte beispielsweise durch einen gesetzlich vorgeschriebenen Vaterschaftstest bei der Geburt eines jeden Kindes gewährleistet werden. Da das Prinzip der Abstammungswahrheit jedoch nicht das einzige und ausschließliche Abstammungsprinzip darstellt, sondern unter anderem mit dem zuvor erläuterten Statussystem konkurriert, würde eine solche radikale Lösung vermutlich mehr Probleme schaffen als lösen.[469] Das *Bundesverfassungsgericht* hat eine solche Ausgestaltung des Abstammungsrechts jedoch nicht abgelehnt, sondern nur eine Pflicht des Gesetzgebers verneint, dass er die rechtliche Vaterschaft stets von der biologischen Abstammung abhängig machen muss.[470]

3. *Tatsächliche Ausformung*

Da die naturwissenschaftliche Möglichkeit der Nachprüfbarkeit biologischer Abstammung im Verhältnis zum gesetzlichen Abstammungsrecht noch relativ jung ist, wurde für die Vater-Kind-Zuordnung ein anderer Weg gewählt, der durch weitere Prinzipien des Abstammungsrechts gerechtfertigt ist. Das Prinzip der Abstammungswahrheit gibt dabei zwar die grundsätzliche Richtung vor, die gesetzlichen Regelungen können hiervon aber dennoch abweichen.[471] Allerdings müssen die primären Vaterschaftszuordnungen eine generelle Wahrscheinlichkeit dahingehend aufweisen, dass biologische und rechtliche Vaterschaft regelmäßig zusammenfallen werden.

Bei der Vaterschaftsanfechtung gemäß §§ 1599 ff. BGB wird hingegen grundsätzlich nur auf die fehlende Übereinstimmung von biologischer und rechtlicher

---

467 Erman/*Hammermann* (2011), § 1589, Rn 1; Staudinger/*Rauscher* (2011), § 1589, Rn 2; Soergel/*Schmidt-Recla* (2012), § 1589, Rn 1; MüKo/*Wellenhofer* (2012), § 1589, Rn 1.

468 *Coester-Waltjen*, Jura 2009, 427 (428); *Gernhuber/Coester-Waltjen*, Familienrecht, S. 589.

469 So auch *Luh*, Prinzipien des Abstammungsrechts, S. 70; *Willutzki*, ZRP 2007, 180 (184).

470 *BVerfG*, FamRZ 2003, 816 (818).

471 *Schwab*, Familienrecht, S. 248.

Vaterschaft abgestellt. Sinn und Zweck des Anfechtungsrechts ist es, biologisch unrichtige und ungewollte Vaterschaftszuordnungen wieder zu beseitigen.[472]

Außerdem wird das Prinzip der Abstammungswahrheit auf prozessualer Ebene durch die Geltung des Amtsermittlungsgrundsatzes verwirklicht.[473]

4. Fazit

Somit ist festzustellen, dass, obwohl die Feststellung der biolgischen Abstammung nach dem heutigen naturwissenschaftlichen Stand möglich ist, die biologische Abstammung hinter das Statussystem auf der Ebene der primären Vater-Kind-Zuordnung zurücktritt. Es werden bewusst dem Grundsatz der Abstammungswahrheit widersprechende Zuordnungen toleriert, solange eine gewisse generelle Wahrscheinlichkeit dafür spricht, dass bei der Vaterschaftszuordnung des § 1592 BGB generell der biologische Vater auch rechtlicher Vater wird.[474] Dieser Vorrang des Statussystems vor der Abstammungswahrheit wird außerdem damit begründet, dass bei einer Vater-Kind-Zuordnung aufgrund Ehe oder Anerkennung eine hohe Wahrscheinlichkeit für den Aufbau einer sozialen Bindung zwischen Vater und Kind besteht und damit sowohl die Verwirklichung des konkreten Kindeswohls als auch der Schutz sozialer Beziehungen bewirkt wird.[475] Auf der Ebene der Vaterschaftsanfechtung überwiegt dagegen eher das Prinzip der Abstammungswahrheit, da übergeordnetes Ziel der Vaterschaftsanfechtung die Aufhebung biologisch unrichtiger und ungewollter Vater-Kind-Zuordnungen ist.

III. Wille der Beteiligten

Auch der Wille beziehungsweise die Willensbetätigung der Beteiligten hat teilweise Einfluss auf die Vaterschaft.

1. Disposition des Abstammungsrechts

Zwar reicht der Wille der Beteiligten nicht soweit, dass sie über die abstammungsrechtlichen Regeln und die sich daraus ergebenden Rechtsfolgen frei disponieren könnten, denn das Abstammungsrecht stellt zwingendes Recht dar und steht folglich nicht frei zur Disposition der Beteiligten.[476] Dennoch haben die Beteiligten innerhalb des abstammungsrechtlichen Rahmens gewisse Möglichkeiten, die zur Verfügung gestellten Zuordnungen sowie deren Aufhebung zu beeinflussen.

---

472 Staudinger/*Rauscher* (2011), § 1599, Rn 13.

473 *Muscheler*, Familienrecht, S. 102.

474 *Gernhuber/Coester-Waltjen*, Familienrecht, S. 590.

475 *BVerfG*, NJW 2009, 425 (426).

476 *BGHZ 2* (1951), 130 (138); *BGH*, FamRZ 1983, 686 (688); *Muscheler*, Familienrecht, S. 58 f., 67 f., 98.

2. Möglichkeiten der Willensbetätigung

Hierbei ist zunächst auf die Möglichkeit zu verweisen, dass bei der Primärzuordnung durch Vaterschaftsanerkennung und Vaterschaftsfeststellung nach § 1592 Nr. 2 und 3 BGB zunächst eine Willensbetätigung erforderlich ist. So muss bei der Vaterschaftsanerkennung der Mann die Anerkennugn der Vaterschaft erklären und die Kindsmutter muss ihre Zustimmung mit diesem Anerkenntnis erklären. Auch bei einem Verfahren auf Vaterschaftsfeststellung muss ebenso wie bei der Vaterschaftsanfechtung zunächst eine Willensbetätigung in Form eines Antrags im Sinne der §§ 169 Nr. 1 bzw. 3, 171 Abs. 1 und 2 FamFG beim Familiengericht eingereicht werden. Mittelbar ist die Zuordnung des Kindes zu einem Mann als Vater aufgrund der Ehe mit der Kindsmutter gemäß § 1592 Nr. 1 BGB zum Zeitpunkt der Geburt auch von einer Willensbetätigung abhängig, da eine unverheiratete Frau auch noch kurz vor der Geburt einen Mann heiraten kann, der dann gemäß § 1592 Nr. 1 BGB aufgrund der Ehe mit der Kindsmutter automatisch Vater des Kindes wird.

3. Fazit

Da somit im geltenden Abstammungsrecht auch der Wille der Beteiligten maßgeblich ist, ist es plausibel, dass nicht alleine das Prinzip der Abstammungswahrheit bei der Vater-Kind-Zuordnung herangezogen wird. Aus Gründen des Kindeswohls kann es daher geboten erscheinen, einem Mann die rechtliche Vaterschaft anzuvertrauen, der durch seinen Willen, für die Pflege und Erziehung des Kindes zu sorgen, unabhängig von seiner biologischen Verwandtschaft zu dem Kind, die Gewähr für ein gutes Aufwachsen des Kindes bietet. Dies ist aber insbesondere dann der Fall, wenn der biologische Vater kein Interesse an der Vatersstellung hat und somit nicht mit dem Mann, der die rechtliche Vaterschaft willentlich eingehen möchte, in Konkurrenz tritt.

IV. Kenntnis der eigenen biologischen Identität

1. Recht des Kindes auf Kenntnis seiner biologischen Abstammung

Das Recht des Kindes auf Kenntnis der eigenen biologischen Abstammung wird heute, nach langjährigen Diskussionen um seine Existenz und Rechtfertigung[477], vom *Bundesverfassungsgericht* aus dem Allgemeinen Persönlichkeitsrecht des Art. 2 Abs. 1 GG in Verbindung mit Art. 1 Abs. 1 GG hergeleitet.[478] Für das Kind

---

477 Ausführlich hierzu: *Badenberg*, Recht des Kindes auf Kenntnis der eigenen Abstammung, S. 4 ff.; *Donhauser*, Recht des Kindes auf Kenntnis der genetischen Abstammung, S. 53 ff.; *Muscheler/Bloch*, FPR 2002, 339 (343 f.); Staudinger/*Rauscher* (2011), Einl. zu §§ 1589 ff., Rn 110 ff.; *Sethe*, Durchsetzbarkeit des Rechts auf Kenntnis der eigenen Abstammung, S. 59 ff.

478 *BVerfG*, FamRZ 1989, 255 (257 f.).

ist die Kenntnis der eigenen Abstammung ein wichtiger Faktor bei seiner Persönlichkeitsentwicklung, denn das Wissen um die eigene biologische Herkunft ist für das Selbstverständnis und für die Entfaltung der Individualität eines Menschen von überragender Bedeutung.[479] Dies belegen unter anderem Erfahrungen aus der Adoptionsforschung.[480] Ein solches Recht des Kindes auf Kenntnis seiner biologischen Abstammung wird heute international anerkannt, beispielsweise wird in Art. 7 Abs. 1 UN-Kinderrechtskonvention gefordert, dass jedes Kind, soweit möglich, ein Recht auf Kenntnis seiner Eltern hat.[481]

2. Recht des Mannes auf Kenntnis seiner biologischen Nachkommenschaft

Konsequenterweise steht diesem Recht des Kindes auf Kenntnis seiner biologischen Abstammung ein Recht des Mannes auf Kenntnis seiner biologischen Nachkommenschaft gegenüber.[482] Dieses Recht beinhaltet sowohl die Kenntnis des biologischen Vaters an seiner Vaterschaft als auch das Kenntnisrecht des rechtlichen Vaters an seiner möglichen Nichtvaterschaft.[483] Dieses Interesse eines Mannes betrifft sein Selbstverständnis als Mann und Vater sowie die Möglichkeit, sich als Individuum nicht nur sozial, sondern auch genealogisch in eine Beziehung zu anderen zu stellen.[484]

3. Reichweite des Anspruchs

Ein Recht des Kindes auf Nichtkenntnis der eigenen Abstammung, dass dem Interesse des Mannes an der Kenntnis seiner biologischen Nachkommenschaft als Gegenposition gegenüber gestellt wurde, besteht - nach neuerer Rechtsprechung - nicht.[485] Allerdings wird dem Recht des Kindes auf Kenntnis seiner biologischen Abstammung generell der Vorrang gegenüber dem Interesse eines Samenspenders auf Anonymität eingeräumt.[486] Dennoch wird das Recht auf Kenntnis der eigenen

479 Statt vieler: *BVerfG*, FamRZ 1989, 255 (258); *OLG Hamm*, FamRZ 2013, 637 (639); *Gernhuber/Coester-Waltjen*, Familienrecht, S. 595; *Rusch*, Rechtliche Elternschaft, S. 57.

480 *Helms*, in Schwab/Vaskovics (Hrsg.), Pluralisierung von Elternschaft und Kindschaft, 105 (113); *Sorosky/Baran/Pannor*, Adoption, S. 76 ff.; *Walper/Wendt*, in Schwab/Vaskovics (Hrsg.), Pluralisierung von Elternschaft und Kindschaft, 211 (213) m.w.N.

481 BT-Drs. 12/42, S. 9.

482 *BVerfG*, FamRZ 2003, 816 (820).

483 *BVerfG*, FamRZ 2007, 441 (442).

484 *BVerfG*, FamRZ 2003, 816 (820).

485 Zunächst jedoch vom BGH angenommen: *BGH*, FamRZ 1993, 696 (697); *BGH*, FamRZ 2005, 340 (341); offen gelassen, aber eher ablehnend in *BVerfG*, FamRZ 2007, 441 (444); Änderung der Rechtsprechung durch *BGH*, FamRZ 2008, 1424 (1425).

486 *OLG Hamm*, FamRZ 2013, 637 (639 f.).

biologischen Identität nicht schrankenlos gewährt oder gegenüber anderen verfassungsrechtlich geschützten Gegenpositionen stets vorrangig eingeräumt.[487] Vielmehr ist immer eine einzelfallbezogene Abwägung der verschiedenen Grundrechtspositionen vorzunehmen.[488] Außerdem gibt das Recht auf Kenntnis der eigenen biologischen Identität (nur) einen Schutzanspruch vor der Vorenthaltung erlangbarer Informationen durch staatliche Organe, es enthält jedoch keine originäre Grundlage zur selbständigen Kenntnisverschaffung.[489] So kann es nur im Rahmen der verfassungsmäßigen Rechtsordnung ausgeübt werden und unterliegt im Einzelnen der Ausgestaltung durch den Gesetzgeber und der Rechtsprechung, denen hierbei ein weiter Spielraum zukommt.[490] Gesetzgebung und Rechtsprechung haben das Recht auf Kenntnis der eigenen biologischen Identität heute innerhalb des Abstammungsrechts in den Rechtsinstituten der Vaterschaftsanfechtung nach § 1599 ff. BGB, der Vaterschaftsfeststellung gemäß §§ 1592 Nr. 3, 1600d BGB sowie im Verfahren zur Klärung der biologischen Abstammung nach § 1598a BGB ausgestaltet.

Außerhalb des Abstammungsrechts kann das Recht auf Kenntnis der eigenen biologischen Identität aus dem aus § 1618a BGB herzuleitenden Auskunftsanspruch des Kindes gegen seine Mutter auf Nennung seines biologischen Vaters[491], und im Umgangsrecht aus § 1686a BGB verwirklicht werden.

4. *Fazit*

Das Recht auf Kenntnis der eigenen biologischen Identität ist nicht zu verwechseln mit dem Prinzip der Abstammungswahrheit. Beide haben zwar die biologische Abstammung zum Gegenstand, das Prinzip der Abstammungswahrheit bezweckt jedoch die Übereinstimmung von rechtlichen Zuordnungen und biologischer Abstammung, während das Recht auf Kenntnis der eigenen biologischen Identität die abstammungsrechtlichen Zuordnungen unberührt lässt und nur auf die tatsächliche naturwissenschaftliche Erkenntnis abstellt. Beide Grundsätze wurden früher dennoch miteinander vermischt, so dass das Recht auf Kenntnis der eigenen biologischen Identität im Abstammungsrecht lediglich durch Erweiterungen der Anfechtungsrechte seinen Ausdruck fand. Heute wird das Recht auf Kenntnis der eigenen biologischen Identität unabhängig zu dem Prinzip der Abstammungswahrheit gesehen und daher teilweise unabhängig vom Statussystem ausgestaltet. So ist der zum 01.04.2008 in Kraft getretende § 1598a BGB Ausdruck des Rechts auf Kenntnis der eigenen biologischen Identität.

---

487 Zur Abwägung gegen die Interessen der Mutter: Staudinger/*Rauscher* (2011), Einl. zu §§ 1589 ff., Rn 117 ff.

488 *BVerfG*, FamRZ 2007, 441 (443).

489 *BVerfG*, FamRZ 1989, 255 (258).

490 *BVerfG*, FamRZ 1997, 869 (870).

491 Vertiefend hierzu: *Brückner*, Vollstreckbarkeit des Auskunftsanspruchs; *Eidenmüller*, JuS 1998, 789 (789 ff.); *Gernhuber/Coester-Waltjen*, Familienrecht, S. 596 f.; *Muscheler/Bloch*, FPR 2002, 339 (346 ff.).

V. Verhältnis gegenüber kindschaftsrechtlichen Folgen

1. Dogmatischer Ansatz

Die Zuordnung eines Mannes als Vater ist aus dogmatischer Sicht neutral gegenüber den konkreten kindschaftsrechtlichen Folgen der Vaterschaft. Insbesondere gilt dies für die elterliche Sorge[492], denn der rechtliche Vater, der seine Vaterschaft aufgrund Anerkenntnis gemäß § 1592 Nr. 2 BGB oder Feststellung gemäß § 1592 Nr. 3 BGB erhalten hat, erhält nicht automatisch mit der rechtlichen Vaterschaft auch die elterliche Sorge zusammen mit der Mutter, sondern nur unter den Voraussetzungen des § 1626a BGB, nämlich dann, wenn Mutter und Vater eine Sorgeerklärung abgeben, sie einander heiraten oder das Familiengericht ihnen die Sorge gemeinsam überträgt.

Dennoch setzt die elterliche Sorge eines Mannes natürlich die rechtliche Vaterschaft voraus, denn ohne den Status des rechtlichen Vaters kann die elterliche Sorge durch ihn unter keinen Umständen erreicht werden. Damit ist insoweit die rechtliche Vaterschaft den weiteren kindschaftsrechtlichen Folgen grundsätzlich vorgeschaltet.

2. Tatsächliche Ausgestaltung

Allerdings werden von diesem Grundsatz in neuerer Zeit vermehrt Ausnahmen zugelassen. So werden die Umgangsrechte kontinuierlich erweitert und dem biologischen Vater wird heute bereits ein eigenes Umgangsrecht nach § 1686a BGB ohne eine Statusbegründung eingeräumt. Auch bei der elterlichen Sorge kann der Stiefvater gemäß § 1687b BGB das sogenannte kleine Sorgerecht (bei Entscheidungen des täglichen Lebens) begründen, ohne dass er dem Kind statusrechtlich zugeordnet wäre.

3. Fazit

Im Ergebnis scheint sich der abstammungsrechtliche Status von den elterlichen Rechten und Pflichten langsam abzukoppeln.

VI. Schlussfolgerung

Obwohl alle benannten Prinzipien rechtlicher Vaterschaft Bestandteile des Abstammungsrechts sind, können sie nicht uneingeschränkt nebeneinander bestehen. Sie wirken daher als ein sich gegenseitig einschränkendes Korrektiv zur Ausbalancierung der rechtlichen Vaterschaft zwischen sozialen und biologischen Aspekten. Denn auf der einen Seite werden durch das Statussystem und die Einflussnahme des Willens der Beteiligten bewusst biologisch fehlerhafte Vaterschaftszuordnungen ermöglicht, ohne aber auf der anderen Seite den Grundsatz, dass rechtliche

---

492 *Muscheler*, Familienrecht, S. 333.

Vaterschaft aus der biologischen folgen sollte (§ 1589 BGB), aufzugeben.[493] Dies ist eine der großen Kontroversen innerhalb des Abstammungsrechts.

Diese Unstimmigkeit beruht darauf, dass die Prinzipien rechtlicher Vaterschaft, grob betrachtet, von zwei unterschiedlichen Aspekten der Vaterschaft ausgehen. Das Statussystem mit seinen einzelnen Ausprägungen und der Einfluss des Willens der Beteiligten gehen von Sachverhalten aus, bei deren Vorliegen auf eine soziale Vaterschaft geschlossen werden kann. Für diese Prinzipien ist somit die soziale Vaterschaft im Zweifel die ausschlaggebende. Das Prinzip der Abstammungswahrheit und das Recht auf Kenntnis der eigenen biologischen Identität hingegen gehen von der Grundannahme aus, dass die biologische Vaterschaft die maßgebliche ist. Das Prinzip der Unität der Vaterschaft verbindet beide Sichtweisen miteinander. Es verknüpft die naturwissenschaftliche Tatsache, dass jedes Kind biologisch nur von einem Mann abstammen kann, mit dem Statussystem und der möglichen Einflussnahme des Willens der Beteiligten und leitet daraus ab, dass auch im normativen System der rechtlichen Vaterschaft das Bestehen nur einer Vaterschaft möglich sein soll, obwohl dies mit Blick auf die Normativität rechtlicher Vaterschaft nicht zwingend ist. Allerdings wird, wie die Ausnahmen vom Unitätsprinzip belegen, die Möglichkeit eines Nebeneinanders von rechtlicher und biologischer Vaterschaft bereits teilweise praktiziert.

Ähnlich wie im vorangegangenen Teil zu den interdisziplinären Aspekten von Vaterschaft herausgearbeitet, sind somit auch die Prinzipien des Abstammungsrechts sowohl von biologischen als auch sozialen Anknüpfungspunkten durchzogen. Auch bei der rechtlichen Betrachtung von Vaterschaft gilt es mithin, einen Ausgleich zwischen der biologisch-sozialen Doppelnatur der Vaterschaft zu finden.

B. Historische Entwicklung des Abstammungsrechts

Das Familienrecht ist das Gebiet des BGB, das durch gesellschaftliche Wandlungen mit am stärksten beeinflusst wird.[494] Hiervon ist auch das Abstammungsrecht nicht ausgenommen, welches seit Inkrafttreten des BGB zahlreichen, oftmals nicht nur variierenden, sondern völlig umgestaltenden Veränderungen unterzogen wurde. Ein Grund hierfür ist, dass sich das Abstammungsrecht mit den intimsten Angelegenheiten der beteiligten Personen beschäftigt und Auseinandersetzungen über die moralischen Grundnormen unserer Gesellschaft oftmals über das Familienrecht und hier im besonderem über das Abstammungsrecht ausgetragen werden.

Das Abstammungsrecht ist unter Berücksichtigung der jeweiligen historischen und gesellschaftlichen Verhältnisse zu sehen. Die Erkenntnis, wie und warum eine Regelung zustande gekommen ist, ist nicht nur bei der Rechtsanwendung nützlich, sondern liefert Argumente für eine fällige Ablösung überholter Bestimmungen. Auch zeigt die Beschäftigung mit der Historie des Gesetzes, dass viele Normen im

---

493 *Frank*, in Ramm/Grandke (Hrsg.), Familienrechtspolitik nach der Wiedervereinigung, 71 (80).

494 *Bosch*, NJW 1987, 2617 (2618); *Schwab*, Familienrecht, S. 2 ff.

Laufe der Zeit einen Bedeutungswandel erfahren haben, der aus ihrem Wortlaut heraus nicht oder nicht deutlich erkennbar ist.[495]

Die rechtliche Vaterschaft als ein *„sozial konstruiertes idealtypisches normatives Modell“*[496] wird im Folgenden von der Ursprungsfassung des BGB an über zahlreiche Veränderungen innerhalb des BGB dargestellt. Dabei wird die Entwicklung der rechtlichen Vaterschaft im Abstammungsrecht anhand der Kriterien untersucht, an denen die Begründung und Aufhebung der rechtlichen Vaterschaft in der Geschichte des BGB angeknüpft hat. Insbesondere wird geprüft, ob die rechtliche Vaterschaft eher auf biologischen oder auf sozialen Kriterien aufgebaut wurde und aus welcher Motivation heraus diese Zuordnung erfolgte. Wie bereits dargestellt[497], unterliegt das Abstammungsrecht gegenläufigen Prinzipien, denen entweder eher soziale oder biologische Kriterien zugrunde liegen. Dieser dem deutschen Abstammungsrecht immanente Widerspruch könnte sich mit Blick auf die Geschichte des Abstammungsrechts erklären lassen.

Bei der Untersuchung der historischen Entwicklung des Abstammungsrechts werden die Reformen und Reformüberlegungen herausgegriffen, die für die Weiterentwicklung der rechtlichen Vaterschaft von Relevanz sind.

Als Ausgangspunkt dieser Entwicklungen wird die Zeit der Entstehung des BGB am Ende des 19. Jahrhunderts genommen, die in etwa zusammenfällt mit dem Beginn einer bislang in ihrer Dynamik beispiellosen Modernisierung aller Lebensbereiche.[498]

I. Ursprungsfassung des BGB

Die ursprüngliche Fassung des BGB[499] wurde am 18.08.1896 nach langjährigen Beratungen[500] verabschiedet und trat am 01.01.1900 in Kraft. Mit dem BGB gab es erstmals in Deutschland ein einheitliches Familienrecht. Es löste zahlreiche landesrechtliche Regelungen ab, von denen die wichtigsten das Allgemeine Landrecht für die preußischen Staaten, die bayrischen, badischen und sächsischen Zivilgesetzbücher sowie in den linksrheinischen Gebieten der von *Napoléon* eingeführte *Code Civil* (CC) waren.

Das BGB in seiner Ursprungsfassung entsprach den Bedürfnissen der traditionellen bürgerlichen Familie[501]. Folglich war das Familienrecht des BGB in der

495 *Deinert*, DAVorm 1998, 337 (351).
496 *Scheiwe*, in Bereswill/Scheiwe/Wolde (Hrsg.), Vaterschaft im Wandel, 37 (37).
497 S.o.: 3. Teil. A. Prinzipien rechtlicher Vaterschaft im Abstammungsrecht.
498 *Wagenitz/Barth*, FamRZ 1996, 577 (577).
499 Paragraphen des ursprünglichen BGB von 1900, die heute nicht mehr oder an anderer Stelle existieren, werden mit BGB[1900] gekennzeichnet.
500 Ausführlich zu der Entstehungsgeschichte des Familienrechts des BGB: *Baumgarten*, Entstehung des Unehelichenrechts, S. 21 ff.; *Meder*, Familienrecht, S. 193 ff.
501 S.o.: 2. Teil. A. II. Wandel durch die Industrialisierung.

Fassung von 1900 keine originäre Leistung des damaligen Gesetzgebers, sondern vielmehr ein Beibehalten der Traditionen des 19. Jahrhunderts.[502]

1. *Prämissen*

Ansatzpunkt des Abstammungsrechts im ursprünglichen BGB war zwar die Anknüpfung an die biologische Abstammung, was in dem ursprünglichen und bis heute unveränderten § 1589 Abs. 1 BGB zum Ausdruck kommt.[503] Demnach sind *„Personen, deren eine von der anderen abstammt, in gerader Linie verwandt“*. Im krassen Widerspruch dazu stand jedoch § 1589 Abs. 2 BGB[1900], wonach ein uneheliches Kind mit seinem Vater als nicht verwandt galt.

Als Begründung für diese Widersprüchlichkeit innerhalb des Abstammungsrechts kann die gesellschaftlich allgemein vorherrschende Diskriminierung außerehelicher Beziehungen und damit einhergehend die Diskriminierung der außerehelichen Geburt herangezogen werden.[504]

Dem Grundsatz nach ging das Abstammungsrecht des ursprünglichen BGB davon aus, dass die biologische Abstammung Anknüpfungspunkt der Zuordnung von Kindern zu ihren Vätern sei, diese sollte jedoch, aufgrund der moralischen Wertvorstellungen, nur bei Vorliegen einer Ehe der Eltern auch in einer gesetzlich anerkannten Rechtsbeziehung, einhergehend mit Rechten und Pflichten, münden. Folgerichtig wurde streng zwischen der rechtlichen Stellung ehelicher Kinder (§§ 1591–1698 BGB[1900]) und unehelicher Kinder (§§ 1705–1718 BGB[1900]) unterschieden.[505] Diese Differenzierung prägte nicht nur das Abstammungsrecht, sondern das gesamte Kindschaftsrecht des originären BGB.

2. *Rechtliche Vaterschaft aufgrund Ehe mit der Kindsmutter*

a) *Pater-est*-Regel

Die Regel *„pater est, quem nuptiae demonstrant“*[506] (Vater ist der, den die Ehe als solchen ausweist) geht auf das römische Recht zurück[507] und war in den gesetzlichen Abstammungsregelungen zur Zeit der Entstehung des BGB bereits international anerkannt.[508]

---

502 *Hohloch*, Familienrecht, S. 63.

503 Bamberger/Roth/*Hahn* (2012), § 1589, Rn 4; Erman/*Hammermann* (2011), § 1589, Rn 1; jurisPK/*Nickel* (2011), § 1589, Rn 2; MüKo/*Wellenhofer* (2012), § 1589, Rn 1.

504 *Baumgarten*, Entstehung des Unehelichenrechts, S. 132.

505 In den §§ 1699–1704 BGB[1900] wurden außerdem Bestimmungen über Kinder aus nichtigen Ehen getroffen.

506 Digesten 2, 4, 5 (Paulus).

507 Zur *pater-est*-Regel im römischen Recht: *Wittmann*, Genetische Realität anstelle der pater-est-Doktrin, S. 3 f.

508 *Mugdan*, Familienrecht, S. 346 mit Hinweis auf ALR II 2 §§ 1 ff.; §§ 138, 155, 158 öst. ABGB; Art. 312, 314 C.c.f. und das damalige Partikularrecht.

Daher ist es nicht verwunderlich, dass im ursprünglichen BGB nur die eheliche Abstammung (§§ 1591–1600 BGB^{1900}) als Zuordnungsmerkmal für die Begründung einer statusrechtlichen Vaterschaft[509] normiert wurde. Für die *Pater-est*-Regel sprach außerdem der Schutz der Institution Ehe als einzig legitimierte Geschlechterverbindung. Das Kind erlangte den Status der Ehelichkeit automatisch, wenn die Ehelichkeitsvermutung des § 1591 BGB^{1900} zutraf. Die Ehelichkeitsvermutung setzte sich aus zwei getrennten Vermutungen zusammen: Der Beiwohnungsvermutung (§ 1591 Abs. 2, S. 1 BGB^{1900}) und der Empfängnisvermutung (§ 1591 Abs. 1 BGB^{1900}).[510] Es wurde also vermutet, dass, wenn ein Kind nach Eingehung der Ehe geboren wird, der Ehemann seiner Ehefrau während der Empfängniszeit beigewohnt hat und die Ehefrau aus dieser Beiwohnung das Kind empfangen hat. Allerdings griff die Ehelichkeitsvermutung gemäß § 1591 Abs. 1, S. 2 BGB^{1900} nicht ein, wenn es unmöglich war, dass die Ehefrau das Kind von dem Ehemann empfangen hat.

Der ursprüngliche Gesetzgeber ging davon aus,

> *„dass regelmäßig nur die durch eheliche Abstammung vermittelte Verbindung diejenige sittliche Grundlage gewährt, welche die Voraussetzung familienrechtlicher Pflichten und Rechte bildet*[511]*, dass insbesondere nur das feste Band der Ehe und das dadurch begründete Familienleben eine ausreichende Garantie für die Erfüllung jener Pflichten und die zweckentsprechende Ausübung jener Rechte bietet“.*[512]

Nach damaliger Auffassung war nur der Ehemann der Mutter dazu gewillt und geeignet, die vorherrschende soziale Vaterrolle auszufüllen. Es wurde angenommen, dass der Mann durch die Heirat gleichzeitig die Verantwortung für die während der Ehe von der Frau geborenen Kinder freiwillig übernahm, so dass die Eingehung der Ehe gleichzeitig Garant für die spätere Übernahme der sozialen Vaterrolle sein sollte. Damit knüpfte das originäre BGB an den Ehemann die Rolle des sozialen Vaters, der dem Kind als rechtlicher Vater zugeordnet werden sollte.

Diskutiert wurde dabei, ob die Ehelichkeitsvermutung auch für die Kinder gelten sollte, die zwar in einer Ehe geboren, aber bereits vor Eheschließung gezeugt wurden.[513] Zwar hielt der Gesetzgeber es vom *„natürlichen und sittlichen Standpunkt“* aus für gerechtfertigt, diesen Kindern den Status der Ehelichkeit zu versagen. Er entschied sich aber dagegen, da eine Ehelichkeitsvermutung für außerehelich gezeugte Kinder dazu beitrage, *„die Eheschließung, und zwar bald nach dem Fehltritte der Eltern, zu befördern und so die Zahl der unehelichen Kinder zu vermindern“*.[514] Daher wurde die Empfängnisvermutung auch auf die vor der Ehe

509 Die statusrechtliche Vaterschaft wurde auch als *Ehelichkeit* bezeichnet.
510 *Gaul*, FS Gernhuber, 619 (629).
511 *Planck*, Vorentwürfe Familienrecht 2, S. 1597.
512 Motive IV, S. 851.
513 Motive IV, S. 646 f.
514 Motive IV, S. 647.

empfangenen Kinder erstreckt, die Beiwohnungsvermutung auf die voreheliche Zeit jedoch nur ausgedehnt, falls der Mann verstorben war, ohne die Ehelichkeit des Kindes angefochten zu haben (§ 1591 Abs. 2, S. 2 BGB^{1900}). An diesen Überlegungen des ursprünglichen Gesetzgebers ist erkennbar, dass er die biologischen Abstammungsverhältnisse rechtlich nach seinen sittlichen Empfindungen zuordnete, denn naturwissenschaftlich betrachtet macht es keinen Sinn von einer Empfängnis ohne Beiwohnung auszugehen. Da die Beiwohnung vor Eingehung der Ehe aber als sittlich verwerflich angesehen wurde, verzichtete der Gesetzgeber auf eine Beiwohnungsvermutung bei Kindern, die vor der Ehe gezeugt wurden. Der ursprüngliche Gesetzgeber hat den Grundsatz der biologischen Abstammung zugunsten von erwünschten Ergebnissen, wie hier die Eingehung der Ehe und die Vermeidung von unehelichen Kindern, vernachlässigt. Insgesamt wurden biologische Tatsachen und normative Wertungen im Abstammungsrecht des ursprünglichen BGB vermischt.

Gleichzeitig war die Wahrscheinlichkeit sehr hoch, dass der Ehemann der Mutter auch der biologische Vater des Kindes war. Es war somit über die *Pater-est*-Regel möglich, in der großen Mehrheit von Fällen die Übereinstimmung von sozialer und biologischer Vaterschaft zu erzielen.

b) Ehelichkeitsanfechtung

Der ursprüngliche Gesetzgeber entschied sich nach preußischem Vorbild (ALR II 2 §§ 7 ff.) für das statusrechtliche Anfechtungsprinzip in dem Sinne, dass die Unehelichkeit von niemandem geltend gemacht werden konnte, solange nicht die Ehelichkeitsvermutung im förmlichen Anfechtungsprozess widerlegt worden war.[515]

In seiner ursprünglichen Fassung monopolisierte das BGB das Recht zur Ehelichkeitsanfechtung zu dessen Lebzeiten bei dem Ehemann (§ 1593 BGB^{1900}).[516] Gegen seinen Willen konnte sich niemand auf die Unehelichkeit berufen.[517] Seine Anfechtungsklage musste binnen eines Jahres ab Kenntnis von der Geburt des Kindes erhoben werden (§ 1594 Abs. 1, 2 BGB^{1900}).[518] Da der Ehemann in aller Regel über die Geburt eines Kindes seiner Ehefrau informiert wurde, bedeutete dies, dass eheliche Kinder nach Ablauf eines Jahres rechtlich dem Ehemann auf Dauer zugeordnet blieben.[519] Gemäß § 1598 BGB^{1900} verlor der Ehemann sein Anfechtungsrecht bereits vor Fristablauf, wenn er das Kind nach der Geburt als das seinige anerkannte, was er auch konkludent tun konnte.

515 *Gaul*, FS Gernhuber, 619 (634).
516 Erman/*Hammermann* (2011), § 1600, Rn 2.
517 *Ruge/Gerlach*, BGB, S. XXVI.
518 *Deichfuß*, Abstammungsrecht und Biologie, S. 83.
519 *Frank*, StAZ 2003, 129 (129).

Verstarb der Ehemann und hätte er sein Anfechtungsrecht zu der Zeit noch ausüben können, konnte jeder die Ehelichkeit in einem Rechtsstreit in Frage stellen. Diese Feststellung wirkte allerdings nur *inter partes.*[520]

Für das Anfechtungsverfahren galt der Amtsermittlungsgrundsatz. Der Gesetzgeber war der Ansicht, dass ein öffentliches Interesse an der Ermittlung der materiellen Wahrheit bestehe und deshalb das Verhalten der Beteiligten einen möglichst geringen Einfluss auf das Prozessergebnis haben sollte.[521]

Eigene Anfechtungsrechte von Mutter und Kind wurden zwar angedacht, aber mit der Begründung abgelehnt, dass eine Anfechtung grundsätzlich nicht im Interesse von Mutter und Kind liegen könne, da der Status der Ehelichkeit immer eine Besserstellung sowohl für die Mutter als auch für das Kind bedeute.[522]

Die starken Einschränkungen, namentlich die kurze Anfechtungsfrist sowie die Beschränkung der Anfechtungsberechtigung auf den Ehemann, sind unter anderem damit zu erklären, dass die Beweisführung in einem Ehelichkeitsanfechtungsprozess äußerst schwierig war. Je länger der Akt der Zeugung als einziger Anhaltspunkt für die Feststellung der biologischen Abstammung zurücklag, desto weniger aussichtsreich waren die Chancen, noch Licht in die in ein „*Naturgeheimnis gehüllte Tatsache*“[523] zu bringen. Als Beweis gegen die Ehelichkeitsvermutung wurde nämlich nur die offenbare Unmöglichkeit der Empfängnis akzeptiert. Diese strenge Gesetzesfassung gestaltete die Widerlegung der Vaterschaft aufgrund der früheren unmöglichen naturwissenschaftlichen Beweisbarkeit der biologischen Abstammung äußerst schwierig.[524] Dies war vom Gesetzgeber auch beabsichtigt. Zwar knüpfte auch die Ehelichkeitsvermutung an die biologische Abstammung an, da diese jedoch nicht zweifelsfrei nachweisbar war, sollte ein innerhalb einer Ehe geborenes Kind dem Ehemann möglichst zugeordnet bleiben, auch wenn dessen biologische Vaterschaft zweifelhaft war. Dies machte auch unter dem Gesichtspunkt der Erhaltung des Familienverbandes Sinn. Des Weiteren wollte der Gesetzgeber damit die Zahl der unehelichen Kinder so gering wie möglich halten und den einmal erlangten Status der Ehelichkeit schützen.

Das Anfechtungsrecht des ursprünglichen BGB stellte folglich ausschließlich auf die Entscheidung des Ehemannes ab, ob er eine Anfechtung betreiben wollte, wenn die Vaterschaft zweifelhaft war. Aber auch ihm wurde die Anfechtung aufgrund der hohen Anforderungen an einen Beweis gegen die Ehelichkeitsvermutung nicht leicht gemacht. Damit stellte der ursprüngliche Gesetzgeber die biologische Abstammung hinter einer erwünschten ehelichen Vaterschaft zurück.

---

520 Staudinger/*Rauscher* (2011), Vorbem. zu §§ 1591 ff., Rn 3.
521 Motive IV, S. 672 und S. 1002.
522 Motive IV, S. 659.
523 Motive IV, S. 866.
524 *Gaul*, FS Gernhuber, 619 (636).

Die Anfechtung verfolgte zwar den Zweck, biologisch unrichtige Zuordnungen aufzuheben. Aufgrund der schwierigen, niemals zweifelsfreien Beweismöglichkeiten der biologischen Vaterschaft einerseits und der Bedeutung des Ehelichkeitsstatus in der damaligen Gesellschaft für das Kind andererseits, sollten auch biologisch unrichtige Zuordnungen beibehalten werden, wenn sie zumindest nicht offenbar unmöglich waren.

3. Biologische, aber uneheliche Vaterschaft

Verwandtschaftliche Beziehungen zwischen dem unehelichen Kind und seinem biologischen Vater waren unerwünscht[525] und wurden daher vom ursprünglichen Gesetzgeber rechtlich nicht anerkannt. Als Begründung hierfür wurde darauf verwiesen, dass

> *„der Vater seinem unehelichen Kind meistens gleichgültig und fremd gegenüber stehe. Die durch die Natur zwischen dem unehelichen Kind und seinem Erzeuger geknüpften Bande führen in den wenigsten Fällen zu einer innigen Verbindung zwischen beiden.“*[526]

Auch sollte verhindert werden, dass ein uneheliches Kind eine bestehende Ehe oder Familie des Vaters belaste.[527]

Damit knüpfte der ursprüngliche Gesetzgeber auch hier seine Entscheidung gegen eine rechtliche Anerkennung der biologischen, aber unehelichen Vaterschaft an die damalige Auffassung, der zwar biologische, aber nicht mit der Mutter verheiratete Vater könne und wolle die soziale Vaterrolle nicht ausüben.

a) Feststellung der Zahlvaterschaft und die Mehrverkehrseinrede

Im Unterhaltsrecht jedoch zwang die ökonomische Notwendigkeit dazu, den unehelichen Vätern eine Unterhaltspflicht aufzuerlegen. Hierfür wurde nicht auf die in einigen früheren Rechtsordnungen anerkannte Deliktstheorie abgestellt[528], vielmehr wurde eine Unterhaltspflicht als natürliche Pflicht des unehelichen Vaters aufgrund der biologischen Verwandtschaft angenommen, was teilweise als sehr fortschrittlich angesehen worden ist.[529]

Gemäß §§ 1708 ff. BGB^{1900} hatte das uneheliche Kind einen vom Umfang her sehr beschränkten und zeitlich begrenzten Unterhaltsanspruch bis zur Vollendung des 16. Lebensjahres gegen seinen Vater. Begründet wurde dieser Anspruch damit, dass durch die biolgische Abstammung eine natürliche Pflicht zur Leistung von Unterhalt bestehen würde. Da diese Aussage in eklatantem Widerspruch dazu stand, dass rechtliche Verknüpfungen zwischen dem unehelichem Kind und

---

525 *Peschel-Gutzeit*, FS Groß, 175 (184); *Peschel-Gutzeit*, FS Hahne, 441 (441).
526 Motive IV, S. 851.
527 *Peschel-Gutzeit*, FS Groß, 175 (184); *Peschel-Gutzeit*, FS Hahne, 441 (441).
528 Zur Deliktstheorie im Unterhaltsrecht vgl. *Koch*, Rechtshistorisches Journal 1990, 107 (114).
529 *Rupp-v. Brünneck*, StAZ 1970, 226 (226).

seinem Vater ansonsten vollständig abgelehnt wurden, kann die Rede von der *natürlichen Pflicht* nur als Formel erachtet werden, mit der ein für richtig gehaltenes Ergebnis plausibel gemacht werden sollte.[530]

In Ermangelung anderer wissenschaftlicher Möglichkeiten wurde bei der Feststellung der Vaterschaft auf die Beiwohnung der Mutter während der Empfängniszeit abgestellt.[531] Als Vater eines unehelichen Kindes galt demnach gemäß § 1717 Abs. 1 BGB[1900] derjenige Mann, der der Mutter innerhalb der Empfängniszeit beigewohnt hatte.

Gegen die Feststellung der Vaterschaft, wenn auch nur inzident als Vorfrage in einem Unterhaltsprozess, wurde angeführt, dass die Vaterschaft nur aufgrund von Vermutungen bewiesen werden könne, eine solche Beweisführung aber zu *„schreienden Ungerechtigkeiten"* führe. Außerdem würde hierdurch die *„Unsittlichkeit befördert"* und *„der Frieden und das Glück vieler Familien"* zerstört.[532] Man befürchtete insbesondere, dass *„schamlosen Frauenspersonen"* die Versuchung nahegelegt werde, *„sich mehreren Männern hinzugeben, um alsdann nach Befinden den Wohlhabendsten unter denselben wegen der Alimente in Anspruch zu nehmen."*[533] Diesen Befürchtungen begegnete der Gesetzgeber mit der sogenannten Mehrverkehrseinrede (*exceptio plurium concubentium*). Danach galt die Vaterschaftsvermutung des § 1717 Abs. 1 BGB[1900] in den Fällen nicht, in denen innerhalb der gesetzlichen Empfängniszeit auch ein anderer Mann der Mutter beigewohnt hatte; völlig unabhängig von der Wahrscheinlichkeit der biologischen Abstammung des Kindes vom Beklagten. Hierdurch war es in vielen Fällen nicht möglich, dass die Vaterschaft festgestellt wurde.[534] Der Gesetzgeber begründete die Aufnahme der Mehrverkehrseinrede in das BGB maßgebend damit, dass eine schwere Ungerechtigkeit darin liege, *„Jemanden, welcher der Erzeuger eines unehelichen Kindes in Wirklichkeit nicht sei, als Erzeuger zu behandeln und zur Ernährung eines fremden Kindes zu nötigen"*[535]. Damit hatte der uneheliche Vater bei der inzidenten Feststellung seiner Vaterschaft in der Regel eine starke Stellung. Da es keine gesicherten wissenschaftlichen Methoden zur Feststellung der biologischen Abstammung gab, konnte sich der uneheliche Vater leicht über § 1717 Abs. 1 BGB[1900] von der Unterhaltspflicht befreien, indem er einen anderen Mann anstiftete, auszusagen, auch er habe der Mutter während der Empfängniszeit beigewohnt. Die Folge, dass viele Kinder ohne Zahlvater dastanden, sollte über den Ausbau der öffentlichen Fürsorge für uneheliche Kinder aufgefangen werden.[536]

---

530 *Deichfuß*, Abstammungsrecht und Biologie, S. 10.
531 *Peschel-Gutzeit*, FS Hahne, 441 (442).
532 Motive IV, S. 866 f.
533 Motive IV, S. 866 f.
534 *Peschel-Gutzeit*, FS Hahne, 441 (442).
535 Protokolle, S. 7851 f.
536 *Schubert*, Weimarer Projekte, S. 43 ff.; *Spickhoff*, in Spickhoff u.a. (Hrsg.), Streit um die Abstammung, 13 (21).

Die Begründung auch nur einer Zahlvaterschaft zwischen dem unehelichen Kind und seinem Vater steht wiederum im Widerspruch zu § 1589 Abs. 2 BGB^{1900}. Dieser Widerspruch liegt in der Notwendigkeit begründet, das uneheliche Kind zumindest finanziell versorgen zu müssen und gleichzeitig der Bestrebung nachzukommen, Ehe und Familie zu schützen.[537]

b) Anerkennung der Vaterschaft

Aus der Überzeugung heraus, dass die biologische Verbindung zwischen unehelichem Kind und seinem Vater regelmäßig nicht zu einer sozialen Bindung führen werde, wurde das Institut einer Vaterschaftsanerkennung, welches aus dem französischen Recht bereits bekannt war, ausdrücklich abgelehnt, da es

> *„nicht den deutschrechtlichen Anschauungen entspreche, überdies bedenklich und ein Bedürfnis hierfür nicht geboten sei. Bedenklich sei dieses Institut, da es die Ehelosigkeit und das Konkubinat fördere, andererseits das Familienleben, insbesondere den ehelichen Frieden störe. Durch ein Bedürfnis sei eine Vaterschaftsanerkennung auch nicht geboten, weil, wenn Liebe und Zuneigung zu dem Kinde und der Wunsch, die Lage desselben zu verbessern, die Triebfeder der Anerkennung des Kindes sind, der BGB-Entwurf dem Vater in ausreichendem Maße andere Wege biete, rechtlich zu dem Kind in ein nahes Familienverhältnis zu treten."*[538]

Hierfür sahen die Gesetzgeber die Möglichkeiten der Legitimation[539] und der Adoption[540] als ausreichend an.[541]

§ 1718 BGB^{1900}, der zwar das Anerkenntnis der unehelichen Vaterschaft regelte, hatte keine Statuswirkung. Durch dieses Anerkenntnis war der Anerkennende lediglich daran gehindert, sich in einem Unterhaltsprozess gemäß § 1717 BGB^{1900} auf die Mehrverkehrseinrede zu berufen.[542]

4. *Fazit*

Die Statusfeststellung der Kinder aufgrund der Ehe der Kindsmutter, Legitimation oder Adoption sowie die inzidente Feststellung der Zahlvaterschaft bei unehelichen Kindern wurden weitestgehend in die Hände der Väter gelegt.[543] Es entsprach den gesellschaftlichen Anschauungen, dass der eheliche Vater als Haupt der Familie

537 *Schmitz*, Unterhaltsanspruch, S. 144 ff.
538 Motive IV, S. 852.
539 Es gab die Legitimation durch nachfolgende Ehe (§§ 1719–1722 BGB^{1900}) und die Ehelichkeitserklärung (§§ 1723–1740 BGB^{1900}).
540 §§ 1741–1772 BGB^{1900}.
541 *Deichfuß*, Abstammungsrecht und Biologie, S. 11.
542 Staudinger/*Rauscher* (2011), § 1592, Rn 8.
543 *Deinert*, DAVorm 1998, 197 (205).

der einzige Entscheidungsträger war.[544] Damit kam auch im Abstammungsrecht die patriarchalische Struktur des BGB zum Ausdruck.

Auch machen die Regelungen des ursprünglichen Abstammungsrechts deutlich, dass der Gesetzgeber dem Schutz der ehelichen Familie hohe Priorität einräumte und damit den Grundsatz der biologischen Abstammung zugunsten der ehelichen Familie bewusst vernachlässigte. Dies geschah in der Überzeugung, dass einzig die eheliche Familie dazu berufen war, Kinder aufzuziehen und damit das vorzugswürdige soziale Umfeld für Kinder bot. Die biologische Abstammung wurde zwar als Kriterium für eine Vater-Kind-Zuordnung grundsätzlich anerkannt, weitergehende Rechte und Pflichten, mit Ausnahme der Unterhaltspflicht, sollten aus der biologischen Verbindung ohne Ehe der Eltern jedoch nicht begründet werden können.

Vereinfacht lässt sich somit feststellen, dass die rechtliche Vaterschaft zwar dem Grundsatz nach an die biologische Vaterschaft, daneben aber auch an die normativen Wertungen des historischen Gesetzgebers anknüpfte. Bei Zweifeln an der biologischen Abstammung vom Ehemann kam zwar das Anfechtungsrecht in Betracht, welches jedoch nur in den selteneren Fällen einer offenbaren Unmöglichkeit der biologischen Abstammung vom Ehemann durchgriff.

Die biologische Vaterschaft des unehelichen Vaters hingegen erschien dem ursprünglichen Gesetzgeber nicht schutzwürdig, da aus ihr ohnehin kaum soziale Bindungen resultieren würden, so dass auf sie nur im Rahmen der Unterhaltsverpflichtung zurückgegriffen wurde.

Begründet werden können die Entscheidungen des ursprünglichen Gesetzgebers damit, dass auf der einen Seite der Schutz der Ehe und die Ehelichkeit des Kindes von hoher Bedeutung waren. Auf der anderen Seite konnte der Grundsatz, dass Vaterschaft auf der biologischen Verbundenheit beruhte, bereits aus rein tatsächlichen Gründen, da die biologische Vaterschaft naturwissenschaftlich nicht nachweisbar war, nicht durchgesetzt werden.

II. Reformüberlegungen in der Weimarer Zeit

Kritik am Unehelichenrecht des BGB setzte sogleich mit dessen Inkrafttreten ein und war zur Zeit der Schaffung der Weimarer Reichsverfassung (WRV) bereits so stark geworden, dass in Art. 121 WRV folgender Grundsatz aufgenommen wurde: *„Den unehelichen Kindern sind durch die Gesetzgebung die gleichen Bedingungen für ihre leibliche, seelische und gesellschaftliche Entwicklung zu schaffen wie den ehelichen Kindern.“* In der Zeit der Weimarer Republik wurde außerdem über eine weitreichende Reform des Unehelichenrechts diskutiert. Die beabsichtigte Reform

544 Motive IV, S. 659; *Planck*, Vorentwürfe Familienrecht 2, S. 1222 ff.; *Peschel-Gutzeit*, FS Groß, 175 (176).

kam jedoch über die Entwürfe aus den Jahren 1920[545], 1922[546], 1925[547] und 1929[548] nicht hinaus.[549]

1. *Vaterschaftsanerkennung und -feststellung*

Nach diesen Reformentwürfen sollten die Rechtsfolgen der Vaterschaft auf die Fälle ausgeweitet werden, in denen das Kind durch konstitutive Anerkennung oder gerichtliche Feststellung eindeutig einem bestimmten Mann als Vater zugeordnet werden konnte. In diesen Fällen sollte ein Statusverhältnis mit Wirkung *inter omnes* begründet werden. Der anerkennende oder festgestellte uneheliche Vater sollte die Möglichkeit erhalten, dem Kind den väterlichen Namen zu geben, ein Umgangsrecht und, wenn dies im Interesse des Kindes geboten erschien, die elterliche Gewalt zu erhalten.[550] Hierbei ging es aber nicht in erster Linie darum, eine Übereinstimmung von biologischer und rechtlicher Vaterschaft herbeizuführen, was daran zu erkennen ist, dass die Vaterschaftsanerkennung nicht durch staatliche Überprüfung auf ihre biologische Richtigkeit kontrolliert werden sollte.[551] Vielmehr ging es um die Eindeutigkeit einer möglichen Zuordnung von Kind und Vater. Das Prinzip der Statusklarheit[552] stand somit im Vordergrund.

2. *Abschafftung der Mehrverkehrseinrede*

Die Konsequenz aus der Erhebung der Mehrverkehrseinrede, dass das Kind ohne jeglichen Unterhaltsanspruch blieb, schien nicht mehr vertretbar, weshalb die Abschaffung derselben erwogen wurde. Im Interesse des unehelichen Kindes und des Fiskus sollte die nur mögliche Vaterschaft als Rechtsgrund der Verpflichtung zur Unterhaltszahlung genügen.[553] Kamen mehrere Männer als Vater des Kindes in Betracht, sollten sie gesamtschuldnerisch haften. Begründet wurde diese Überlegung damit, dass die gesamtschuldnerische Unterhaltspflicht zwar

> *„nicht aus der Forderung individueller Verantwortlichkeit für die konkrete Zeugung hervorgeht, sondern aus der sozialen Verantwortlichkeit aller Männer, die mit der Mutter geschlechtlichen Umgang gepflogen haben, für die durchschnittliche Konsequenz solchen Umganges“*[554],

545 Abgedruckt in *Schubert*, Weimarer Projekte, S. 102 ff.
546 Entwurf eines Gesetzes über die unehelichen Kinder und die Annahme an Kindesstatt von 1922; abgedruckt in *Schubert*, Weimarer Projekte, S. 122 ff.
547 RR-Drs. 1925, Nr. 108, S. 23 f.
548 RT-Drs. IV/733.
549 *Rupp-v. Brünneck*, StAZ 1970, 226 (226).
550 *Deichfuß*, Abstammungsrecht und Biologie, S. 23.
551 RR-Drs. 1925, Nr. 108, S. 24; *Deichfuß*, Abstammungsrecht und Biologie, S. 26.
552 S.o.: 3. Teil. A. I. 2. Statusklarheit.
553 *Deichfuß*, Abstammungsrecht und Biologie, S. 22.
554 *Fallmann*, 32. DJT, 150 (164).

was eine Rückkehr zur Deliktstheorie gewesen wäre. Dieser Ansatz kann als Abkehr von dem Grundsatz der biologischen Abstammung gewertet werden, der allerdings nicht vom Gesetzgeber intendiert war, sondern pragmatisch am Ergebnis der Versorgung unehelicher Kinder orientiert war.

3. Änderung der Anfechtungsfristen

Der Gesetzentwurf aus dem Jahr 1922 sah eine Verlängerung der Anfechtungsfrist für den Ehemann auf zwei Jahre und eine absolute Ausschlussfrist von zehn Jahren ab der Geburt des Kindes vor.[555] Es war außerdem ein eigenes Ehelichkeitsanfechtungsrecht des Kindes vorgesehen. Dieses sollte erst nach Eintritt seiner Volljährigkeit erlöschen.[556] Zur Begründung wurde ausgeführt, dass ein Bedürfnis für ein eigenes Anfechtungsrecht des Kindes in den Fällen bestehe, in denen der Ehemann der Mutter sterbe oder die Ehe geschieden werde und die Mutter danach den biologischen Vater des Kindes heirate. Über die Anfechtung der Ehelichkeit und die dadurch herbeigeführte Nichtehelichkeit könne das Kind durch die neue Ehe der Mutter legitimiert werden und so *„die Stellung eines ehelichen gegenüber demjenigen erlangen, mit dem es durch die Bande des Blutes verknüpft“* sei.[557] Damit strebte der Gesetzgeber offensichtlich eine Übereinstimmung von biologischer und sozialer Vaterschaft an.

4. Fazit

Aufgrund der wirtschaftlichen und politischen Krise in den letzten Jahren der Weimarer Republik konnten diese Vorhaben nicht mehr umgesetzt werden.[558] So wurde das Abstammungsrecht im BGB in der Zeit der Weimarer Republik tatsächlich nicht geändert.

III. Zeit des Nationalsozialismus

Durch die Machtergreifung der Nationalsozialisten kam es zu einer enormen Steigerung der Bedeutung des Abstammungsrechts, durch das die Nationalsozialisten ihre rassistischen Ideologien unter anderem realisieren wollten. So wurde teilweise gefordert, dass die rechtliche Verwandtschaft exakt und ausschließlich den biologischen Abstammungsverhältnissen entsprechen müsse.[559] Dieser Forderung stand

---

555 *Deichfuß*, Abstammungsrecht und Biologie, S. 86.

556 Nichtehelichenrechtsentwurf von 1922, abgedruckt in *Schubert*, Weimarer Projekte, S. 136.

557 RT-Drs. IV/733, S. 22.

558 *Schubert*, Weimarer Projekte, S. 77; *Deichfuß*, Abstammungsrecht und Biologie, S. 34.

559 So die Stimmen einiger Mitglieder des damaligen Familienrechtsausschusses, abgedruckt in *Schubert*, Deutsches Recht 1933–1945: *Eben-Servaes*, S. 236 f., 297; *Günther*, S. 238 f.; *Haff*, S. 242, 331; *Neithardt*, S. 255; *Olczewski*, S. 270; *Schultze*, S. 305.

aber entgegen, dass die Ehe weiterhin als einzig legitime Form der Lebensgemeinschaft angesehen wurde.[560]

1. *Isolierte Abstammungsfeststellung*

Dem Bedürfnis nach einer Feststellung und Klärung der rein biologischen Abstammung zum Zwecke des *Ariernachweises* kam in der Zeit des Nationalsozialismus besondere Bedeutung zu.[561] Die Herkunft eines Menschen und deren Nachweis hatte lebenswichtige Relevanz, so dass die Bedeutung von Abstammungsfeststellungsverfahren für nichteheliche Kinder wuchs.[562] Der wirtschaftliche Gesichtspunkt eines solchen Verfahrens trat gegenüber dem Ziel der Feststellung der *arischen Abstammung* zurück.[563] Obwohl es keine gesetzliche Grundlage gab, wurde daher eine isolierte Abstammungsklage auf Feststellung der biologischen Vaterschaft grundsätzlich für zulässig erachtet.[564]

2. *Familienrechtsänderungsgesetz von 1938*

Durch das Familienrechtsänderungsgesetz von 1938[565] wurden im Abstammungsrecht zwei wesentliche Änderungen eingeführt. Zum einen wurde für den Fristbeginn des Anfechtungsrechts des Ehemanns, der vormals auf die Kenntnis von der Geburt des Kindes bezogen war, nunmehr auf die Kenntnis von gegen die Ehelichkeit sprechenden Umständen abgestellt. Der Ehemann hatte danach ein Jahr ab Kenntnis der Umstände, die für die Unehelichkeit sprachen, Zeit, die Vaterschaft anzufechten. Zum anderen endete mit dem Familienrechtsänderungsgesetz von 1938 die alleinige Anfechtungsberechtigung des Vaters. Es wurde in dem neu geschaffenen § 1595a BGB[566] ein zeitlich und sachlich unbefristetes Ehelichkeitsanfechtungsrecht durch den Staatsanwalt eingeführt. Begründet wurde die Einführung des staatlichen Anfechtungsrechts damit, dass es aus *„erb- und*

560 *Schubert*, Nationalsozialismus, S. 527; *Deichfuß*, Abstammungsrecht und Biologie, S. 40; *Luh*, Die Prinzipien des Abstammungsrechts, S. 37.
561 *Rupp-v. Brünneck*, StAZ 1970 226 (226).
562 *Günther*, JW 1938, 1699 (1699).
563 *Zimmermann*, Abstammungsfeststellungsklage, S. 96.
564 *RG*, JW 1938, 245 (246 f.); *RGZ 159*, 58 (60); *RGZ 160*, 293(294 ff.); *RGZ 165*, 248 (248); *RGZ 165*, 315 (315); *RGZ 167*, 289 (289); *RGZ 168*, 339 (339); *Bosch*, NJW 1987, 2617 (2618).
565 RGBl I, S. 380: Gesetz über die Änderung und Ergänzung familienrechtlicher Vorschriften und über die Rechtsstellung der Staatenlosen.
566 § 1595a BGB i.d.F.d. FamRÄndG vom 12.04.1938. Durch FamRAnglVO vom 06.02.1943 ist das Anfechtungsrecht des Staatsanwalts dann noch einmal erweitert und auch im Interesse der Abkömmlinge des Kindes zugelassen worden; Paragraphen des BGB i.d.F.d. FamRÄndG werden mit BGB[1938] gekennzeichnet.

rassepflegerischen Gründen“[567] erforderlich sei. Damit wurde der Befürchtung begegnet, dass das Abstammungsrecht dazu benutzt werden könne, biologische Abstammungsverhältnisse zu verschleiern. Das staatliche Anfechtungsrecht sollte in erster Linie in diesem Interesse, aber darüber hinaus auch im Interesse des Kindes ausgeübt werden können. Der Satz: „*Der Mann bestimmt, wer zur Familie gehört*“[568] war damit obsolet geworden. Während das Anfechtungsrecht des Staatsanwalts im öffentlichen Interesse nach 1945 jegliche Bedeutung verlor, blieb das Interesse des Kindes an der Anfechtung seiner Ehelichkeit weiterhin anerkannt.[569] Daher wurde § 1595a BGB[1938] nach 1945 beibehalten und auf Kindeswohlgesichtspunkte beschränkt.[570]

3. Entwurf eines zweiten Familienrechtsänderungsgesetzes

Der Entwurf zu einem Gesetz zur Änderung familien- und erbrechtlicher Vorschriften (zweites Familienrechtsänderungsgesetz) von 1940 wurde nicht mehr in geltendes Recht umgesetzt. Es sah unter anderem die Abschaffung des § 1589 Abs. 2 BGB[1900] vor. Insgesamt sollte die Stellung der unehelichen Kinder verbessert und sie von dem „*Makel der Minderwertigkeit*“[571] befreit werden. Hierfür sollte auch die Bezeichnung als uneheliches Kind in *natürliches Kind* geändert werden.[572]

4. Fazit

Insgesamt wurde damit zwar der Grundsatz der biologischen Abstammung in das Zentrum des Abstammungsrechts gerückt, die Zuordnung über die Ehe wurde aber dennoch weiterhin für eine richtige Anknüpfung gehalten.

IV. Entwicklung nach 1945

Nach Beendigung des zweiten Weltkriegs und Zusammenbruch der nationalsozialistischen Herrschaft wurden die in der Zeit von 1933 bis 1945 erlassenen Gesetze daraufhin überprüft, ob diese eine Diskriminierung aufgrund von Rasse, Religion oder politischen Überzeugungen enthielten, und gegebenenfalls abgeschafft. Gültig blieben danach alle Bestimmungen, die, ohne auf nationalsozialistischem Gedankengut zu beruhen, im Zuge der Weiterentwicklung des Rechts und seiner Anpassung an sich ständig ändernde Lebensverhältnisse erlassen worden sind.[573] Dies betraf auch den überwiegenden Teil der durch das Familienrechtsänderungsgesetz

567 Amtliche Begründung zum FamRÄndG, DJ 1938, 619 (620).
568 *Böhmer*, NJW 1949, 52 (53).
569 *Koch*, FamRZ 1990, 569 (573).
570 *Ruge/Gerlach*, BGB, S. XXXI.
571 *Schubert*, Nationalsozialismus, S. 525.
572 *Schubert*, Nationalsozialismus, S. 527.
573 *Ruge/Gerlach*, BGB, S. XXI.

von 1938 vorgenommenen Gesetzesänderungen, mit dem Vorbehalt, dass eine Ehelichkeitsanfechtung durch den Staatsanwalt nur noch im Kindesinteresse erfolgen durfte.[574]

Der *Bundesgerichtshof* führte die Rechtsprechung des *Reichsgerichts* zur Abstammungsfeststellungsklage fort[575], rechtfertigte diese jetzt aber mit dem verfassungsrechtlichen Gebot aus Art. 6 Abs. 5 GG, den nichtehelichen Kindern gleiche Bedingungen wie den ehelichen zu verschaffen.[576] Diese Rechtsprechung wurde durch das *Bundesverfassungsgericht* bestätigt.[577]

Das Grundgesetz als neue deutsche Verfassung stellte Ehe und Familie unter besonderen Schutz. Art. 6 Abs. 5 GG wiederholte die Aussage des Art. 121 WRV fast wörtlich.[578] Anders als bei der Umsetzung von Art. 3 Abs. 2 GG, für den die Verfassung den 01.04.1953 zum Stichtag bestimmt hatte nach dem alle entgegenstehenden Regelungen abgeschafft oder geändert sein mussten[579], enthielt Art. 6 Abs. 5 GG keine solche Verfallsklausel, so dass die vorhandenen gesetzlichen Regelungen trotz ihrem Widerspruch zu Art. 6 Abs. 5 GG nicht außer Kraft gesetzt wurden.[580] Eine Reformation des Unehelichenrechts erschien mit Blick auf Art. 6 Abs. 5 GG zwar unumgänglich, dennoch nahm sich der Gesetzgeber dieser Aufgabe nur äußerst zögerlich und sehr zurückhaltend an.[581]

V. Familienrechtsänderungsgesetz von 1961

Erst durch das Gesetz zur Vereinheitlichung und Änderung familienrechtlicher Vorschriften[582] (Familienrechtsänderungsgesetz) vom 11.08.1961[583], in Kraft seit dem 01.01.1962[584], wurde das Abstammungsrecht geändert und dadurch die Ehelichkeitsanfechtung weitgehend neu geregelt.

---

574 BT-Drs. III/530, S. 14; *Ruge/Gerlach*, BGB, S. XXX.

575 *BGHZ 5*, 385 (386).

576 *BGHZ 5*, 385 (398); *Bosch*, NJW 1947/48, 629 (631); *Bosch*, NJW 1950, 767 (770).

577 *BVerfG*, FamRZ 1958, 451 (452 ff.).

578 *Rupp-v. Brünneck*, StAZ 1970, 226 (226).

579 Vgl. Art. 117 Abs. 1 GG.

580 *Peschel-Gutzeit*, FS Groß, 175 (186).

581 *Gernhuber/Coester-Waltjen*, Familienrecht, S. 573; *Peschel-Gutzeit*, FS Hahne, 441 (442).

582 Zur Entstehungsgeschichte vgl. den Entwurf der Bundesregierung von 1955 (BT-Drs. II/1586), der nicht verabschiedet wurde; den Entwurf der Bundesregierung von 1958 (BT-Drs. III/530) und den Bericht des Rechtsausschusses hierzu (BT-Drs. III/2812).

583 BGBl. I (1961), S. 1221 ff.

584 Paragraphen des BGB i.d.F.d. Familienrechtsänderungsgesetzes werden mit BGB[1962] gekennzeichnet.

1. *Abschaffung des staatlichen Anfechtungsrechts*

Zunächst wurde zum Schutz von Ehe und Familie gegen Eingriffe von außen, die nicht mehr durch ein genügendes öffentliches Interesse als gerechtfertigt angesehen wurden[585], das Anfechtungsrecht des Staatsanwalts wieder aufgehoben[586], das noch aus der Zeit des Nationalsozialismus stammte[587].

2. *Einführung eines Anfechtungsrecht des Kindes und der Großeltern*

Dafür wurde ein eigenes Anfechtungsrecht des Kindes (§ 1596 ff. BGB[1962]) und ein subsidiäres Anfechtungsrecht der Eltern des Ehemannes (§ 1595a BGB[1962]) eingeführt.[588]

Hiermit hatten eheliche Kinder zum ersten Mal die Möglichkeit, Zweifel an ihrer Abstammung klären zu lassen. Allerdings wurde dem Kind die Anfechtung seiner Ehelichkeit nur aus den in § 1596 BGB[1962] abschließend aufgeführten Gründen erlaubt. Ein solcher Grund lag vor, wenn der Mann gestorben oder für tot erklärt war, ohne das Anfechtungsrecht nach § 1594 BGB[1962] verloren zu haben (§ 1596 Abs. 1, Nr. 1 BGB[1962]), die Ehe geschieden, aufgehoben oder für nichtig erklärt worden war oder wenn die Ehegatten seit drei Jahren getrennt lebten und nicht zu erwarten war, dass sie die eheliche Lebensgemeinschaft wiederherstellen würden (§ 1596 Abs. 1, Nr. 2 BGB[1962]), die Mutter den Mann geheiratet hatte, der das Kind gezeugt hatte (§ 1596 Abs. 1, Nr. 3 BGB[1962]), die Anfechtung wegen ehrlosen oder unsittlichen Lebenswandels oder wegen einer schweren Verfehlung des Mannes gegen das Kind sittlich gerechtfertigt war (§ 1596 Abs. 1, Nr. 4 BGB[1962]) oder die Anfechtung wegen einer schweren Erbkrankheit des Mannes sittlich gerechtfertigt war (§ 1596 Abs. 1, Nr. 5 BGB[1962]). Das Anfechtungsrecht konnte bei Minderjährigkeit des Kindes durch seinen gesetzlichen Vertreter ausgeübt werden. Nach seiner Volljährigkeit wurde dem Kind ein eigenes, auf zwei Jahre beschränktes Anfechtungsrecht eingeräumt.[589] Das Anfechtungsrecht des Kindes stand somit nicht nur unter der Voraussetzung, dass biologische und rechtliche Vaterschaft nicht übereinstimmten, sondern es traten noch weitere Voraussetzungen hinzu. Die weiteren Voraussetzungen bezweckten eine Beschränkung der Anfechtung zum Schutz der Ehe und vor Störung des Familienfriedens (§ 1596 Abs. 1, Nr. 1, 2 und 3 BGB[1962]). Auch sollte das Kind die Ehelichkeit bei einem fürsorglichen Vater nicht anfechten können (§ 1596 Abs. 1, Nr. 4 BGB[1962]). § 1596 Abs. 1, Nr. 5 BGB[1962] ist dem Interesse des Kindes geschuldet, wenn beispielsweise bei einer Heirat gezeigt werden sollte, dass eine biologische Verbundenheit nicht besteht und das Kind daher

---

585 BT-Drs. III/530, S. 2 und 14.

586 *Gernhuber/Coester-Waltjen*, Familienrecht, S. 624.

587 S.o.: 3. Teil. B. III. Zeit des Nationalsozialismus.

588 MüKo/*Wellenhofer* (2012), vor § 1591, Rn 2.

589 Diese Befristung hat das *BVerfG*, FamRZ 1989, 255 (255) für verfassungswidrig erklärt.

von der schweren Erbkrankheit nicht betroffen war. Durch diese Beschränkung war die Anfechtung nicht nur auf die Aufhebung biologisch unrichtiger rechtlicher Vaterschaften gerichtet, sondern enthielt ein Korrektiv, das das ungestörte Aufwachsen des Kindes innerhalb kontinuierlicher sozialer Bindungen gewährleisten sollte.

3. *Kein Anfechtungsrecht für die Mutter*

Ein eigenes Anfechtungsrecht der Mutter wurde damit abgelehnt, dass

> *„die Mutter sich auf ihren eigenen Ehebruch berufen müsse, während der Mann das ehebrecherische Verhalten der Frau nicht zur Erörterung stellen, sondern das Kind in seine Familie aufnehmen wolle. Die Frau solle aber keine Rechte daraus herleiten können, dass sie den Ehebruch begangen und das Kind im Ehebruch empfangen habe*“[590].

4. *Änderung der Anfechtungsfrist*

Die Anfechtungsfrist wurde von einem auf zwei Jahre erhöht. Allerdings war die Anfechtung durch den Ehemann oder dessen Eltern nicht mehr zulässig, wenn seit der Geburt des Kindes mehr als zehn Jahre vergangen waren. Begründet wurde diese absolute Ausschlussfrist damit, dass die Ehelichkeit eines Kindes nicht für unbegrenzte Zeit in der Schwebe bleiben sollte.[591]

5. *Änderung im Verfahrensrecht*

Da nebeneinander sowohl eine Klage auf Feststellung der biologischen Abstammung als auch auf Unterhalt angestrengt werden konnte, die beide die Frage nach der biologischen Vaterschaft klärten, konnte es vorkommen, dass die Vaterschaft eines Mannes im Unterhaltsprozess rechtskräftig bejaht und im Statusprozess rechtskräftig verneint wurde. Um solchen Widersprüchen nach Möglichkeit die Brisanz zu nehmen, wurde § 644 ZPO a.F. dahingehend geändert, dass er nunmehr die Bestimmung enthielt, dass die Rechtskraft eines Statusurteils die eines Unterhaltsurteils durchbreche. Dies stellte einen ersten Schritt in die Richtung eines Statusrechts für uneheliche Kinder und ihre Väter dar.

6. *Fazit*

Durch das Familienrechtsänderungsgesetz von 1961 wurde die Anknüpfung an die biologische Abstammung durch Erweiterung der Anfechtung sowohl im Bereich der Anfechtungsfrist als auch im Bereich der Anfechtungsberechtigten verstärkt. Allerdings wurden dieser Anknüpfung Grenzen durch einen Katalog von Anfechtungsgründen für das Kind und mittels einer fixen Ausschlussfrist der Anfechtung nach zehn Jahren ab Geburt des Kindes gesetzt, um den sozialen Familienverband

---

590 *Massfeller*, Das gesamte Familienrecht, S. 209.
591 *Schubert*, Nichtehelichenrecht, S. XXXIII.

nicht zu gefährden und die Ehe der rechtlichen Eltern zu schützen. Der Gesetzgeber hielt somit weiter an der sozialen Vaterschaft, die weiterhin von dem Ehemann erwartet wurde, fest, indem dem Kind eine Anfechtung versagt wurde, wenn die Ehe der Eltern intakt und der rechtliche Vater die soziale Vaterrolle eingenommen hatte, was bei einer groben Verfehlung seinerseits gegenüber dem Kind wohl auszuschließen war.

VI. Nichtehelichengesetz von 1969

Das Gesetz über die rechtliche Stellung der nichtehelichen Kinder (Nichtehelichengesetz) vom 19.08.1969[592] trat am 01.07.1970 in Kraft, nachdem zuvor das *Bundesverfassungsgericht* klargestellt hatte, dass Art. 6 Abs. 5 GG einen konkreten Verfassungsauftrag enthalte[593] und dem Gesetzgeber ein Ultimatum zur Realisierung des Gesetzentwurfes aus dem Jahr 1967[594] bis zum Ende der damaligen Legislaturperiode noch im Jahr 1969, gesetzt hatte, was für eine weitreichende Reform ein äußerst kurzer Zeitraum war.[595] Ein Grund für das lange Zuwarten des Gesetzgebers mag daran gelegen haben, dass die Zahl der unehelichen Kinder stetig, von circa zehn Prozent vor dem 1. Weltkrieg auf unter fünf Prozent für 1965/66, zurückging und es so an Brisanz für eine Neuregelung mangelte.[596]

1. Systematik

Das Nichtehelichengesetz änderte die Systematik des Verwandtschaftsrechts.[597] Der zusammenfassende Titel *Rechtliche Stellung der unehelichen Kinder* wurde abgeschafft. Stattdessen wurden die verschiedenen Teilbereiche des Unehelichenrechts (Abstammung, Unterhalt und elterliche Gewalt) auf den 2. Abschnitt des IV. Buches des BGB verteilt.[598] Der bisherige zweite Titel *Eheliche Abstammung* wurde allgemein in *Abstammung* umbenannt und unterteilte sich sodann in eheliche (§§ 1591–1600 BGB[1970]) und nichteheliche Abstammung (§§ 1600a – 1600o BGB[1970]). Die Regelungen zur Legitimation wurden beibehalten und erweitert.[599]

---

592 BGBl. I (1969), S. 1243 ff.; Paragraphen des BGB i.d.F.d. Nichtehelichengesetzes werden mit BGB[1970] gekennzeichnet.

593 *BVerfG*, FamRZ 1958, 451 (452 f.).

594 BT-Drs. 5/2370.

595 *BVerfG*, FamRZ 1969, 196 (196); *Peschel-Gutzeit*, FS Hahne, 441 (442 f.).

596 In diese Richtung auch *Rupp-v. Brünneck*, StAZ 1970, 226 (227); *Simitis*, StAZ 1970, 255 (255); vgl. auch: 2. Teil. A. II. 1. e) Durchsetzung der traditionellen bürgerlichen Kernfamilie.

597 Staudinger/*Rauscher* (2011), Einl. zu §§ 1589 ff., Rn 57; *Rupp-v.Brünneck*, StAZ 1970, 226 (228); Soergel/*Schmidt-Recla* (2012), vor §§ 1589 ff., Rn 4; MüKo/*Wellenhofer* (2012), vor § 1591, Rn 3.

598 *Bosch*, FamRZ 1969, 505 (511).

599 *Rupp-v. Brünneck*, StAZ 1970, 226 (232).

Damit wurde weiterhin grundsätzlich zwischen ehelicher und nichtehelicher Abstammung unterschieden.[600]

2. Änderungen im Einzelnen

a) Begrifflichkeiten

Die Bezeichnung *unehelich* wurde wegen des als stigmatisierend empfundenen Begriffs durch den Begriff *nichtehelich* ersetzt[601], was allerdings nur als „*wortkosmetische*" Verbesserung gewertet werden kann.[602]

b) Verbesserung der Position nichtehelicher Kinder

aa) Abschaffung des § 1589 Abs. 2 BGB

Der § 1589 Abs. 2 BGB[1900] wurde ersatzlos gestrichen. Damit wurde die biologische Beziehung zwischen nichtehelichem Vater und Kind nunmehr unter bestimmten Voraussetzungen auch als Verwandtschaft im Rechtssinne anerkannt.[603]

bb) Einführung einer Statusvaterschaft für nichteheliche Kinder

Damit einhergehend wurde die bloße Zahlvaterschaft durch eine rechtlich vollwertige Statusvaterschaft ausgetauscht.[604] Die Vaterschaftszuordnung erfolgte durch eine statusbegründende Vaterschaftsanerkennung oder eine gerichtliche Vaterschaftsfeststellung, die in dem neu eingeführten § 1600a BGB[1970] geregelt wurden. Damit wurde der Versuch unternommen, das Abstammungsverhältnis möglichst bei jedem nichtehelichen Kind mit Wirkung *inter omnes* festzustellen.[605] Hierdurch wurde die Feststellung der Vaterschaft erstmals einheitlich[606] und konnte nicht mehr nur auf bestimmte Rechtsfolgen beschränkt werden.[607] Die Feststellung verschiedener Männer als Vater war ausgeschlossen und damit das Prinzip der Unität der Vaterschaft[608] geboren. Die neue nichteheliche Vaterschaft entfaltete

---

600 *Dethloff*, Familienrecht, S. 281.

601 Beim Austausch des Begriffs ist versäumt worden, die Bezeichnung des 7. Titels (§§ 1719 ff.) zu ändern.

602 Staudinger/*Rauscher* (2011), Einl. zu §§ 1589 ff., Rn 58; *Lange*, NJW 1970, 297 (297); *Rupp-v.Brünneck*, StAZ 1970, 226 (229).

603 RGRK/*Böckermann*, § 1589, Rn 2; *Limbach//Willutzki*, in Nave-Herz (Hrsg.), Kontinuität und Wandel, 7 (38); *Peschel-Gutzeit*, FS Hahne, 441 (443).

604 *Frank*, AcP 200 (2000), 401 (402); *Rupp-v. Brünneck*, StAZ 1970, 26 (228).

605 *Lange*, NJW 1970, 297 (298).

606 Somit konnte in einem Unterhaltsprozess nicht mehr der eine Mann als Vater und in einem Prozess auf Abstammungsklärung ein anderer Mann als Vater festgestellt werden. Vgl. zu dieser Problematik *Zimmermann*, Abstammungsfeststellungsklage, S. 124 ff.

607 *BGHZ 60*, 247 (252); *BGHZ 64*, 129 (133).

608 S.o.: 3. Teil. A. I. 6. Unität der Vaterschaft.

Statuswirkung, so dass Rechtswirkungen grundsätzlich erst nach Feststellung der Vaterschaft geltend gemacht werden konnten.[609]

Für die Wirksamkeit der Vaterschaftsanerkennung bedurfte es der Zustimmung des Kindes (§ 1600c BGB^{1970}). Das Zustimmungsrecht des Kindes wurde für unerlässlich gehalten, weil das Kind durch die Vaterschaftsanerkennung in seinem Personenstand unmittelbar betroffen war.[610] Auch wurde ein Interesse des Kindes daran gesehen, dass tatsächlich sein biologischer Vater durch die Anerkennung festgestellt wird.[611] Es wurde damit argumentiert, dass es eines Korrektivs in Form der Kindeszustimmung bedürfe, da der biologische Vater ansonsten sein Recht zur Vaterschaftsanerkennung missbrauchen könne, indem er von einem weniger zahlungskräftigen Mann die Vaterschaft anerkennen ließ, um so über den Dritten höhere Unterhaltszahlungen einsparen zu könne.[612]

cc) Abschaffung der Mehrverkehrseinrede

Des Weiteren wurde mit dem Nichtehelichengesetz von 1969 die Mehrverkehrseinrede abgeschafft, da sie nicht in Einklang mit den Bestrebungen stand, die rechtlichen und sozialen Bindungen zwischen Vater und Kind zu stärken und, soweit möglich, das Verantwortungsbewusstsein des nichtehelichen Vaters zu wecken.[613] Begründet wurde diese Entscheidung außerdem damit, dass die Mehrverkehrseinrede angesichts der Fortschritte in den Untersuchungsmethoden der Feststellung der biologischen Vaterschaft nicht mehr die frühere Bedeutung habe.[614] Dafür wurde im Gegenzug § 1600a Abs. 2, S. 2 BGB^{1970} neu eingeführt, der regelt, dass die Vermutung für die Kausalität der Beiwohnung nicht gilt, wenn nach Würdigung aller Umstände schwerwiegende Zweifel an der Vaterschaft verbleiben. Hierbei hat der Gesetzgeber bewusst vermieden, einen bestimmten Wahrscheinlichkeitsgrad anzugeben. Vielmehr sollte es in erster Linie auf die Ergebnisse der medizinischen Begutachtung ankommen, andere Umstände sollten daneben jedoch auch berücksichtigt werden können.[615]

c) Änderung der Anfechtungsfrist

Die zehnjährige Anfechtungsausschlussfrist des Ehemanns und der Eltern des Ehemanns, die erst mit dem Familienrechtsänderungsgesetz von 1961 eingeführt wurde, wurde durch das Nichtehelichengesetz wieder aufgehoben.[616] Begründet

---

609 S.o.: 3. Teil. A. I. 6. b) Sperrwirkung.
610 *Jansen/Knöpfel*, Unehelichengesetz, S. 115.
611 BT-Drs. 5/2370, S. 27.
612 BT-Drs. 5/2370, S. 28.
613 BT-Drs. 5/2370, S. 24.
614 *Lange*, NJW 1970, 297 (300); *Rupp-v. Brünneck*, StAZ 1970, 226 (227); *Zweigert*, JuS 1967, 241 (244).
615 BT-Drs. 5/2370, S. 38.
616 *Luh*, Die Prinzipien des Abstammungsrechts, S. 34.

wurde diese Entscheidung damit, dass eine starre Ausschlussfrist zu Ungerechtigkeiten führe, wenn die Ehefrau ihren Ehebruch lange genug verheimlicht oder der Ehemann gar keine Kenntnis von der Geburt eines Kindes hatte, da er von seiner Ehefrau getrennt lebte, oder wenn ihm das Geburtsdatum des Kindes nach der Scheidung falsch angegeben wurde, so dass der Ehemann infolge unverschuldeter Unkenntnis sein Anfechtungsrecht verlieren könne.[617]

d) Einführung eines Anfechtungsrechts der Mutter

Die Mutter des nichtehelichen Kindes erhielt ein eigenes, auf ein Jahr befristetes Anfechtungsrecht (§ 1600g BGB^{1970}), während die Mutter des ehelichen Kindes kein eigenes Anfechtungsrecht erhielt.

e) Sonstiges

Die Anfechtungsfrist für die Eltern des Mannes betrug vorher sechs Monate und wurde durch das Nichtehelichengesetz auf ein Jahr verlängert.

Die Legitimation durch Ehelichkeitserklärung auf Antrag des Kindes (§§ 1740a – 1740g BGB^{1970}) wurde neu eingeführt. Das Kind sollte dadurch die Möglichkeit erhalten, die Ehelichkeitserklärung selbst zu beantragen, wenn seine Eltern verlobt waren und das Verlöbnis durch den Tod eines Elternteils aufgelöst worden war. Dies macht deutlich, dass es für das Kind weiterhin eine Besserstellung darstellte, den Status der Ehelichkeit zu erhalten und der Gesetzgeber hierfür weiterhin geeignete Mittel bereitstellte.

3. Nicht umgesetzte Reformüberlegungen

a) Anfechtungsrecht für den biologischen Vater

Es wurde überlegt, ob der biologische Vater die Möglichkeit erhalten sollte, das nicht den biologischen Abstammungsverhältnissen entsprechende Vaterschaftsanerkenntnis eines Dritten anzufechten. Dieser Vorschlag wurde jedoch abgelehnt, da man davon ausging, dass eine Infragestellung der biologischen Abstammungsverhältnisse in der Regel dem Kindeswohl widerspreche. Außerdem ging der Gesetzgeber davon aus, dass

> *„der wirkliche Vater nur in seltenen Fällen geneigt sein werde, die Feststellung seiner Vaterschaft, die ihm erhebliche Pflichten auferlegt, im Klagewege zu erzwingen. Er müsse sich schließlich auch gefallen lassen, wenn sein Kind ohne sein Einverständnis von einem Dritten adoptiert werde.“*[618]

Der Gesetzgeber ging also weiterhin davon aus, dass der biologische Vater grundsätzlich kein Interesse an einer Verantwortung gegenüber seinem Kind haben werde. Im Gegensatz zum früheren Recht sollte seine Verantwortungsbereitschaft

---

617 BT-Drs. 5/2370, S. 24.
618 BT-Drs. 5/2370, S. 32.

aber zumindest im Wege der Möglichkeit einer Vaterschaftsanerkennung gefördert werden.

b) Rechte der Mutter

Eine Zustimmung der Mutter zum Vaterschaftsanerkenntnis wurde entgegen entsprechender Anregungen aus praktischen Gründen, wie einer unnötigen Verzögerung der Anerkennung, für nicht erforderlich erachtet. Außerdem wurde damit argumentiert, dass die Mutter kein Zustimmungsrecht benötige, da sie auf ihr eigenes Anfechtungsrecht verwiesen werden könne. Es wurde außerdem befürchtet, die Mutter könne aus eigensüchtigen Motiven, ungeachtet der biologischen Vaterschaft, nach ihrem Willen die Anerkennung verhindern oder fördern.[619] Auch ein Bedürfnis der Mutter an einem eigenen Klagerecht auf Feststellung der Vaterschaft wurde verneint, da durch das Institut der gesetzlichen Amtspflegschaft für eine alsbaldige Ermittlung und Feststellung des Vaters hinreichend gesorgt sei.[620]

4. Fazit

Die Konzeption des Nichtehelichengesetzes ließ zwar den grundlegenden Unterschied zwischen ehelichen und nichtehelichen Kindern bestehen, versuchte aber, dem Verfassungsauftrag des Art. 6 Abs. 5 GG durch eine gewisse Annährung von ehelichem und nichtehelichem Kindschaftsrecht nachzukommen.[621]

Es wurde bereits bei Entstehung des Nichtehelichengesetzes in der Literatur kritisch gesehen, dem nichtehelichen Vater die gleichen Pflichten wie dem ehelichen Vater aufzuerlegen, bei seinen Rechten jedoch von einem Leitbild des nichtehelichen Vaters auszugehen, der von seinem Kind per se nichts wissen will und dieses nur gefährden könnte.[622] So ging der Gesetzgeber davon aus, dass *„soziologisch betrachtet, der uneheliche Vater seinem Kind erheblich ferner stehe als etwa Großeltern ihrem ehelichen Enkel (und) der Mann bestrebt ist, nach Möglichkeit allem, was ihn mit der Mutter verbindet, aus dem Wege zu gehen"*.[623] Überspitzt wurde angemerkt, der Gesetzgeber habe den Vater des nichtehelichen Kindes zum *„Dukatenesel"*[624] degradiert.

Auch die Einstellung gegenüber dem nichtehelichen Kind, dem man unter anderem eine *„Neigung zur rücksichtslosen Durchsetzung seiner Erbinteressen"*[625] unterstellte, erscheint kritikwürdig.

---

619 BT-Drs. 5/2370, S. 28.

620 BT-Drs. 5/2370, S. 35.

621 *Schwab*, Familienrecht, S. 246 f.

622 *Lange*, NJW 1970, 297 (303); *Rupp-v. Brünneck*, StAZ 1970, 226 (235).

623 BT-Drs. 5/2370, S. 68.

624 *Zweigert*, JuS 1967, 241 (245).

625 Amtliche Begründung des RegE, abgedruckt in *Jansen/Knöpfel*, Unehelichengesetz, S. 409.

Letztendlich wurde aber durch die Bestätigung eines rechtlichen Verwandtschaftsverhältnisses zwischen nichtehelichem Kind und seinem Vater die Möglichkeit der Übereinstimmung von biologischer und rechtlicher Vaterschaft deutlich gesteigert[626], da nunmehr auch der biologische, aber nichteheliche Vater relativ einfach die rechtliche Vaterstellung erlangen konnte. Gleichzeitig wurden mit Einführung der statusbegründenden Vaterschaftsanerkennung, die nicht die Übereinstimmung von rechtlicher und biologischer Abstammung erforderte, die Rechte des sozialen Vaters gestärkt, der nunmehr auch ohne Heirat der Mutter die rechtliche Vaterstellung erlangen konnte. Somit wurden gleichzeitig biologische Aspekte der Vaterschaft durch Bestätigung einer verwandtschaftlichen Beziehung zwischen nichtehelichem Vater und Kind sowie soziale Aspekte durch Einführung des Vaterschaftsanerkenntnisses gestärkt.

VII. Entwicklung des Abstammungsrechts in der DDR

Zu einem groben Abriss der Geschichte des deutschen Abstammungsrechts gehört auch die Rechtsentwicklung des Abstammungsrechts in der ehemaligen DDR[627], welches eine andere Richtung einschlug als die Entwicklung des Abstammungsrechts im BGB.[628]

Nach Art. 33 der Verfassung der DDR vom 07.10.1949[629] durfte die außereheliche Geburt weder dem Kind noch seinen Eltern zum Nachteil gemacht werden. Anders als in der Bundesrepublik, in der Art. 6 Abs. 5 GG keine Verfallsklausel für entgegenstehende Regelungen beinhaltete[630], waren in der DDR dem Art. 33 entgegenstehende Gesetze und Bestimmungen *ipso jure* aufgehoben.[631]

Das Familiengesetzbuch der DDR (FGB) vom 20.12.1965[632] trat am 01.04.1966 in Kraft, wodurch für das Gebiet der DDR das bis dahin zumindest auf dem Papier noch geltende Familienrecht der Bundesrepublik außer Kraft gesetzt wurde.[633] Das FGB erschien, insbesondere in der Zeit kurz nach seiner Entstehung von seinem Aufbau und seinen Inhalten dem BGB gegenüber und auch im internationalen Vergleich moderner.[634] Diese Modernität zeigte sich unter anderem darin, dass das FGB nicht mehr zwischen ehelichen und unehelichen Kindern unterschied.[635] Uneheliche Kinder wurden dort als *Kinder, dessen Eltern bei seiner Geburt nicht verheiratet sind* bezeichnet.

---

626 *Luh*, Prinzipien des Abstammungsrechts, S. 45.
627 *Frank*, AcP 200 (2000), 401 (403).
628 *Peschel-Gutzeit*, FS Hahne, 441 (444).
629 GBl. DDR 1949, S. 5.
630 S.o.: 3. Teil. B. VI. Nichtehelichengesetz von 1969.
631 *Peschel-Gutzeit*, FS Hahne, 441 (444).
632 GBl. DDR 1966, S. 1.
633 *Deinert*, DAVorm 1998, 337 (341).
634 *Deinert*, DAVorm 1998, 337 (341); *Schwab*, in BMFS (Hrsg.) 40 Jahre Familienpolitik, 63 (85).
635 *Limbach/Willutzki*, in Nave-Herz (Hrsg.), Kontinuität und Wandel, 7 (10 f.).

Die Vaterschaftszuordnung wurde ähnlich geregelt wie durch das Nichtehelichengesetz von 1969 für die Bundesrepublik. War die Mutter zum Zeitpunkt der Geburt verheiratet, wurde der Ehemann Vater des Kindes. Der Vater, der nicht mit der Mutter verheiratet war, wurde durch Heirat der Mutter zum Vater (§ 54 Abs. 4 FGB). Außerdem gab es eine Vaterschaftsanerkennung mit Wirkung *inter omnes* (§ 55 i.V.m. § 58 FGB) und die gerichtliche Feststellung der Vaterschaft, wobei die biologische Abstammung maßgebend war (§ 56 ff. FGB). Bei mehreren möglichen biologischen Vätern war derjenige als Vater festzustellen, dessen Vaterschaft wahrscheinlicher war (§ 54 Abs. 2 FGB). Damit war die Mehrverkehrseinrede in der DDR bereits vier Jahre früher als in der Bundesrepublik obsolet geworden.

Anders als in der Bundesrepublik, die mit dem Nichtehelichengesetz eine Zustimmung des Kindes zur Vaterschaftsanerkennung für erforderlich ansah (§ 1600c BGB^{1970})[636], um eine Übereinstimmung von biologischer und rechtlicher Vaterschaft zu erreichen, war in der DDR stets die Zustimmung der Mutter zum Vaterschaftsanerkenntnis erforderlich (§ 55 Abs. 1 FGB), da die Elternschaft auch ohne Ehe auf einem gemeinsamen Bekenntnis beruhen sollte.[637] Damit war die Einführung der Anerkennung der Vaterschaft in der Bundesrepublik eher von biologischen Aspekten getragen, während in der DDR als Motiv die soziale Elternschaft überwog.

Die Vaterschaftsanfechtung konnte nach § 61 FGB durch den Vater, die Mutter oder durch den Staatsanwalt, nicht jedoch durch das Kind, erfolgen.[638] Im BGB hatte das Kind jedoch ein eigenes Anfechtungsrecht.

Das Recht des FGB legte größeren Wert darauf, dass sich Eltern zu ihrem Kind bekennen, während im BGB der Gedanke der biologischen Abstammung eine wichtigere Rolle spielte.[639] Dies ist unter anderem daran zu erkennen, dass in der DDR bei einer Anfechtung durch den Staatsanwalt die Entscheidung der Mutter und ihres Mannes, das Kind als gemeinsames Kind in der Familie aufwachsen zu lassen und damit der Schutz und die Erhaltung der sozialen Familie stets besondere Beachtung finden sollte.[640]

Einer zumindest teilweisen Übernahme der Regelungen des FGB in ein gesamtdeutsches Familienrecht wurde nach der Wiedervereinigung eine Absage erteilt[641], obwohl das FGB noch kurz vor der Wiedervereinigung im Hinblick auf eine Eingliederung in ein gesamtdeutsches Familienrecht von sozialistischen Ideologien befreit wurde.[642] Statt einer Familienrechtsreform aus Anlass der Wiedervereinigung durch Zusammenführung der Regelungen aus dem FGB und dem BGB, galt

636 S.o.: 3. Teil. B. VI. Nichtehelichengesetz von 1969.
637 *Kringe*, in Zieger (Hrsg.), Familienrecht in beiden deutschen Staaten, 129 (138).
638 *Deinert*, DAVorm 1998, 337 (344).
639 *Kringe*, in Zieger (Hrsg.), Familienrecht in beiden deutschen Staaten, 129 (139).
640 *Grandke*, Familienrecht, S. 217.
641 *Grandke*, in Coester (Hrsg.), Das nichteheliche Kind und seine Eltern, 13 (27).
642 Gesetz zur Änderung des Familiengesetzbuches der DDR vom 20.07.1990, GBl. I, S. 1038; vgl. *Eberhardt*, FamRZ 1990, 917 (917 ff.).

das Kindschaftsrecht des BGB[643] vom 03.10.1990 wieder im gesamten Bundesgebiet.[644] Damit wurden auch die Unterschiede zwischen ehelichen und nichtehelichen Kindern in den neuen Bundesländern weitgehend wieder eingeführt.[645]

VIII. Kindschaftsrechtsreform von 1998

Aufgrund der in den 1980er und 1990er Jahren vermehrten Entscheidungen des *Bundesverfassungsgerichts* zur Verfassungswidrigkeit mehrerer Normen wegen Verstoßes gegen Art. 6 Abs. 5 GG[646] mehrten sich Zweifel, ob das Verfassungsgebot aus Art. 6 Abs. 5 GG durch das Nichtehelichengesetz bereits voll verwirklicht worden war.[647] Auch andere Normen des Kindschaftsrechts waren mit dem Grundgesetz nicht vereinbar und damit nichtig.[648] Aus dieser rechtspolitischen Stimmungslage heraus sind die im Jahre 1998 in Kraft getretenen Reformgesetze[649] mit breiter parlamentarischer Zustimmung entstanden. Das Kindschaftsrechtsreformgesetz (KindRG) vom 16.12.1997[650], das am 01.07.1998 in Kraft trat, hat die Unterscheidung von ehelichen und nichtehelichen Kindern auf der Ebene der Kinder vollständig aufgegeben, in der Elternstellung aber noch einige Unterschiede gelassen.[651]

1. Gründe und Ziele der Reform im Abstammungsrecht

Als Gründe für die Notwendigkeit einer Reform können die soziodemographische und internationale Entwicklung sowie die innerdeutsche Situation nach der

---

643 Mit Ausnahme der Normen über die Amtspflegschaft in den §§ 1706–1710 BGB (Art. 230 EGBGB) und über den Erbersatzanspruch und den vorzeitigen Erbausgleich in den §§ 1934a – 1934e BGB (Art. 235 EGBGB).

644 *Deinert*, DAVorm 1998, 337 (345); *Schwab*, in BMFS (Hrsg.), 40 Jahre Familienpolitik, 63 (85).

645 *Gernhuber/Coester-Waltjen*, Familienrecht, S. 572.

646 *BVerfG*, FamRZ 1987, 346 (347 f.); *BVerfG*, FamRZ 1991, 913 (915 ff.); *BVerfG*, FamRZ 1992, 157 (158 ff.).

647 *Schwab*, JAmt 2006, 549 (556); *Schwenzer*, FamRZ 1992, 121 (121 ff.) m.w.N.

648 *BVerfG*, FamRZ 1982, 1179 (1182 ff.); *BVerfG*, FamRZ 1986, 769 (771 ff.); *BVerfG*, FamRZ 1989, 255 (257 ff.); *BVerfG*, FamRZ 1995, 789 (792 ff.).

649 Neben dem KindRG gab es noch das Gesetz zur Abschaffung der gesetzlichen Amtspflegschaft und zur Neuordnung des Rechts der Beistandschaft (Beistandschaftsgesetz) vom 04.12.1997, BGBl. I (1997), S. 2846, in Kraft getreten am 01.07.1998; das Gesetz zur erbrechtlichen Gleichstellung nichtehelicher Kinder (Erbrechtsgleichstellungsgesetz) vom 16.12.1997, BGBl. I (1997), S. 2968, in Kraft getreten am 01.04.1998; das Gesetz zur Vereinheitlichung des Unterhaltsrechts minderjähriger Kinder (Kindesunterhaltsgesetz) vom 06.04.1998, BGBl. I (1998), S. 666, in Kraft getreten am 01.07.1998.

650 BGBl. I (1997), S. 2942 ff.

651 *Gernhuber/Coester-Waltjen*, Familienrecht, S. 42.

Wiedervereinigung genannt werden.[652] Daneben ist die Entscheidung des *Bundesverfassungsgerichts*[653] zur Neugestaltung des Anfechtungsrechts des Kindes in § 1596 BGB[1970] aufgrund der mangelnden Berücksichtigung des Rechts des Kindes auf Kenntnis der eigenen biologischen Abstammung[654] für die Reform im Abstammungsrecht von besonderem Interesse. Das *Bundesverfassungsgericht* hat zwar ausgeführt, es sei Sache des Gesetzgebers, wie er der verfassungsrechtlichen Beanstandung Rechnung tragen will. Als mögliche Lösungsansätze nannte es aber die Erweiterung der Gründe für eine zulässige Anfechtung der Ehelichkeit oder die Einräumung zusätzlicher, bisher ausgeschlossener Klagemöglichkeiten.[655]

Die Schaffung eines einheitlichen Abstammungsrechts für eheliche und nichteheliche Kinder war ein vordergründiges Ziel der Kindschaftsrechtsreform.[656] Weitere Ziele waren die Erweiterung der Rechte des Kindes an der Feststellung seiner biologischen Abstammung[657], um dem Auftrag des Bundesverfassungsgerichts[658] nachzukommen, sowie die Verminderung von Anfechtungsprozessen[659]. Außerdem wurde rechtspolitisch die Stärkung der Rechte der Mütter gefordert.[660] Einigkeit bestand außerdem darüber, dass der Förderung der Beziehungen des Kindes zu beiden Elternteilen stärkeres Gewicht beizumessen sei.[661] Die Aufmerksamkeit sei hierfür weniger auf den Status des Kindes als vielmehr auf den Schutz und die Bedürfnisse des Kindes zu richten und insoweit gleiche Bedingungen für die leibliche und seelische Entwicklung aller Kinder zu schaffen.[662]

2. Änderungen im Einzelnen

Durch das KindRG wurde der gesamte Titel über die Abstammung in den §§ 1591–1600e BGB neu gefasst.

a) Primärzuordnung Vater-Kind

aa) Systematik

Das neu geschaffene System der Vaterschaftszuordnung gab die bestehende Zweiteilung des Abstammungsrechts in eheliche und nichteheliche Abstammung auf

652 Vgl. BT-Drs. 13/4899, S. 29; *Schwenzer*, 59. DJT, A 11 – A 20.
653 *BVerfG*, FamRZ 1989, 255 (257 ff.).
654 S.o.: 3. Teil. A. IV. 1. Recht des Kindes auf Kenntnis seiner biologischen Abstammung.
655 *BVerfG*, FamRZ 1989, 255 (259); BT-Drs. 13/4899, S. 55.
656 BT-Drs. 13/4899, S. 29, 52; *Edenfeld*, FuR 1996, 190 (190); *Schmidt-Jortzig*, ZfJ 1996, 444; FamRefK/*Schwab/Wagenitz* (1998), Einführung, S. 8.
657 *Edenfeld*, FuR 1996, 190 (191).
658 *BVerfG*, FamRZ 1989, 255 (259); *BVerfG*, FamRZ 1994, 881 (884).
659 *Edenfeld*, FuR 1996, 190 (191).
660 BT-Drs. 13/4899, S. 54 f.; *Schwenzer*, 59. DJT, A 34 f.
661 BT-Drs. 13/8511, S. 64.
662 *Limbach*, FuR 1995, 200 (202).

und regelte die Zuordnung eines Kindes zu einem Mann als seinem Vater nunmehr in einem Paragraphen (§ 1592 BGB).[663] Hierfür griff der Gesetzgeber auf die bereits seit dem Nichtehelichengesetz bestehenden Zuordnungsregeln der Geburt während einer Ehe der Mutter, einer Vaterschaftsanerkennung und der gerichtlichen Vaterschaftsfeststellung zurück. Zur Begründung führte der Reformgesetzgeber an, dass für die Vaterschaftszuordnung eine unterschiedliche Sachbehandlung unvermeidbar sei.[664] Eine völlige Angleichung ehelicher und nichtehelicher Abstammung anhand einheitlicher Primärzuordnungen erschien dem Gesetzgeber aufgrund praktischer Erwägungen sowie der deutschen Rechtstradition nicht sinnvoll.[665]

bb) Zuordnung kraft Ehe mit der Mutter

Die bloße Umformulierung der bisherigen Ehelichkeitsvermutung in eine Vaterschaftsvermutung bedeutete gegenüber dem bisherigen Recht keine sachliche Änderung, sondern nur eine terminologische Angleichung zur Vermeidung unnötiger Diskriminierungsmerkmale. Für die Zuordnung des Kindes zum Vater war also nach wie vor die Ehe der Mutter von zentraler Bedeutung.

Der Anwendungsbereich der Vaterschaftszurechnung aufgrund der Ehe mit der Kindsmutter hat durch das KindRG aber zwei Einschränkungen erfahren. Eine Vaterschaftsvermutung aufgrund Ehe wurde für Kinder, die nach einer Scheidung geboren wurden, aufgegeben. Auch ein während des Scheidungsverfahrens geborenes Kind wurde nicht dem Ehemann der Mutter zugeordnet, wenn ein Dritter die Vaterschaft mit Zustimmung der Mutter und des Ehemanns spätestens ein Jahr nach Rechtskraft des Scheidungsurteils anerkannte (§ 1599 Abs. 2 BGB). Da der Status der Ehelichkeit seine gesellschaftliche Bedeutung verloren hatte, strebte der Gesetzgeber erkennbar nicht mehr danach, möglichst vielen Kindern den Status der Ehelichkeit zu ermöglichen, sondern wollte bereits durch die Primärzuordnung möglichst eine Übereinstimmung von biologischer und rechtlicher Vaterschaft erreichen, was bei Geburten während eines Scheidungsverfahrens oder nach einer Scheidung aufgrund des grundsätzlichen Trennungsjahres gemäß § 1566 Abs. 1 BGB unwahrscheinlich war. Demnach ist die Einschränkung der *Pater-est*-Regel konsequent und sinnvoll.

Das Rechtsinstitut der Legitimation (§§ 1719–1740g BGB[1970]) wurde durch die Kindschaftsrechtsreform ersatzlos aus dem BGB gestrichen, da ihr Zweck, *„das Kind und seine Entfaltungsmöglichkeiten vor Benachteiligungen wegen seiner nichtehelichen Geburt zu bewahren“* endgültig weggefallen war.[666] Auch hier ist deutlich erkennbar, dass der Gesetzgeber Abstand von der jahrzehntelangen Einstellung

663 Erman/*Hammermann* (2011), § 1592, Rn 1; jurisPK/*Nickel* (2011), § 1592, Rn 7; FamRefK/*Schwab/Wagenitz* (1998), Einführung, S. 8.

664 BT-Drs. 13/8511, S. 81.

665 BT-Drs. 13/4899, S. 52.

666 BT-Drs. 13/4899, S. 69 f.

genommen hat, dass Kinder, die in eine Ehe hineingeboren werden, grundsätzlich bessergestellt seien.

cc) Vaterschaftsanerkennung

Im bisherigen Recht der Vaterschaftsanerkennung bestand die bedeutendste Änderung darin, dass die vorher stets erforderliche Zustimmung des Kindes zur Vaterschaftsanerkennung nach dem KindRG grundsätzlich nicht mehr verlangt wurde. Stattdessen bedarf die Vaterschaftsanerkennung seither stets der Zustimmung der Mutter und nur dann der Zustimmung des Kindes, wenn der Mutter insoweit die elterliche Sorge nicht zusteht. Diese Änderung steht unter dem Programmsatz der Kindschaftsrechtsreform, die Rechte der Mutter zu stärken.[667] Zwar hat die Mutter auch ein eigenes Anfechtungsrecht, es erschien dem Gesetzgeber aber sinnvoller, die Mutter nicht erst bei der Anfechtung tätig werden zu lassen, sondern ihr bereits beim Entstehungsvorgang, also bei der Anerkennung, ein Mitwirkungsrecht zu geben.[668] Eine Ersetzungsmöglichkeit der Zustimmung wurde abgelehnt, da diese nur zu einer anfechtbaren Vaterschaft führen würde (§ 1599 Abs. 1 BGB). Da für eine Ersetzung der Zustimmung durch das Gericht die Vaterschaft des Anerkennenden ohnehin bewiesen werden müsste, sei es dem Anerkennungswilligen zuzumuten, direkt die gerichtliche Vaterschaftsfeststellung zu betreiben, da die so festgestellte Vaterschaft nicht anfechtbar und damit dauerhaft sei.[669]

Dass das Zustimmungsrecht des Kindes durch das Zustimmungsrecht der Mutter ausgetauscht wurde, erscheint mit Blick auf die Gesetzesbegründung zum Nichtehelichengesetz für ein Zustimmungsrecht des Kindes und gegen ein Zustimmungsrecht der Mutter sowie im Hinblick auf das Recht des Kindes auf Kenntnis seiner biologischen Abstammung kaum verständlich und lässt sich nur mit der Forderung, die Rechte der Mutter zu stärken, erklären[670]. Für den Gesetzgeber war die Einführung des Zustimmungserfordernisses der Mutter außerdem eine Konsequenz aus der Abschaffung der vorher existierenden Amtspflegschaft und die damit verbundene Zuweisung der uneingeschränkten elterlichen Sorge an die Mutter.[671]

dd) Vaterschaftsfeststellung

Neu eingeführt wurde bei der Vaterschaftsfeststellung eine eigene Klagebefugnis der Mutter. Dies wurde zwar im Gesetzentwurf nicht weiter begründet[672], steht

---

667 BT-Drs. 13/4899, S. 54.
668 BT-Drs. 13/4899, S. 54.
669 BT-Drs. 13/4899, S. 54.
670 Daher ist die amtliche Begründung zum Zustimmungserfordernis der Mutter zur Anerkennung auch unter dem Punkt „Stärkung der Rechte der Mutter" platziert, BT-Drs. 13/4899, S. 54.
671 *Gaul*, FamRZ 1997, 1441 (1450).
672 *Helms*, FuR 1996, 178 (180).

aber wohl auch unter dem Programmpunkt der Stärkung der Rechte der Mutter. Der Gesetzgeber des Nichtehelichengesetzes verneinte noch eine eigene Klagebefugnis der Mutter, da das damalige Institut der gesetzlichen Amtspflegschaft für eine alsbaldige Ermittlung und Feststellung des Vaters sorgte.[673] Mit dem Wegfall der Amtspflegschaft ist auch die Begründung gegen ein eigenes Klagerecht der Mutter weggefallen. Atypisch ist das Klagerecht der Mutter deshalb, weil es die Feststellung eines Drittrechtsverhältnisses gestattet, das nur zwischen dem Vater und dem Kind besteht. Das unter dem Stichwort *zweite Welle* vorgeschlagene *Zeitschrankenmodell* mit Übergang der Feststellungsklaginitiative von der Mutter auf das Jugendamt nach Halbjahres- oder Jahresfrist wurde dagegen abgelehnt.[674]

Es verwundert, dass sich der Reformgesetzgeber nicht mit den Fortschritten des naturwissenschaftlichen Vaterschaftsbeweises auseinander gesetzt hat[675], sondern im Vaterschaftsfeststellungsprozess gemäß § 1600d Abs. 2 BGB weiterhin auf die Vaterschaftsvermutung aufgrund der Beiwohnung und der Ausräumung dieser Vermutung bei schwerwiegenden Zweifeln abstellt. Bereits zum Nichtehelichengesetz hatte der damals zugezogene Biostatistiker *Hummel* aufgrund des erreichten Erkenntnisstandes vorgeschlagen, auf eine Vaterschaftsvermutung zugunsten der freien richterlichen Überzeugung ganz zu verzichten.[676] Indes hat die Vermutung auch heute noch für Fälle Bedeutung, in denen die Einholung eines Gutachtens in Fällen mit Auslandsbezug wegen des weithin fehlenden Duldungszwangs gemäß § 178 Abs. 1 FamFG zu einer Abstammungsuntersuchung im Ausland nicht möglich ist.[677]

ee) Folgerung

Die Primärzuordnung der Vaterschaft wurde durch die Kindschaftsrechtsreform verstärkt in die Hände der Mutter gegeben, die durch ihr Zustimmungserfordernis zur Vaterschaftsanerkennung mitbestimmt, wer rechtlicher Vater ihres Kindes wird. Ist der biologische Vater nicht bereit, ein Vaterschaftsanerkenntnis abzugeben, liegt es auch in ihrer Hand, ein gerichtliches Vaterschaftsfeststellungsverfahren zu betreiben.

Des Weiteren wurde die Vaterschaftsvermutung für den früheren Ehemann der Mutter eingeschränkt, was zum einen auf die geringe Wahrscheinlichkeit der biologischen Vaterschaft durch den Ehemann im Scheidungsverfahren und nach Scheidung, aber auch an der schwindenden gesellschaftlichen Bedeutung der Zuordnung des Kindes zum Ehemann der Mutter gelegen haben mag.

673 BT-Drs. 5/2370, S. 35.
674 *Gaul*, FamRZ 2000, 1461 (1472).
675 *Diederichsen*, NJW 1998, 1977 (1980); *Gaul*, FamRZ 2000, 1461 (1463).
676 *Hummel*, FamRZ 1969, 19 (22 f.).
677 *Gaul*, FamRZ 2000, 1461 (1471).

b) Anfechtung der Vaterschaft

Bei der Vaterschaftsanfechtung ist die Unterscheidung zwischen Anfechtung der Ehelichkeit und Anfechtung der Vaterschaftsanerkennung weggefallen. Es geht nicht mehr darum den Status der Ehelichkeit zu beseitigen, sondern allein um die Berichtigung einer nicht der biologischen Abstammung entsprechenden Vaterschaft.[678] Es wird eine Statusänderung nur noch insofern angestrebt und bewirkt, als es um die Vater-Kind-Zuordnung geht, weitere Statusänderungen kommen nicht in Betracht.[679] Die jetzt einheitliche Vaterschaftsanfechtung bot mit dem KindRG den Schluss des Titels „*Abstammung*" mit den Vorschriften der §§ 1599–1600e BGB.

aa) Anfechtungsfrist

In § 1600b Abs. 1 BGB wurde eine einheitliche für alle Berechtigten gültige Anfechtungsfrist von zwei Jahren normiert. Gegen eine kürzere Frist von einem Jahr[680] wurde argumentiert, dass sich der Anfechtungsberechtigte bei einer allzu kurz bemessenen Frist zu einer raschen Entscheidung gedrängt sehen könnte, während bei gründlicherer Überlegung die rechtliche Vaterschaft und damit der Familienfrieden womöglich gewahrt werden könnte.[681]

bb) Anfechtungsrecht des Kindes

Auch das Anfechtungsrecht des Kindes wurde einheitlich für alle Kinder, egal ob die Eltern des Kindes miteinander verheiratet sind oder nicht, geregelt.[682] Damit wurde deutlich, dass der Schutz der Ehe der Mutter und die Gefährdung des Familienfriedens keine Beachtung mehr bei der Anfechtung durch das Kind finden sollte.[683] Dadurch wurde der institutionelle Eheschutz ein Stück weit reduziert.

Durch die Erweiterung des Anfechtungsrechts des Kindes sollte der Rechtsprechung des *Bundesverfassungsgerichts*[684] zum Recht des Kindes auf Kenntnis der eigenen biologischen Abstammung Rechnung getragen werden[685], indem die Vaterschaftsanfechtung des Kindes nicht mehr wie bis dahin in § 1596 BGB[1970] von dem Vorliegen besonderer Gründe abhängig gemacht wurde.[686] Kritik wurde an dieser Umsetzung laut, da durch eine Erweiterung des Anfechtungsrechts nicht nur die Kenntniserlangung der biologischen Abstammung ermöglicht wurde. Gleichzeitig

678 Kritisiert wurde hierbei, dass das Kriterium der biologischen Abstammung für die Vaterschaftsanfechtung an keiner Stelle mehr ausdrücklich erwähnt wurde, *Bentert*, FamRZ 1996, 1386 (1387).
679 *Gernhuber/Coester-Waltjen*, Familienrecht, S. 623; *Rixe*, Stellungnahme, S. 2 f.
680 Für eine 1-Jährige Frist: *Mutschler*, FamRZ 1994, 65 (69); *Schwenzer*, 59. DJT, A 38.
681 *BVerfG*, FamRZ 1975, 82 (85); *Gaul*, FamRZ 1997, 1441 (1461).
682 BT-Drs. 13/4899, S. 56; BT-Drs. 13/8511, S. 84.
683 *Gaul*, FamRZ 1997, 1441 (1459); FamRefK/*Schwab/Wagenitz* (1998), Einführung, S. 12.
684 *BVerfG*, FamRZ 1989, 255 (255); *BVerfG*, FamRZ 1994, 881 (881).
685 BT-Drs. 13/4899, S. 55; BT-Drs. 13/8511, S. 69, 70 f.
686 *Edenfeld*, FuR 1996, 190 (195); *Wichmann*, FuR 1996, 161 (167).

musste das Kind das abstammungsrechtliche Band zu seinem rechtlichen Vater unwiderruflich zerschneiden, um an diese Kenntnis zu gelangen. Es ist daher kritisch zu hinterfragen, ob diese Hürde zur Erlangung der Kenntnis der biologischen Abstammung nicht zu hoch angesetzt wurde.[687]

cc) Anfechtungsrecht der Mutter

Die Mutter hat durch die Kindschaftsrechtsreform von 1998 ein volles Anfechtungsrecht erhalten, welches ihr bisheriges Recht auf Anfechtung der Vaterschaftsanerkennung erweitert hat. Begründet wurde dies damit, dass die Mutter mittelbar auch in ihren eigenen rechtlichen Interessen berührt sei.

dd) Anfechtungsrecht der Großeltern

Die Anfechtungsmöglichkeit der Eltern des rechtlichen Vaters nach dessen Tod (§§ 1595a, 1600h BGB[1962]) wurde im Zuge der Kindschaftsrechtsreform aufgegeben, da die Klärung von Abstammungsfragen wegen des schweren Eingriffs in die Belange der Beteiligten auf den Kernbereich der Familie reduziert werden sollte.[688] Das Interesse der Großeltern an der Beseitigung der Vater-Kind-Beziehung sei deutlich geringer zu bewerten als dasjenige des rechtlichen Vaters und hat daher hinter dem Kindesinteresse an dem Fortbestand der rechtlichen Vaterschaft zurückzutreten.[689]

ee) Vaterschaftsvermutung im Anfechtungsverfahren

Für die Widerlegung der Vaterschaftsvermutung im Anfechtungsprozess ist jetzt § 1600c BGB maßgebend. Gemäß § 1600c Abs. 1 BGB wird im Verfahren auf Anfechtung der Vaterschaft vermutet, dass das Kind von seinem rechtlichen Vater biologisch abstammt. Über die Voraussetzungen der Widerlegung der Vaterschaftsvermutung enthält das Gesetz nach der Kindschaftsrechtsreform von 1998 keine Bestimmung mehr. Da das BGB bereits seit dem Nichtehelichengesetz keine Voraussetzung mehr für die Widerlegung einer Vaterschaft aufgrund Anerkennung formulierte, erscheint es konsequent, dass eine solche Formulierung wie die der offenbaren Unmöglichkeit der Vaterschaft in § 1591 Abs. 1, S. 2 BGB[1900] durch das KindRG gänzlich abgeschafft wurde.

Die einzige Voraussetzung der Anfechtung, nämlich die Nichtübereinstimmung von biologischer Abstammung und rechtlicher Zuordnung, ist nur noch der Grundnorm des § 1589 BGB zu entnehmen.[690]

687 So auch: *Mutschler*, FamRZ 1996, 1381 (1382).
688 BR-Drs. 180/96, S. 67.
689 *Mutschler*, FamRZ 1996, 1381 (1382).
690 *Gaul*, FamRZ 2000, 1461 (1469).

3. Nicht umgesetzte Reformvorschläge

a) Wiederaufleben der Anfechtungsfrist

Es wurde vorgeschlagen, dass die Anfechtungsfrist für jeden Berechtigten neu zu laufen beginnt, wenn die *„Folgen der Vaterschaft“* für ihn *„unzumutbar“* wären.[691] Ein solcher Fall könnte vorliegen, wenn die Mutter mit dem Kind zu dem biologischen Vater zieht und der (Ex-)Ehemann als rechtlicher Vater weiterhin auf Unterhalt in Anspruch genommen wird. Der Vorschlag wurde nicht umgesetzt, da sich kaum allgemeine Kriterien aufzeigen lassen, die zu einem beliebigen Zeitpunkt das Aufleben des Anfechtungsrechts rechtfertigen würden.[692] Außerdem würde die für das Statusrecht unverzichtbare, auch im öffentlichen Interesse liegende Klarheit und Sicherheit der Verhältnisse unter einer so unscharfen Regelung leiden.[693] Aus den gleichen Gründen wurde auch von einer gänzlichen Abschaffung der Anfechtungsfristen Abstand genommen.[694]

b) Recht auf Kenntnis der biologischen Abstammung

Für eine rechtsfolgenlose Abstammungsfeststellungsklage zur Ermöglichung der Kenntniserlangung der eigenen biologischen Abstammung sprach, dass damit die Abstammungsverhältnisse hätten geklärt werden können ohne dass die rechtliche Vaterschaft hätte angefochten werden müssen.[695] Die rechtsfolgenlose Feststellungsklage wurde aber wegen eines Katalogs von nicht beantworteten Fragen, die bei Einführung einer rechtsfolgenlosen Abstammungsfeststellung entstehen würden, abgelehnt.[696] Außerdem hatten sich viele Stimmen in der Reformdiskussion für eine Erweiterung der Kataloggründe der Vaterschaftsanfechtung durch das Kind gemäß § 1596 BGB[1970] ausgesprochen.[697] Der Gesetzgeber entschied sich dagegen, da er sich scheute, eine Generalklausel einzuführen, ohne die er aber eine weitere Einschränkung der Kindesanfechtung nicht für möglich erachtete.[698]

c) Eingeschränktes Anfechtungsrecht der Mutter

Zum Anfechtungsrecht der Mutter wurde überlegt, ob ihre Berechtigung unter der Einschränkung stehen sollte, dass die Anfechtung dem Kindeswohl diene; bei

691 § 1600 b Abs. 5 RegE.
692 *Helms*, FuR 1996, 178 (187).
693 BR-Drs. 180/96, S. 97; *Mutschler*, FamRZ 1996, 1381 (1382).
694 BR-Drs. 180/96, S. 97.
695 BT-Drs. 13/1752, S. 4; *BVerfG*, FamRZ 1994, 881 (884); *Coester-Waltjen*, Gutachten zum 56. DJT (1986), B1 (B63); 59. *DJT*, Die Beschlüsse, abgedruckt in NJW 1992, 3016 (3017); *Edenfeld*, FuR 1996, 190 (195); *Ernst*, Vater-Kind-Zuordnung, S. 175 ff.; *Zenz*, Referat beim 59. DJT (1992), M 9 (M 14).
696 Fragenkatalog: BT-Drs. 13/4899, S. 56 f.
697 *Frank*, GS Arens, 65 (82 ff.); *Frank*, FamRZ 1995, 975 (980 f.); *Gaul*, in Gaul (Hrsg.), Familienrecht in Geschichte und Gegenwart, 23 (47); *Helms*, FuR 1996, 178 (185).
698 BT-Drs. 13/4899, S. 56.

Volljährigkeit des Kindes sollte dessen Zustimmung erforderlich sein.[699] Durch diese Einschränkung sollte vermieden werden, dass die zwischen dem Kind und seinem Scheinvater gewachsenen Bindungen auch in Fällen beendet werden können, in denen dies nicht im Kindesinteresse liegt.[700] Die Ablehnung dieser Einschränkung wurde damit begründet, dass erwartet werde, die Mutter werde von ihrem Anfechtungsrecht nur innerhalb der ersten zwei Lebensjahre des Kindes Gebrauch machen, in denen sich eine persönliche Bindung zum rechtlichen Vater noch nicht entwickelt haben könne.[701] Dass dieser Entwurf abgelehnt wurde, stieß auf Kritik, da mit der Regelung auf eine mögliche Interessenkollision zwischen Mutter und Kind keinerlei Rücksicht mehr genommen wird.[702]

d) Anfechtungsrecht des biologischen Vaters

Wurde bei Schaffung des BGB ein Anfechtungsrecht des biologischen Vaters gar nicht in Erwägung gezogen, so machte sich der Gesetzgeber bereits beim Nichtehelichengesetz Gedanken zu der Problematik, ob der biologische Vater die Möglichkeit erhalten sollte, das Vaterschaftsanerkenntnis eines Dritten anzufechten. Angesichts der geänderten gesellschaftlichen Ausgangssituation gestand der Gesetzgeber des KindRG dem biologischen Vater ein Interesse an einer Vaterschaftsanfechtung zwar zu, ein eigenes Anfechtungsrecht wurde ihm dennoch mit der Begründung verwehrt, dass bei Nichtausübung des Anfechtungsrechts durch die übrigen Berechtigten die Vermutung naheliege, dass eine Anfechtung dem Wohl der sozialen Familie und damit dem Kindeswohl zuwider laufen würde.[703] Der Gesetzgeber stellte somit das grundsätzlich anerkannte Interesse des biologischen Vaters an einer Anfechtung hinter dem Interesse von rechtlichem Vater, Mutter und Kind an einer Beibehaltung der abstammungsrechtlichen Zuordnung zurück. An dieser Entscheidung wird deutlich, dass der Gesetzgeber im Zweifel der sozialen Vaterschaft innerhalb eines Familienverbands gegenüber der biologischen Vaterschaft den Vorrang gewährt.

e) Kein Anfechtungsausschluss nach künstlicher Insemination

Außerdem ist im Rahmen der Beratung zum KindRG bereits ein Anfechtungsausschluss für die Eltern bei einer künstlichen Befruchtung mittels Spendersamen Gegenstand der Diskussionen gewesen.[704] Eine Umsetzung wurde jedoch nicht

---

699 § 1600 Abs. 2 RegE.

700 Beschlüsse des 59. DJT, abgedruckt in NJW 1992, 3016 (3017); *Wichmann*, FuR 1996, 161 (166).

701 BT-Drs. 13/4899, S. 166.

702 *Gaul*, FamRZ 1997, 1441 (1457 f.); *Gaul*, FamRZ 2000, 1461 (1470).

703 BT-Drs. 13/4899, S. 57 f.

704 BR-Drs. 180/96, S. 4; BT-Drs. 13/4899, S. 148.

betrieben, um einer einheitlichen Gesamtregelung im Bereich der künstlichen Zeugung nicht vorzugreifen.[705]

4. *Fazit*

An der primären Vaterschaftszuordnung hat sich durch die Kindschaftsrechtsreform von 1998 inhaltlich nichts Grundsätzliches geändert. Die Vaterschaftszuordnungstatbestände wurden einheitlich in einem Paragraphen zusammengefasst. Die *Pater-est*-Regel wurde enger gefasst, wodurch der Gesetzgeber rechtliche Vaterschaften vermeiden wollte, die überwiegend weder biologisch richtig sind noch vermutlich in eine soziale Vaterschaft münden werden.

Der Mutter wird im Abstammungsrecht eine weitaus wichtigere Rolle zuerkannt als zuvor[706], indem sie der Vaterschaftsanerkennung zustimmen muss, ein eigenes Vaterschaftsanfechtungsrecht und ein eigenes Recht zur Betreibung der Vaterschaftsfeststellung erhalten hat.

Der Gesetzgeber hat versucht, das Verfassungsrecht des Kindes auf Kenntnis seiner biologischen Abstammung durch die Schaffung eines einheitlichen, voraussetzungslosen Anfechtungsrechts des Kindes zu realisieren. Dem Anfechtungsrecht des Kindes ist dadurch das soziale Korrektiv durch Wegfall der einzelnen Anfechtungsgründe des § 1596 BGB[1970] genommen worden. Die Mutter kann nach der Kindschaftsrechtsreform sowohl die Vaterschaft ihres Ehemanns als auch die Vaterschaft des Anerkennenden ohne weitere Voraussetzungen oder Beschränkungen anfechten.

Es erstaunt, dass sich der Reformgesetzgeber der Kindschaftsrechtsreform nicht mit den Fortschritten des naturwissenschaftlichen Vaterschaftsbeweises auseinandergesetzt hat.[707] So hätte er die Kindschaftsrechtsreform zum Anlass nehmen können, aufgrund der naturwissenschaftlichen Möglichkeiten die Vaterschaft mit an Sicherheit grenzender Wahrscheinlichkeit sowohl positiv als auch negativ feststellen zu können, das gesamte Abstammungsrecht revolutionieren können, indem er sich ausschließlich oder zumindest verstärkt an dem Grundsatz der biologischen Abstammung (§ 1589 BGB) orientiert. Dass er diese Möglichkeit nicht ergriffen hat, zeigt, dass der Gesetzgeber neben der biologischen Vaterschaft auch die soziale Vaterschaft für schützenswert erachtet. Das Abstammungsrecht ist durch die Erweiterung des Anfechtungsrechts insgesamt näher an den Grundsatz der biologischen Abstammung des § 1589 BGB gerückt. Dies geschah jedoch nicht aufgrund der naturwissenschaftlichen Möglichkeiten. Damit hat das KindRG in Bezug auf das Abstammungsrecht aufgrund der Nichtbeachtung der naturwissenschaftlichen Möglichkeiten bei der Vaterschaftsklärung auf der einen Seite und der Ablehnung einer Regelung zum Schutz der sozialen Familie als Generalklausel im

---

705 BT-Drs. 13/8511, S. 59; BT-Drs. 13/4899, S. 52; Staudinger/*Rauscher* (2011), § 1600, Rn 4.

706 *Helms*, FuR 1996, 178 (183 f.).

707 *Diederichsen*, NJW 1998, 1977 (1980); *Gaul*, FamRZ 2000, 1461 (1463).

Anfechtungsrecht des Kindes auf der anderen Seite weder eine eindeutige Position für die biologische noch für die soziale Vaterschaft eingenommen.

IX. Neuere Änderungen

1. Anfechtungsausschluss nach künstlicher Insemination

Durch das Gesetz zur weiteren Verbesserung von Kinderrechten (KindRVerbG) vom 09.04.2003[708] wurde, wie bereits bei den Beratungen zum KindRG diskutiert[709], das Anfechtungsrecht für Mutter und Vater nach Einwilligung beider in eine künstliche Befruchtung mittels Spendersamen gemäß § 1600 Abs. 2 BGB^{2003} ausgeschlossen.[710] Ein Anfechtungsausschluss wurde von der Literatur bereits seit langem gefordert.[711] Die Rechtsprechung hingegen hielt bis dato eine Einwilligung in die Fremdinsemination beziehungsweise einen rechtsgeschäftlichen Verzicht auf das Anfechtungsrecht für nicht ausreichend, um das Anfechtungsrecht ohne Bestehen einer gesetzlichen Sonderregelung auszuschließen.[712]

Dieser Streit zwischen Literatur und Rechtsprechung zeigt deutlich die gegenläufigen Tendenzen im Abstammungsrecht zwischen biologischen und sozialen Aspekten. Die dogmatische Argumentation der Rechtsprechung stärkte das Statusprinzip, dem das Abstammungsrecht unterliegt, denn grundsätzlich können rechtsgeschäftliche Erklärungen, wie hier die Einwilligung in die künstliche Befruchtung mittels Spendersamen und der Verzicht auf das Anfechtungsrecht, das Statusprinzip nicht aushebeln. Hierdurch wird wiederum der biologische Aspekt der Vaterschaft in den Vordergrund gerückt, indem die Anfechtung allein aufgrund der fehlenden biologischen Abstammung durchdrang, obwohl der Vater mit seiner Einwilligung in die künstliche Befruchtung erklärte, dass er Vater eines Kind werden wollte, das biologisch nicht von ihm abstammt.

Die Ansichten aus der Literatur hingegen wollten den Gesichtspunkt der sozialen Familie mehr berücksichtigt wissen. Das Sich-zueinander-Bekennen mittels Einwilligung in die künstliche Befruchtung mit Spendersamen und Verzicht auf die Anfechtung sollte so über dem Statusrecht stehen. Die Gesetzesänderung

---

708 BGBl. I (2002), S. 1239 f.

709 S.o.: 3. Teil. B. VIII. 3. e) Kein Anfechtungsausschluss nach künstlicher Insemination.

710 Vgl. zur KindRVerbG auch Staudinger/*Rauscher* (2011), § 1600, Rn 5; Soergel/*Schmidt-Recla* (2012), § 1600, Rn 45; MüKo/*Wellenhofer* (2012), § 1600, Rn 29.

711 *Bernat*, MedR 1986, 245 (247); *Dethloff*, NJW 1992, 2200 (2207); *Deutsch*, MDR 1985, 177 (180); *Giesen*, JZ 1983, 552 (552 ff.); *Gottwald*, FS Hubmann, 111 (120); *Harder*, JuS 1986, 505 (507); *Kemper*, FuR 1995, 309 (310); *Knittel*, DAVorm 1997, 650 (651 f.); *Kollhosser*, JA 1985, 553 (559); *Roth*, FamRZ 1996, 769 (771); *Schumacher*, FamRZ 1987, 313 (315 f.); *Spickhoff*, AcP 197 (1997), 398 (423 f.); *Wolf*, FuR 1998, 392 (394).

712 *BGH*, FamRZ 1983, 686 (687 ff.); *BGH*, FamRZ 1995, 1272 (1272 f.); vgl. auch *Peschel-Gutzeit*, FPR 2002, 285 (286 f.).

stärkt damit die sozialen Aspekte der Vaterschaft, indem sie dem Kind denjenigen Mann als Vater sichert, der, in dem Bewusstsein, dass das Kind nicht von ihm biologisch abstammt, dennoch in die Entstehung des Kindes mittels Samenspende eingewilligt hat.

2. *Anfechtungsmöglichkeit für den biologischen Vater*

Das Gesetz zur Änderung der Vorschriften über die Anfechtung der Vaterschaft und das Umgangsrecht von Bezugspersonen des Kindes, zur Registrierung von Vorsorgeverfügungen und zur Einführung von Vordrucken für die Vergütung von Berufsbetreuern vom 23.04.2004[713], das am 30.04.2004 in Kraft trat, führte unter bestimmten Voraussetzungen ein Anfechtungsrecht für den biologischen Vater ein, welches vom *Bundesverfassungsgericht* initiiert wurde.[714]

a) Bisherige Diskussion um ein Anfechtungsrecht des biologischen Vaters

Bereits im Rahmen der Gesetzgebungsarbeiten zum Nichtehelichengesetz machte sich der Gesetzgeber Gedanken zu der Problematik, ob der biologische Vater die Möglichkeit haben sollte, das nicht der biologischen Abstammung entsprechende Vaterschaftsanerkenntnis eines anderen Mannes anzufechten. Dagegen wurde angeführt, eine Infragestellung der Abstammungsverhältnisse widerspreche in der Regel dem Kindeswohl[715], was wohl den damaligen Statusunterschieden zwischen ehelicher und nichtehelicher Abstammung geschuldet war.

Im Jahr 1981 beschäftigte sich der *Bundesgerichtshof* mit der Klage eines Mannes, der die Feststellung begehrte, dass das Kind biologisch von ihm und nicht vom Ehemann der Kindsmutter abstammte. Da die Ehelichkeit des Kindes von keinem der Berechtigten, also in erster Linie vom Kind und vom Ehemann, angefochten worden war, wiesen die Richter die Klage des potenziellen biologischen Vaters zum einen aus statusrechtlichen Gründen aufgrund der Sperrwirkung der rechtlichen Vaterschaft, aber auch zum Schutz des Familienfriedens und des Kindeswohls ab.[716] Das Persönlichkeitsrecht des Kindes umfasse den *„Anspruch auf ungestörtes Aufwachsen in dem unangefochtenen Status“* als eheliches Kind.[717] Auch hier war der Schutz des ehelichen Status des Kindes, der gleichgesetzt wurde mit dem Bestehen einer sozialen Familie, noch ein vorrangiges Ziel.

Auch in der Beratung zum KindRG wurde ein Anfechtungsrecht des biologischen Vaters diskutiert, aber abgelehnt. Der besondere Schutz der Ehe aus

713 BGBl. I (2004), S. 598 ff.
714 *BVerfG*, FamRZ 2003, 816 (816).
715 *Helms*, FamRZ 1997, 913 (913).
716 *BGH*, FamRZ 1981, 538 (538).
717 *BGH*, FamRZ 1981, 538 (538).

Art. 6 Abs. 1 GG sei der natürlichen Elternstellung grundsätzlich überzuordnen.[718] Bei einer Abwägung der Interessen der Beteiligten sei das Interesse des biologischen Vaters stets nachrangig gegenüber dem Wohl der sozialen Familie einzustufen.[719] Hierbei wurde allerdings bereits ein nicht völlig bedeutungsloses Interesse des biologischen Vaters an der Kenntnis seiner biologischen Nachkommenschaft angenommen.[720]

Die gesamte Argumentation gegen ein Anfechtungsrecht des biologischen Vaters hatte teilweise bereits bei den Arbeiten am KindRG an Überzeugungskraft verloren. So wurde der Schutz des Ehelichkeitsstatus nach Aufhebung der Unterscheidung zwischen ehelichen und nichtehelichen Kindern für weniger wichtig erachtet. Auch die Vorstellung, dass die Ehelichkeit allein gewissermaßen als Garant für die Verwirklichung des Kindeswohls betrachtet werden kann, wurde, ebenso wie die Ansicht, welche die Nichtehelichkeit mit sozialer Vaterlosigkeit und Gefährdung des Kindeswohls gleichsetzte, revidiert.[721] So lässt sich ein generelles Desinteresse biologischer Väter an dem Schicksal ihrer Kinder nicht mehr ohne weiteres behaupten. Vielmehr wurden die familiensoziologischen Befunde zum Wandel der gesellschaftlichen Verhältnisse[722] in die Diskussionen eingebracht. Väter schlossen sich teilweise in Interessengemeinschaften zusammen[723], um ihren Forderungen nach größerem rechtlichen Einfluss und verstärkten Kontaktmöglichkeiten in Bezug auf ihr Kind politischen Druck zu verleihen.[724]

b) Auftrag durch das Bundesverfassungsgericht

Das *Bundesverfassungsgericht* hat in der maßgeblichen Entscheidung die Verfassungswidrigkeit von § 1600 BGB[2003] im Hinblick auf Art. 6 Abs. 2 GG insoweit festgestellt, *„als er dem biologischen Vater auch dann das Recht auf Anfechtung der rechtlichen Vaterschaft vorenthält, wenn die rechtlichen Eltern mit dem Kind gar keine schützenswerte soziale Familie bilden"*.[725] Es führte dazu aus, dass Art. 6 Abs. 2, S. 1 GG auch den biologischen Vater in seinem Interesse schütze, die rechtliche Vaterstellung einzunehmen. Art. 6 GG gebe kein Rangverhältnis zwischen biologischer und sozialer Vaterschaft vor, so dass eine Abwägung diesbezüglich durch den Gesetzgeber erfolgen müsse.[726] Der Schutz der sozialen Familie, das Hauptargument auf welches der Ausschluss des biologischen Vaters von

718 *Frank*, in Ramm/Grandke (Hrsg.), Familienrechtspolitik nach der Wiedervereinigung, 71 (82); *Holzhauer*, FamRZ 1982, 109 (112).
719 BT-Drs. 13/4899, S. 58.
720 BT-Drs. 13/4899, S. 57.
721 *Schwenzer*, 59. DJT, A 20.
722 S.o.: 2. Teil. A. III. Weiterentwicklung von Familie und Vaterschaft bis heute.
723 S.o.: 1. Teil. B. I. 2. b) Interessenvertretungen von Vätern.
724 *Stein-Hilbers*, ZRP 1993, 256 (258).
725 *BVerfG*, FamRZ 2003, 816 (821); *Els*, FPR 2011, 380 (380).
726 *BVerfG*, FamRZ 2003, 816 (820); *Ehrhardt-Rauch*, JAmt 2004, 175 (176).

der Anfechtung in der Begründung zum KindRG gestützt wurde[727], sei zwar ein hinreichender Grund für den Ausschluss des biologischen Vaters. Dieser Grund greife aber nicht, wenn der rechtliche Vater mit dem Kind keine soziale Familie bilde, die es zu schützen gebe.[728] Um diese Problematik gesetzlich zu klären, wurde dem Gesetzgeber aufgegeben, bis zum 30.04.2004 eine verfassungsgemäße Regelung zu treffen.[729]

c) Gesetzliche Neuregelung

Der biologische Vater erhielt erstmalig in der Geschichte des BGB eine Anfechtungsmöglichkeit, wenn er an Eides statt versichert, der Mutter des Kindes während der Empfängniszeit beigewohnt zu haben (§ 1600 Abs. 1 Nr. 2 BGB) und wenn zwischen dem Kind und dem rechtlichen Vater keine sozial-familiäre Beziehung besteht oder im Zeitpunkt seines Todes bestanden hat (§ 1600 Abs. 2 BGB).

Im Rahmen der Einführung des Anfechtungsrechts des biologischen Vaters wurde auch § 1592 BGB geändert. Um zu vermeiden, dass das Kind nach erfolgreicher Anfechtung durch den biologischen Vater vaterlos gestellt ist, wurde in § 1592 Nr. 3 BGB neben der Vaterschaftsfeststellung nach § 1600d BGB die Vaterschaftsfeststellung nach dem auch neu eingeführten § 640h Abs. 2 ZPO (heute § 182 Abs. 1 FamFG) eingefügt. Der biologische Vater wird damit bei seiner erfolgreichen Anfechtung automatisch rechtlicher Vater gemäß § 1592 Nr. 3 BGB i.V.m. § 182 Abs. 1 FamFG. Stellt sich heraus, dass der potenziell biologische Vater tatsächlich nicht der biologische Vater ist, wird sein Anfechtungsantrag abgewiesen.[730]

d) Ergebnis

Durch die Einführung eines Anfechtungsrechts des biologischen Vaters wird der Grundsatz der biologischen Abstammung grundsätzlich gestärkt. Gleichzeitig wird mit der Beschränkung des Anfechtungsrechts des biologischen Vaters durch die Voraussetzung des Nichtbestehens einer sozial-familiären Beziehung zwischen Kind und rechtlichem Vater die soziale Vaterstellung, die bereits in einer rechtlichen Vaterschaft abgesichert ist, erheblich aufgewertet. Der Gesetzgeber hat ausdrücklich klargestellt, dass die rechtlich-soziale Vaterschaft gegenüber der biologischen Vaterschaft, gleichgültig, ob diese auch mit sozialen Bindungen zwischen Kind und biologischem Vater einhergeht, in ihrem Bestand geschützt ist.

Ob diese Ausgestaltung einen angemessenen Interessenausgleich darstellt, bleibt fraglich.

---

727 BT-Drs. 13/4899, S. 58.

728 *BVerfG*, FamRZ 2003, 816 (821).

729 *BVerfG*, FamRZ 2003, 816 (825); *Ehrhardt-Rauch*, JAmt 2004, 175 (176); *Els*, FPR 2011, 380 (380).

730 *Seidel*, FPR 2005, 181 (184); *Wieser*, FamRZ 2004, 1773 (1774).

3. (Wieder)einführung eines staatlichen Anfechtungsrechts

Durch das Gesetz zur Ergänzung des Rechts zur Anfechtung der Vaterschaft vom 13.03.2008[731] wurde ein, jedoch stark begrenztes, staatliches Anfechtungsrecht in § 1600 Abs. 1 Nr. 5, Abs. 3, 6 BGB abermals[732] eingeführt.[733] Damit sollte der Problematik begegnet werden, dass eine Vaterschaftsanerkennung von deutschen Männern oder ausländischen Männern mit gesichertem Aufenthaltsstatus betrieben wird, um ausländischen Kindern und ihren Müttern, zum Teil gegen Bezahlung, ein Aufenthaltsrecht in Deutschland mit Zugriff auf das deutsche Sozialsystem zu verschaffen oder, dass ein Ausländer ein deutsches Kind anerkennt, um selber einen Anspruch auf Erteilung einer Aufenthaltserlaubnis zu erhalten.[734] Solchen Fällen missbräuchlicher Vateraschaftsanerkennung ist gemein, dass weder eine biologische noch eine soziale Verbundenheit zwischen Mann und Kind besteht oder angestrebt wird.[735]

In der amtlichen Begründung machte der Gesetzgeber deutlich, dass die Vaterschaftsanerkennung ohne staatliche Kontrolle gewollt ist und weiterhin grundsätzlich beibehalten werden soll.[736] Damit bekennt sich der Gesetzgeber ersichtlich dazu, dass die Vaterschaftsanerkennung auch dazu dienen soll, neben der biologischen ebenso eine rein soziale Vaterschaft in eine rechtliche münden zu lassen. Damit hat die Einführung des staatlichen Anfechtungsrechts keinen Bezug zu den im Abstammungsrecht widerstreitenden biologischen und sozialen Aspekten, sondern ist vielmehr der Verhinderung der Ausnutzung der abstammungsrechtlichen Wirkungen im Aufenthaltsgesetz geschuldet. Das staatliche Anfechtungsrecht aus § 1600 Abs. 1 Nr. 5, Abs. 3, 6 BGB kann daher in der folgenden Untersuchung vernachlässigt werden.[737]

4. Anspruch auf Einwilligung in eine Abstammungsklärung

Das Gesetz zur Klärung der Vaterschaft unabhängig vom Anfechtungsverfahren vom 26.03.2008[738] ist am 01.04.2008 in Kraft getreten. Es führte den § 1598a BGB ein, der einen Anspruch des rechtlichen Vaters, der Mutter und des Kindes gegen die jeweils anderen Beteiligten auf Einwilligung in eine genetische Abstammungsuntersuchung sowie Duldung der Probenentnahme normierte.

---

731 BGBl. I (2008), S. 313 ff.

732 *Henrich*, FamRZ 2006, 977 (977); s.o.: 3. Teil. B. III. Zeit des Nationalsozialismus.

733 Vertiefend hierzu: *Kühnel*, Die missbräuchliche Vaterschaftsanerkennung.

734 *Arendt-Rojahn*, FPR 2007, 395 (395); *Beinkinstadt*, JAmt 2007, 342 (342 f.).

735 Vgl. hierzu: Staudiner/*Rauscher* (2011), § 1600, Rn 17c.

736 BT-Drs. 16/3291, S. 1

737 Gemäß *BVerfG*, FamRZ 2014, 449 (449 ff.) ist das staatliche Anfechtungsrecht verfassungswidrig.

738 BGBl. I (2008), S. 441 ff.

a) Historische Diskussion um eine isolierte Abstammungsklärung

Zwar ist die gesetzliche Regelung des § 1598a BGB noch relativ neu, Gedanken um ein Verfahren, welches nur die biologische Abstammung zum Gegenstand hat, gibt es aber schon recht lange.[739] Der Begründungsansatz für die Möglichkeit der biologischen Abstammungsklärung hat sich jedoch gewandelt. Während der Zeit des Nationalsozialismus wurde eine vom Statusverfahren isolierte Abstammungsklärung noch mit der Relevanz um die Ermittlung der *arischen* Herkunft begründet.[740] Danach wurde eine isolierte Abstammungsklärung zur Gleichstellung ehelicher und nichtehelicher Kinder herangezogen, da eheliche Kinder immer einem Mann als Vater zugeordnet seien. Nichteheliche Kinder müssten dagegen einen Anspruch haben, die Vaterschaft isoliert klären zu lassen.[741] Zu besonders lebhaften Diskussionen hat das aus dem Persönlichkeitsrecht abgeleitete Recht des Kindes auf Kenntnis der eigenen biologischen Abstammung geführt. Spätestens seit der Anerkennung dieses Rechts durch das *Bundesverfassungsgericht*[742] wird das Recht des Kindes auf Kenntnis der eigenen biologischen Abstammung als Argument für die Einführung eines isolierten Abstammungsklärungsverfahrens herangezogen.[743]

b) Vorgaben des Bundesverfassungsgerichts

Das Gesetz zur Klärung der Vaterschaft unabhängig vom Anfechtungsverfahren beruht auf einem Auftrag des *Bundesverfassungsgerichts* an den Gesetzgeber, bis zum 31.03.2008 die Rechtslage verfassungsgemäß auszugestalten.[744]

Mit der Verfassungsbeschwerde wendete sich der Beschwerdeführer gegen die vom *Bundesgerichtshof*[745] festgestellte gerichtliche Unverwertbarkeit eines heimlich eingeholten Abstammungsgutachtens, das nicht den für eine Vaterschaftsanfechtung nötigen Anfangsverdacht begründen konnte. Das *Bundesverfassungsgericht* stimmte dem *Bundesgerichtshof* bei der Frage der gerichtlichen Unverwertbarkeit heimlich eingeholter Abstammungsgutachten zu[746], stellte aber weiterführend fest, dass das geltende Abstammungsrecht nicht geeignet sei, das verfassungsrechtlich geschützte Recht auf Kenntnis der eigenen biologischen Identität aus Art. 2 Abs. 1

739 Zur Diskussion um eine isolierte Abstammungsfeststellungsklage: *Süß*, Feststellung der Vaterschaft unabhängig vom Anfechtungsverfahren, S. 7 ff.; *Zimmermann*, Abstammungsfeststellungsklage, S. 96 f.

740 S.o.: 3. Teil. B. III. Zeit des Nationalsozialismus.

741 S.o.: 3. Teil. B. IV. Entwicklung nach 1945.

742 *BVerfG*, FamRZ 1989, 255 (257 ff.).

743 *Sethe*, Durchsetzbarkeit des Rechts auf Kenntnis der eigenen Abstammung, S. 213 ff. m.w.N.

744 *BVerfG*, FamRZ 2007, 441 (448); *Schneider*, Rechtsfolgenlose Klärung der biologischen Abstammung gemäß § 1598a BGB, S. 9 ff.

745 *BGH*, FamRZ 2005, 340 (340 ff.).

746 *BVerfG*, FamRZ 2007, 441 (446 f.).

i.V.m. Art. 1 Abs. 1 GG[747] ausreichend zu realisieren.[748] Der Gesetzgeber müsse daher einen Verfahrensweg eröffnen, der dem Recht auf Kenntnis und Feststellung der biologischen Abstammung zur Verwirklichung verhelfe, ohne dass damit zwingend eine Änderung des rechtlichen Status verbunden sei.[749]

c) Gesetzliche Neuregelung

Anstelle der diskutierten Absenkung an die Anforderungen des Anfangsverdachts als Voraussetzung einer Vaterschaftsanfechtung[750], der Legalisierung heimlicher Abstammungsgutachten[751] oder der Einführung einer isolierten Abstammungsfeststellungsklage[752] wurde § 1598a BGB geschaffen.[753]

Der neu in das BGB eingefügte § 1598a BGB gewährt einen Anspruch auf Einwilligung in die Abstammungsuntersuchung sowie Duldung der Probenentnahme. Die Abstammungsuntersuchung selbst wird privat durchgeführt. Der Anspruch ist voraussetzungslos und zeitlich unbefristet ausgestaltet.[754]

Diese Neuregelung soll die *„Dialogbereitschaft in der Familie und die Bereitschaft zur außergerichtlichen Einigung fördern"*.[755]

d) Nicht umgesetzte Überlegungen

aa) Neubeginn der Anfechtungsfristen

Nach dem ursprünglichen Regierungsentwurf sollte nach Durchführung des isolierten Klärungsverfahrens für die Ausübung des regulären Vaterschaftsanfechtungsrechts für Vater und Kind die Anfechtungsfrist neu in Gang gesetzt

---

747 S.o.: 3. Teil. A. IV. Kenntnis der eigenen biologischen Identität.

748 *BVerfG*, FamRZ 2007, 441 (442).

749 *BVerfG*, FamRZ 2007, 441 (447).

750 § 180 Abs. 2, S. 2 des Referentenentwurfs des BMJ für ein Gesetz zur Reform des Verfahrens in Familiensachen und in den Angelegenheiten der freiwilligen Gerichtsbarkeit vom 14.02.2006; *Frank/Helms*, FamRZ 2007, 1277 (1280); *Huber*, FamRZ 2006, 1425 (1425); *Knoche*, FuR 2005, 348 (355); *Ohly*, JZ 2005, 626, (628); *Spickhoff*, in Spickhoff u. a. (Hrsg.), Streit um die Abstammung, 13 (51 ff.); *Wellenhofer*, FamRZ 2005, 665 (668); *Wolf*, NJW 2005, 2417 (2420); *Zuck*, ZRP 2005, 117 (118).

751 Gesetzesantrag des Landes Baden-Württemberg „Entwurf eines Gesetzes zum Schutz der Persönlichkeitsrechte bei Abstammungsuntersuchungen" = BR-Drs. 280/05.

752 Antrag der FDP-Fraktion „Verfahren der Vaterschaftstests vereinfachen und Grundrechte wahren" = BT-Drs. 15/4727.

753 Vertiefend zum Gesetzgebungsverfahren: *Schneider*, Rechtsfolgenlose Klärung der biologischen Abstammung gemäß § 1598a BGB, S. 16 ff.

754 Tiefergehend zum Verfahren nach § 1598a BGB: *Ostermann*, Klärungsverfahren gemäß § 1598a BGB; *Süß*, Feststellung der Vaterschaft unabhängig vom Anfechtungsverfahren.

755 BT-Drs. 16/6561, S. 10.

werden.[756] Wenn man bedenkt, dass die einzige Voraussetzung der Anfechtung die Nichtübereinstimmung von biologischer und rechtlicher Vaterschaft ist und diese durch das Abstammungsfeststellungsverfahren gewissermaßen für alle Beteiligten kenntlich wird, erscheint es konsequent, dem rechtlichen Vater die Möglichkeit einzuräumen, die rechtliche Vaterschaft aufheben zu lassen. Diese Verknüpfung zwischen Abstammungsklärung und Vaterschaftsanfechtung wäre ein großer Schritt in Richtung des Grundsatzes der Abstammungswahrheit gewesen. Das Interesse des Kindes *„am Erhalt seiner rechtlichen und sozialen familiären Zuordnung"*[757] wäre jedoch übergangen worden.[758] Dieser Vorschlag wurde daher mit der Begründung abgelehnt, dass damit die geltenden Anfechtungsfristen sinnlos würden und *de facto* keine Gültigkeit mehr hätten.[759] Der Gesetzgeber ging davon aus, dass, insbesondere bei Trennung der rechtlichen Eltern, die rechtliche Vaterschaft, die nicht auf einer biologischen Verbundenheit beruht, vermehrt aufgehoben werde, wenn dies ohne die Hürden der Anfechtungsfrist möglich wäre.[760] Dies macht aus soziobiologischer Sicht zwar Sinn, aber der psychologische Aspekt der Bindungstheorie wurde bei dieser Argumentation außer Acht gelassen.[761]

bb) Ausschluss des biologischen Vaters

Obwohl das *Bundesverfassungsgericht* ausdrücklich hervorgehoben hatte, dass auch der biologische Vater ein verfassungsrechtlich schutzwürdiges Interesse an der Klärung der Abstammungsverhältnisse habe[762], wurde er nicht an dem neuen Verfahren nach § 1598a BGB beteiligt. Begründet wurde diese Entscheidung damit, dass der biologische Vater auf das Anfechtungsverfahren verwiesen werden kann, da nur so sichergestellt werden könne, dass er gegebenenfalls Verantwortung für das Kind übernehmen werde.[763] Diese Begründung vermag nicht zu überzeugen, da bei Bestehen einer rechtlichen Vaterschaft eine Verantwortungsübernahme durch den biologischen Vater gerade nicht notwendig erscheint.

e) Ergebnis

Zwar bezweckte die Einführung des § 1598a BGB die Möglichkeit der Kenntniserlangung der biologischen Abstammungsverhältnisse. Damit nahm das Gesetz die naturwissenschaftlichen Möglichkeiten auf und brachte das Abstammungsrecht

---

756 § 1600b Abs. 7 Regierungsentwurf; BT-Drs. 16/6561, S. 5.
757 *BVerfG*, FamRZ 2007, 441 (444).
758 *Helms*, FamRZ 2008, 1033 (1036).
759 BT-Drs. 16/8219, S. 7.
760 Vgl. BT-Drs. 16/8219, S. 7.
761 Vgl. oben: 2. Teil. B. Vateridentität.
762 *BVerfG*, FamRZ 2007, 441 (441 f., 446).
763 BT-Drs. 16/6561, S. 10.

zumindest ein Stück weit auf die Höhe der Zeit.[764] Die Begrenzung der Anspruchsberechtigten auf den rechtlichen Vater, die Mutter und das Kind unter Ausschluss des potenziellen biologischen Vaters erscheint jedoch fragwürdig. Mit Blick auf den Hintergrund der Gesetzesentstehung erscheint diese Begrenzung allerdings nachvollziehbar. Es ging in erster Linie darum, dass rechtliche Väter keine Möglichkeit hatten, ohne die Einwilligung von Mutter und Kind eine Abstammungsuntersuchung durchzuführen, so dass ihnen das Recht auf Kenntnis ihrer biologischen Vaterschaft insbesondere von der Mutter vorenthalten werden konnte, was zu einer regen Diskussion über Väterrechte führte. Indes ging es in diesen Fällen nicht um die bloße Kenntniserlangung, sondern vielmehr um die Möglichkeit der Aufhebung der rechtlichen Vaterschaft. Die Frage, ob ein rechtlicher Vater, der davon ausging, auch biologischer Vater zu sein, an die rechtliche Vaterschaft gebunden werden darf, hat die Neuregelung jedoch nicht geklärt.

5. *Reform des Verfahrensrechts*

Das Gesetz über das Verfahren in Familiensachen und in den Angelegenheiten der freiwilligen Gerichtsbarkeit (FamFG) vom 17.12.2008[765], das am 01.09.2009 in Kraft trat, hat das Gesetz über die Angelegenheiten der freiwilligen Gerichtsbarkeit (FGG) und das 6. Buch der ZPO über das Verfahren in Familiensachen abgelöst und so unter anderem das Verfahren in Abstammungssachen in einer Verfahrensordnung zusammengefasst.[766]

Vor Inkrafttreten des FamFG richteten sich Verfahren in Abstammungssachen in Bezug auf Feststellung oder Anfechtung der Vaterschaft in der Regel nach § 640 ZPO a.F. i.V.m. § 1600e Abs. 1 BGB a.F. und waren damit als Kindschaftsverfahren geregelt. Lediglich in Fällen, in denen der Beklagte bereits verstorben war, handelte es sich um ein Verfahren der freiwilligen Gerichtsbarkeit gemäß § 55b FGG a.F.

Das Verfahren in Abstammungssachen ist nun einheitlich in den §§ 169–185 FamFG geregelt. Alle Abstammungssachen sind nach der FamFG-Reform den Regelungen der freiwilligen Gerichtsbarkeit unterworfen[767], was den Vorteil hat, dass diese Verfahren im Gegensatz zu den streitigen ZPO-Verfahren flexibler gehandhabt werden können.[768] Insbesondere können weitere Beteiligte, wie das Jugendamt, unproblematischer in das Verfahren einbezogen werden und es gibt keine formale Gegnerschaft mehr zwischen den Beteiligten.[769]

---

764 *bke*, ZKJ 2007, 362 (362).

765 BGBl. I (2008), S. 2586 ff.

766 *Schulte-Bunert*, Das neue FamFG, S. V.

767 Bork/Jacoby/Schwab/*Löhnig*, FamFG, § 169, Rn 1.

768 BT-Drs. 16/6308, S. 243; *Bumiller/Harders*, FamFG, § 169, Rn 1; Keidel/*Engelhardt*, FamFG, § 169, Rn 1.

769 Haußleiter/*Fest*, FamFG, Vorbemerkung § 169, Rn 2; *Schulte-Bunert*, Das neue FamFG, S. 162.

Trotz der grundsätzlichen Ausgestaltung des Verfahrens in Abstammungssachen als Verfahren der freiwilligen Gerichtsbarkeit wurde an den Regelungen des Strengbeweises gemäß § 177 Abs. 2 FamFG, der *inter-omnes*-Wirkung nach § 184 Abs. 2 FamFG und der Möglichkeit der Wiederaufnahme des Verfahrens nach § 185 FamFG als Elemente des streitigen ZPO-Verfahrens festhalten.[770] Diese Beibehaltung liegt begründet in der besonderen Bedeutung der Frage der Abstammung[771], insbesondere an der Zielsetzung, einerseits das Statusprinzip zu wahren (§ 184 Abs. 2 FamFG)[772] und andererseits eine größtmögliche Übereinstimmung von rechtlicher und biologischer Vaterschaft zu erreichen (§ 177 Abs. 2 und § 185 FamFG).[773] Folglich wird auch das Verfahrensrecht in Abstammungssachen, das eng mit dem materiellen Recht verflochten ist[774], sowohl von sozialen als auch von biologischen Aspekten geleitet.

6. Fazit

Mit den neueren Änderungen scheinen vermehrt Einzelkorrekturen im Abstammungsrecht vorgenommen worden zu sein, wobei teilweise die biologischen Aspekte, teilweise auch soziale Aspekte in den Vordergrund gestellt werden. Die Einführung einer Anfechtungsberechtigung für den biologischen Vater im Jahre 2004 bezweckte die Stärkung des Grundsatzes der biologischen Abstammung. Durch die Voraussetzung des Nichtbestehens einer sozial-familiären Beziehung zwischen rechtlichem Vater und Kind wurde aber auch die rechtlich-soziale Vaterschaft aufgewertet. Die Einführung eines Verfahrens nur zur Klärung der biologischen Abstammungsverhältnisse stärkte wiederum den Grundsatz der biologischen Abstammung, da mit Klärung der biologischen Abstammungsverhältnisse die rechtliche Vaterschaft aber nicht berührt wurde, wurde wiederum auch die rechtlich-soziale Vaterschaft vor Anfechtungen geschützt. Der Ausschluss des biologischen Vaters stellt wiederum das Prinzip der Abstammungswahrheit weiter ins Abseits.

In den jüngsten Entwicklungen sind damit zunächst einmal Tendenzen hin zu einer „*Biologisierung*“[775] des Abstammungsrechts erkennbar, die wohl in erster Linie darauf zurückzuführen sind, dass die biologischen Abstammungsverhältnisse

770 Haußleiter/*Fest*, FamFG, Vorbemerkung § 169, Rn 3; *Schulte-Bunert*, Das neue FamFG, S. 162; Prütting/Helms/*Stößer*, FamFG, § 169, Rn 2.

771 MüKo/*Coester-Waltjen/Hilbig-Lugani*, FamFG, Vor §§ 169 ff., Rn 2; Bassenge/Roth/*Wagner*, FamFG, § 177, Rn 2.

772 MüKo/*Coester-Waltjen/Hilbig-Lugani*, FamFG, § 184, Rn 1; Prütting/Helms/*Stößer*, FamFG, § 184, Rn 6.

773 *Bumiller/Harders*, FamFG, § 177, Rn 2 und § 185, Rn 1; MüKo/*Coester-Waltjen/Hilbig-Lugani*, FamFG, § 177, Rn 9 und § 185, Rn 3; Keidel/*Engelhardt*, FamFG, § 177, Rn 2 und § 185, Rn 1.

774 MüKo/*Coester-Waltjen/Hilbig-Lugani*, FamFG, Vor §§ 169 ff., Rn 1.

775 *Balloff*, FPR 2005, 210 (213); *Frank*, FamRZ 1992, 1365 (1372); *Koch*, FamRZ 1990, 569 (573 f.).

mittlerweile einfach, schnell und relativ kostengünstig zu erfahren sind und somit der Einwand der Unmöglichkeit eines sicheren Beweises gegen die biologischen Aspekte der Vaterschaft heute nicht mehr gilt. Außerdem ist die Bedeutung der Ehe der Eltern angesichts der Gleichstellung von ehelichen und nichtehelichen Kindern für das Abstammungsrecht in den Hintergrund getreten. Aus dieser Entwicklung heraus hat sich der biologische Vater von einem weitgehend *„juristischen Niemand“*[776] zu einer Rechtsperson mit subjektiven Rechten entwickelt.[777]

X. Schlussfolgerung

Die Untersuchung der historischen Entwicklung des Abstammungsrechts hat ergeben, dass die zum Teil widerstreitenden sozialen und biologischen Aspekte der Vaterschaft immer wieder neu gewichtet und ausbalanciert wurden.

Die biologische Abstammung war seit Inkrafttreten des BGB nur in begrenztem Umfang als übergeordnetes Ziel für die rechtliche Zuordnung des Kindes zu einem bestimmten Mann als Vater von Bedeutung, obwohl seit Entstehung des BGB ausdrücklich die biologische Abstammung als Grundsatz der Verwandtschaft in § 1589 BGB verankert ist. Statt einer Anknüpfung an die biologische Vaterschaft wurden soziale Komponenten, in erster Linie die Ehe der Kindsmutter, berücksichtigt. Biologische Verbundenheit stand hinter dem besonderen Ansehen der Ehe zurück, die das gesamte Abstammungsrecht durch seine Einteilung in eheliche und nichteheliche Abstammung prägte und es so zum Teil für den Institutionsschutz der Ehe instrumentalisierte.[778] Diese Ungleichbehandlung wurde, einhergehend mit den gesellschaftlichen Entwicklungen[779], stetig abgebaut. So lassen sich viele Wandlungstendenzen im deutschen Abstammungsrecht anhand der gesellschaftlichen Veränderungen erklären.[780] Dies ist beispielhaft an den Wertungen bezüglich der nichtehelichen Vaterschaft zu erkennen. Wandelt sich die gesellschaftliche Einstellung zur Ehe und Elternschaft seit den 1970er Jahren[781], so können seit dieser Zeit auch Tendenzen hin zu einem einheitlichen Abstammungsrecht erfasst werden.

Trotz tiefgreifender Wandlungen sind einige konstante Grundzüge des Abstammungsrechts zu erkennen. So erhielt die Abstammungswahrheit auf der Primärebene der Vater-Kind-Zuordnung immer[782] nur dann Bedeutung, wenn die Mutter nicht verheiratet war oder kein Mann bereit war, die Vaterschaft anzuerkennen. Auf der Ebene der Vaterschaftsanfechtung vergrößerte sich die Bedeutung des Grundsatzes der Abstammungswahrheit stetig. Dies macht deutlich, dass die biologische Abstammung zwar nützliches Zuordnungskriterium war, wenn

---

776 *Schwenzer*, FamRZ 1985, 1 (8).
777 *Roth*, NJW 2003, 3153 (3153).
778 *Schwenzer*, RabelsZ 71 (2007), 705 (707).
779 S.o.: 2. Teil. A. III. Weiterentwicklung von Familie und Vaterschaft bis heute.
780 So auch: *Helms*, FamRZ 2010, 1 (2).
781 S.o.: 2. Teil. A. III. Weiterentwicklung von Familie und Vaterschaft bis heute.
782 Als Ausnahme könnte hier nur die Zeit des Nationalsozialismus genannt werden.

bei der Vater-Kind-Zuordnung kein Ehemann oder Anerkennender die rechtliche Vaterschaft für sich beanspruchte oder wenn bei der Vaterschaftsanfechtung ein Ehemann oder Anerkennender die Vaterschaft nicht (mehr) wollte. Aus der historischen Entwicklung ist abzuleiten, dass der Gesetzgeber bei Nichtübereinstimmung von biologischer und rechtlich-sozialer Vaterschaft dazu neigt, der sozialen Vaterstellung generell den Vorrang einzuräumen.

C. Bilanz

Nach Erforschung der Prinzipien des Abstammungsrechts wurde deutlich, dass diese sowohl von sozialen als auch von biologischen Aspekten der Vaterschaft geprägt sind. Diese doppelte Herleitung der Vaterschaft aus der gesellschaftlichen Vaterrolle und der biologischen Abstammung setzt die verschiedenen Prinzipien rechtlicher Vaterschaft zueinander in Widerspruch.

Da die Prinzipien des Abstammungsrechts dieses formen, ist es nicht überraschend, dass die sozialen und biologischen Aspekte der Vaterschaft über die Prinzipien des Abstammungsrechts in die jeweiligen Regelungen des Abstammungsrechts einstrahlen und deren Ausgestaltung maßgeblich bestimmt haben. Ob zu einer Zeit verstärkt biologische oder soziale Aspekte der Vaterschaft im Abstammungsrecht Berücksichtigung fanden, scheint auf die spezifischen soziologischen Gegebenheiten der jeweiligen Zeit zurückzugehen. Damit wird klar, dass sowohl die gesellschaftliche Entwicklung als auch die weiteren interdisziplinären Aspekte von Vaterschaft eng mit dem Abstammungsrecht und der rechtlichen Vaterschaft verknüpft sind.

4. Teil: Kritische Darstellung des geltenden Abstammungsrechts

Das derzeit geltende Abstammungsrecht wird im 4. Buch, Abschnitt 2, Titel 2 des BGB geregelt und umfasst die §§ 1591 bis 1600d BGB, wobei § 1591 BGB die rechtliche Mutterschaft regelt und daher nicht Gegenstand der folgenden Untersuchung sein wird.

Damit stellt die rechtliche Vaterschaft den bestimmenden Schwerpunkt des Abstammungsrechts dar. Dieser unterteilt sich in die Vorschriften über die Primärzuordnung der Vaterschaft (§§ 1592–1598, 1600d BGB), die Aufhebung der Vaterschaft (§§ 1599–1600c BGB) sowie die Einwilligung zur Klärung der biologischen Vaterschaft ohne Statuswirkungen (§ 1598a BGB).

Im Folgenden wird daher der durch den Aufbau des Abstammungsrechts vorgegebenen Gliederung gefolgt und es werden zunächst die Mechanismen, die der primären Vater-Kind-Zuordnung zugrunde liegen, analysiert. Darauf folgt die Untersuchung, unter welchen Voraussetzungen eine rechtliche Vaterschaft wieder aufgehoben werden kann. Im Anschluss wird auf den relativ neu eingeführten § 1598a BGB und in einem Exkurs auf den im Umgangsrecht angesiedelten § 1686a BGB eingegangen, der eine inzidente Prüfung der biologischen Vaterschaft ermöglicht.

Die aktuellen Abstammungsregelungen werden daraufhin untersucht, inwieweit soziale und biologische Aspekte der Vaterschaft Berücksichtigung finden. Insbesondere wird untersucht auf welche Weise der biologische Vater auch die rechtliche Vaterschaft einnehmen kann, beziehungsweise inwieweit ein Ausschluss des biologischen Vaters von der rechtlichen Vaterschaft legitimiert sein könnte. Dabei wird die Frage aufgeworfen, ob die geltende Regelung in ihrer jetzigen Ausgestaltung bestehen bleiben oder ob aus rechtspolitischer Sicht eine Reformation des Abstammungsrechts erfolgen sollte.

A. Primäre Vater-Kind-Zuordnung

Die abstammungsrechtliche Vater-Kind-Zuordnung wird zusammenfassend in § 1592 BGB geregelt. Dieser Paragraph geht in seiner aktuellen Fassung auf das KindRG[783] zurück. Demnach wird rechtlicher Vater, wer zum Zeitpunkt der Geburt des Kindes mit dessen Mutter verheiratet ist (§ 1592 Nr. 1 BGB), wer die Vaterschaft anerkennt (§ 1592 Nr. 2 BGB) oder wer gerichtlich als Vater festgestellt wird (§ 1592 Nr. 3 BGB).[784] Eine abstammungsrechtliche Zuordnung zu einem Mann

783 S.o.: 3. Teil. B. VIII. 2. a) Primärzuordnung Vater-Kind.

784 *Heiderhoff*, in Bork/Repgen (Hrsg.), Das Kind im Recht, 31 (32); *Helms*, in Schwab/Vaskovics (Hrsg.), Pluralisierung von Elternschaft und Kindschaft, 105 (106).

als Vater jenseits dieser drei Tatbestände ist ausgeschlossen[785], denn die statusbegründenden Sachverhalte des § 1592 BGB sind abschließend.[786] Die Regelungen der §§ 1592 bis 1598, 1600d BGB stellen damit zwingendes Recht dar und stehen nicht zur Disposition der betreffenden Personen.[787]

I. Vaterschaft aufgrund Ehe mit der Kindsmutter, § 1592 Nr. 1 BGB

Die Vaterschaft des Ehemanns der Kindsmutter hat eine lange Rechtstradition, die bis in das antike römische Rechtssystem zurückreicht.[788] Sie ist in allen kontinentaleuropäischen Rechtsordnungen etabliert[789] und seit Inkrafttreten des BGB in diesem verankert.[790] Die *Pater-est*-Regel wurde auch im Zuge des KindRG, trotz der Diskussion, die Anknüpfung an die Ehe verfestige überholtes Statusdenken[791], beibehalten.[792] Sie ist aktuell in § 1592 Nr. 1 BGB geregelt. § 1593 BGB und § 1599 Abs. 2 BGB stellen Ausnahmen zur *Pater-est*-Regel dar und werden daher in die folgende Untersuchung der *Pater-est*-Regel einbezogen.

1. Voraussetzung der Pater-est-*Regel*

Die Vaterschaftszuordnung[793] gemäß § 1592 Nr. 1 BGB tritt ein, ohne auf die individuellen Umstände der Eheführung Rücksicht zu nehmen. Es kommt heute[794] weder auf die Empfängnis, die Beiwohnung oder den Zeitpunkt der Zeugung an.[795] Ebenso wenig spielt es für die Zuordnung nach § 1592 Nr. 1 BGB eine Rolle, ob die biologische Abstammung des Kindes vom Ehemann der Kindsmutter zutreffend, wahrscheinlich oder sogar gänzlich abwegig ist.[796] Einzige Voraussetzung ist das

785 BT-Drs. 13/4899, S. 83; *Gaul*, FamRZ 1997, 1441 (1446, 1447); Bamberger/Roth/*Hahn* (2012), § 1592, Rn 1; Soergel/*Schmidt-Recla* (2012), § 1592, Rn 13; *Rauscher*, FPR 2002, 352 (352).

786 Staudinger/*Rauscher* (2011), § 1592, Rn 10; MüKo/*Wellenhofer* (2012), § 1592, Rn 1.

787 Soergel/*Schmidt-Recla* (2012), § 1592, Rn 8.

788 Zur *Pater-est*-Regel im römischen Recht: *Wittmann*, Genetische Realität anstelle der pater-est-Doktrin, S. 3 f.

789 *Helms*, in Schwab/Vaskovics (Hrsg.), Pluralisierung von Elternschaft und Kindschaft, 105 (106) m.w.N.

790 S.o.: 3. Teil. B. I. 2. a) *Pater-est*-Regel.

791 S.o.: 3. Teil. B. VIII. 2. a) Primärzuordnung Vater-Kind.

792 *Gaul*, FamRZ 1997, 1441 (1446); *Schwenzer*, Vom Status zur Realbeziehung, S. 234; MüKo/*Wellenhofer* (2012), § 1592, Rn 3.

793 Zur dogmatischen Einordnung des § 1592 Nr. 1 BGB siehe *Vollersen*, Begriff und System des deutschen Abstammungsrechts, S. 88 ff.

794 Zu früheren Voraussetzungen der *Pater-est*-Regel s.o: 3. Teil. B. I. 2. a) *Pater-est*-Regel.

795 *Grün*, Vaterschaftsfeststellung und -anfechtung, S. 31; *Rauscher*, FPR 2002, 352 (353).

796 Palandt/*Brudermüller* (2014), § 1592, Rn 3; *Muscheler*, Familienrecht, S. 344; jurisPK/*Nickel* (2011), § 1592, Rn 23; *Rauscher*, FPR 2002, 352 (353); *Will*, FPR 2005, 172 (173).

formalwirksame[797] Bestehen einer Ehe der Mutter zum Zeitpunkt der Geburt des Kindes. Liegt diese Voraussetzung vor, wird dem Kind automatisch der Ehemann der Mutter als Vater zugeordnet.[798] Die väterliche Zuordnung gemäß § 1592 Nr. 1 BGB tritt kraft Gesetzes ohne weitere Zuordnungsakte und damit im Zeitpunkt der Geburt des Kindes ein.

2. *Ausnahmen von der* Pater-est-*Regel*

Ausnahmen von der Vaterschaftszuordnung gemäß § 1592 Nr. 1 BGB sind nur in den engen Grenzen der §§ 1593, 1599 Abs. 2 BGB gesetzlich anerkannt. Nämlich dann, skizzenhaft betrachtet, wenn die Geburt des Kindes im Zusammenhang mit der Trennung der Ehegatten durch Tod (§ 1593 BGB) oder Scheidung (§ 1599 Abs. 2 BGB) erfolgt.

a) Erweiterung der *Pater-est*-Regel durch § 1593 BGB

Obwohl zum Zeitpunkt der Geburt des Kindes keine Ehe der Kindsmutter besteht, wird die rechtliche Vaterschaft kraft Ehe begründet, wenn die bis dahin gültige[799] Ehe innerhalb von 300 Tagen vor der Geburt des Kindes durch den Tod des Ehemanns aufgelöst wurde (§ 1593 Satz 1 BGB). Eine Abweichung der auf 300 Tage festgelegten Tragezeit ist nach § 1593 Satz 2 BGB beachtlich.[800]

§ 1593 Satz 3 und 4 BGB regeln die bei Wiederverheiratung der Mutter nach Auflösung der ersten Ehe durch den Tod des Mannes mögliche Überschneidung von Vaterschaftsvermutungen für den ersten Ehemann gemäß § 1593 Satz 1 und 2 BGB und für den zweiten Ehemann gemäß § 1592 Nr. 1 BGB. Die hiernach möglichen Konfliktfälle löst das Gesetz zur Verhinderung einer doppelten Vaterschaft[801] zugunsten des neuen Ehemanns der Mutter. Allein dieser ist, unabhängig von der biologischen Abstammung des Kindes von ihm[802], der rechtliche Vater des Kindes. Wird diese Vaterschaft erfolgreich angefochten, wird wiederum der verstorbene Ehemann automatisch rechtlicher Vater des Kindes. Gemäß § 1593 Satz 4 BGB führt in diesem Fall die Anfechtung der Vaterschaft nicht zur rechtlichen Vaterlosigkeit des betroffenen Kindes.[803]

---

797 Eine sog. Nichtehe führt damit nicht zur Vaterschaft gemäß § 1592 Nr. 1 BGB, eine aufhebbare Ehe nach §§ 1313 ff. BGB dagegen schon, MüKo/*Wellenhofer* (2012), § 1592, Rn 6.

798 Palandt/*Brudermüller* (2014), § 1592, Rn 3.

799 MüKo/*Wellenhofer* (2012), § 1593, Rn 2.

800 Soergel/*Schmidt-Recla* (2012), § 1593, Rn 9.

801 Vgl. zur Unität der Vaterschaft: 3. Teil. A. I. 6. Unität der Vaterschaft.

802 *Diederichsen*, NJW 1998, 1977 (1979); *Zimmermann*, DNotZ 1998, 404 (407).

803 MüKo/*Wellenhofer* (2012), § 1593, Rn 17.

b) Reduktion der *Pater-est*-Regel durch § 1599 Abs. 2 BGB

Eine weitere durch das KindRG eingeführte Ausnahme von der *Pater-est*-Regel stellt § 1599 Abs. 2 BGB dar.[804] Diese Regelung greift bei Vorliegen sowohl situationsbezogener als auch willensbezogener Tatbestandselemente ein, welche die Situation der Geburt innerhalb eines Scheidungsverfahrens, die Anerkennung durch einen Dritten und das Einverständnis der Beteiligten enthalten.[805] § 1599 Abs. 2 BGB durchbricht damit die Ausschließlichkeit der gerichtlichen Beseitigung der ehelichen Vaterschaftszuordnung durch Anfechtung mit einer Beseitigung der Zuordnung des Kindes zum Ehemann mit willentlichem Element.[806] Der Paragraph ermöglicht den Ausschluss der *Pater-est*-Regel, wenn das Kind nach Anhängigkeit eines Scheidungsantrags geboren wird und ein Dritter, mit Zustimmung des Ex-Ehemannes, spätestens bis zum Ablauf eines Jahres nach Rechtskraft der dem Scheidungsantrag stattgebenden Entscheidung die Vaterschaft anerkennt (§ 1599 Abs. 2, Satz 1 BGB).[807]

aa) Kritik

§ 1599 Abs. 2 BGB ist auf Kritik gestoßen, da er einen Bruch zum Statussystem enthalte.[808] Außerdem sei das Dispositionsmodell schon vor über 100 Jahren bei den Beratungen zum BGB eingehend diskutiert und verworfen worden.[809] Allerdings stellt § 1599 Abs. 2 BGB eine Vereinfachung der Vaterschaftszuordnung dar, indem er die *Pater-est*-Regel nicht eingreifen lässt, wenn im Sonderfall eines anhängigen Scheidungsverfahrens alle Beteiligten sich darüber einig sind, dass das Kind nicht dem Ehemann, sondern einem anerkennungsbereiten Dritten zugeordnet werden soll. § 1599 Abs. 2 BGB überlässt die Vaterschaftszuordnung daher nicht willkürlich dem Willen der Beteiligten, sondern schafft einen engen Rahmen, in dem der Wille der Beteiligten Berücksichtigung findet, mit dem übergeordneten Ziel, dem Kind seinen biologischen, zumindest aber den *„wahrscheinlichsten“*[810] Vater, auch rechtlich zuzuordnen.

bb) Auswirkungen auf die Vaterschaftsanfechtung

Vereinzelt sind Amtsgerichte nach Einführung des § 1599 Abs. 2 BGB dazu übergegangen, aus dessen Wertung auch für das Vaterschaftsanfechtungsverfahren nach § 1599 Abs. 1 BGB *„die übereinstimmenden Erklärungen von Mutter, ggf. Kind, Ehemann und die Vaterschaft anerkennendem Dritten (...) ohne gerichtliche*

804 S.o.: 3. Teil. B. VIII. 2. a) Primärzuordnung Vater-Kind.
805 Staudinger/*Rauscher* (2011), § 1599, Rn 86.
806 Staudinger/*Rauscher* (2011), § 1599, Rn 4.
807 Vertiefend zu § 1599 Abs. 2 BGB: *Billig*, Der scheidungsakzessorische Statuswechsel gemäß § 1599 II BGB; *Kemper*, DAVorm 1999, 191 (191).
808 *Diederichsen*, NJW 1998, 1977 (1979); *Gaul*, FamRZ 2000, 1461 (1463); *Veit*, FamRZ 1999, 902 (904 f.).
809 *Gaul*, FS Gernhuber, 619 (634 f., 638, 647 f.); *Gaul*, FamRZ 2000, 1461 (1464).
810 *Wagner*, FamRZ 1999, 7 (9).

Nachprüfung" genügen zu lassen, so dass „*von der Einholung eines serologischen Abstammungsgutachtens abgesehen*" wurde.[811] Diesbezüglich sind jedoch die beiden Wege der Vaterschaftsanfechtung im Statusprozess nach § 1599 Abs. 1 BGB und des materiellrechtlichen Aktes der Statusveränderung durch privatautonome Erklärungen nach § 1599 Abs. 2 BGB scharf voneinander zu trennen unter Vermeidung jeder nicht eindeutig normierten Abweichung vom Statussystem durch dispositive Elemente.[812]

cc) Folgerung

Im Ergebnis wurde durch die Einführung des § 1599 Abs. 2 BGB das starre Statussystem zugunsten einer flexibleren Zuordnungsmöglichkeit für einen kurzen Zeitraum zwischen Anhängigkeit eines Scheidungsantrags und rechtskräftiger Scheidung, in welchem es wahrscheinlich ist, dass das Kind biologisch nicht vom (Noch-)Ehemann der Mutter abstammt, geändert. Wie bereits ausgeführt, ist damit außerdem deutlich geworden, dass der Gesetzgeber einer Abstammungszuordnung zum Ehemann keine überhöhte Bedeutung mehr beimisst.[813] Der Ausnahmetatbestand stärkt damit den biologischen Aspekt der Vaterschaft und ist somit aus Sicht des biologischen Vaters zu begrüßen.

c) Ergebnis

Die Ausnahmeregelungen zu § 1592 Nr. 1 BGB zeigen, dass der Gesetzgeber bemüht ist, bereits auf der Stufe der primären Vater-Kind-Zuordnung eine mit hoher Wahrscheinlichkeit biologisch falsche Zuordnung zu vermeiden. Insbesondere durch die Einführung des § 1599 Abs. 2 BGB ist erkennbar, dass er der Vaterschaftszuordnung aufgrund einer Ehe mit der Kindsmutter keine höhere Bedeutung (mehr) beimisst als den weiteren Vaterschaftszuordnungsregeln.

§ 1593 BGB und § 1599 Abs. 2 BGB machen außerdem deutlich, dass der Gesetzgeber durch die Ausnahmen zu § 1592 Nr. 1 BGB keine rechtliche Vaterlosigkeit des Kindes begünstigen will. Der Gesetzgeber ist erkennbar daran interessiert, dass jedem Kind ein Mann als Vater zugeordnet werden kann.

3. Kritik an der Pater-est-*Regel*

a) Auseinanderfallen von rechtlicher und biologischer Vaterschaft

Da die Vaterschaftszuordnung gemäß § 1592 Nr. 1 BGB nur an die formale Voraussetzung der Ehe zum Zeitpunkt der Geburt des Kindes gebunden ist, ist ein Auseinanderfallen von rechtlicher und biologischer Vaterschaft möglich. Schätzungen,

811 *AG Hamburg*, DAVorm 1999, 156 (158), für einen Fall, in dem die Frist für die Anerkennung nach § 1599 Abs. 2 BGB bereits abgelaufen war.

812 *Gaul*, FamRZ 2000, 1461 (1468).

813 S.o.: 3. Teil. B. VIII. 2. a) Primärzuordnung Vater-Kind.

wie oft biologische und rechtliche Vaterschaft aufgrund der *Pater-est*-Regel auseinanderfallen, gehen weit auseinander.[814]

Fraglich ist aber bereits, ob ein Auseinanderfallen von biologischer und rechtlicher Vaterschaft aufgrund der *Pater-est*-Regel in jedem Fall als defizitär einzustufen ist.[815] Neben den Fällen der künstlichen Befruchtung der Ehefrau mit Spendersamen, sind auch Fälle denkbar, in denen der Ehemann zwar nicht der biologische Vater des Kindes ist, er aber die soziale Vaterstellung mit dem Einverständnis aller Beteiligten, auch des biologischen Vaters, einnimmt. Auch wird die soziale Vaterschaft des Ehemanns recht hoch bewertet, da diese dem Kindeswohl optimal dienen soll.[816]

Wenn jedoch dem biologischen Vater gegen seinen Willen aufgrund der automatischen Vaterschaftszuordnung zum Ehemann der Mutter die rechtliche Vaterschaft versagt wird, stellt sich die Frage, ob die *Pater-est*-Regel noch mit dem Grundsatz, dass die rechtliche Vaterschaft aus der biologischen folgen soll[817], in Einklang steht. In dieser Konstellation stehen sowohl das Prinzip der Abstammungswahrheit als auch der Wille von zumindest einem Beteiligten, namentlich des biologischen Vaters, gegen die Zuordnung der rechtlichen Vaterschaft des Ehemanns der Kindsmutter aufgrund § 1592 Nr. 1 BGB.

Da die *Pater-est*-Regel jedoch auf normative Tatbestände aufbaut, die ein Auseinanderfallen von biologischer und rechtlicher Vaterschaft bewusst ermöglichen, macht allein der Umstand, dass biologische und rechtliche Vaterschaft auseinanderfallen können, die *Pater-est*-Regel für das Abstammungsrecht nicht gänzlich ungeeignet. Weiterführend wird darum begutachtet, ob die *Pater-est*-Regel trotz der ihr immanenten Möglichkeit eines Auseinanderfallens von biologischer und rechtlicher Vaterschaft sinnvoll ist.

b) Begrenzung der *Pater-est*-Regel auf den Ehemann

Kritisiert werden kann die *Pater-est*-Regel auch damit, dass sie lediglich dem Ehemann die automatische Vaterschaftszuordnung nach § 1592 Nr. 1 BGB einräume, nicht jedoch dem Lebenspartner gemäß LPartG[818] oder dem nichtehelichen Lebensgefährten der Mutter.

aa) Lebenspartner

Die Nichteinbeziehung der Lebenspartnerschaft in die Verwandtschaftsbeziehungen gemäß §§ 1589 ff. BGB wird damit beanstandet, dass sie das Recht der

814 S.o.: 1. Teil. B. I. 2. a) Anzahl von Familien mit rechtlich-sozialem und biologischem Vater.

815 So wohl *Wittmann*, Genetische Realität anstelle der pater-est-Doktrin, S. 152 f.

816 *Luh*, Prinzipien des Abstammungsrechts, S. 100.

817 Dieses Ziel wurde in *BVerfG*, FamRZ 1989, 255 (257) verdeutlicht.

818 In diese Richtung auch: *Heiderhoff*, FamRZ 2013, 1212 (1214); *Remus/Liebscher*, NJW 2013, 2558 (2558, 2560 f.); *Wellenhofer*, FamRZ 2013, 825 (830).

Lebenspartner auf Gleichbehandlung gemäß Art. 3 Abs. 1 GG und auf Nichtdiskriminierung gemäß Art. 3 Abs. 3 GG verletze.[819]

bb) Nichtehelicher Lebensgefährte

Außerdem kann ein Ausschluss des nichtehelichen Lebensgefährten der Kindsmutter von § 1592 Nr. 1 BGB bemängelt werden. Da heute vermehrt Kinder außerhalb einer Ehe, aber innerhalb einer nichtehelichen Lebensgemeinschaft geboren werden[820], könnte für eine solche Erweiterung die Wandlung der gesellschaftlichen Gegebenheiten sprechen.[821]

4. Stellungnahme

Die *Pater-est*-Regel entspricht nicht nur deutscher Rechtstradition[822], weshalb ihre Beseitigung vermutlich auf Unverständnis stieße[823]; die Vaterschaft des Ehemanns der Mutter ist außerdem in allen bekannten Rechtsordnungen[824] etabliert.[825] Die in der historischen Entwicklung des Abstammungsrechts begründete Tendenz, eine Vaterschaft aufgrund der Ehe mit der Kindsmutter als bestmögliche Position des Kindes auch zulasten einer anderweitigen biologischen Vaterschaft zu sichern, steht mittlerweile nicht mehr im Vordergrund.[826] Demnach soll die *Pater-est*-Regel heute entweder zum Schutz der sozialen Familie gerechtfertigt oder andernfalls über die Vaterschaftsanfechtung abänderbar sein.[827] Dennoch stellt sich die Frage, ob die *Pater-est*-Regel heute mit Blick auf die oben genannten Kritikpunkte noch überzeugend ist.

a) Mögliches Auseinanderfallen von biologischer und rechtlicher Vaterschaft

Die Problematik, dass innerhalb der Vater-Kind-Zuordnung aufgrund der Ehe der Kindsmutter biologisch unrichtige Zuordnungen entstehen können, ist einem

---

819 *Remus/Liebscher*, NJW 2013, 2558 (2560).

820 S.o.: 2. Teil. A. III. 1. a) Soziodemographische Trends.

821 BT-Drs. 13/4899, S. 52; *Müller*, Ehelichkeitsanfechtung im deutschen Recht, S. 60.

822 *Gaul*, FamRZ 1997, 1441 (1446); *Gaul*, FS Gernhuber, 619 (629 ff.; 637 ff.); *Schwenzer*, Vom Status zur Realbeziehung, S. 228; *Schwenzer*, FamRZ 1992, 121 (123); *Schwenzer*, FamRZ 1985, 1 (1).

823 BT-Drs. 13/4899, S. 52; Staudinger/*Rauscher* (2011), § 1592, Rn 14.

824 Vgl. *Boele-Woelki/van Erp (Hrsg.)*, General Reports; *Spickhoff/Schwab/Henrich/Gottwald (Hrsg.)*, Streit um die Abstammung.

825 *Edenfeld*, FuR 1996, 190 (192); *Gaul*, FS Gernhuber, 619 (640); *Gaul*, FamRZ 1997, 1441 (1446); *Gaul*, FamRZ 2000, 1461 (1462); *Kropholler*, AcP 185 (1985), 244 (260); *Mutschler*, FamRZ 1994, 65 (65); Staudinger/*Rauscher* (2011), § 1592, Rn 14; *Schwenzer*, Vom Status zur Realbeziehung, S. 231; *Schwenzer*, 59. DJT, A 24.

826 *Rauscher*, FPR 2002, 352 (353).

827 BT-Drs. 13/4899, S. 51 ff.

Statussystem, das nicht die biologische Verwandtschaft als einzige Voraussetzung wählt, sondern daneben auch normative Elemente berücksichtigt, immanent.

aa) Tolerieren des Auseinanderfallens bei regelmäßiger Übereinstimmung

Obwohl das übergeordnete Ziel des Abstammungsrechts weiterhin die Deckung von rechtlicher und biologischer Vaterschaft ist, ist es zulässig, zum Schutz familiärer Beziehungen und der Intimsphäre, aus „*tatsächlichen Umständen und sozialen Situationen, vor allem auch einer bestehenden Ehe, auf die Abstammung eines Kindes zu schließen*" und davon ausgehend die rechtliche Vaterschaft festzulegen. Ein mögliches Auseinanderfallen von biologischer und rechtlicher Vaterschaft wird dabei gebilligt, solange biologische und rechtliche Vaterschaft regelmäßig zusammenfallen.[828]

bb) Soziologische Grundlagen

Aufgrund der steigenden Zahl der Ehescheidungen sowie den sinkenden Eheschließungszahlen und damit einhergehend der anwachsenden Zahl der Kinder, deren Mütter bei der Geburt nicht verheiratet sind[829], könnte eine regelmäßige Übereinstimmung von rechtlicher und biologischer Vaterschaft durch die Zuordnung nach § 1592 Nr. 1 BGB in Frage gestellt werden. Dem ist entgegenzuhalten, dass die Ehe auch heute noch zu einem großen Teil in Zusammenhang mit der Absicht oder der Erwartung einer Familiengründung geschlossen wird.[830] Insofern scheint in Deutschland die Verknüpfung von Ehe und Elternschaft immer noch größtenteils zu bestehen.[831] So soll die Ehe nicht mehr nur ihren zentralen, sondern ihren weit überwiegenden Sinn in der Erziehung und Sozialisation von Kindern haben.[832] Der Plausibilitätsverlust, den die Ehe erfahren hat, bezieht sich nur auf die Paarbeziehung zwischen Mann und Frau, nicht dagegen auf die Elternschaft.[833] Da in Deutschland immer noch etwa zwei Drittel der Kinder in eine Ehe hineingeboren werden, stellt die Zuordnung zum Ehemann der Mutter weiterhin die zahlenmäßig bedeutsamste Vaterschaftszuordnung dar.

---

828 *BVerfG*, FamRZ 2007, 441 (444).

829 Siehe hierzu ausführlich: 2. Teil. A. III. 1. a) Soziodemographische Trends.

830 S.o.: 2. Teil. A. IIII. 1. a) Soziodemographische Trends.

831 *Feldhaus/Huinink*, in Schwab/Vaskovics (Hrsg.), Pluralisierung von Elternschaft und Kindschaft, 77 (101); *Kaufmann*, in Lüscher/Wehrspaun/Schultheis (Hrsg.), Die „postmoderne" Familie, 391 (397).

832 *Nave-Herz*, Familiäre Veränderungen seit 1950, S. 116; *Nave-Herz*, in Schulze/Mayer (Hrsg.), Familie, 18 (22 f.); *Nave-Herz*, Ehe- und Familiensoziologie, S. 107.

833 *Nave-Herz*, in Nave-Herz (Hrsg.), Kontinuität und Wandel, 45 (63); *Simm*, Partnerschaftsdynamik und Familienentwicklung, S. 46.

cc) Regelmäßige Übereinstimmung
Dass über die Vaterschaftszuordnung nach § 1592 Nr. 1 BGB immer noch die große Mehrheit der Kinder dem Ehemann der Kindsmutter als Vater rechtlich zugeordnet werden, sagt aber noch nichts darüber aus, ob bei dieser Zuordnung regelmäßig biologische und rechtliche Vaterschaft zusammenfallen oder ob es sich bei der Zuordnung faktisch bereits um eine Fiktion[834] handelt, die mit der Lebenswirklichkeit nicht mehr viel gemein hat. Schätzungen darüber, wie viele Kinder biologisch tatsächlich nicht vom Ehemann der Kindsmutter abstammen, reichen zwar bis zu eher unrealistischen Werten von nahezu 30 Prozent.[835] Selbst bei diesen wohl zu hoch angesetzten Schätzungen stimmen jedoch bei der klaren Mehrheit der ehelichen Kinder biologische und rechtliche Vaterschaft überein. Nach neuesten Studien sind dagegen eher Werte von etwa einem Prozent realistisch.[836]

Es ist somit davon auszugehen, dass biologische und rechtliche Vaterschaft bei einer Zuordnung über § 1592 Nr. 1 BGB regelmäßig zusammenfallen und damit eine hohe Wahrscheinlichkeit für eine Übereinstimmung von rechtlicher Zuordnung und biologischer Abstammung besteht.

dd) Folgerung
Die Möglichkeit eines Auseinanderfallens von biologischer und rechtlicher Vaterschaft ist somit auf der Ebene der Primärzuordnung hinzunehmen, wenn auf der sekundären Ebene Anfechtungsmöglichkeiten bestehen, die diese Problematik lösen. Die Schwächung des Grundsatzes der Abstammungswahrheit und der damit einhergehende Nachteil für den biologischen Vater kann somit auf der Primärebene hingenommen werden, solange dessen Rechte an anderer Stelle, namentlich bei der Vaterschaftsanfechtung sowie bei der statusunabhängigen Abstammungsklärung wieder Berücksichtigung finden, was später Gegenstand der Untersuchung sein wird.

b) Statusklarheit
Die *Pater-est*-Regel findet außerdem eine Bestätigung in dem Bedürfnis, die Zuordnung eines Kindes zu einem bestimmten Mann als Vater von Anfang an schnell, eindeutig und klar zu bestimmen.[837] Demnach muss eine klare, eindeutige und nach außen offensichtliche Erkennbarkeit der Statusbeziehung zwischen Vater und Kind gegeben sein. Dies ist bei der Vaterschaftszuordnung kraft Ehe mit der Kindsmutter der Fall.[838] Auch im Fall der Lebenspartnerschaft, die ebenso wie die

834 *Schwab/Wagenitz*, FamRZ 1997, 1377 (1378); *Wagner*, FamRZ 1999, 7 (9); MüKo/*Wellenhofer* (2012), Vor § 1591, Rn 20.
835 S.o.: 1. Teil. B. I. 2. a) Anzahl von Familien mit rechtlich-sozialem und biologischem Vater.
836 *Wolf*, Untreue in Partnerschaften, S. 71 f.
837 *BVerfG*, FamRZ 1989, 255 (257); *Beitzke*, FS Müller-Freienfels, 31 (39).
838 S.o.: 3. Teil. A. I. 2. Statusklarheit.

Ehe gemäß § 1 Abs. 1 LPartG vor dem Standesamt erklärt wird, wäre das Prinzip der Statusklarheit erfüllt.

Bei einer Ausweitung des § 1592 Nr. 1 BGB auf den nichtehelichen Lebensgefährten der Mutter ist jedoch ein solcher Anknüpfungspunkt wie die Ehe oder Lebenspartnerschaft, deren Schließung und Aufhebung öffentlich bekannt gemacht werden, nicht gegeben.[839] Der Begriff der nichtehelichen Lebensgemeinschaft ist gesetzlich nicht definiert.[840] Die im Sozialrecht bedeutsame *eheähnliche Gemeinschaft* hat das *Bundesverfassungsgericht* definiert als

> *„eine Lebensgemeinschaft zwischen einem Mann und einer Frau, die auf Dauer angelegt ist, daneben keine weitere Lebensgemeinschaft gleicher Art zulässt und sich durch innere Bindungen auszeichnet, die ein gegenseitiges Einstehen der Partner füreinander begründen, also über die Beziehungen in einer reinen Haushalts- und Wirtschaftsgemeinschaft hinausgehen“.*[841]

Der *Bundesgerichtshof* hat diese Definition auf das Zivilrecht übertragen[842] und die Definition in ständiger Rechtsprechung bestätigt.[843] Allerdings betrifft diese Definition nur einen Teil aus den tatsächlich möglichen Konstellationen einer nichtehelichen Lebensgemeinschaft.[844] Darüber hinaus sind die definierten Anknüpfungspunkte, insbesondere die inneren Bindungen, weder klar noch eindeutig zu bestimmen, so dass einer automatischen Zuordnung des nichtehelichen Lebensgefährten der Mutter bereits mit Blick auf die Statusklarheit eine Absage erteilt werden muss.[845]

Da die *Pater-est*-Regel heute nicht mehr die einzige Möglichkeit ist, die Vaterschaft einem bestimmten Mann zuzuordnen, erscheint es mit Blick auf das Prinzip der Statusklarheit sinnvoller, dem nichtehelichen Lebensgefährten der Kindsmutter nicht über § 1592 Nr. 1 BGB automatisch die Vaterschaft zuzusprechen, sondern ihn auf die Anerkennung oder Feststellung gemäß § 1592 Nr. 2 und 3 BGB zu verweisen.

---

839 *Coester-Waltjen*, FS Stepán, 17 (20); *Coester-Waltjen*, Jura 1998, 436 (438); *Gaul*, FamRZ 1997, 1441 (1446); *Muscheler/Beisenherz*, JR 1999, 356 (357); *Mutschler*, FamRZ 1994, 65 (66); *Schumann*, Die nichteheliche Familie, S. 259; *Seidel*, FPR 2005, 181 (181).

840 *Grziwotz*, Nichteheliche Lebensgemeinschaft, S. 11.

841 *BVerfG*, FamRZ 1993, 164 (168).

842 *BGH*, FamRZ 1993, 533 (535).

843 *BGH*, FamRZ 2006, 1362 (1364); *BGH*, FamRZ 2008, 247 (248); *BGH*, FamRZ 2008, 1404 (1407); *BGH*, FamRZ 2009, 1133 (1134); *BGH*, FamRZ 2013, 697 (697).

844 *Grziwotz*, Nichteheliche Lebensgemeinschaft, S. 13.

845 So auch: BT-Drs. 13/4899, S. 52, 83; *Gaul*, FamRZ 1997, 1441 (1446); Staudinger/*Rauscher* (2011), § 1592, Rn 17; MüKo/*Wellenhofer* (2012), § 1592, Rn 3.

c) Praktikabilität

Da circa zwei Drittel aller Kinder in Deutschland in eine Ehe hineingeboren werden und hiervon der Großteil auch tatsächlich biologisch vom Ehemann der Mutter abstammt, würde es eine, in den allermeisten Fällen unnötige, Bürokratisierung darstellen, wenn keine automatische Vaterschaftszuordnung erfolgen, sondern eine Anerkennung oder Feststellung der Vaterschaft notwendig werden würde. Die *Pater-est*-Regel ist mithin auch aus dem Gesichtspunkt der Praktikabilität der Vater-Kind-Zuordnung gerechtfertigt. Zusätzlich ist die Frieden stiftende Funktion der Vaterschaftsvermutung kraft Ehe nicht zu übersehen, denn durch die automatische Zuordnung kann ein Streit über die Abstammung oftmals vermieden werden.[846]

d) Ergebnis

Die *Pater-est*-Regel verteidigt damit im Ergebnis ihre Position als Vaterschaftszuordnungsregel. Sie führt auf der einen Seite regelmäßig zu einer Übereinstimmung von biologischer und rechtlicher Vaterschaft und trägt auf der anderen Seite dem, dem Statussystem zugrunde liegenden, Prinzip der Statusklarheit Rechnung. Außerdem ist sie sowohl in Deutschland historisch tradiert als auch international anerkannt und äußerst praktikabel.

5. Reformüberlegungen

Obwohl die geltende *Pater-est*-Regel grundsätzlich in ihrer jetzigen Ausgestaltung bestehen bleiben könnte, ist aus rechtspolitischer Sicht dennoch zu erwägen, ob durch eine Reform der *Pater-est*-Regel die biologischen und sozialen Aspekte der Vaterschaft besser ausbalanciert werden könnten. In Betracht kommen hierbei einerseits eine komplette Abschaffung und andererseits eine Modifikation der *Pater-est*-Regel.

a) Abschaffung der *Pater-est*-Regel

Rechtspolitisch betrachtet stellt sich die Frage, ob die Vaterschaftszuordnung aufgrund der Ehe der Kindsmutter, trotz regelmäßiger Übereinstimmung von biologischer und rechtlicher Vaterschaft, aufgrund der grundsätzlichen Möglichkeit des Auseinanderfallens von biologischer und rechtlicher Vaterschaft noch den Anforderungen einer auf die biologische Vaterschaftswahrscheinlichkeit ausgerichteten, für die Beteiligten tragbaren und für das Personenstandswesen praktikablen

846 *Helms*, Feststellung der biologischen Abstammung, S. 56; *Mairock*, Genetischer Vater nichtehelicher Kinder, S. 30.

Normierung entspricht.[847] Vor diesem Hintergrund wird teilweise die vollständige Abschaffung der *Pater-est*-Regel gefordert.[848]

Würde die automatische Zuordnung der Vaterschaft zum Ehemann der Mutter abgeschafft und beispielsweise durch die Vaterschaftsanerkennung und gerichtliche Feststellung der Vaterschaft ersetzt, so würde dies in eine kaum hinnehmbare Bürokratisierung der Vaterschaftszuordnung münden, welche im Vergleich zu den nötigen Vaterschaftsanfechtungen aufgrund biologisch falscher Zuordnungen nach § 1592 Nr. 1 BGB, eine weitaus größere Anzahl von Personen treffen würde. Diese Bürokratisierung könnte dazu führen, dass die Vaterschaft lange in der Schwebe bleibt und erst bei Trennung und Scheidung der Eheleute aufgrund der an dem Status hängenden Regelungen wie Sorgerecht, Umgang und Unterhalt geklärt wird.[849] Dies ist aber gerade nicht im Sinne eines Statussystems. Weiter spricht gegen eine Abschaffung der *Pater-est*-Regel, dass *„die Ehe als Institution geschwächt, die Treue der Ehefrau oftmals grundlos in Zweifel gezogen und zudem schwerfällig und bürokratisch wirken würde"*[850].

Auch eine Vaterschaftsbegründung aufgrund privater beziehungsweise gerichtlicher positiver genetischer Abstammungstests[851] würde auf eine Reihe von Problemen stoßen. So müssten Eheleute, deren Kind durch künstliche Befruchtung entstanden ist, dies offenlegen und gegebenenfalls könnte keine Vaterschaftszuordnung erfolgen, da die künstliche Befruchtung beispielsweise im Ausland mittels eines anonymen Samenspenders vorgenommen worden ist. Auch erscheint die Rechtfertigung des Grundrechtseingriffs aufgrund der Duldung der Abstammungsuntersuchung fraglich.

Eine komplette Abschaffung der *Pater-est*-Regel wird vorliegend daher nicht ernsthaft erwogen.

b) Modifikation der *Pater-est*-Regel

Ist mithin eine Abschaffung der *Pater-est*-Regel mit weitaus mehr Nachteilen als Vorteilen verbunden, so ist möglicherweise auf der einen Seite eine Einschränkung sowie auf der anderen Seite eine Erweiterung der *Pater-est*-Regel zu erwägen.

Eine Einschränkung müsste darauf überprüft werden, ob ihr allein an das formale Bestehen der Ehe anknüpfender Anwendungsbereich stärker an die heutige Lebenswirklichkeit anzupassen wäre.[852]

---

847 *Beitzke*, FS Müller-Freienfels, 31 (39 f.); *Gaul*, FS *Gernhuber*, 619 (624); *Kropholler*, AcP 185 (1985), 244 (260 f., 262).

848 *Wittmann*, Genetische Realität anstelle der pater-est-Doktrin, S. 200 f.

849 BT-Drs. 13/4899, S. 52; BT-Drs. 13/8511, S. 81; *Gaul*, FamRZ 1997, 1441 (1446).

850 *Dopffel*, in MPI (Hrsg.), Ehelichkeitsanfechtung durch das Kind, 55 (66).

851 *Wittmann*, Genetische Realität anstelle der pater-est-Doktrin, S. 203 ff.

852 *Gaul*, FS Gernhuber, 619 (642).

Bei einer Erweiterung der *Pater-est*-Regel auf die Lebenspartnerschaft muss hingegen die Frage gestellt werden, ob eine solche Anpassung mit dem Abstammungssystem in Einklang zu bringen wäre.

aa) Einschränkung der Pater-est-*Regel bei Trennung der Ehegatten*

Vereinzelt wurde gefordert, die Möglichkeit einzuführen, die Zuordnung über § 1592 Nr. 1 BGB zumindest dann ausschließen zu können, wenn die Eheleute getrennt leben und der Ehemann der Kindsmutter daher eindeutig nicht biologischer Vater des Kindes ist.[853] Dieser Ansatzpunkt war bereits in mehreren Reformdiskussionen, insbesondere nach Einführung eines für eine Scheidung notwendigen Trennungsjahres durch das 1. Ehereformgesetz[854], geführt worden.[855]

Bereits in der Diskussion zum ursprünglichen BGB wurde eine Einschränkung der *Pater-est*-Regel bei einer Trennung der Ehegatten erwogen. Abgelehnt wurde eine solche Einschränkung aber damit, dass „*in solchen Fällen eine Wiederaussöhnung oder eine, wenn auch nur vorübergehende faktische Vereinigung der Eheleute nicht selten ist*“[856]. Die Argumentation, die schon vor mehr als hundert Jahren gegen die Anerkennung der Trennung der Eheleute als Ausnahme von der *Pater-est*-Regel vorgebracht wurde, überzeugt noch heute.[857] Die Trennungszeit vor der Scheidung wird zwar als Vermutung für die Zerrüttung der Ehe herangezogen, aber die Wiederaufnahme des Zusammenlebens über kurze Zeit zum Versuch einer Versöhnung unterbricht diese Trennungsfrist nicht, so dass aus der Einhaltung des Trennungsjahres nicht zwingend geschlossen werden kann, dass die Eheleute während dieser Trennungszeit tatsächlich keinerlei eheliche Kontakte hatten.

Des Weiteren spricht auch das Prinzip der Statusklarheit gegen einen Ausschluss der *Pater-est*-Regel während der Trennungszeit der Eheleute. Denn die Trennung der Ehegatten wird nicht öffentlich registriert, so dass die faktische Trennung keine klare und eindeutige Anknüpfungsmöglichkeit, wie beispielsweise die Anhängigkeit des Scheidungsverfahrens nach § 1599 Abs. 2 BGB, für einen Ausschluss der *Pater-est*-Regel bietet.

Vorbild für eine Einschränkung der *Pater-est*-Regel könnte aber das französische Recht sein. Gemäß Art. 313 Abs. 1 CC wird die *Pater-est*-Regel bei Trennung der Ehegatten und Nichtangabe des Ehemanns als Kindsvater bei der Geburtsanmeldung durch die Mutter ausgeschlossen.[858] Gegen eine solche Einschränkungsmöglichkeit

853 *Feuerabend*, DAVorm 1989, 203 (203); *Feuerabend*, DAVorm 1990, 1053 (1053).

854 Im ersten Gesetz zur Reform des Ehe- und Familienrechts (1. EheRG) vom 14.06.1976 (BGBl. I S. 1421), überwiegend in Kraft seit dem 01.07.1977, wurde die Gleichberechtigung zwischen Mann und Frau weiter ausgebaut. Außerdem wurden ein neues Scheidungsrecht auf der Grundlage des Zerrüttungsprinzips, der Versorgungsausgleich sowie die Bildung der Familiengerichte eingeführt.

855 *Gaul*, FS Gernhuber, 619 (642).

856 *Mugdan*, Familienrecht, S. 347; *Planck*, Vorentwürfe Familienrecht 2, S. 1213.

857 *Gaul*, FS Gernhuber, 619 (644).

858 *Gaul*, FS Gernhuber, 619 (621).

spricht aber, dass gerade bei der Primärzuordnung der Vaterschaft der Grundsatz der Statusklarheit vordergründig ist. Auch spricht vieles dagegen, den Status des Kindes einzig in die Hand der Mutter zu legen.

Eine weitere Einschränkungsmöglichkeit der *Pater-est*-Regel ist die, dass § 1592 Nr. 1 BGB unter bestimmten Voraussetzungen wie bereits in § 1599 Abs. 2 BGB abdingbar sein könnte.[859] So könnte beispielsweise die Vaterschaft des Ehemanns durch urkundliche Form abbedungen werden.[860] Wenn jedoch für alle Beteiligten klar ist, dass der Ehemann nicht der biologische Vater ist, können die Beteiligten auch auf das Anfechtungsverfahren verwiesen werden, welches dann keine psychische Belastung mehr darstellt[861] und dem Statussystem entspricht.

Trotz mehrerer Möglichkeiten findet sich kein praktikabler Ansatz, um die *Pater-est*-Regel weiter als bereits durch § 1599 Abs. 2 BGB einzuschränken, so dass diesbezügliche etwaige Reformüberlegungen im Folgenden nicht weiter verfolgt werden.

bb) Erweiterung der Pater-est-*Regel auf die Lebenspartnerschaft*

Neben einer Einschränkung wird auch eine Erweiterung der *Pater-est*-Regel diskutiert. Insbesondere in der neueren Literatur wird im Hinblick auf die Rechtsstellung der Lebenspartnerschaft eine Ungleichbehandlung im Vergleich zur Ehe durch die *Pater-est*-Regel kritisiert.[862] *De lege ferenda* könnte für den Fall, dass die Mutter in einer eingetragenen Lebenspartnerschaft gemäß LPartG lebt, erwogen werden, der eingetragenen Lebenspartnerin der Mutter die Stellung des zweiten Elternteils über § 1592 Nr. 1 BGB zuzuordnen.[863]

Für eine Einbeziehung der Lebenspartnerin in § 1592 Nr. 1 BGB spricht, dass es sich bei der *Pater-est*-Regel[864] um eine rein rechtliche, alle denkbaren Fälle erfassende, normative Zuordnung handelt, die nicht unmittelbar auf eine Zeugung durch vermuteten natürlichen Geschlechtsverkehr zwischen den Ehegatten abstellt. In einigen ausländischen Rechtsordnungen soll darüber hinaus bereits anerkannt sein, dass die Lebenspartnerin der Mutter ebenso wie der Ehemann die

859 Vertiefend: *Süß*, Feststellung der Vaterschaft unabhängig vom Anfechtungsverfahren, S. 124 f.

860 *Gaul*, FS Gernhuber, 619 (647).

861 So auch *Süß*, Feststellung der Vaterschaft unabhängig vom Anfechtungsverfahren, S. 125.

862 *Grziwotz*, FamRZ 2003, 1417 (1422); *Heiderhoff*, FamRZ 2013, 1212 (1214); *Remus/Liebscher*, NJW 2013, 2558 (2558, 2560 f.); *Wehrstedt*, FPR 2011, 400 (403); *Wellenhofer*, FamRZ 2013, 825 (830).

863 So gefordert von diversen MdB und der Fraktion BÜNDNIS 90/DIE GRÜNEN in BT-Drs. 17/7030; *Siegfried*, FPR 2005, 120 (121).

864 Diese müsste in diesem Fall konsequenterweise *Mater-est*-Regel heißen.

zweite rechtliche Elternstellung erlangt.[865] Beispielsweise existiert eine ähnliche Regelung in Spanien.[866]

Auf der anderen Seite stützt sich die *Pater-est*-Regel weiterhin auf die Voraussetzung, dass rechtliche und biologische Vaterschaft regelmäßig zusammenfallen. Ein solches Zusammenfallen wäre bei einer Anwendung auf die gleichgeschlechtliche Lebenspartnerschaft biologisch unmöglich, die *Pater-est*-Regel würde tatsächlich zur reinen Fiktion bezüglich der biologischen Abstammungsverhältnisse werden. Auch das *Bundesverfassungsgericht* hat einer solchen Regelung eine Absage erteilt.[867] Zudem würde hierbei die Lebenspartnerschaft bestehend aus zwei Frauen gegenüber der Lebenspartnerschaft von zwei Männern bevorzugt werden. Denn nur die Frau in der Lebenspartnerschaft, die das Kind nicht ausgetragen hat, könnte über § 1592 Nr. 1 BGB die zweite rechtliche Elternstellung erhalten, während die andere Frau über § 1591 BGB Mutter wird. Bei der Lebenspartnerschaft von zwei Männern kann dann argumentiert werden, dass hierbei auch keiner die rechtliche Stellung des zweiten Elternteils erlangen könne, da diese regelmäßig mit der Mutter besetzt ist. Ein weiterer Aspekt gegen die Ausweitung der *Pater-est*-Regel ist der Ausschluss des biologischen Vaters, wenn der Lebenspartner die rechtliche Stellung des zweiten Elternteils erhalten würde. Darüber hinaus wird beklagt, dass eine solche Regelung nicht dem allgemeinen Rechtsempfinden entsprechen würde.[868]

Das aktuelle Abstammungsrecht steht weiterhin unter dem Prinzip der Abstammungswahrheit des § 1589 BGB. Auch wenn dieser Grundsatz nicht stringent verfolgt wird und stattdessen normative Komponenten das Abstammungsrecht mitbestimmen[869], suggeriert bereits der Wortlaut von *Mutter* und *Vater*, dass im Abstammungsrecht die rechtliche Elternschaft verschiedengeschlechtlich ausgestaltet ist. Eine solche Differenzierung verstößt nicht gegen Art. 3 Abs. 1 GG.[870] Da außerdem eine Ausweitung der *Pater-est*-Regel nur für die gleichgeschlechtliche Lebenspartnerin in Abgrenzung zum gleichgeschlechtlichen Lebenspartner in Betracht kommt, erscheint eine Ausweitung der rechtlichen Elternschaft im Abstammungsrecht auf die Lebenspartner durch Erweiterung der *Pater-est*-Regel nicht vorzugswürdig. Eine Ausdehnung des Abstammungsrechts zugunsten der Lebenspartnerschaft bietet sich dagegen eher über eine Anerkennung an[871], wird

865 Laut *Remus/Liebscher*, NJW 2013, 2558 (2560) ist dies im US-Bundesstaat Iowa und in Südafrika der Fall; *Potts*, JAmt 2013, 363 (367 f.) zu den Regelungen in den USA.

866 *OLG Celle*, FamRZ 2011, 1518 (1521); *Ferrer i Riba*, FamRZ 2007, 1513 (1515); *Martín-Casals/Ribot*, FamRZ 2006, 1331 (1331).

867 *BVerfG*, FamRZ 2010, 1621 (1621).

868 Soergel/*Schmidt-Recla* (2012), § 1592, Rn 7.

869 *BVerfG*, FamRZ 2003, 816 (818); *AG Hamburg*, StAZ 2009, 275 (276).

870 *BVerfG*, FamRZ 2010, 1621 (1621 f.).

871 So auch: *Löhnig/Preisner*, FamFR 2013, 340 (343); *Wellenhofer*, FamRZ 2013, 825 (830).

aber aufgrund der grundsätzlichen Abkehr von dem geltenden Abstammungssystem, das die Elternschaft nach den §§ 1591 ff. BGB einer Frau als Mutter und einem Mann als Vater zuordnet, nicht weiter verfolgt. Daher wird eine Erweiterung der *Pater-est*-Regel auf die Lebenspartnerin in einer gleichgeschlechtlichen Lebenspartnerschaft abgelehnt.

6. Fazit

Eine auf ein Statussystem aufbauende Rechtsordnung kommt ohne die *Pater-est*-Regel kaum aus. Sie ist aufgrund ihrer regelmäßigen Übereinstimmung mit der Abstammungswahrheit sowie aufgrund ihrer Praktikabilität und ihrer Konkordanz mit den Prinzipien des Abstammungssystems gerechtfertigt. Eine Abschaffung der *Pater-est*-Regel kommt daher vorliegend nicht in Betracht. Auch Ausnahmen, die außerhalb der gesetzlich normierten §§ 1593, 1599 Abs. 2 BGB liegen und dahin gehen, die Vaterschaftsvermutung aufgrund von nicht eindeutigen und klaren Anknüpfungspunkten oder Parteientscheidungen nicht eingreifen zu lassen, widersprechen dem Statussystem. Eine Erweiterung der *Pater-est*-Regel auf die Lebenspartnerschaft, die zwar der Abstammungsklarheit gerecht werden würde, die aber mit dem aktuellen Abstammungssystem, das die rechtliche Mutterschaft nur einer Frau und die Vaterschaft ausschließlich einem Mann zuordnet, nicht vereinbar ist, wird ebenfalls nicht weiter verfolgt.

Da heute weiterhin die klare Mehrheit der Familien aus Eheleuten mit Kindern bestehen, ist die *Pater-est*-Regel aus Sicht des sozialen Vaters nach wie vor vorteilhaft. Es kann aus dem soziobiologischen Gesichtspunkt der Vateridentität aufgrund von Partnerschaftsbemühungen[872] davon ausgegangen werden, dass der Ehemann der Kindsmutter auch die soziale Vaterstellung einnehmen wird, so dass die *Pater-est*-Regel auch zum Schutz sozialer Vaterschaft gerechtfertigt ist.

Aus der Perspektive des biologischen Vaters ist die *Pater-est*-Regel zwar eher als nachteilig zu bewerten, da gerade nicht die biologische Verbundenheit, sondern die Ehe mit der Kindsmutter die Vater-Kind-Zuordnung bewirkt. Dieser Nachteil für den biologischen Vater ist aber zugunsten der einfachen, praktikablen, historisch etablierten und international anerkannten Zuordnung aufgrund der *Pater-est*-Regel auf der Ebene der primären Vater-Kind-Zuordnung zu akzeptieren. Einen angemessenen Ausgleich für das Interesse des biologischen Vaters an einer rechtlichen Vaterstellung ist anderenorts, insbesondere im Anfechtungsrecht, zu suchen.

Die *Pater-est*-Regel sollte daher in ihrer bisherigen Ausgestaltung beibehalten werden.

---

872 S.o.: 2. Teil. B. I. 3. Väterliches Verhalten als Paarungsstrategie und Paarungsaufwand.

II. Vaterschaft aufgrund Anerkenntnis, § 1592 Nr. 2 BGB

Ist die Mutter im Zeitpunkt der Geburt nicht verheiratet, wird dem Kind nicht automatisch, wie bei der *Pater-est*-Regel, ein Mann als Vater rechtlich zugeordnet. Eine Möglichkeit, die rechtliche Vaterschaft zu begründen, ist dann die Anerkennung gemäß § 1592 Nr. 2 BGB. Die Eltern können im Wege der Vaterschaftsanerkennung die rechtliche Vaterstellung des Mannes durch eigene Erklärungen außerhalb eines gerichtlichen Verfahrens erreichen.

Die Vaterschaftsanerkennung findet in der Praxis großen Zuspruch. So wurde bei der letzten statistischen Erhebung im Jahr 2004 bei über 90 Prozent der Kinder, die nicht innerhalb einer Ehe geboren wurden, die Vaterschaft freiwillig anerkannt.[873] Da die Zahl der Kinder, die außerhalb einer Ehe geboren werden, beständig, mittlerweile auf etwa 30 Prozent aller Kinder, angestiegen ist[874], ist dem Rechtsinstitut der Vaterschaftsanerkennung große praktische Bedeutung beizumessen. Auch international kennen alle kontinentaleuropäischen Rechtsordnungen das Institut der Vaterschaftsanerkennung.[875]

Grundlage der Zuordnung aufgrund Anerkennung ist dabei die aus der Lebenswirklichkeit begründete Erfahrung, dass der Mann, der die Vaterschaft anerkennt, mit hoher Wahrscheinlichkeit auch biologischer Vater dieses Kindes ist.[876] Diese Erfahrung stimmt mit den interdisziplinären Erkenntnissen aus der Soziobiologie überein, wonach in erster Linie der biologische Vater die Vaterrolle übernehmen und damit einhergehend die Vaterschaft anerkennen wird.[877] Da die Vaterschaftsanerkennung jedoch unabhängig von der biologischen Verbundenheit des Anerkennenden mit dem Kind ausgestaltet ist[878], kann grundsätzlich jeder Mann, insbesondere auch der soziale Vater, die Vaterschaft anerkennen. Aufgrund der soziobiologischen Befunde[879] ist es dabei wahrscheinlich, dass ein neuer Partner der Mutter die Vaterschaft anerkennen würde, auch wenn dieser nicht mit dem Kind biologisch verbunden ist. Das Institut der Vaterschaftsanerkennung bietet daher,

---

873 *Dethloff*, Familienrecht, S. 288 f.; *Muscheler*, Familienrecht, S. 347; *Statistisches Bundesamt*, Statistiken der Kinder- und Jugendhilfe, S. 14; MüKo/*Wellenhofer* (2012), § 1594, Rn 3.

874 S.o.: 2. Teil. A. III. 1. a) Soziodemographische Trends.

875 *Helms*, in Schwab/Vaskovics (Hrsg.), Pluralisierung von Elternschaft und Kindschaft, 105 (107) m.w.N.

876 Soergel/*Schmidt-Recla* (2012), § 1592, Rn 10; MüKo/*Wellenhofer* (2012), § 1592, Rn 14.

877 S.o.: 2. Teil. B. I. 2. a) Bevorzugung biologischer Kinder.

878 *OLG Koblenz*, FamRZ 2007, 2098 (2098); *OLG Köln*, FamRZ 2002, 901 (901); *LG Köln*, FamRZ 2002, 630 (630); *Frank*, FamRZ 1988, 113 (115); *Gernhuber/Coester-Waltjen*, Familienrecht, S. 608; *Grün*, Vaterschaftsfeststellung und -anfechtung, S. 39; AnwK/*Gutzeit/Klebeck* (2005), § 1594, Rn 2; *Muscheler*, FPR 2005, 177 (177); *Rauscher*, FPR 2002, 359 (360); *Will*, FPR 2005, 172 (174).

879 S.o.: 2. Teil. B. I. 3. Väterliches Verhalten als Paarungsstrategie und Paarungsaufwand.

ebenso wenig wie die *Pater-est*-Regel, eine Gewähr dafür, dass biologische und rechtliche Vaterschaft zusammenfallen.

Im Folgenden werden die Voraussetzungen der Vaterschaftsanerkennung dargestellt und diese kritisch, aus der Perspektive des biologischen Vaters, untersucht, um daraus Ansatzpunkte für Reformüberlegungen zum Institut der Vaterschaftsanerkennung abzuleiten.

1. Voraussetzungen der Vaterschaftsanerkennung

Die näheren Voraussetzungen der Anerkennung der Vaterschaft gemäß § 1592 Nr. 2 BGB werden in den §§ 1594 bis 1598 BGB geregelt.

a) Wirksamkeit

Gemäß § 1598 Abs. 1 BGB sind die Wirksamkeitsvoraussetzungen der §§ 1594 bis 1597 BGB abschließend, so dass nur diese maßgeblich sind.[880] Da in den §§ 1594 bis 1597 BGB keine Voraussetzung benannt ist, dass der Anerkennende biologischer Vater sein muss oder zumindest davon ausgehen muss, es zu sein, ist dies keine Voraussetzung einer wirksamen Anerkennung.[881]

aa) Formale Erfordernisse

Sowohl Anerkennungserklärung als auch die jeweils notwendigen Zustimmungen bedürfen der öffentlichen Beurkundung (§ 1597 Abs. 1 BGB). Gemäß § 1597 Abs. 2 BGB sind Vater, Mutter, Kind sowie das Standesamt über alle abgegebenen Erklärungen durch Übersendung von beglaubigten Abschriften zu informieren, um zu wissen, dass und ab wann eine wirksame Anerkennung vorliegt.[882] Der Zugang der Erklärungen, als nicht empfangsbedürftige Willenserklärungen, ist jedoch seit dem KindRG[883] für die Wirksamkeit nicht mehr erforderlich, so dass § 1597 Abs. 2 BGB entgegen dem Wortlaut des § 1598 Abs.1 BGB durch teleologische Reduktion nur Ordnungsvorschrift und nicht Wirksamkeitsvoraussetzung ist.[884]

Sämtliche Rechte und Pflichten, die sich aus der rechtlichen Vaterschaft nach § 1592 BGB ergeben, können gemäß § 1594 Abs. 1 BGB erst geltend gemacht werden, wenn alle Voraussetzungen der Anerkennung vorliegen. Rechtswirkungen,

---

880 Palandt/*Brudermüller* (2014), § 1598, Rn 2; jurisPK/*Nickel* (2011), § 1598, Rn 1, 4.

881 *Helms*, in Schwab/Vaskovics (Hrsg.), Pluralisierung von Elternschaft und Kindschaft, 105 (106); Soergel/*Schmidt-Recla* (2012), § 1594, Rn 11.

882 BT-Drs. 13/4899, S. 85; MüKo/*Wellenhofer* (2012), § 1597, Rn 6.

883 Zur Rechtslage davor: *BGH*, FamRZ 1995, 1129 (1130).

884 RGRK/*Böckermann*, § 1600a a.F., Rn 8; *Dethloff*, Familienrecht, S. 291 f.; *Muscheler*, FPR 2005, 177 (179); *Muscheler*, Familienrecht, S. 349; jurisPK/*Nickel* (2011), § 1597, Rn 14; Staudinger/*Rauscher* (2011), §1592, Rn 61; *Schwab*, FS Medicus, 587 (596); MüKo/*Wellenhofer* (2012), § 1597, Rn 6, 8; a.A.: Bamberger/Roth/*Hahn* (2012), § 1597, Rn 4 aber im Ergebnis identisch.

insbesondere die Sperrwirkung als Ausdruck des Unitätsprinzips[885], entfaltet die Anerkennung damit erst, wenn alle wirksamen notwendigen Erklärungen kumulativ vorliegen, jedoch, obwohl die Erklärungen gemäß §§ 1594 Abs. 4, 1595 Abs. 3 BGB bereits vor der Geburt des Kindes abgegeben werden können, frühestens mit Vollendung der Geburt.[886]

Die Erklärungen sind grundsätzlich bedingungsfeindlich (§§ 1594 Abs. 3, 1595 Abs. 3 BGB). Wirksam sind jedoch die Erklärungen, die unter einer zulässigen reinen Rechtsbedingung, wie beispielsweise der erfolgreichen Vaterschaftsanfechtung, abgegeben werden.[887]

Die Anerkennung der Vaterschaft ist bei Fehlen einzelner Voraussetzungen der §§ 1594 ff. BGB nicht nichtig, sondern zunächst nur schwebend unwirksam[888], so dass im Ergebnis bei Nachholung des Erfordernisses oder Wegfall des Hindernisses die Erklärungen nicht wiederholt werden müssen, sondern ihre Wirkung dann entfalten können. Die Folge der schwebenden Unwirksamkeit findet im Gesetz für den Fall der Abgabe einer Anerkennungserklärung bei Bestehen einer anderweitigen Vaterschaft in dem Wortlaut des § 1594 Abs. 2 BGB *„solange“* ihren Ausdruck.

Allerdings kann der Anerkennende seine Erklärung widerrufen, wenn sie ein Jahr nach Beurkundung noch nicht wirksam geworden ist (§ 1597 Abs. 3 BGB). Im Gegensatz zum alten Recht (§ 1600e Abs. 3 BGB[1970]) wird die Anerkennungserklärung nicht automatisch unwirksam, sondern muss aktiv durch den Anerkennenden widerrufen werden. Ohne Widerruf kann die Anerkennungserklärung auch noch nach mehreren Jahren zur Vaterschaft nach § 1592 Nr. 2 BGB führen.

Nach § 1598 Abs. 2 BGB wird eine unwirksame Anerkennung nach fünf Jahren ab Eintragung der Anerkennung in das Personenstandsbuch geheilt.[889]

§ 1596 BGB regelt außerdem die Ausnahme, dass einer der Beteiligten beschränkt geschäftsfähig oder geschäftsunfähig ist.

bb) Wahrung des Prinzips der Unität der Vaterschaft

Der Schutz des Unitätsprinzips[890] findet in den Regelungen der Vaterschaftsanerkennung einen besonderen Stellenwert.

---

885 S.o.: 3. Teil. A. I. 6. Unität der Vaterschaft.

886 jurisPK/*Nickel* (2011), § 1594, Rn 21; Staudinger/*Rauscher* (2011), § 1594, Rn 51.

887 BT-Drs. 13/4899, S. 84; *BGH*, FamRZ 1987, 375 (376); *BGH*, FamRZ 2004, 802 (1595); *KG*, FamRZ 1995, 631 (631); *Blech*, Die Rechte des nichtehelichen Vaters, S. 6 ff.; Prütting/Wegen/Weinreich/*Friederici* (2013), § 1594, Rn 8; jurisPK/*Nickel* (2011), § 1594, Rn 20; Staudinger/*Rauscher* (2011), § 1594, Rn 43 f.; MüKo/*Wellenhofer* (2012), § 1594, Rn 37 f.; *Will*, FPR 2005, 172 (174).

888 BT-Drs. 13/4899, S. 84; *Gaul*, FamRZ 1997, 1441 (1449); *Gernhuber/Coester-Waltjen*, Familienrecht, S. 59; *Schwab/Wagenitz*, FamRZ 1997, 1377 (1378); *Schwab*, Familienrecht, S. 255.

889 Prütting/Wegen/Weinreich/*Friederici* (2013), § 1598, Rn 2.

890 S.o.: 3. Teil. A. I. 6. Unität der Vaterschaft.

So stellt § 1594 Abs. 1 BGB klar, dass erst die Wirksamkeit der Vaterschaftsanerkennung die Vaterschaft nach § 1592 Nr. 2 BGB und damit die positive Sperrwirkung begründet. Damit könnte das Zustandekommen einer Vaterschaft nach § 1592 Nr. 2 BGB durch den biologischen Vater trotz Abgabe seiner Anerkennungserklärung noch vereitelt werden, indem die Mutter, bei Abgabe der Anerkennungserklärung vor der Geburt des Kindes, noch einen anderen Mann heiratet, der dann über § 1592 Nr. 1 BGB automatisch Vater des Kindes wird, oder indem sie ihre Zustimmung zu diesem Anerkenntnis verweigert und ihre Zustimmung einem anderen anerkennungswilligen Mann gibt, der dann Vater im Sinne des § 1592 Nr. 2 BGB wird.

Auch § 1594 Abs. 2 BGB ist Ausdruck des Unitätsprinzips. § 1594 Abs. 2 BGB setzt als negative Sperrwirkung für die Wirksamkeit der Vaterschaftsanerkennung voraus, dass keine anderweitige rechtliche Vaterschaft besteht. Eine Vaterschaftsanerkennung kann daher nur wirksam werden, wenn weder die *Pater-est*-Regel eingreift, noch bereits eine Vaterschaft gemäß § 1592 Nr. 2 oder Nr. 3 BGB besteht.[891] Hierzu bildet § 1599 Abs. 2 BGB wiederum eine gesetzliche Ausnahme, welche die Vaterschaftsanerkennung trotz grundsätzlichem Eingreifen der *Pater-est*-Regel wirksam werden lässt.[892]

Eine Besonderheit besteht bei § 1594 Abs. 2 BGB auch in Bezug auf die Möglichkeit der Heilung gemäß § 1598 Abs. 2 BGB. Bei einem Verstoß gegen § 1594 Abs. 2 BGB greift die Heilungsmöglichkeit des § 1598 Abs. 2 BGB nicht ein, um das Prinzip der Unität der Vaterschaft zu wahren.[893]

cc) Folgerung

Die formalen Voraussetzungen der Vaterschaftsanerkennung sind, im Vergleich zu der *Pater-est*-Regel, recht komplex, wodurch ein grundsätzliches, historisch bedingtes Misstrauen des deutschen Gesetzgebers gegenüber der nichtehelichen Vaterschaft zum Ausdruck kommt.

Der starke Schutz zur Wahrung der Unität der Vaterschaft zeigt, dass der Gesetzgeber zwar nach Möglichkeit jedem Kind einen rechtlichen Vater zuordnen will, eine doppelte Vaterschaft aber vermeiden möchte.

b) Erklärung des Anerkennenden

Primär erfordert die Vaterschaftsanerkennung die Abgabe einer wirksamen Anerkennungserklärung durch den anerkennenden Mann.[894] Unter der

891 Vgl. oben: 3. Teil. A. I. 6. b) Sperrwirkung.

892 S.o.: 4. Teil. A. I. 2. b) Reduktion der *Pater-est*-Regel durch § 1599 Abs. 2 BGB.

893 *OLG Rostock*, FamRZ 2008, 2226 (2226 f.); jurisPK/Nickel (2011), § 1594, Rn 15 und § 1598, Rn 12; Staudinger/*Rauscher* (2011), §1598, Rn 18; MüKo/*Wellenhofer* (2012), § 1598, Rn 24.

894 Die Anerkennungserklärung kann nur von einem Mann abgegeben werden, Staudinger/*Rauscher* (2011), § 1592, Rn 55; Soergel/*Schmidt-Recla* (2012), § 1592, Rn 28.

Anerkennungserklärung ist die einseitige, nicht empfangsbedürftige Willenserklärung des Mannes zu verstehen, mit der er seinen Willen bekundet, die gesetzlichen Folgen der Vaterschaft zu übernehmen.[895] Die Anerkennungserklärung ist damit eine reine Willenserklärung[896] und keine Wissenserklärung[897], denn die, im geltenden Recht gar nicht nötige, Vermutung, biologischer Vater des Kindes zu sein, würde für ein Wissenselement einer Erklärung nicht ausreichen, so dass die Anerkennungserklärung des Anerkennenden nur als reine Willenserklärung einzuordnen ist.[898] Zur Wirksamkeit dieser Erklärung sind die oben erläuterten Formerfordernisse des § 1597 BGB einzuhalten. Die Anerkennungserklärung ist außerdem unbedingt (§ 1594 Abs. 3 BGB), unbefristet (§ 1594 Abs. 3 BGB) und höchstpersönlich (§ 1596 Abs. 4 BGB) abzugeben.[899]

c) Zustimmungserfordernisse

Die Anerkennung bedarf zu ihrer Wirksamkeit außerdem der Zustimmung der Kindsmutter (§ 1595 Abs. 1 BGB). Die Zustimmung ist unverzichtbar und unersetzbar[900], selbst dann, wenn der Mutter die Sorge für das Kind nicht zusteht[901]. In diesem Fall ist jedoch zusätzlich, neben der stets erforderlichen Zustimmung der Mutter, die Zustimmung des Kindes nötig (§ 1595 Abs. 2 BGB). Dies wird zumeist das volljährige Kind betreffen.[902]

Die Regelung, dass nach dem KindRG nunmehr, statt der Zustimmung des Kindes, die Zustimmung der Mutter zur Anerkennung der Vaterschaft erforderlich ist, bringt zum Ausdruck, dass die jeweiligen Elternpositionen der Mutter und des Vaters vom Gesetzgeber nicht unabhängig voneinander gesehen werden, wodurch es eines Interessenausgleichs zwischen Mutter- und Vaterposition bedarf.[903]

---

895 RGRK/*Böckermann*, § 1600a a.F., Rn 10; jurisPK/*Nickel* (2011), § 1592, Rn 29; Soergel/*Schmidt-Recla* (2012), § 1592, Rn 29; MüKo/*Wellenhofer* (2012), § 1594, Rn 4.

896 So die herrschende Meinung: *BayObLG*, StAZ 2000, 369 (370); *Dethloff*, Familienrecht, S. 289; *Gernhuber/Coester-Waltjen*, Familienrecht, S. 608; *Grün*, FuR 2006, 497 (497); *Rauscher*, FPR 2002, 359 (360); Staudinger/*Rauscher* (2011), § 1592, Rn 51; Soergel/*Schmidt-Recla* (2012), § 1594, Rn 4; MüKo/*Wellenhofer* (2012), § 1594, Rn 4; *Zimmermann*, Scheinvaterschaften, S. 388.

897 Doppelnatur der Erklärung: Palandt/*Brudermüller* (2014), § 1594, Rn 4; *Muscheler*, Familienrecht, S. 347.

898 *Kühnel*, Die missbräuchliche Vaterschaftsanerkennung, S. 22.

899 Siehe bereits oben: 4. Teil. A. II. 1. a) Wirksamkeit.

900 BT-Drs. 13/4899, S. 54; *Rauscher*, FPR 2002, 359 (360).

901 Staudinger/*Rauscher* (2011), § 1592, Rn 59.

902 Kritik an einer fehlenden Beteiligung des minderjährigen Kindes: *Gernhuber/Coester-Waltjen*, Familienrecht, S. 610 f.; *Rauscher*, Familienrecht, S. 679 f.; Staudinger/*Rauscher* (2011), § 1595, Rn 6 ff.; Soergel/*Schmidt-Recla* (2012), § 1595, Rn 4; *Wellenhofer*, in Schwab/Vaskovics (Hrsg.), Pluralisierung von Elternschaft und Kindschaft, 173 (176 ff.); MüKo/*Wellenhofer* (2012), § 1595, Rn 3.

903 *Wanitzek*, Rechtliche Elternschaft, S. 67.

Außerdem wird das Zustimmungserfordernis der Mutter mit der Abstammungswahrheit gerechtfertigt, da die Zustimmung der Mutter als ein wichtiges Indiz für die biologische Richtigkeit der Anerkennung angesehen wird.[904] Diese Rechtfertigung über das Prinzip der Abstammungswahrheit erscheint kritikwürdig, da es kaum auszuschließen ist, dass die Kindsmutter neben dem Interesse des Kindes an der Kenntnis seiner eigenen biologischen Abstammung auch eigene Interessen, wie beispielsweise das Interesse an der Teilung der Elternverantwortung mit einem von ihr gewünschtem Vater, in ihre Entscheidung über die Zustimmung zur Anerkennung einfließen lassen wird.[905]

d) Ergebnis

Wie bereits bei der *Pater-est*-Regel festgestellt, setzt auch die Anerkennung der Vaterschaft keine biologische Abstammung des Kindes vom Anerkennenden voraus. Vielmehr bedarf es für die Vaterschaftsanerkennung objektiv eindeutiger und klarer Erklärungen der Beteiligten, um dem Grundsatz der Statusklarheit zu genügen.

Die Anerkennung ist zwar vom aktuellen, konkreten Willen der Beteiligten zu einer rechtlichen Vaterschaft mit all ihren Rechten und Pflichten getragen. Dieser Wille wird jedoch bei der Primärzuordnung durch das Rechtsinstitut der Vaterschaftsanerkennung nicht hinterfragt. So kann es sein, dass der Anerkennende die Anerkennungserklärung in der Vermutung, biologischer Vater zu sein, abgibt. Andererseits kann ein Mann die Vaterschaft aber auch in dem Wissen um seine biologische Nichtvaterschaft abgeben. Es entsteht, bei Vorliegen der weiteren Voraussetzungen, in jedem Fall eine vollwertige rechtliche Vaterschaft nach § 1592 Nr. 2 BGB.

Bei Abgabe einer Anerkennungserklärung wird davon ausgegangen, dass größtenteils der biologische Vater die Anerkennungserklärung abgeben wird, was unter den soziobiologischen Erkenntnissen von der Bevorzugung biologischer Kinder gerechtfertigt erscheint.[906] Andererseits können Partnerschaftsbemühungen ebenso zu Vateridentität führen und damit grundsätzlich auch nicht biologische Väter, die Partner der Mutter sind, zur Abgabe einer Anerkennungserklärung veranlassen.[907]

2. Kritik aus der Perspektive des biologischen Vaters

Die aktuelle Ausgestaltung der Vaterschaftsanerkennung bietet im Wesentlichen vier Anknüpfungspunkte, die dem Interesse des biologischen Vaters, die rechtliche

---

904 AnwK/*Gutzeit/Klebeck* (2005), § 1595, Rn 1; *Rauscher*, FPR 2002, 359 (360); Staudinger/*Rauscher* (2011), § 1595, Rn 3.

905 Staudinger/*Rauscher* (2011), § 1595, Rn 5.

906 Vgl. oben: 2. Teil. B. I. 2. Väterliche Fürsorge als direktes genetisches Investment.

907 Vgl. oben: 2. Teil. B. I. 3. Väterliches Verhalten als Paarungsstrategie und Paarungsaufwand.

Vaterstellung einzunehmen, entgegenstehen können. Diese werden im Folgenden erörtert.

a) Keine Berücksichtigung von biologischen (und sozialen) Beziehungen

Zunächst setzt die Vaterschaftsanerkennung auf formale Voraussetzungen, die weder die biologische Abstammung noch die soziale Beziehung der Beteiligten zueinander berücksichtigen. Die biologische Vaterschaft wird bei der Anerkennung genauso wenig berücksichtigt wie bei der *Pater-est*-Regel. Dieser Kritik kann mit den gleichen Argumenten wie bei der *Pater-est*-Regel, nämlich durch Praktikabilitätserwägungen und dem Schutz der sozialen Familie begegnet werden.[908] Dass bei der Mehrzahl der Vaterschaften aufgrund § 1592 Nr. 2 BGB rechtliche und biologische Vaterschaft zusammenfallen ist wahrscheinlich, denn die Mehrheit der Männer wird die Vaterschaft mit ihren Rechten und Pflichten anerkennen, da sie (zu Recht) davon ausgehen, mit dem Kind biologisch verbunden zu sein.[909]

Auch die sozialen Beziehungen zwischen Anerkennendem, Mutter und Kind können bereits aus Praktikabilitätsgründen nicht zur Wirksamkeit der Anerkennung herangezogen werden. Dies würde dem Ziel, ein Kind möglichst schnell und eindeutig einem Vater zuzuordnen, zuwiderlaufen.[910]

Im Ergebnis ist die fehlende Berücksichtigung von biologischen und sozialen Verbindungen zwischen den Beteiligten damit durch den Vorrang der Statusklarheit auf der Primärebene gerechtfertigt.

b) Keine Beteiligung des biologischen Vaters

Sollte ein anderer Mann als der biologische Vater die Vaterschaft mit Zustimmung der Mutter anerkennen, so ist die fehlende Beteiligung des biologischen Vaters an der so zustande kommenden Vaterschaft des anderen Mannes nach § 1592 Nr. 2 BGB zu kritisieren.[911]

---

908 S.o.: 4. Teil. A. I. 4. Stellungnahme.

909 *Helms*, in Schwab/Vaskovics (Hrsg.), Pluralisierung von Elternschaft und Kindschaft, 105 (107).

910 Der Problematik möglicher Scheinanerkennungen wurde mit der (Wieder)einführung eines staatlichen Anfechtungsrechts begegnet (S.o.: 3. Teil. B. IX. 3.); vertiefend: *Arendt-Rojahn*, FPR 2007, 395 (395 ff.); *Frank*, StAZ 2006, 281 (281 ff.); *Helms*, StAZ 2007, 69 (69 ff.); *Henrich*, FamRZ 2006, 977 (977 ff.); *Kühnel*, Die missbräuchliche Vaterschaftsanerkennung.

911 Auch die zumeist fehlende Beteiligung des Kindes an der Anerkennung ist auf Kritik gestoßen. Hierzu vertiefend: Staudinger/*Rauscher* (2011), § 1595, Rn 4 ff.; MüKo/*Wellenhofer* (2012), § 1595, Rn 3.

aa) Grundlegendes
Es erscheint aus der Perspektive des biologischen Vaters prekär, dass er nicht grundsätzlich an der Vaterschaftsanerkennung beteiligt ist und folglich die Anerkennungserklärung eines Dritten, die die Zustimmung der Mutter erhält, nicht verhindern kann. Der biologische Vater hat somit im Entstehungsprozess der rechtlichen Vaterschaft durch Anerkennung eines anderen Mannes gemäß § 1592 Nr. 2 BGB keine Möglichkeit einzugreifen, wenn er selber die rechtliche Vaterstellung erlangen möchte. Seine Anerkennungserklärung wird ohne die Zustimmung der Kindsmutter gemäß § 1595 Abs. 1 BGB nicht wirksam und die Möglichkeit einer gerichtlichen Vaterschaftsfeststellung gemäß §§ 1592 Nr. 3, 1600d BGB wird durch ein vorheriges Vaterschaftsanerkenntnis eines anderen Mannes gesperrt (§ 1600d Abs. 1 BGB). Bislang wird diese Problemstellung in das Anfechtungsrecht des biologischen Vaters nach § 1600 Abs. 1 Nr. 2, Abs. 2, 4 BGB verortet mit der Begründung, dass dort durch gerichtliche Überprüfung der sozialen Sachlage interessengerechtere Ergebnisse erzielt werden können.[912]

bb) Umgehung der Adoptionsvorschriften
Allerdings könnte diese Argumentation zu kurz greifen, wenn die Beteiligung des biologischen Vaters im Vaterschaftsanerkennungsverfahren mit seiner Beteiligung im Adoptionsverfahren verglichen wird. Kritisch zu sehen ist dabei nämlich weiter, neben der generell fehlenden Beteiligung des biologischen Vaters bei der Vaterschaftsanerkennung, die mögliche Umgehung der Schutzvorschriften des Adoptionsrechts.[913] So sind die Voraussetzungen einer Adoption im Vergleich zur Vaterschaftsanerkennung viel umfangreicher, obwohl sowohl bei der Adoption als auch bei der Anerkennung ein rechtliches Vater-Kind-Verhältnis begründet wird.

aaa) Beteiligung des biologischen Vaters im Adoptionsverfahren
Gemäß § 1747 Abs. 1 BGB ist bei einer Adoption die Einwilligung der Eltern erforderlich. Neben der Einwilligung der Mutter ist also auch die Einwilligung des Vaters zur Adoption nötig. Vater ist dabei grundsätzlich der Mann, der über § 1592 BGB die Vaterstellung einnimmt. Gibt es keinen Vater im Sinne des § 1592 BGB, gilt gemäß § 1747 Abs. 1 Satz 2 BGB derjenige als Vater im Adoptionsverfahren, der glaubhaft machen kann, der Mutter während der Empfängniszeit beigewohnt zu haben (§ 1600d Abs. 2 Satz 1 BGB). Das Einwilligungserfordernis schützt dabei das natürliche Elternrecht aus Art. 6 Abs. 2 GG und stellt grundsätzlich auf die

912 *BVerfG*, FamRZ 2003, 816 (818 ff.); BT-Drs. 15/2253, S. 8 ff.
913 BT-Drs. 5/2370, S. 27; *Gaul*, FamRZ 1997, 1441 (1449); *Helms*, FamRZ 2010, 1 (6); *Keller*, Zweckwidrige Verwendung von Rechtsinstituten des Familienrechts, S. 163; Staudinger/*Rauscher* (2011), § 1595, Rn 4, § 1600, Rn 40; *Rixe*, FPR 2008, 222 (225); *Rixe*, FamRZ 2011, 1363 (1366); *Wellenhofer*, in Schwab/Vaskovics (Hrsg.), Pluralisierung von Elternschaft und Kindschaft, 173 (178); MüKo/*Wellenhofer* (2012), § 1595, Rn 4; *Wellenhofer*, FamRZ 2012, 828 (831).

biologischen Eltern ab.[914] Damit erhält prinzipiell der biologische Vater im Adoptionsrecht ein Mitwirkungsrecht.

bbb) Keine Beteiligung im Vaterschaftsanerkennungsverfahren

Bei der Vaterschaftsanerkennung nach den §§ 1592 Nr. 2, 1594 ff. BGB ist dagegen, bei Abgabe einer Anerkennungserklärung durch einen anderen Mann, der biologische Vater nicht beteiligt, da es generell ausreicht, wenn der Anerkennende und die Kindsmutter Erklärungen abgeben.

ccc) Stellungnahme

Das Einwilligungserfordernis im Adoptionsrecht könnte damit begründet werden, dass der biologische Vater nach seiner Einwilligung die Adoption nicht mehr einseitig beeinflussen kann. Seine Einwilligung ist gemäß § 1750 Abs. 2 Satz 2 BGB prinzipiell unwiderruflich. Die Adoption ist grundsätzlich unaufhebbar[915], denn die Stabilität der Annahme hat einen hohen Stellenwert.[916] Im Verfahren der Vaterschaftsanerkennung nach den §§ 1592 Nr. 2, 1594 ff. BGB ist der biologische Vater zwar nicht beteiligt, die so entstandene Vaterschaft des nicht mit dem Kind biologisch verbundenen Anerkennenden ist jedoch anfechtbar.[917] Dem biologischen Vater steht ein eigenes Anfechtungsrecht gemäß § 1600 Abs. 1 Nr. 2, Abs. 2, 4 BGB zu, so dass er die Vaterschaft des Anerkennenden nach § 1592 Nr. 2 BGB unter den Voraussetzungen seines Anfechtungsrechts einseitig wieder aufheben lassen könnte. Folglich wird der biologische Vater bei der Adoption zwar grundsätzlich im Adoptionsverfahren beteiligt, hat danach aber keine weiteren Einflussmöglichkeiten mehr, während der biologische Vater bei der Vaterschaftsanerkennung zwar nicht beteiligt wird, aber unter den Voraussetzungen des § 1600 Abs. 1 Nr. 2, Abs. 2, 4 BGB die ohne seine Beteiligung entstandene Vaterschaft anfechten kann.

Im Ergebnis ist festzuhalten, dass die Begründung des Vater-Kind-Verhältnisses durch Anerkennung weitaus einfacherer möglich ist als im Wege der Adoption. Dies liegt aber darin begründet, dass die Vaterschaft aufgrund Anerkennung auch leichter wieder aufgehoben werden kann, während dies bei der Adoption grundsätzlich nicht möglich ist. Somit werden die Schutzvorschriften, insbesondere die Beteiligung des biologischen Vaters an der Adoption durch eine Vaterschaftsanerkennung nicht umgangen, sie haben ihre Berechtigung vielmehr nur im Adoptionsverfahren.

---

914 jurisPK/*Heiderhoff* (2011), § 1747, Rn 1; MüKo/*Maurer* (2012), § 1747, Rn 3.

915 MüKo/*Maurer* (2012), Vor § 1741, Rn 37; Aufhebung und Nichtigkeit sind seltene Ausnahmefälle: jurisPK/*Heiderhoff* (2011), § 1759, Rn 2.

916 Bamberger/Roth/*Enders* (2012), § 1759, Rn 1; Prütting/Wegen/Weinreich/*Friederici* (2013), § 1759, Rn 2; jurisPK/*Heiderhoff* (2011), § 1759, Rn 2.

917 DIJuF-Rechtsgutachten, DAVorm 2000, 466 (467); *Hochwald*, StAZ 2007, 183 (183).

cc) Verortung der Problematik auf das Anfechtungsrecht

Die unterschiedliche Einbeziehung des biologischen Vaters auf der Primärebene bei der Adoption und erst auf der Sekundärebene bei der Anerkennung findet seine Berechtigung darin, dass der Gesetzgeber bewusst die Möglichkeit geschaffen hat, die Vaterschaftsanerkennung als eine „*Art Adoption unter erleichterten Voraussetzungen*" auszugestalten.[918]

Betonte der Gesetzgeber zum Nichtehelichengesetz noch das Interesse des Kindes an der Feststellung der biologischen Vaterschaft durch eine Anerkennung[919], so verschob sich sein Ziel vermehrt zum Schutz der sozialen Familie.[920] Diesem Schutzgedanken wird auf der Ebene der Primärzuordnung dadurch Rechnung getragen, dass bei der Vater-Kind-Zuordnung aufgrund Anerkenntnis gemäß § 1592 Nr. 2 BGB zunächst einmal die erklärte Verantwortungsübernahme durch den Anerkennenden hohe Bedeutung beigemessen wird. Da das Institut der Vaterschaftsanerkennung nicht zwischen biologischen und sozialen Aspekten der Vaterschaft unterscheidet, müsste bei Einführung einer Beteiligung des biologischen Vaters zunächst stets eine Überprüfung der biologischen Verbindungen stattfinden, um zu erkennen, ob es überhaupt in der jeweiligen Familienkonstellation einen außerhalb stehenden biologischen Vater gibt. Dann würde sich aber die Grenze zwischen der Vaterschaftsanerkennung, die gerade ohne eine Überprüfung der biologischen Beziehungen auskommt, zur gerichtlichen Vaterschaftsfeststellung nach den §§ 1592 Nr. 3, 1600d BGB verwischen. Außerdem würde der Zweck der Anerkennung, eine praktikable, unbürokratische Möglichkeit der Vaterschaftszuordnung zu schaffen, wegfallen.

Selbst wenn diese Hürde genommen würde, wird zu dem Zeitpunkt der Vaterschaftsanerkennung gegebenenfalls noch nicht feststehen, ob der biologische Vater auch Verantwortung übernehmen möchte. Bei Desinteresse des biologischen Vaters würde die Vaterschaftszuordnung zu dem anerkennungsbereiten Mann dann unnötig verzögert. Hat der biologische Vater aber Interesse an der Begründung einer rechtlichen Vaterschaft, dann könnte dieser Interessenskollision auf der Ebene der Vaterschaftsanfechtung begegnet werden, um bei der Primärzuordnung das Prinzip der Statusklarheit sowie die Praktikabilität der Anerkennung zu gewährleisten. Die fehlende Beteiligung des biologischen Vaters ist demnach mit Blick auf die Statusklarheit und dem Schutz sozialer Verbindungen grundsätzlich angebracht.

c) Ausschluss der Anerkennung bei anderweitiger rechtlicher Vaterschaft

Der Ausschluss der Vaterschaftsanerkennung durch den biologischen Vater bei bereits bestehender anderweitiger Vaterschaft durch Ehe oder zeitlich früheres

918 DIJuF-Rechtsgutachten, DAVorm 2000, 466 (466).
919 BT-Drs. 5/2370, S. 27.
920 BT-Drs. 13/4899, S. 55 f.; BT-Drs. 15/2253, S. 8 f.

Vaterschaftsanerkenntnis eines anderen Mann mit Zustimmung der Mutter erscheint problematisch, wenn dadurch der biologische Vater von der rechtlichen Vaterschaft ausgeschlossen wird. In diesem Fall hat der biologische Vater keine Möglichkeit mehr, auf primärer Ebene eine rechtliche Vaterschaft zu begründen.

Diese Sperrwirkung als Ausprägung des im Statussystem verankerten Unitätsprinzips stellt den biologischen Vater jedoch nicht gänzlich schutzlos. Er wird in einer solchen Situation auf das Anfechtungsverfahren verwiesen, welches ihm die Möglichkeit eröffnet, die bereits bestehende und ihn sperrende rechtliche Vaterschaft anzufechten und dadurch selber in die Stellung des rechtlichen Vaters zu treten. Allerdings erschwert dieser Umweg den Weg zur rechtlichen Vaterschaft. Der biologische Vater muss erst die Hürden der Vaterschaftsanfechtung erfolgreich bestehen, um hinterher die rechtliche Vaterschaft zu erreichen. Ob diese Hürde für den biologischen Vater nicht zu hoch ausgestaltet ist, wird an anderer Stelle zu untersuchen sein. Die Einhaltung des Statussystems rechtfertigt den Ausschluss des biologischen Vaters auf der Ebene der primären Vater-Kind-Zuordnung bei Bestehen einer anderweitigen Vaterschaft gemäß § 1592 BGB.

d) Zustimmungserfordernis der Mutter

aa) Problematik

Auch das durch das KindRG eingeführte Zustimmungserfordernis der Mutter[921] ist kritisch zu betrachten.[922] Die Kindsmutter kann bei Vorhandensein mehrerer anerkennungswilliger Männer einen Mann unabhängig von seiner biologischen Verwandtschaft zum Kind als dessen Vater auswählen. Die Mutter kann somit im kollusiven Zusammenwirken mit einem anerkennungswilligen Mann die Voraussetzungen dafür schaffen, dass der biologische Vater nicht die rechtliche Vaterstellung erhält. Solche der biologischen Verwandtschaft widersprechenden Anerkenntnisse sollen sich in einigen Fällen aus einer Situation mit einem neuen Partner der Mutter ergeben können, in der der biologische Vater als *„Störfaktor"* aus der neuen Beziehung der Mutter und dem Familienleben herausgehalten werden soll.[923]

Inwieweit dieser Rechtszustand als unausgewogen einzustufen ist, hängt entscheidend davon ab, welche Funktion man einer Vaterschaftsanerkennung zuschreibt. Wenn sie nur die aufwendigere und kostenintensivere Vaterschaftsfeststellung ersetzen soll, da sie im Regelfall mit der biologischen Abstammung übereinstimmen wird, ist die Zustimmung der Mutter lediglich ein Indiz für die biologische Richtigkeit der Anerkennungserklärung.[924] Erkennt man aber auch an, dass das durch die Anerkennung ausgedrückte *Sich-zueinander-Bekennen* einen

921 S.o.: 3. Teil. B. VIII. 2. a) Primärzuordnung Vater-Kind.
922 So auch: *Hager*, FS Schwab, 773 (777 f.).
923 *Nake*, Wortprotokoll zur 82. Sitzung des Rechtsausschusses, S. 19.
924 *Helms*, FuR 1996, 178 (184 f.).

eigenen Wert jenseits der biologischen Verwandtschaft besitzt, ist das Zustimmungsrecht der Mutter ein Zeichen dafür, dass sie mit der so geschaffenen sozialen Familienkonstellation einverstanden ist, was wiederum auf eine beständige Vater-Kind-Zuordnung hindeuten könnte.

Der Gesetzgeber geht erkennbar davon aus, dass Vaterschaftsanerkennungen aufgrund der aus ihr folgenden hohen Verpflichtungen, insbesondere beim Unterhalt, nicht mehrheitlich von Männern abgegeben werden, die wissentlich nicht die biologischen Väter sind. Andererseits betont der Gesetzgeber den Schutz der sozialen Vaterschaft, indem er biologisch unrichtige Anerkenntnisse bewusst toleriert.[925]

bb) Stellungnahme

Sinn und Zweck der Zustimmung der Mutter ist der Schutz vor aufgezwungenen Vaterschaftsanerkennungen.[926] Zwar könnte die Mutter auch auf ihr Anfechtungsrecht verwiesen werden, doch erschien es dem Gesetzgeber sinnvoller, die Mutter nicht erst nach Entstehung einer rechtlichen Vaterschaft tätig werden zu lassen, sondern ihr bereits beim Entstehungsvorgang ein Mitwirkungsrecht einzuräumen.

So kann der Kritik an dem Zustimmungserfordernis der Mutter entgegengehalten werden, dass bei verweigerter Zustimmung der Mutter zur Anerkennungserklärung des biologischen Vaters, die rechtliche Vaterschaft des biologischen Vaters auch über die gerichtliche Vaterschaftsfeststellung begründet werden kann und zwar ohne Mitwirkung der Mutter.

Da außerdem die grundsätzliche Möglichkeit besteht, eine durch Anerkennung, mit Zustimmung der Mutter, begründete anderweitige Vaterschaft im Sinne des § 1592 Nr. 2 BGB wieder anzufechten mit der Folge des § 1599 Abs. 1 BGB, steht der biologische Vater dem Zustimmungserfordernis der Mutter nicht vollständig schutzlos gegenüber.

e) Ergebnis

Die auf Kritik gestoßenen Punkte der fehlenden Berücksichtigung biologischer und sozialer Aspekte, der fehlenden Beteiligung des biologischen Vaters, des Ausschlusses der Anerkennung bei anderweitig bestehender Vaterschaft sowie des Zustimmungserfordernisses der Mutter erscheinen durchaus zweckmäßig und müssten daher auf der Ebene der Primärzuordnung nicht zwingend zu einer Änderung der Vaterschaftsanerkennung führen.[927]

---

925 BT-Drs. 13/4899, S. 57 f.; BT-Drs. 16/3291, S. 1; BT-Drs. 16/6561, S. 8.

926 *OLG Köln*, FamRZ 2002, 480 (481); Soergel/*Schmidt-Recla* (2012), § 1595, Rn 3.

927 Zur Verfassungsmäßigkeit der Anerkennung: *BVerfG*, FamRZ 2008, 2257 (2257 f.).

3. Reformmöglichkeiten

Aufgrund der aufgeworfenen Kritik ist trotz der grundsätzlichen Möglichkeit der Ausgestaltung der Vaterschaftsanerkennung in der geltenden Fassung an eine Reform des Systems der Vaterschaftsanerkennung zu denken. Diesbezüglich könnten Anknüpfungspunkte das Zustimmungserfordernis der Mutter, eine Beteiligungsmöglichkeit des biologischen Vaters an der Vaterschaftsanerkennung durch einen Dritten sowie eine Lockerung der Sperrwirkung sein.

a) Zustimmungserfordernis der Mutter

Der dargelegten Kritik am Zustimmungserfordernis der Mutter könnte durch eine Reform des § 1595 BGB begegnet werden. Als Ansatzpunkt zur Reform der mütterlichen Zustimmung wäre vorstellbar, das Zustimmungserfordernis der Mutter ersetzbar auszugestalten, es in ein Widerspruchsrecht zu ändern oder es in ein Zustimmungserfordernis des Kindes zu wandeln.

aa) Ersetzungsmöglichkeit

Nach geltendem Recht kommt eine Ersetzung der Zustimmung der Mutter unter keinen Umständen in Betracht.[928]

De lege ferenda könnte bei Weigerung der Mutter, einem Anerkenntnis zuzustimmen, ihre Zustimmung, vergleichbar mit der Ersetzung der Einwilligung in eine Adoption gemäß § 1748 BGB, durch das Familiengericht ersetzt werden. Prüfungsumfang müsste dann in einem Verfahren auf Ersetzung der Zustimmung die biologische Vaterschaft sein.[929]

Für eine solche Neugestaltung spricht, dass damit der Zustimmung der Mutter die Ausschließlichkeit genommen wird. Die Kindsmutter müsste dann damit rechnen, dass bei ihrer Weigerung, der Anerkennungserklärung des biologischen Vaters ihre Zustimmung zu geben, das Familiengericht angerufen wird. Dies könnte eine Appellwirkung dahingehend bewirken, dass die Mutter eher einer Anerkennungserklärung des biologischen Vaters zustimmen wird, da ansonsten ihre Zustimmung ersetzt werden könnte.

Gegen eine dahingehende Reform spricht jedoch, dass bei einem Verfahren auf Ersetzung der mütterlichen Zustimmung zur Vaterschaftsanerkennung zur gleichen Beweisfrage ermittelt werden müsste, wie bei einem Vaterschaftsfeststellungsverfahren gemäß §§ 1592 Nr. 3, 1600d BGB. Im Gegensatz zu einer gerichtlich festgestellten Vaterschaft nach § 1592 Nr. 3 BGB ist die Vaterschaft aufgrund

---

928 Soergel/*Gaul* (2012), § 1595, Rn 14; *Gaul*, FamRZ 1997, 1441 (1450); *Gernhuber/Coester-Waltjen*, Familienrecht, S. 609; Bamberger/Roth/*Hahn* (2012), § 1595, Rn 4; Erman/*Hammermann* (2011), § 1595, Rn 6; jurisPK/*Nickel* (2011), § 1595, Rn 9; Staudinger/*Rauscher* (2011), § 1595, Rn 15; Schwab, Familienrecht, S. 255; FamRefK/*Wax* (1998), § 1595, Rn 6 f.; MüKo/*Wellenhofer* (2012), § 1595, Rn 8, *Will*, FPR 2005, 172 (174).

929 BT-Drs. 13/4899, S. 54.

Anerkenntnis im Sinne des § 1592 Nr. 2 BGB jedoch gemäß §§ 1599 Abs. 1, 1600 ff. BGB anfechtbar. Damit ist dem Prinzip der Statusstabilität[930] mehr gedient, wenn der Anerkennende, bei Weigerung der Mutter, seiner Anerkennungserklärung zuzustimmen, auf das Vaterschaftsfeststellungsverfahren verwiesen wird.[931]

Darüber hinaus spricht gegen eine Ersetzung der Zustimmung der Mutter, dass diese nur in dem Fall helfen könnte, wenn die Mutter ihre Zustimmung verweigert, nicht jedoch in dem Fall, in dem sie der Anerkennungserklärung eines anderen Mannes ihre Zustimmung gibt und der biologische Vater daher in seiner eigenen Vaterschaftsbegründung gesperrt ist.[932]

Im Ergebnis ist eine gerichtliche Ersetzungsmöglichkeit der Zustimmung abzulehnen. Eine solche könnte die Kritik an dem Zustimmungserfordernis der Mutter nicht vollständig auflösen und das Vaterschaftsfeststellungsverfahren ist in den Fällen der bloßen Weigerung der Mutter vorzuziehen.

bb) Umwandlung in ein Widerspruchsrecht

De lege lata muss die Mutter gemäß § 1595 BGB der Anerkennungserklärung des anerkennungswilligen Mannes positiv zustimmen.

De lege ferenda ist zu überlegen, ob durch die Umwandlung des Zustimmungserfordernisses der Mutter in ein Widerspruchsrecht der Mutter die Interessen des biologischen Vaters besser gewahrt werden können bei gleichzeitigem Schutz vor einer *„aufgezwungenen Vaterschaft“*[933]. Eine solche Widerspruchslösung könnte beispielsweise so ausgestaltet werden, dass der Mutter nach Zugang der Anerkennungserklärung des Mannes eine bestimmte Frist eingeräumt wird, innerhalb der sie der Anerkennung widersprechen kann. Widerspricht sie nicht, wird die Vaterschaftsanerkennung ohne ihre aktive Beteiligung wirksam.

Eine solche Widerspruchslösung wurde bereits im Entwurf eines Gesetzes über die rechtliche Stellung der unehelichen Kinder[934] diskutiert und unter Heranziehung von Praktikabilitätserwägungen abgelehnt, denn bei einer Widerspruchslösung müsse eine förmliche Zustellung der Anerkennungserklärung des Mannes erfolgen, außerdem müsse der Fristablauf überwacht und überprüft werden.[935] Diese Argumente gegen eine Widerspruchslösung sind auch heute noch im Hinblick auf den Grundsatz der Statusklarheit nicht von der Hand zu weisen.

Nach dem Prinzip der Statusklarheit soll jedem Kind schnellstmöglich und eindeutig ein Mann als Vater zugeordnet werden. Durch ein Widerspruchsrecht würde die Vaterschaftszuordnung während der Widerspruchsfrist in der Schwebe gehalten. Fraglich wäre dabei bereits, wie lange die Mutter die Möglichkeit haben

930 S.o.: 3. Teil. A. I. 3. Statusstabilität.

931 So schon BT-Drs. 13/4899, S. 54; Staudinger/*Rauscher* (2011), § 1595, Rn 15.

932 So auch Staudinger/*Rauscher* (2011), § 1595, Rn 7 am Ende.

933 BT-Drs. 5/2370, S. 27 für das Zustimmungsrecht des Kindes.

934 S.o.: 3. Teil. B. VI. Nichtehelichengesetz von 1969.

935 BT-Drs. 5/2370, S. 28.

sollte, der Anerkennung zu widersprechen. Vor der KindRG war die Zustimmung des Kindes an eine sechsmonatige Frist gebunden (§ 1600e Abs. 3 BGB[1970]).[936] Diese Frist wurde als zu kurz angesehen.[937] Bei einer Widerspruchsfrist müssten mithin die widerstreitenden Interessen zwischen der Einräumung einer Überlegungszeit und dem Bedürfnis nach einer schnellen Zuordnung beachtet werden.

Die Vaterschaftsanerkennung sollte außerdem in Abgrenzung zur gerichtlichen Vaterschaftsfeststellung privat ausgestaltet sein und keiner gerichtlichen Einschaltung bedürfen. Fraglich wäre aber, wer über die Einhaltung der Widerspruchsfrist wacht und gegebenenfalls entscheidet. Hier erscheint eine gerichtliche Einschaltung notwendig.

Zuletzt ist es auch grundsätzlich fragwürdig, ob es bei Bejahung eines Mitwirkungserfordernisses der Mutter sinnvoll ist, dieses passiv auszugestalten. Wenn die Kindsmutter die rechtliche Legitimierung der biologischen Vaterschaft blockieren möchte, könnte sie dies unabhängig von einer aktiven oder passiven Ausgestaltung der Mitwirkung tun.

Das *„schwerfällige Verfahren"*[938] des Widerspruchs erscheint daher für eine Beteiligung der Mutter aus Sicht des biologischen Vaters nicht vorteilhafter gegenüber der Zustimmung.

cc) Wandlung der mütterlichen Zustimmung in Zustimmung des Kindes

Nach geltendem Recht ist immer die Zustimmung der Mutter aus eigenem Recht nötig. Auf die zusätzliche Zustimmung des Kindes zur Vaterschaftsanerkennung kommt es nur an, wenn der Mutter insoweit die Sorge nicht zusteht (§ 1595 Abs. 2 BGB).[939]

aaa) Hintergrund der Regelung

Diese Regelung wurde im Zuge des KindRG unter dem Programmpunkt *„Stärkung der Rechte der Mutter"*[940] eingeführt. Davor war für die Vaterschaftsanerkennung allein das Zustimmungsrecht des Kindes maßgeblich.[941] Der Mutter stand aus eigenem Recht dagegen vor dem KindRG kein Zustimmungsrecht zu.[942] Hintergrund der Einführung des mütterlichen Zustimmungserfordernisses war, dass der

936 Palandt/*Diederichsen* (1998), § 1600e, Rn 6.

937 BT-Drs. 13/4899, S. 85.

938 BT-Drs. 5/23870, S. 28.

939 *Dethloff*, Familienrecht, S. 290; *Firsching/Schmid*, Familienrecht, S. 197; *Gernhuber/Coester-Waltjen*, Familienrecht, S. 610; *Muscheler*, Familienrecht, S. 348; *Schellhammer*, Familienrecht, S. 426 f.; *Schlüter*, BGB-Familienrecht, S. 208 f.; FamRefK/*Wax* (1998), § 1595, Rn 4, 8; MüKo/*Wellenhofer* (2012), § 1595, Rn 7, 9; *Wellenhofer*, Familienrecht, S. 238.

940 BT-Drs. 13/4899, S. 54.

941 S.o.: 3. Teil. B. VI. 2. b) bb) Einführung einer Statusvaterschaft für nichteheliche Kinder.

942 S.o.: 3. Teil. B. VI. 3. b) Rechte der Mutter.

nichtverheirateten Mutter vor dem KindRG ein grundsätzliches Misstrauen entgegengebracht wurde und das Kind daher der gesetzlichen Amtspflegschaft des Jugendamtes unterstellt war. Das Jugendamt erklärte für Kinder unter 14 Jahren die Zustimmung zur Vaterschaftsanerkennung und genehmigte die eigene Zustimmung des Kindes, das über 14 Jahre alt war.[943] Das Zustimmungsrecht des Kindes wurde mit Einführung des mütterlichen Zustimmungsrechts für unnötig erachtet und abgeschafft, da die Amtspflegschaft für nichteheliche Kinder mit dem KindRG abgeschafft wurde und die Mutter dadurch selber das Sorgerecht für ihr Kind ausüben durfte und somit letztlich zweimal, einmal aus eigenem Recht und einmal aus ihren sorgerechtlichen Befugnissen für das Kind, die Zustimmung hätte erteilen müssen.

bbb) Reformerwägung

(1) Zustimmung des Kindes, aber Vertretung durch die Mutter

Das Zustimmungserfordernis der Mutter könnte *de lege ferenda* wieder gänzlich durch das Zustimmungserfordernis des Kindes ersetzt werden. Dann würde die Mutter zwar in der Regel aufgrund der sorgerechtlichen Vertretung des Kindes gemäß § 1629 BGB die Zustimmung erteilen. Sie müsste sich dabei jedoch, anders als bei einem eigenen Zustimmungsrecht, vom Kindeswohl leiten lassen.[944] Das grundrechtlich geschützte Interesse des Kindes an der Kenntnis seiner biologischen Abstammung[945] müsste sie daher in der Zustimmung berücksichtigen. Der Wille des Kindes könnte dabei in Anlehnung an das Gesetz über die religiöse Kindererziehung vom 15.07.1921 (RelKEG) beachtet werden, das als Modell auch für andere Fragen als die der religiösen Kindererziehung, die den Kern der Persönlichkeit berühren, dienen kann.[946] Die Frage der Abstammung berührt nach ständiger Rechtsprechung den Kern der Persönlichkeit.[947] Die Mutter könnte daher in enger Abstimmung mit dem Kind dieses vertreten.[948]

---

943 BT-Drs. 13/4899, S. 54.

944 Staudinger/*Rauscher* (2011), § 1595, Rn 6.

945 S.o.: 3. Teil. A. IV. 1. Recht des Kindes auf Kenntnis seiner biologischen Abstammung.

946 *Gernhuber/Coester-Waltjen*, Familienrecht, S. 803.

947 *BVerfG*, FamRZ 1989, 255 (258); *BVerfG*, FamRZ 1994, 881 (882); *BVerfG*, FamRZ 1997, 869 (870); *BVerfG*, FamRZ 2003, 816 (820); *BVerfG*, FamRZ 2007, 441 (442); *OLG Hamm*, FamRZ 2013, 637 (639); *Gernhuber/Coester-Waltjen*, Familienrecht, S. 595; *Rusch*, Rechtliche Elternschaft, S. 57; S.o: 3. Teil. A. IV. Kenntnis der eigenen biologischen Identität.

948 Zur Selbstbestimmung des Kindes hierbei: *Gernhuber/Coester-Waltjen*, Familienrecht, S. 803.

(2) Möglichkeiten des biologischen Vaters

Der biologische Vater könnte in diesem Fall bei einer Zustimmung des Kindes (durch die Mutter vertreten) zu einem Anerkenntnis eines anderen Mannes, die Vertretungsbefugnisse der Mutter über § 1666 BGB in Frage stellen. Hierfür müsste er am Verfahren beteiligt werden. Das Familiengericht könnte dann die Erklärung der Mutter in Vertretung des Kindes ersetzen (§ 1666 Abs. 3 Nr. 5 BGB), oder aber ihr insoweit die Sorge gemäß § 1666 Abs. 3 Nr. 6 BGB entziehen. Das Familiengericht müsste dann von den biologischen Abstammungsverhältnissen ausgehen, die gemäß § 1589 BGB grundsätzlich zur rechtlichen Vaterschaft führen sollen. Dies würde die Rechte des biologischen Vaters stärken, da er so bereits auf der Ebene der Primärzuordnung eine dem biologischen Abstammungsverhältnis widersprechende Zustimmung zu einem Vaterschaftsanerkenntnis eines anderen Mannes verhindern könnte.

ccc) Stellungnahme

Eine solche Lösung entspricht jedoch nicht dem, gerade bei der Primärzuordnung, wichtigen Prinzip der Statusklarheit. Die Vertretung des Kindes durch die Mutter bei der Zustimmung zur Anerkennung könnte dann nämlich immer von dem biologischen Vater beanstandet werden und müsste vom Familiengericht überprüft werden. Dies würde die Vaterschaftszuordnung erschweren und lange in der Schwebe halten. Ein Zustimmungsrecht der Mutter scheint dagegen praktikabler und macht eine gerichtliche Überprüfung auf der Ebene der Primärzuordnung obsolet. Aus diesem Grund ist die Ersetzung der Zustimmung der Mutter durch ein Zustimmungserfordernis des Kindes abzulehnen.

b) Beteiligung des biologischen Vaters

Da bei einer Anerkennung durch einen anderweitigen Mann der biologische Vater nach geltendem Recht nicht an der Vaterschaftsanerkennung beteiligt wird, könnte eine weitere Reformmöglichkeit darin liegen, den biologischen Vater bereits auf der Ebene der primären Vater-Kind-Zuordnung im Verfahren der Vaterschaftsanerkennung einzubeziehen.[949] Dabei ist zunächst zu überlegen, ob eine Beteiligung des biologischen Vaters überhaupt in Betracht kommt, um gegebenenfalls in einem zweiten Schritt auf die Ausgestaltung einer solchen Beteiligung zurückzukommen.

Zu klären ist daher zunächst, ob eine Beteiligung des biologischen Vaters bei der Vaterschaftsanerkennung sinnvoll wäre. Bei den Überlegungen einzubeziehen sind dabei neben den Abstammungsprinzipien auch die Interessen der übrigen Beteiligten, namentlich die des Kindes, der Mutter sowie des anerkennungswilligen Dritten.

Wie bereits den Ausführungen zur *Pater-est*-Regel zu entnehmen ist, sind auf der Ebene der primären Vater-Kind-Zuordnung in erster Linie die Prinzipien, die

---

949 Dafür: *Genenger*, Vom Erzeuger zum Vater?, S. 306 ff.; *Rixe*, FamRZ 2011, 1363 (1366).

dem Statussystem geschuldet sind, maßgeblich. Auf die Abstammungswahrheit kommt es dagegen nicht hauptsächlich an.[950] Dies spricht generell gegen eine Beteiligung des biologischen Vaters, da durch ein weiteres Erfordernis zur Begründung einer Vaterschaft gemäß § 1592 Nr. 2 BGB der Grundsatz der Statusklarheit sowie die Praktikabilität leiden würden.

Bei einem Blick auf die widerstreitenden Interessen der Beteiligten erscheint eine Beteiligung des biologischen Vaters im Vaterschaftsanerkennungsverfahren auch wenig sinnvoll. In der Mehrzahl der Vaterschaftsanerkennungen erkennt der biologische Vater selber mit Zustimmung der Mutter die Vaterschaft an. In diesen Fällen handelt es sich nur um ein Drei-Personen-Verhältnis. Hat aber der biologische Vater ein Beteiligungsrecht, müsste nachgewiesen werden, dass der die Vaterschaft Anerkennende der biologische Vater ist und das Beteiligungsrecht eines vermeintlichen anderweitigen biologischen Vaters nicht umgangen wird. So müsste in jedem Fall der Vaterschaftsanerkennung die biologische Abstammung zwischen Vater und Kind ermittelt werden, um daraus schließen zu können, ob es noch einen weiteren Beteiligten, nämlich einen biologischen Vater, gibt. Damit würde die Vaterschaftsanerkennung faktisch zu einer Vaterschaftsfeststellung im Sinne des § 1592 Nr. 3 BGB gewandelt. Das Institut der Vaterschaftsanerkennung soll aber gerade auch nur soziale Verbindungen schützen[951] und einen einfacheren Weg als die Adoption zur Erreichung eines Vater-Kind-Verhältnisses eröffnen[952]. Um dies weiterhin zu ermöglichen, ist eine zwingende Beteiligung in Form einer Zustimmung des biologischen Vaters ausgeschlossen. Aber auch ein Widerspruchsrecht des biologischen Vaters erscheint nicht angebracht, da einerseits durch einen bloßen Widerspruch zwar die Vaterschaftsanerkennung eines Dritten verhindert würde, aber der biologische Vater hierdurch noch nicht zwingend rechtlicher Vater des Kindes würde und andererseits durch ein bloßes Widerspruchsrecht die Voraussetzungen der Vaterschaftsanfechtung umgangen würden.[953]

Im Ergebnis ist daher eine Beteiligung des biologischen Vaters bei der Vaterschaftsanerkennung abzulehnen.

c) Negative Sperrwirkung bereits bei Abgabe der Anerkennungserklärung

Die Interessen des biologischen Vaters können aber eventuell durch eine Änderung in der negativen Sperrwirkung der Anerkennung besser gewahrt werden.

Aktuell kann die Vaterschaft aufgrund Anerkenntnis die Begründung einer anderweitigen Vaterschaft erst ab dem Zeitpunkt sperren, in dem alle Voraussetzungen der Anerkennung vorliegen (§ 1594 Abs. 1 BGB).

---

950 S.o.: 4. Teil. A. I. 4. a) Mögliches Auseinanderfallen von biologischer und rechtlicher Vaterschaft.

951 BT-Drs. 16/3291, S. 1.

952 DIJuF-Rechtsgutachten, DAVorm 2000, 466 (466).

953 Anders jedoch *Genenger*, Vom Erzeuger zum Vater?, S. 319 f.

Eine Reform könnte dahin gehen, dass die Begründung einer anderweitigen Vaterschaft nach § 1592 Nr. 2 BGB bereits dann gesperrt wird, wenn der biologische Vater die Anerkennungserklärung abgibt. Dann könnte sein Versuch, die rechtliche Vaterschaft gemäß § 1594 Abs. 2 BGB zu erreichen, nicht durch eine mit Zustimmung der Mutter abgegebene anderweitige Anerkennung gesperrt werden. In diesem Fall könnte der biologische Vater erfolgreich das Vaterschaftsfeststellungsverfahren gemäß §§ 1592 Nr. 3, 1600d BGB betreiben.

Der Vorteil einer solchen Änderung kann darin gesehen werden, dass die Mutter durch ihre Zustimmung nicht mehr das Letztentscheidungsrecht darüber hätte, wer die Vaterschaft nach § 1592 Nr. 2 BGB erlangt.

Dieser Vorteil kann aber ebenso als Nachteil gewertet werden, da, mag man das Zustimmungserfordernis der Mutter auch kritisch sehen[954], dies eine Wirksamkeitsvoraussetzung der Anerkennung ist und man konsequenterweise bei einem Eintritt der Sperrwirkung ab Erklärung der Anerkennung durch den biologischen Vater dieses Erfordernis insgesamt abschaffen könne. Indem der biologische Vater durch Abgabe seiner Anerkennungserklärung eine anderweitige Vaterschaft sperren könnte, aber dennoch nicht Vater nach § 1592 Nr. 2 BGB wird, ist die Missbrauchsmöglichkeit gegeben, dass er nur eine anderweitige Vaterschaft blockiert ohne selber die rechtliche Vaterschaft zu begründen.

Des Weiteren würde durch diese Änderung ein zeitlicher Wettlauf zwischen den Vaterschaftsbewerbern entstehen. Wenn der nicht biologische Vater zuerst mit Zustimmung der Mutter die Vaterschaft nach § 1592 Nr. 2 BGB und damit die Sperrwirkung begründet, kann der biologische Vater nur noch auf sein Anfechtungsrecht verwiesen werden. Außerdem würde es zu einer zeitlichen Verzögerung der Vater-Kind-Zuordnung kommen. Auch wäre zunächst unklar, welche Anerkennungserklärung die Sperrwirkung auslöst, da zunächst festgestellt werden müsste, wer der biologische Vater ist, dessen Erklärung die Sperrwirkung auslöst. Diese Bedenken laufen dem Grundsatz der Statusklarheit zuwider. Darüber hinaus erscheint es auch widersprüchlich, eine anderweitige Vaterschaft durch Anerkennung gemäß § 1592 Nr. 2 BGB zu sperren, nicht jedoch eine Vaterschaft aufgrund § 1592 Nr. 1 BGB. Bei einer pränatalen Anerkennungserklärung durch den biologischen Vater könnte die Mutter ihren Partner noch vor der Geburt heiraten, so dass das Anerkenntnis ins Leere laufen würde.

Insgesamt erscheint die Erweiterung der Sperrwirkung nach § 1594 Abs. 1 BGB mehr Fragen aufzuwerfen als dass sie die Problematik der Konkurrenz der Anerkennungserklärung des biologischen Vaters zu der Anerkennung eines Dritten zu lösen vermag. Daher erscheint auch hier ein Verweis des biologischen Vaters auf sein Anfechtungsrecht interessengerechter.

954 S.o.: 4. Teil. A. II. 2. d) Zustimmungserfordernis der Mutter.

d) Ergebnis

Im Ergebnis erscheint eine Reform der Vaterschaftsanerkennung nicht die Lösung des Problems zu sein. Ein Interessenausgleich scheint im Anfechtungsrecht besser verortet zu sein.

4. Fazit

Das Anerkennungssystem ist demnach zwar, ebenso wie die *Pater-est*-Regel, eher zulasten des biologischen Vaters ausgelegt. Die Vorteile, die die Vaterschaftsanerkennung bietet, nämlich der Ausdruck des übereinstimmenden Willens des Anerkennenden und der Mutter, die gemeinsame Elternschaft zu übernehmen, sowie die Praktikabilität und eine weitestgehende Verwirklichung des Grundsatzes der Statusklarheit sprechen für die Vaterschaftsanerkennung in ihrer geltenden Form.

III. Vaterschaft aufgrund gerichtlicher Feststellung, § 1592 Nr. 3 BGB

Die Vaterschaft durch gerichtliche Feststellung gemäß § 1592 Nr. 3 BGB ist die dritte und letzte Möglichkeit zur Begründung einer rechtlichen Vaterschaft.

Durch gerichtliche Feststellung gemäß § 1592 Nr. 3 BGB werden mit Abstand die wenigsten Vaterschaften begründet. Nach den Werten der letzten statistischen Erhebung im Jahr 2004 konnten auf diesem Weg etwa sieben Prozent der Kinder, deren Mutter bei der Geburt nicht verheiratet war, einem Vater zugeordnet werden.[955]

Anknüpfungspunkt für die Begründung der Vaterschaft ist bei § 1592 Nr. 3 BGB einzig die biologische Abstammung des Kindes von dem Mann, der dem Kind als Vater über § 1592 Nr. 3 BGB zugeordnet werden soll.

Die gerichtliche Feststellung der Vaterschaft ist notwendig, wenn die Mutter bei der Geburt des Kindes nicht verheiratet ist und entweder kein Mann die Vaterschaft anerkennen möchte oder die Mutter ihre Zustimmung zu einer Anerkennungserklärung verweigert. Bei der gerichtlichen Vaterschaftsfeststellung wird somit die Vaterschaft im Sinne des § 1592 BGB gegen den Willen eines Beteiligten begründet. Die Vaterschaftsbegründung nach § 1592 Nr. 3 BGB dient somit als Auffangtatbestand, um einerseits die Männer zu verpflichten, die trotz biologischer Vaterschaft kein Interesse an einer Vaterschaft haben und andererseits biologischen Vätern gegen das Interesse der Mutter[956] zu einer rechtlichen Vaterschaft zu verhelfen.

---

955 *Statistisches Bundesamt*, Statistiken der Kinder- und Jugendhilfe, S. 14; MüKo/*Wellenhofer* (2012), § 1600d, Rn 10.

956 S.o.: 4. Teil. A. II. 2. d) Zustimmungserfordernis der Mutter.

Besonderheit der Vaterschaft nach § 1592 Nr. 3 BGB gegenüber der Vaterschaft gemäß § 1592 Nr. 1 und 2 BGB ist ihre Unanfechtbarkeit, so dass die Abstammungswahrheit und damit die Ermittlung der biologischen Vaterschaft das oberste Ziel bei der Feststellung der Vaterschaft nach § 1592 Nr. 3 BGB ist.[957]

1. Voraussetzungen der Vaterschaftsfeststellung

Die Voraussetzungen der Vaterschaftsfeststellung zur Begründung einer Vaterschaft gemäß § 1592 Nr. 3 BGB werden in § 1600d BGB beziehungsweise § 182 Abs. 1 FamFG geregelt. Generell kommt es hierbei einzig auf den positiven Nachweis der biologischen Abstammung an, das Gesetz bedient sich aber weiterhin Regeln zur Vermutung der Vaterschaft, die heute jedoch praktisch bedeutungslos sind.[958]

a) Gerichtliche Feststellung nach § 1600d BGB

Grundsätzlich regelt § 1600d BGB die Voraussetzungen für eine Vaterschaftsbegründung nach § 1592 Nr. 3 BGB.

aa) Zulässigkeit

Gemäß § 1600d Abs. 1 BGB ist die Vaterschaft gerichtlich festzustellen, wenn keine Vaterschaft gemäß §§ 1592 Nr. 1 oder Nr. 2, 1593 BGB besteht. Dem Vaterschaftsfeststellungsantrag fehlt das Rechtsschutzbedürfnis, wenn bereits eine Vaterschaft im Sinne des § 1592 BGB existiert.[959] § 1600d Abs. 1 BGB regelt damit die negative Sperrwirkung als Ausdruck des Unitätsprinzips.[960] Durch den Wortlaut „*ist*" stellt der Gesetzgeber außerdem klar, dass kein Kind ohne einen rechtlichen Vater gemäß § 1592 BGB bleiben soll.[961] Trotz dieses Wortlauts findet keine gerichtliche Vaterschaftsfeststellung von Amts wegen statt, sondern nur auf Antrag gemäß §§ 23, 171 FamFG.[962] Antragsberechtigt sind, trotz fehlender Regelung im geltenden Recht, weiterhin jedenfalls das Kind, die Mutter und der potenzielle biologische Vater.[963] Besondere Zulässigkeitsvoraussetzung ist das Bestehen eines Feststellungsinteresses, das grundsätzlich aus dem Recht auf Kenntnis der eigenen

---

957 Staudinger/*Rauscher* (2011) § 1592, Rn 63; *Vollersen*, Begriff und System des deutschen Abstammungsrechts, S. 139 f.

958 *Kirchmeier*, FPR 2002, 370 (370); Staudinger/*Rauscher* (2011), § 1592, Rn 63; MüKo/*Wellenhofer* (2012), § 1600d, Rn 4.

959 MüKo/*Wellenhofer* (2012), § 1600d, Rn 28.

960 S.o.: 3. Teil. A. I. 6. b) Sperrwirkung und 4. Teil. A. II. 1. a) bb) Wahrung des Prinzips der Unität der Vaterschaft.

961 MüKo/*Wellenhofer* (2012), § 1600d, Rn 6.

962 *Helms/Balzer*, ZKJ 2009, 348 (349).

963 *Coester-Waltjen*, Jura 2009, 427 (429); *Gernhuber/Coester-Waltjen*, Familienrecht, S. 615 f.; *Helms/Balzer*, ZKJ 2009, 348 (349); *Löhnig*, FamRZ 2009, 1798 (1799); *Stößer*, FamRZ 2009, 923 (925).

biologischen Identität hergeleitet wird.[964] Die Entscheidung des Familiengerichts ergeht durch Beschluss. Besonderer Ausdruck des übergeordneten Interesses an der Abstammungswahrheit und damit an der materiellen Richtigkeit der Entscheidung ist die Möglichkeit der Wiederaufnahme des Verfahrens gemäß § 185 FamFG, wenn ein neues Abstammungsgutachten vorgelegt wird oder nach den allgemeinen Regeln gemäß §§ 578 ff. ZPO.[965] Die Wirkungen der Vaterschaft treten gemäß § 1600d Abs. 4 BGB grundsätzlich[966] erst mit Feststellung der Vaterschaft ein.

bb) Begründetheit

Materiell kommt es bei der Feststellung der Vaterschaft nach § 1600d BGB auf den Nachweis der biologischen Vaterschaft an. Dies wird zwar nicht mehr anhand des geltenden Wortlauts der Norm deutlich, ist aber nach der historischen Auslegung eindeutig. § 1600o Abs. 1 BGB[1970] regelte bis zum KindRG: *„Als Vater ist der Mann festzustellen, der das Kind gezeugt hat"*. Die Neufassung durch das KindRG wollte hieran nichts ändern.[967] Vater im Sinne des § 1592 Nr. 3 BGB soll demnach der biologische Vater sein, so dass bei dieser Vaterschaftszuordnung generell keine Konkurrenz zwischen sozialem und biologischem Vater entstehen kann.

Bei der Ermittlung der biologischen Vaterschaft gilt gemäß § 26 FamFG der Amtsermittlungsgrundsatz. Außerdem ist eine förmliche Beweisaufnahme durchzuführen (§§ 177 Abs. 2, 169 Nr. 1, 30 Abs. 2 FamFG). Grundsätzlich gibt es zwei Wege, den Vaterschaftsnachweis zu führen.[968]

aaa) Positiver Abstammungsnachweis, § 1600d Abs. 1 BGB

Vorrangig[969] vor der Vermutungsregel des § 1600d Abs. 2 BGB ist die biologische Abstammung durch Einholung eines Sachverständigengutachtens[970], zusammen mit allen zur Verfügung stehenden sonstigen Erkenntnisquellen des förmlichen Beweisverfahrens zur Ermittlung der biologischen Abstammung, zu beweisen.[971]

---

964 MüKo/*Wellenhofer* (2012), § 1600d, Rn 26.

965 *Bumiller/Harders*, FamFG, § 185, Rn 1; *Musielak/Borth*, FamFG, § 185, Rn 1.

966 Zur Durchbrechung beim Scheinvaterregress siehe *BGH*, FamRZ 2008, 1424 (1424 ff.) mit Anmerkung *Heiderhoff*, ZJS 2008, 547 (547 f.); *Wellenhofer*, FamRZ 2008, 1427 (1427 f.).

967 BT-Drs. 13/4899, S. 88 f.; jurisPK/*Nickel* (2011), § 1600d, Rn 20; Staudinger/*Rauscher* (2011), § 1600d, Rn 3.

968 Bereits *BGH*, FamRZ 1976, 24 (25).

969 *Muscheler*, Familienrecht, S. 351; jurisPK/*Nickel* (2011), § 1600d, Rn 26; Staudinger/*Rauscher* (2011), § 1600d, Rn 16.

970 Vertiefend zu naturwissenschaftlichen Untersuchungsmethoden der biologischen Abstammung: Staudinger/*Rauscher* (2011), Vorbem zu §§ 1591 ff., Rn 79 ff.; Soergel/*Schmidt-Recla* (2012), § 1600d, Rn 14, § 1600c, Rn 11 ff.; MüKo/*Wellenhofer* (2012), § 1600d, Rn 59 ff.

971 *BGH*, FamRZ 1978, 586 (586 f.).

Die Einholung eines Abstammungsgutachtens ist aufgrund des Amtsermittlungsgrundsatzes dabei regelmäßig zwingend erforderlich.[972]

Konnte der positive Abstammungsbeweis geführt werden, sind weitere Feststellungen nicht mehr nötig und die Vaterschaft wird nach § 1600d Abs. 1 BGB festgestellt.

bbb) Vaterschaftsvermutung, § 1600d Abs. 2 BGB

Lässt sich hingegen trotz Ausschöpfung aller zur Verfügung stehender Beweismittel die biologische Vaterschaft nicht mit an Sicherheit grenzender Wahrscheinlichkeit bejahen oder verneinen, kommt die Vermutung des § 1600d Abs. 2 BGB zur Anwendung.[973]

Nach § 1600d Abs. 2 BGB wird die biologische Vaterschaft vermutet, wenn nachgewiesen werden kann, dass der Mann der Kindsmutter während der Empfängniszeit gemäß § 1600d Abs. 3 BGB beigewohnt hat, wobei die künstliche Samenübertragung der Beiwohnung gleichstehen kann.[974] Diese Vermutung kann durch schwerwiegende Zweifel an der biologischen Vaterschaft gemäß § 1600d Abs. 2 Satz 2 BGB wieder entkräftet werden.

b) Gerichtliche Feststellung nach § 182 Abs. 1 FamFG

Eine Sonderregelung betrifft die Feststellung der Vaterschaft nach § 1592 Nr. 3 BGB i.V.m. § 182 Abs. 1 FamFG nach einer Vaterschaftsanfechtung gemäß §§ 1599 Abs. 1, 1600 Abs. 1 Nr. 2, Abs. 2, 4 BGB durch den biologischen Vater.[975]

Durch Gesetz vom 23.04.2004[976] ist die Vaterschaftszuordnung durch gerichtliche Feststellung um die Alternative der Begründung der Vaterschaft durch den biologischen Vater aufgrund dessen Anfechtung der Vaterschaft eines anderen Mannes erweitert worden. Hierbei handelt es sich nicht um eine Primärzuordnung, sondern um die Abänderung einer nicht den biologischen Verhältnissen entsprechende Vaterschaftszurechnung zu Gunsten des biologischen Vaters. Der statusbegründende Tatbestand des § 1592 Nr. 3, 2. Alt. BGB beruht daher auf einer Kombination von Anfechtung der *alten* Vaterschaft und Zuordnung einer *neuen*, nämlich der biologischen Vaterschaft in einem einheitlichen Statusverfahren.

---

972 *Stößer*, FamRZ 2009, 923 (929).

973 *BGH*, FamRZ 1976, 24 (25) für § 1600o BGB[1970]; *Muscheler*, Familienrecht, S. 351, der den Beweis nach § 1600 Abs. 2 BGB als *„mittelbaren Vaterschaftsbeweis"* bezeichnet.

974 *BGH*, FamRZ 2013, 1209 (1210) für den Fall der Anfechtung; Erman/*Hammermann* (2011), §1600 d, Rn 22; Bamberger/Roth/*Hahn* (2012), § 1600d, Rn 3; MüKo/*Wellenhofer* (2012), § 1600d, Rn 98; a.A. Staudinger/*Rauscher* (2011), § 1600d, Rn 48, 50.

975 *Will*, FPR 2005, 172 (172).

976 BGBl. I, S. 598; s.o.: 3. Teil. B. IX. 2. Anfechtungsmöglichkeit für den biologischen Vater.

Grundsätzlich hat die Anfechtung der Vaterschaft keine die Vaterschaft eines anderen Mannes feststellende Wirkung, was bei einer Anfechtung durch den biologischen Vater dazu geführt hätte, dass das Kind zwar auf dessen Initiative durch die erfolgreiche Anfechtung den bisherigen rechtlichen Vater verloren hätte, der biologische Vater aber danach erst durch Anerkenntnis gemäß § 1592 Nr. 2 BGB oder durch gerichtliche Feststellung nach §§ 1592 Nr. 3, 1. Alt. BGB rechtlicher Vater geworden wäre, was jedoch nicht zwingend hätte erfolgen müssen. Die dadurch mögliche Vaterlosigkeit des Kindes vermeidet § 1592 Nr. 3, 2. Alt. BGB.[977]

Die biologische Vaterschaft des Anfechtenden ist nach § 1600 Abs. 2 BGB Voraussetzung der erfolgreichen Anfechtung. Das auf Anfechtung durch den biologischen Vater die Nichtvaterschaft feststellende Urteil beinhaltet zugleich die rechtskräftige Feststellung der Vaterschaft des Anfechtenden (§ 182 Abs. 1 FamFG).

c) Ergebnis

Im Vergleich zu der Begründung der Vaterschaft nach § 1592 Nr. 1 und 2 BGB wird allein über die Zuordnung nach § 1592 Nr. 3 BGB die Übereinstimmung zwischen biologischer und rechtlicher Vaterschaft gewährleistet und damit dem Prinzip der Abstammungswahrheit Rechnung getragen.[978]

2. Kritik und Reformerwägungen

Auch die geltenden Regelungen zur gerichtlichen Feststellung der Vaterschaft nach § 1592 Nr. 3 BGB sind auf Kritik gestoßen und Reformüberlegungen ausgesetzt, die im Folgenden dargestellt und erörtert werden sollen.

a) Vernachlässigung sozialer Aspekte der Vaterschaft

Im Gegenzug zu der Kritik an § 1592 Nr. 1 und 2 BGB, dass diese Zuordnungen nicht zwingend im Einklang mit der Abstammungswahrheit stehen, könnte an § 1592 Nr. 3 BGB die vollständige Vernachlässigung sozialer Aspekte der Vaterschaft kritisiert werden.

Dieser Kritik kann jedoch damit begegnet werden, dass eine Vaterschaft nach § 1592 Nr. 3 BGB, soweit eine schützenswerte soziale Familie besteht, in der Regel gar nicht gerichtlich festgestellt wird, denn es steht der Mutter und dem sozialen Vater offen, mit Hilfe der Vaterschaftsanerkennung die Sperrwirkung des § 1600d Abs. 1 BGB herbeizuführen und somit die Feststellung des biologischen Vaters nach § 1592 Nr. 3 BGB zu verhindern. Wenn der soziale Vater die Vaterschaft nicht gemäß § 1592 Nr. 2 BGB anerkennt, kann nicht von der Schutzwürdigkeit der sozialen Familie ausgegangen werden, da der soziale Vater nicht die volle rechtliche Verantwortung für das Kind eingeht. Folglich spricht in dieser Konstellation

977 BT-Drs. 15/2253, S. 12; Staudinger/*Rauscher* (2011), § 1592, Rn 69.

978 *Helms*, in Schwab/Vaskovics (Hrsg.), Pluralisierung von Elternschaft und Kindschaft, 105 (107).

nichts dagegen, dem biologischen Vater die rechtliche Vaterschaft zuzusprechen.[979] Im Ergebnis ist zwar die Vaterschaft nach § 1592 Nr. 3 BGB in erster Linie an dem Aspekt der Abstammungswahrheit ausgerichtet, dies findet jedoch seine Rechtfertigung in den weiteren Vaterschaftszuordnungen nach § 1592 Nr. 1 und 2 BGB, die auch dem sozialen Vater den Zugang zur rechtlichen Vaterschaft ermöglichen. Aufgrund der Sperrwirkung nach § 1600d Abs. 1 BGB hat die soziale Familie es demnach in der Hand, die soziale Vaterschaft in eine rechtliche münden zu lassen.

b) Problematik der Sperrwirkung

Auch die positive und negative Sperrwirkung des § 1600d Abs. 4 und Abs. 1 BGB sind der Kritik ausgesetzt.

aa) Positive Sperrwirkung, § 1600d Abs. 4 BGB

Insbesondere die positive Sperrwirkung, die in § 1600d Abs. 4 BGB verankert ist, ist im Zuge der Problematik mit dem Schlagwort des *Scheinvaterregresses* in die Kritik geraten.

Hintergrund ist die Konstellation, in der der rechtliche Vater (Scheinvater) seine Vaterschaft nach § 1592 Nr. 1 oder Nr. 2 BGB erfolgreich angefochten hat und nunmehr den biologischen Vater in Regress bezüglich des Unterhalts für Kind und gegebenenfalls Kindsmutter nehmen möchte. Da die Vaterschaft nach § 1592 Nr. 3 BGB erst mit ihrer gerichtlichen Feststellung Rechtswirkungen und damit auch Unterhaltspflichten entfaltet und der ehemalige rechtliche Vater kein Antragsrecht hat, könnte bei Unterlassen der Begründung einer neuen rechtlichen Vaterschaft des biologischen Vater durch Mutter, Kind und biologischen Vater, der ehemalige rechtliche Vater leer ausgehen.

Dieser Ausnutzung der positiven Sperrwirkung zur Vermeidung von Regressansprüchen ist der *Bundesgerichtshof* damit begegnet, dass er bei besonderen Umständen die Durchbrechung der positiven Sperrwirkung zulässt.[980]

bb) Negative Sperrwirkung, § 1600d Abs. 1 BGB

Auch die negative Sperrwirkung des § 1600d Abs. 1 BGB könnte im Hinblick auf das Interesse des biologischen Vaters an der Einnahme der rechtlichen Vaterstellung kritisch gesehen werden.[981]

Das Problem der negativen Sperrwirkung bei Erwerb der rechtlichen Vaterschaft durch den sozialen Vater unter Ausschluss des biologischen Vaters ist wiederum entsprechend obiger Argumentation zu der negativen Sperrwirkung bei der

---

979 *Mairock*, Genetischer Vater nichtehelicher Kinder, S. 36.

980 *BGH*, FamRZ 2008, 1424 (1425 f.).

981 So auch *Zimmermann*, NJW 2009, 424 (425).

Vaterschaftsanerkennung gemäß § 1594 Abs. 2 BGB auf das Vaterschaftsanfechtungsrecht zu verorten.[982]

c) Einfluss der Mutter auf das Vaterschaftsfeststellungsverfahren

Kritisch betrachtet werden kann auch die Einflussnahme der Kindsmutter auf die Begründung der Vaterschaft nach § 1592 Nr. 3 BGB, insbesondere im Hinblick auf § 1629 Abs. 2 Satz 3 Halbsatz 2 BGB.[983]

Berechtigt, ein gerichtliches Vaterschaftsfeststellungsverfahren zu betreiben, sind grundsätzlich das Kind, die Kindsmutter und der potenzielle biologische Vater.[984] Das minderjährige Kind wird dabei regelmäßig durch die allein sorgeberechtigte Mutter vertreten, so dass bei Minderjährigkeit des Kindes praktisch nur die Mutter und der potenzielle biologische Vater die gerichtliche Feststellung der Vaterschaft nach § 1592 Nr. 3 BGB betreiben können. Ein Entzug der Vertretungsmacht der Mutter ist gemäß § 1629 Abs. 2 Satz 3 Halbsatz 2 BGB für die Vaterschaftsfeststellung ausgeschlossen. Dies bedeutet, dass das minderjährige Kind ohne Tätigwerden der Mutter die Vaterschaftsfeststellung praktisch nicht betreiben kann. Die Mutter kann aber aus verschiedensten Gründen die Vaterschaftsfeststellung unterlassen.[985] In der Konstellation, in der der biologische Vater keine Kenntnis von seiner biologischen Vaterschaft hat, kann so durch das Unterlassen der Mutter, die Vaterschaftsfeststellung zu betreiben, die Vaterschaftszuordnung nach § 1592 Nr. 3 BGB vereitelt werden.

Da für die hier gegenständliche Untersuchung aber in erster Linie die Konstellation maßgebend ist, in welcher der biologische Vater von seinem Kind weiß und Interesse an der rechtlichen Vaterschaft hat, kann er selber das gerichtliche Vaterschaftsfeststellungsverfahren betreiben ohne dass es auf die Mitwirkung der Mutter ankäme. Aus Sicht des biologischen Vaters ist somit der Einfluss der Mutter bei der Vaterschaftsbegründung nach § 1592 Nr. 3 BGB als gering zu bewerten.

3. Fazit

§ 1592 Nr. 3 BGB gibt dem biologischen Vater die Möglichkeit, ohne Mitwirkung der Mutter die rechtliche Vaterschaft zu erlangen. Ebenso können Mutter oder Kind die Vaterschaftszuordnung bei einem nicht an der rechtlichen Vaterschaft interessierten Mann durch die gerichtliche Vaterschaftsfeststellung betreiben.

---

982 S.o.: 4. Teil. A. II. 2. c) Ausschluss der Anerkennung bei anderweitiger rechtlicher Vaterschaft.

983 So auch *Wellenhofer*, in Schwab/Vaskovics (Hrsg.), Pluralisierung von Elternschaft und Kindschaft, 173 (181).

984 S.o.: 4. Teil. A. III. 1. a) aa) Zulässigkeit.

985 Näher hierzu: *Gaul*, FamRZ 2000, 1461 (1472); *Wellenhofer*, in Schwab/Vaskovics (Hrsg.), Pluralisierung von Elternschaft und Kindschaft, 173 (181).

Insgesamt wird eine Vaterschaft nach § 1592 Nr. 3 BGB tatsächlich nur in relativ wenigen Fällen begründet. Dennoch erscheint diese Möglichkeit der Vaterschaftsbegründung sowohl aus Sicht des biologischen Vaters, der die rechtliche Vaterstellung einnehmen möchte, als auch aus Sicht von Mutter und Kind, die gegen den Willen des biologischen Vaters die rechtliche Vaterschaft begründen möchten, wichtig.

Bei der Vaterschaftsfeststellung kommt dem Prinzip der Abstammungswahrheit hohe Bedeutung zu. Die biologische Abstammung wird bei der Begründung einer rechtlichen Vaterschaft immer dann relevant, wenn keine sozialen Anknüpfungspunkte wie die Ehe mit der Kindsmutter oder die Willensbetätigung der Beteiligten vorliegen.

IV. Würdigung des gesamten Systems der Primärzuordnung

Wie oben dargelegt, sind die Primärzuordnungsregeln über die Ehe der Kindsmutter und die Vaterschaftsanerkennung gemäß § 1592 Nr. 1 und 2 BGB eher zulasten des biologischen Vaters ausgelegt, während die gerichtliche Feststellung der Vaterschaft gemäß § 1592 Nr. 3 BGB dem Grundsatz der Abstammungswahrheit entspricht.

Da die gerichtliche Vaterschaftsfeststellung ausgeschlossen ist, wenn bereits eine anderweitige Vaterschaft besteht, scheint sich das Primärzuordnungssystem stärker an sozialen als an biologischen Aspekten der Vaterschaft zu orientieren. Daher stellt sich die Frage, ob, trotz grundsätzlicher Rechtfertigung der einzelnen Zuordnungsregeln des § 1592 BGB, das geltende Modell der primären Vater-Kind-Zuordnung zugunsten einer einheitlichen Abstammungsregel, die sich nur an dem Grundsatz der biologischen Abstammung orientiert, aufgegeben werden könnte und sollte.

1. Argumente für eine Ausrichtung alleine an der Abstammungswahrheit

Für eine solche alleinige Ausrichtung an der Abstammungswahrheit sprechen zum einen die verfassungsrechtliche Möglichkeit, eine solche Neuorientierung umzusetzen, und zum anderen die Vereinfachung des geltenden Abstammungsrechts.

a) Verfassungsrechtliche Möglichkeit

Art. 6 Abs. 2 Satz 1 GG enthält das Gebot, möglichst eine Übereinstimmung von biologischer und rechtlicher Vaterschaft zu erreichen.[986] Somit könnte die biologische Abstammung der primäre Anknüpfungspunkt jeder rechtlichen Vaterschaftszuordnung sein. Zwar sei *„der Gesetzgeber nicht dazu verpflichtet, die rechtliche Anerkennung der Elternschaft stets von der Prüfung abhängig zu machen, von wem*

986 *BVerfG*, FamRZ 2003, 816 (820).

das Kind im Einzelfall abstammt"[987]. Trotz der Einschränkung ist aus dieser Aussage des *Bundesverfassungsgerichts* jedoch zu schließen, dass grundsätzlich verfassungsrechtlich die Möglichkeit bestehen dürfte, das Abstammungsrecht allein an der Abstammungswahrheit auszurichten.

b) Vereinfachung des Abstammungsrechts

Durch eine Vater-Kind-Zuordnung einzig aufgrund der biologischen Abstammung würde das gesamte Abstammungsrecht revolutionär verändert werden.

Es gäbe danach weder ein Bedürfnis für eine Vaterschaftsanfechtung noch für eine isolierte Abstammungsklärung. Das gesamte Abstammungsrecht könnte darauf reduziert werden, festzustellen, dass Vater eines Kindes derjenige Mann ist, von dem das Kind biologisch abstammt. Eine solche Änderung würde damit auf den ersten Blick zweifellos zu einer erheblichen Vereinfachung des Abstammungsrechts führen.

2. Argumente für das geltende Primärzuordnungssystem

Trotz der Argumente, die für eine Neuausrichtung des Abstammungsrechts allein auf der Grundlage der biologischen Abstammung sprechen, gibt es auch eine Reihe von Argumenten, die für das geltende System der Primärzuordnung zum Vater und damit gegen eine Neuausrichtung sprechen.

a) Lediglich Verortung der Problematik

Gegen eine Änderung der geltenden Zuordnungsregeln spricht, dass Kinder in Fällen, in denen der biologische Vater nicht ermittelt werden kann, gänzlich ohne rechtlichen Vater dastehen würden, obwohl es eventuell einen Mann gibt, der die soziale Vaterrolle einnimmt und nach dem heute geltenden Abstammungsrecht durch Anerkennung der Vaterschaft oder Ehe mit der Kindsmutter rechtlicher Vater wäre.

Auch die Möglichkeit der heterologen Insemination könnte bei einer alleinigen Orientierung an der Abstammungswahrheit abstammungsrechtlich nicht mehr gelöst werden und müsste zwingend gesondert geregelt werden. Würden aber wiederum Ausnahmetatbestände geschaffen, die vom Grundsatz der Abstammungswahrheit abweichen, wäre eine Vereinfachung des Abstammungsrechts, als Argument für eine Primärzuordnung allein aufgrund der biologischen Abstammung, nicht mehr gegeben.

b) Abwertung sozialer Vaterschaften

Die Vereinheitlichung auf nur einen Zuordnungstatbestand, nämlich den der biologischen Abstammung, löst auch nicht zufriedenstellend die Vielzahl von

---

987 *BVerfG*, FamRZ 2003, 816 (818); *BVerfG*, FamRZ 2007, 441 (444).

möglichen Familienkonstellationen in der Gesellschaft.[988] Insbesondere wird die soziale Vaterschaft hierdurch in hohem Maße abgewertet. Aufgrund der Aufwertung sozialer Elternschaft durch das *Bundesverfassungsgericht* in den letzten Jahren[989], erscheint deren Abwertung nicht sinnvoll. Auch ist ein dann notwendiger obligatorischer Vaterschaftstest bei der Geburt bedenklich, da er in die Privatsphäre der Familie eingreift. Insbesondere die Kindsmutter wird durch einen solchen Test unter Generalverdacht des Ehebruchs beziehungsweise Fremdgehens gestellt.[990] Auch im Hinblick auf andere Rechtsordnungen, in denen es verboten ist, die biologische Vaterschaft zu erforschen, erscheint dieser Vorschlag fragwürdig. Zwar ist es in Deutschland gestattet, unter bestimmten Voraussetzungen und für einen engen Kreis von Berechtigten die biologische Abstammung zu testen (§ 1598a BGB). Dennoch scheint ein vom Staat vorgegebener obligatorischer Vaterschaftstest aus Anlass der Geburt eines Kindes ein zu starker Eingriff in die Persönlichkeitsrechte der Beteiligten zu sein.

c) Praktikabilitätserwägungen

Auch im Hinblick auf den finanziellen Aufwand, den ein vorgeschriebener Vaterschaftstest verursachen würde, ist ein solcher Vorschlag kaum realisierbar[991] und ist auch aus den vorherigen Gründen nicht ernstlich in Erwägung zu ziehen.

3. Fazit

Auch wenn ein Abstammungsrecht, das Vater und Kind einzig aufgrund ihrer biologischen Verwandtschaft einander zuordnet, gewisse Probleme, die durch ein Auseinanderfallen von rechtlicher und biologischer Vaterschaft entstehen, lösen würde, ist von einem solchen Vorschlag Abstand zu nehmen, da die Nachteile einer solchen Lösung überwiegen.[992]

V. Schlussfolgerung

Etwa 70 Prozent aller in Deutschland geborenen Kinder werden über § 1592 Nr. 1 BGB einem Mann als Vater zugeordnet, da ihre Mütter zum Zeitpunkt der Geburt mit diesem verheiratet sind.[993] Bei den übrigen 30 Prozent der Kinder,

---

988 S.o.: 1. Teil. A. III. Familienkonstellationen.

989 Vgl. *Süß*, Feststellung der Vaterschaft unabhängig vom Anfechtungsverfahren, S. 120 f.

990 *Süß*, Feststellung der Vaterschaft unabhängig vom Anfechtungsverfahren, S. 123.

991 a.A. *Wittmann*, Genetische Realität anstelle der pater-est-Doktrin, S. 210 f., der davon ausgeht, dass die Kosten für die obligatorische Klärung der biologischen Vaterschaft gegenüber den Kosten für heimliche Gutachten, isolierte Klärung und Anfechtung günstiger seien.

992 So auch *Löhnig/Preisner*, FamRZ 2012, 489 (491).

993 Vgl.: 2. Teil. A. III. 1. a) Soziodemographische Trends.

die nicht in eine Ehe der Mutter hineingeboren werden, wird bei über 90 Prozent die Vaterschaft freiwillig gemäß § 1592 Nr. 2 BGB anerkannt. Nur etwa sieben Prozent der Kinder, deren Mutter bei der Geburt nicht verheiratet ist, wird ein Vater über § 1592 Nr. 3 BGB zugeordnet und die Zahl der Kinder, denen gar kein Vater zugeordnet werden kann, sinkt beständig[994].

Die große Mehrheit der Vaterschaften wird demnach den Ehemännern über § 1592 Nr. 1 BGB oder den freiwillig Anerkennenden über § 1592 Nr. 2 BGB zugeordnet. Bei diesen Zuordnungen finden bestenfalls beide Aspekte der Soziobiologie zum Thema Vateridentität, also die biologische Abstammung sowie die Partnerschaft mit der Kindsmutter, ihre Entsprechung in der rechtlichen Vaterschaft. Zum einen stimmt die Zuordnung über die Ehe oder die Anerkennung regelmäßig mit der biologischen Vaterschaft überein. Zum anderen ist der so zugeordnete Vater auch oftmals Partner der Mutter. Allein die Zuordnung über die gerichtliche Vaterschaftsfeststellung ordnet Vater und Kind, nach einer Überprüfung ihrer biologischen Verbundenheit, einander zu.

Auf der Ebene der Primärzuordnung streiten insbesondere Grundsätze einer auf der einen Seite klaren und schnellen sowie auf der anderen Seite auch biologisch richtigen Zuordnung gegeneinander. Eine schnelle und biologisch richtige Zuordnung stellt damit seit jeher Hauptproblem und Hauptziel eines jeden Abstammungssystems auf der Primärebene dar.[995] Insgesamt wird auf der Ebene der Primärzuordnung der Grundsatz der Abstammungswahrheit vernachlässigt, was aber im Hinblick auf den Willen der Beteiligten und die für die Begründung einer sozialen Vaterschaft sprechenden Zuordnungsmerkmale zu tolerieren ist. Die Primärzuordnung steht stattdessen unter dem vorrangigen Ziel der Statusklarheit.

Problematisch ist dabei die Konstellation, wenn ein sozialer und ein biologischer Vater um die rechtliche Vaterstellung konkurrieren. Nach geltendem Recht hat der soziale Vater, der Ehemann oder Partner der Mutter ist, hier einen Vorteil, da ihm über § 1592 Nr. 1 oder Nr. 2 BGB die rechtliche Vaterschaft vorrangig eingeräumt wird.

Eine Lösung dieser Problematik ist aber mithin nicht im Primärzuordnungsrecht zu finden, sondern muss an anderer Stelle gesucht werden. Eine nicht der biologischen Abstammung entsprechenden Primärzuordnung ist nämlich nicht grundsätzlich als Fehler oder Defizit der Primärzuordnung zu werten. Oftmals ist bei Begründung der Vaterschaft noch gar nicht absehbar, ob später eine Korrektur der Zuordnung notwendig wird. Kann aber bei Zuordnung eines Kindes zu einem Vater noch nicht gesagt werden, ob eine nicht der biologischen Abstammung entsprechende Zuordnung in eine dauerhafte sozial-familiäre Beziehung münden wird, sollte diese Entscheidung auch nicht bei der Zuordnung getroffen werden.

---

994 MüKo/*Wellenhofer* (2012), § 1594, Rn 3.
995 *Will*, FPR 2005, 172 (172).

B. Aufhebung einer „falschen" Vater-Kind-Zuordnung

Im Wege der Vaterschaftsanfechtung gemäß §§ 1599 bis 1600c BGB kann eine Vaterschaft nach §§ 1592 Nr. 1 und Nr. 2, 1593 BGB wieder beseitigt und damit der Weg für eine neue Vaterschaft nach §§ 1592 Nr. 2 und 3, 1593 Satz 4 BGB eröffnet werden.

Da auf der Ebene der Primärzuordnung das Prinzip der Abstammungswahrheit zugunsten einer eindeutigen und schnellen Vaterschaftszuordnung eingeschränkt wird[996], besteht die besondere Bedeutung des Anfechtungsrechts darin, die auf der Primärebene hinzunehmenden „falschen" Zuordnungen auf der Ebene der Vaterschaftsanfechtung zu korrigieren.[997]

Welche Vater-Kind-Zuordnungen aber als „falsch" anzusehen sind und daher einer Korrekturmöglichkeit zugänglich sein müssen, betrifft die Kernproblematik des Abstammungsrechts. Die Regelungen der Vaterschaftsanfechtung prägen das Abstammungsrecht daher seit jeher maßgeblich.

Im Folgenden werden zunächst die geltenden Voraussetzungen der Vaterschaftsanfechtung dargestellt, um diese im Anschluss kritisch zu begutachten und gegebenenfalls Reformmöglichkeiten zu entwickeln. Das staatliche Anfechtungsrecht gemäß § 1600 Nr. 5, Abs. 3 und 6 BGB wird dabei ausgeklammert, da es für den Untersuchungszweck[998] keine weitere Relevanz besitzt und im Übrigen verfassungswidrig und nichtig ist.[999] Auch auf das Anfechtungsrecht von Mutter und Kind wird nicht vertieft eingegangen, um den Schwerpunkt der Untersuchung auf den Vergleich des Anfechtungsrechts von rechtlichem und biologischem Vater zu setzen.

I. Voraussetzungen der Vaterschaftsanfechtung im geltenden Recht

Die Voraussetzungen der Anfechtung der Vaterschaft sind in den §§ 1600 bis 1600c BGB geregelt, wobei in § 1600a bis § 1600c BGB die allgemeinen, für alle Anfechtungsberechtigten geltenden, und in § 1600 BGB die besonderen Voraussetzungen für die jeweiligen Anfechtungsberechtigten geregelt sind. Die Wirkung der Anfechtung ist wiederum in § 1599 Abs. 1 BGB festgelegt.

---

996 S.o.: 4. Teil. A. V. Schlussfolgerung.

997 *Helms*, in Schwab/Vaskovics (Hrsg.), Pluralisierung von Elternschaft und Kindschaft, 105 (108).

998 S.o.: 1. Teil. B. II. Zielsetzung.

999 Vgl. bereits: 3. Teil. B. IX. 3. (Wieder)einführung eines staatlichen Anfechtungsrechts.

1. Allgemeines

Die Vaterschaftsanfechtung wird durch einen Antrag beim Familiengericht eingeleitet.[1000]

§ 1600a Abs. 1 BGB regelt die Fragen der Vertretung bei der Vaterschaftsanfechtung, insbesondere bei Mängeln in der Geschäftsfähigkeit des Anfechtenden.[1001] Demnach ist die Anfechtung, ebenso wie die Anerkennung, ein höchstpersönliches Recht.[1002]

Da der Status nach Stabilität verlangt[1003], darf er nicht unbegrenzt unsicher sein.[1004] Daher gilt für alle anfechtungsberechtigten Personen[1005] die kenntnisabhängige Anfechtungsfrist von zwei Jahren gemäß § 1600b Abs. 1 BGB, die jedoch frühestens mit der Geburt des Kindes, beziehungsweise nicht bevor die Vaterschaftsanerkennung wirksam geworden ist, zu laufen beginnt (§ 1600b Abs. 2, Satz 1 BGB).

§ 1600c Abs. 1 BGB regelt die Vermutung im Anfechtungsverfahren, dass der rechtliche Vater nach den §§ 1592 Nr. 1 und 2, 1593 BGB biologischer Vater ist. Gemäß § 1600c Abs. 2 BGB werden Willensmängel bei der Vaterschaftsanerkennung berücksichtigt.

Anfechtungsgrund ist die fehlende Übereinstimmung von rechtlicher und biologischer Vaterschaft.[1006]

2. Besondere Voraussetzungen der jeweiligen Anfechtungsberechtigten

Aufgrund unterschiedlicher Voraussetzungen wird im Folgenden zwischen dem Anfechtungsrecht von biologischem Vater und rechtlichem Vater, mit überwiegend

---

1000 Zur Problematik der Anforderungen an die Substantiierung des Antrags (sog. Anfangsverdacht) siehe: *Eckebrecht*, MDR 1999, 71 (71 ff.); *Luh*, Prinzipien des Abstammungsrechts, S. 243 ff.; *Spickhoff*, in Spickhoff u. a. (Hrsg.), Streit um die Abstammung, 13 (30 ff.); Staudinger/*Rauscher* (2011), § 1599, Rn 14 ff.; Soergel/*Schmidt-Recla* (2012), § 1599, Rn 14 ff.; MüKo/*Wellenhofer* (2012), § 1599, Rn 27 ff.

1001 jurisPK/*Nickel* (2011), § 1600a, Rn 1.

1002 Motive IV, S. 668; *Dethloff*, Familienrecht, S. 299; Erman/*Hammermann* (2011), §1600a, Rn 1; Staudinger/*Rauscher* (2011), § 1600a, Rn 8; *Rauscher*, Familienrecht, S. 688; MüKo/*Wellenhofer* (2012), § 1600a, Rn 1.

1003 S.o.: 3. Teil. A. I. 3. Statusstabilität.

1004 *Schwab*, Familienrecht, S. 258.

1005 In Abgrenzung zur anderweitigen Frist der staatlichen Anfechtungsberechtigung gemäß § 1600b Abs. 1a BGB.

1006 *Gernhuber/Coester-Waltjen*, Familienrecht, S. 622 f.; *Muscheler*, Familienrecht, S. 353; Staudinger/*Rauscher* (2011), § 1599, Rn 13; Soergel/*Schmidt-Recla* (2012), § 1600, Rn 3; *Schwab*, Familienrecht, S. 257; MüKo/*Wellenhofer* (2012), § 1600, Rn 1.

gleichen Voraussetzungen des Anfechtungsrechs von Kindsmutter und Kind, unterschieden.

a) Rechtlicher Vater, Mutter und Kind

Anfechtungsberechtigt sind gemäß § 1600 Abs. 1 Nr. 1, 3 und 4 BGB zunächst der rechtliche Vater gemäß §§ 1592 Nr. 1 und 2, 1593 BGB, die Mutter des Kindes sowie das Kind selbst.

Die Anfechtung ist jedoch für den rechtlichen Vater und die Mutter gemäß § 1600 Abs. 5 BGB ausgeschlossen, wenn das Kind mittels heterologer künstlicher Befruchtung gezeugt wurde und beide in die künstliche Befruchtung wirksam eingewilligt haben.[1007]

Im Übrigen ist das Anfechtungsrecht von rechtlichem Vater, Mutter und Kind sachlich unbeschränkt.[1008] Es kommt weder auf das Wissen der biologischen Nichtvaterschaft zum Zeitpunkt der Begründung der Vaterschaft noch auf das Bestehen einer sozial-familiären Beziehung zum Zeitpunkt der Anfechtung an. Einzig die biologische Nichtvaterschaft des rechtlichen Vaters führt zum Erfolg der Anfechtung.

b) Biologischer Vater

Das Anfechtungsrecht des biologischen Vaters gemäß § 1600 Abs. 1 Nr. 2, Abs. 2 und 4 BGB steht dagegen unter erweiterten Voraussetzungen.

aa) Zulässigkeitserfordernis

Die Zulässigkeitsvoraussetzung[1009] der eidesstattlichen Versicherung der Beiwohnung während der Empfängniszeit soll Anfechtungen „ins Blaue hinein" verhindern.[1010] Darüber hinaus sollte durch diese Hürde in der Zulässigkeit der Samenspender von der Anfechtung ausgeschlossen werden[1011], da dieser regelmäßig

---

1007 Vertiefend zu der Anfechtungsproblematik bei künstlicher Befruchtung mittels Samenspende eines Dritten: Staudinger/*Rauscher* (2011), § 1600, Rn 54 ff.; Soergel/*Schmidt-Recla* (2012), § 1600, Rn 45 ff.; *Spickhoff*, FS Schwab, 923 (923 ff.); MüKo/*Wellenhofer* (2012), § 1600, Rn 29 ff. jeweils m.w.N.

1008 Staudinger/*Rauscher* (2011), § 1600, Rn 21, 24, 31.

1009 Prütting/Wegen/Weinreich/*Friederici* (2013), § 1600, Rn 4; Erman/*Hammermann* (2011), § 1600, Rn 9; Staudinger/*Rauscher* (2011), § 1600, Rn 36; Soergel/*Schmidt-Recla* (2012), § 1600, Rn 15; MüKo/*Wellenhofer* (2012), § 1600, Rn 7; *Wieser*, FamRZ 2004, 1773 (1774).

1010 BT-Drs. 15/2253, S. 10, 14, 20; Bamberger/Roth/*Hahn* (2012), § 1600, Rn 3; *Muscheler*, Familienrecht, S. 354; Soergel/*Schmidt-Recla* (2012), § 1600, Rn 16; kritisch hierzu *Büttner*, FS Schwab, 735 (737 f.); *Eckebrecht*, FPR 2005, 205 (208).

1011 BT-Drs 15/2253, S. 9; AnwK/*Gutzeit/Klebeck* (2005), § 1600, Rn 21; Bamberger/Roth/*Hahn* (2012), § 1600, Rn 3; Erman/*Hammermann* (2011), § 1600, Rn 9; *Höfelmann*, FamRZ 2004, 745 (749); Soergel/*Schmidt-Recla* (2012), § 1600, Rn 16; MüKo/*Wellenhofer* (2012), § 1600, Rn 7; *Will*, FPR 2005, 172 (175).

nicht unter den Begriff der Beiwohnung fallen würde[1012]. Hierdurch wurde der Grundsatz der Abstammungswahrheit, der durch die Einführung des § 1600 Abs. 1 Nr. 2 BGB auf den ersten Blick gestärkt werden sollte, ein Stück weit, nämlich für den Samenspender, eingeschränkt. Die neue Rechtsprechung tendiert jedoch dazu, das Tatbestandsmerkmal der Beiwohnung weit auszulegen, so dass auch der Samenspender, wenn § 1600 Abs. 5 BGB nicht greift, unter das Merkmal der Beiwohnung fällt.[1013] Damit kann es unter Umständen zur Bejahung des § 1600 Abs. 1 Nr. 2 BGB ausreichen, wenn der biologische Vater an Eides statt versichert, sein Erbgut zum Zwecke der Befruchtung zur Verfügung gestellt zu haben.[1014]

bb) Begründetheit

Die Anfechtung durch den biologischen Vater ist nur dann begründet[1015], wenn zwischen dem rechtlichen Vater und dem Kind keine sozial-familiäre Beziehung besteht oder zum Zeitpunkt des Todes des rechtlichen Vaters bestanden hat und[1016] der Anfechtende tatsächlich der biologische Vater des Kindes ist.

aaa) Keine sozial-familiäre Beziehung zwischen rechtlichem Vater und Kind

Das Anfechtungsrecht des biologischen Vaters steht unter der besonderen Voraussetzung, dass zwischen rechtlichem Vater und Kind keine sozial-familiäre Beziehung besteht (§ 1600 Abs. 2 BGB).

Die nähere Ausgestaltung der sozial-familiären Beziehung ist in § 1600 Abs. 4 BGB normiert. Demnach liegt eine sozial-familiäre Beziehung vor, wenn der Vater für das Kind tatsächliche Verantwortung trägt oder im Zeitpunkt seines Todes getragen hat.[1017]

(1) Regelannahme für die Übernahme tatsächlicher Verantwortung

Das Gesetz nimmt in § 1600 Abs. 4 Satz 2 BGB bei Ehe der rechtlichen Eltern oder längerem Zusammenleben von rechtlichem Vater und Kind in häuslicher Gemeinschaft an, dass der rechtliche Vater tatsächlich Verantwortung für das Kind übernommen hat. Diese Annahme ist widerleglich ausgestaltet.[1018]

1012 *BGH*, FamRZ 2005, 612 (614).

1013 Palandt/*Brudermüller* (2014), § 1600, Rn 3.

1014 *BGH*, FamRZ 2013, 1209 (1210).

1015 *BGH*, FamRZ 2007, 538 (539); *Els*, FPR 2011, 380 (380 f.); a.A. *Wieser*, FamRZ 2004, 1773 (1774).

1016 Es handelt sich um kumulative Voraussetzungen; jurisPK/*Nickel* (2011), § 1600, Rn 38.

1017 Nach *BGH*, FamRZ 2008, 1821 (1821); Erman/*Hammermann* (2011), § 1600, Rn 11; *Muscheler*, Familienrecht, S. 355 handelt es sich um eine unwiderlegbar Vermutung.

1018 BT-Drs. 15/2253, S. 18; *Muscheler*, Familienrecht, S. 355.

(a) Ehe der rechtlichen Eltern

Mit der Annahme der tatsächlichen Verantwortungsübernahme durch den Ehemann der Mutter knüpft das Gesetz an eine lange Rechtstradition an. Dem Ehemann der Mutter wurde bereits in der Vergangenheit in erster Linie die soziale Vaterrolle zugeschrieben.[1019] Die Aufnahme des Regelbeispiels der Ehe der rechtlichen Eltern macht deutlich, dass der Gesetzgeber der Ehe weiterhin eine hohe Bedeutung für die Entstehung einer sozialen Familie beimisst, was anhand der statistischen Daten zum Zusammenhang von Eheschließung und Familiengründung[1020] berechtigt ist.

Auf einen absoluten Schutz der Ehe im Sinne eines vollständigen Anfechtungsausschlusses des biologischen Vaters bei einer Ehe der rechtlichen Eltern wurde bewusst verzichtet, um einzelfallgerechte Lösungen zu ermöglichen.[1021]

Der biologische Vater kann entweder die Regelvermutung selbst, also die Ehe der rechtlichen Eltern, entkräften, indem er darlegt, dass es sich um eine Scheinehe[1022] handelt oder die Ehegatten dauernd getrennt leben[1023], oder er kann darlegen, dass es trotz bestehender Ehe der rechtlichen Eltern an einem Tragen von Verantwortung durch den rechtlichen Vater fehlt. Die Regelannahme geht nur von der Übernahme der Verantwortung durch den mit der Mutter verheirateten rechtlichen Vater aus. Der biologische Vater muss in diesem Fall darlegen, dass die Verantwortung tatsächlich nicht mehr getragen wird.[1024]

(b) Längere häusliche Gemeinschaft zwischen rechtlichem Vater und Kind

Auch das Zusammenleben mit dem Kind über eine längere Zeit soll regelmäßig die Übernahme von Verantwortung für das Kind indizieren. Hierunter kann beispielsweise der rechtliche Vater nach § 1592 Nr. 2 BGB fallen, der mit der Kindsmutter in einer nichtehelichen Lebensgemeinschaft zusammenlebt.[1025]

Der Gesetzgeber hat bewusst offen gelassen, welcher Zeitraum unter dem Begriff der *längeren Zeit* zu subsumieren ist.[1026] Hierfür werden Zeiträume von einigen Monaten bis zu zwei Jahren für erforderlich gehalten.[1027]

1019 S.o.: 3. Teil. B. Historische Entwicklung des Abstammungsrechts.

1020 S.o.: 2. Teil. A. III. 1. a) Soziodemographische Trends.

1021 BT-Drs. 15/2253, S. 11; *Höfelmann*, FamRZ 2004, 745 (749).

1022 *BGH*, FamRZ 2007, 538 (541).

1023 BT-Drs. 15/2253, S. 11; *OLG Bremen*, OLGR Bremen 2007, 99 (99 f.).

1024 *BGH*, FamRZ 2007, 538 (541); Staudiner/*Rauscher* (2011), § 1600, Rn 45.

1025 MüKo/*Wellenhofer* (2012), § 1600, Rn 12.

1026 BT-Drs. 15/2253, S. 11.

1027 *BGH*, FamRZ 2008, 1821 (1821), *Helms*, FamRZ 2010, 1 (5) m.w.N.; Staudinger/*Rauscher* (2011), § 1600, Rn 46b.

Ebenso wie bei der Regelannahme durch die Ehe der rechtlichen Eltern wird auch beim längeren Zusammenleben die Übernahme der Verantwortung nur vermutet.

(2) Tragen von tatsächlicher Verantwortung

Differenziert werden muss die, durch die Regelannahmen vermutete, Übernahme tatsächlicher Verantwortung (§ 1600 Abs. 4 Satz 2 BGB) zu dem Tragen von tatsächlicher Verantwortung zum maßgeblichen Zeitpunkt (§ 1600 Abs. 4 Satz 1 BGB).

(a) Maßgeblicher Zeitpunkt

Für die Beurteilung des Tragens tatsächlicher Verantwortung, bei deren Vorliegen unwiderleglich auf eine sozial-familiäre Beziehung geschlossen wird, kommt es auf die letzte mündliche Tatsachenverhandlung an.[1028] Eine Ausnahme greift jedoch, wenn das Verfahren für den Aufbau einer sozial-familiären Beziehung rechtsmissbräuchlich verzögert wurde.[1029]

(b) Beweislast

Das negative Tatbestandsmerkmal der fehlenden sozial-familiären Beziehung zwischen rechtlichem Vater und Kind muss vom anfechtenden biologischen Vater substantiiert dargelegt werden. Der Amtsermittlungsgrundsatz erfordert das Nachgehen der vorgetragenen objektiven Umstände, nicht jedoch selbständige weitergehende Ermittlungen von Amts wegen.[1030] Den rechtlichen Vater trifft dabei jedoch eine sekundäre Darlegungslast.[1031] Zweifel an der Existenz beziehungsweise am Fehlen einer sozial-familiären Beziehung gehen aber stets zulasten des biologischen Vaters.[1032]

1028 *BGH*, FamRZ 2007, 538 (539); *BGH*, FamRZ 2008, 1821 (1821); *OLG Karlsruhe*, FamRZ 2010, 1174 (1174); *OLG Celle*, FPR 2011, 407 (408); *OLG Bremen*, JAmt 2013, 210 (210); Palandt/*Brudermüller* (2014), § 1600, Rn 8; Prütting/Wegen/Weinreich/*Friederici* (2013), § 1600, Rn 4; Erman/*Hammermann* (2011), § 1600, Rn 18; MüKo/*Wellenhofer* (2012), § 1600, Rn 8.

1029 *OLG Karlsruhe*, FamRZ 2010, 1174 (1175 f.).

1030 *BGH*, FamRZ 2007, 538 (541); *BGH*, FamRZ 2008, 1821 (1822).

1031 *Els*, FPR 2011, 380 (381); Staudinger/*Rauscher* (2011), § 1600, Rn 44a.

1032 *BGH*, FamRZ 2007, 538 (540); *Büttner*, FS Schwab, 735 (738); *Eckebrecht*, FPR 2005, 205 (209); *Höfelmann*, FamRZ 2004, 745 (749); MüKo/*Wellenhofer* (2012), § 1600, Rn 8; *Will*, FPR 2005, 172 (176).

(c) Tatsächliche Verantwortung

Unter dem Merkmal der tatsächlichen Verantwortung ist das Kümmern um die Pflege und Erziehung des Kindes zu verstehen.[1033] Allein die finanzielle Unterstützung genügt hierfür nicht.[1034]

(d) Tragen *von tatsächlicher Verantwortung*

In Abgrenzung zur Übernahme ist das *Tragen* von tatsächlicher Verantwortung durch Nachhaltigkeit und Dauerhaftigkeit gekennzeichnet.[1035] Bezüglich eines Neugeboren wird dies prognostiziert, wenn die Verantwortung für diesen in einer Weise getragen wird, die auf Dauer angelegt erscheint.[1036]

Fraglich ist, ob aus der Übernahme tatsächlicher Verantwortung auf das Tragen derselben geschlossen werden kann. Da die Regelannahmen nur die Übernahme von tatsächlicher Verantwortung vermuten, kann aus dem Vorliegen der Regelannahme noch nicht zwingend auf das Tragen von tatsächlicher Verantwortung zum maßgeblichen Zeitpunkt geschlossen werden.[1037] Trägt der Anfechtende aber keine Umstände vor, die bei vermuteter Übernahme tatsächlicher Verantwortung gegen das Tragen tatsächlicher Verantwortung sprechen, kann das Gericht aus der Übernahme tatsächlicher Verantwortung auch auf das Tragen derselben schließen.[1038]

Des Weiteren kann auch außerhalb der gesetzlichen Regelvermutungen das Tragen tatsächlicher Verantwortung durch den rechtlichen Vater positiv festgestellt werden.[1039] Hierfür sind intensive Betreuungsleistungen von außergewöhnlichem Gewicht zu verlangen.[1040] Dabei sind jedoch nicht alleine die Quantität der Betreuungsleistungen zu bewerten, sondern auch die geistigen und emotionalen Auseinandersetzungen mit der Elternrolle.[1041]

bbb) Biologische Vaterschaft des Anfechtenden

Weitere Voraussetzung für eine erfolgreiche Anfechtung ist, dass der Anfechtende tatsächlich biologischer Vater des Kindes ist (§ 1600 Abs. 2, Halbsatz 2 BGB). Die Anfechtung durch den biologischen Vater teilt sich somit in einen rechtsvernichtenden Teil und einen rechtsbegründenden Teil auf, wobei der rechtsvernichtende

---

1033 *BVerfG*, FamRZ 2003, 816 (818); Erman/*Hammermann* (2011), § 1600, Rn 12.

1034 *BVerfG*, FamRZ 2003, 816 (821); Palandt/*Brudermüller* (2014), § 1600, Rn 8; Erman/*Hammermann* (2011), § 1600, Rn 12; MüKo/*Wellenhofer* (2012), § 1600, Rn 8.

1035 Staudinger/*Rauscher* (2011), § 1600, Rn 42; Erman/*Hammermann* (2011), § 1600, Rn 13.

1036 MüKo/*Wellenhofer* (2012), § 1600, Rn 8.

1037 *BGH*, FamRZ 2007, 538 (541); Staudinger/*Rauscher* (2011) § 1600, Rn 44.

1038 *BGH*, FamRZ 2007, 538 (541).

1039 *BGH*, FamFR 2010, 154 (154); *OLG Bremen*, FamRZ 2010, 1821 (1821); Staudinger/*Rauscher* (2011), § 1600, Rn 43a.

1040 Erman/*Hammermann* (2011), § 1600, Rn 17; *Will*, FPR 2005, 172 (175).

1041 BT-Drs. 16/3291, S. 13; *BVerfG*, FamRZ 2006, 187 (188) zum staatlichen Anfechtungsrecht.

Teil die Vaterschaft des rechtlichen Vaters aufhebt und der rechtsbegründende Teil die rechtliche Vaterschaft des biologischen Vaters gemäß § 1592 Nr. 3, 2. Alt. BGB i.V.m. § 182 Abs. 1 FamFG begründet.

(1) Abstammungsnachweis bei Bestehen einer sozial-familiären Beziehung

Fraglich ist, ob die biologische Vaterschaft des Anfechtenden trotz der Feststellung oder Nichtfeststellbarkeit des Bestehens der sozial-familiären Beziehung zwischen rechtlichem Vater und Kind zu prüfen ist.

(a) Meinungsstand

Teilweise wird die Meinung vertreten, dass kein Rangverhältnis zwischen den beiden Voraussetzungen bestehe. Das Gericht müsse daher nicht vorrangig die sozial-familiäre Beziehung zwischen rechtlichem Vater und Kind prüfen, sondern könne zunächst die biologische Vaterschaft des Anfechtenden klären.[1042]

Andererseits wird auch vertreten, dass zuerst das Tatbestandsmerkmal der sozial-familiären Beziehung zwischen rechtlichem Vater und Kind geprüft wird und erst bei Verneinung einer solchen die biologische Vaterschaft des Anfechtenden durch Einholung eines Abstammungsgutachtens zu prüfen sei.[1043]

(b) Relevanz

Bedeutsam wird die Frage insbesondere in der Konstellation, in der sich der biologische Vater seiner biologischen Vaterschaft nicht sicher ist und die Vaterschaftsanfechtung zumindest auch zur Klärung der biologischen Abstammung betreibt. Das Vaterschaftsanfechtungsverfahren ist für den biologischen Vater, aufgrund seiner fehlenden Berechtigung nach § 1598a BGB, der einzige Weg innerhalb des Abstammungsrechts, die biologische Abstammung des Kindes von ihm überprüfen zu lassen.

(c) Entscheidung

Der Schutzzweck des § 1600 Abs. 2 und 4 BGB spricht gegen eine Abstammungsuntersuchung bei Vorliegen einer sozial-familiären Beziehung zwischen rechtlichem Vater und Kind. Die biologische Vaterschaft wurde zur Voraussetzung des Anfechtungsrechts nach § 1600 Abs. 1 Nr. 2, Abs. 2 und 4 BGB gemacht, damit das Kind aufgrund der Anfechtung durch den biologischen Vater nicht vaterlos gestellt werde.[1044] Greift das Anfechtungsrecht des biologischen Vaters aber bereits aufgrund des Bestehens einer sozial-familiären Beziehung zwischen rechtlichem Vater und

1042 *OLG Hamm*, BeckRS 2011, 05489; *Höfelmann*, FamRZ 2004, 745 (749); Staudinger/*Rauscher* (2011), § 1600, Rn 47.

1043 Wohl in diese Richtung *BVerfG*, FamFR 2010, 528 (528); *OLG Celle*, FamRZ 2012, 564 (565); *Büttner*, FS Schwab, 735 (738); *Heiderhoff/Schekahn*, FPR 2011, 360 (362).

1044 BT-Drs. 15/2253, S. 9, 11, 12.

Kind nicht durch, dann ist die Gefahr nicht gegeben, dass das Kind durch die Anfechtung vaterlos würde. Die Feststellung der biologischen Vaterschaft ist damit nur bei Nichtvorliegen einer sozial-familiären Beziehung zwischen rechtlichem Vater und Kind vom Schutzzweck der Norm gedeckt.

Sinn und Zweck des § 1600 Abs. 2 und 4 BGB beinhaltet darüber hinaus den Schutz der rechtlich-sozialen Familie.[1045] Nach den Wertungen der § 1600 Abs. 2 BGB i.V.m. § 182 Abs. 1 FamFG müsse insbesondere verhindert werden, dass der biologische Vater nur aufgrund seines Klärungsinteresses Zweifel in eine funktionierende soziale Familie hineintrage.[1046] Hierzu im Widerspruch steht nicht, dass sein Ausschluss aus dem Kreis der Berechtigten nach § 1598a BGB damit begründet wird, dass er das Anfechtungsverfahren betreiben kann, da nur so sichergestellt werden könne, dass er Verantwortung für das Kind übernehmen werde.[1047] Der Gesetzgeber geht erkennbar davon aus, dass eine folgenlose Klärung der biologischen Abstammung dem Familienfrieden der rechtlich-sozialen Familie entgegensteht. Damit alleine rechtfertigt sich der Ausschluss des biologischen Vaters aus § 1598a BGB. Ebenso ist dieses Argument aber auch eine Rechtfertigung für die Nichtbegutachtung der biologischen Abstammung des Anfechtenden bei Vorliegen einer sozial-familiären Beziehung zwischen rechtlichem Vater und Kind im Anfechtungsverfahren. Auch in diesem Fall wäre die Abstammungsklärung nämlich folgenlos, da die Anfechtung durch das Bestehen einer sozial-familiären Beziehung zwischen rechtlichem Vater und Kind nicht erfolgreich wäre. Allerdings erscheint die Aussage verfehlt, dass dem Klärungsinteresse des biologischen Vaters durch die Anfechtung ausreichend Rechnung getragen werde und daher eine Einbeziehung in § 1598a BGB nicht nötig wäre.[1048] Dies ist nach dem vorher Gesagten gerade nicht der Fall.

Außerdem ist eine Nichtprüfung der biologischen Abstammungsverhältnisse bei Vorliegen einer sozial-familiären Beziehung zwischen rechtlichem Vater und Kind zur Verhinderung von Grundrechtseingriffen geboten. Das Gericht soll gemäß § 175 Abs. 1 FamFG vor einer Beweisaufnahme über die Abstammung die Angelegenheit in einem Termin erörtern. Nach § 178 Abs. 2 FamFG in Verbindung mit den §§ 386 ff. ZPO kann sich der Verpflichtete im Zwischenstreitverfahren gegen die Abstammungsuntersuchung wehren. Hierzu kann er unter anderem geltend machen, dass die Feststellung der Abstammung nicht erforderlich, da nicht entscheidungserheblich sei.[1049] Im frühen Termin nach § 175 Abs. 1 FamFG ist daher zunächst die Frage der sozial-familiären Beziehung zwischen rechtlichem

---

1045 BT-Drs. 15/2253, S. 8 f., 10 f.

1046 BT-Drs. 16/6561, S. 12.

1047 BT-Drs. 16/6561, S. 10.

1048 BT-Drs. 16/8219, S. 6.

1049 *BVerfG*, FamRZ 2008, 1507 (1508); *BGH*, FamRZ 2006, 686 (688) bei Unschlüssigkeit; *OLG Düsseldorf*, FamRZ 2008, 630 (631) bei Unzulässigkeit; *OLG Naumburg*, FamRZ 2012, 1148 (1148 f.) für das staatliche Anfechtungsrecht bei Unmöglichkeit der Feststellung einer sozial-familiären Beziehung; Schulte-Bunert/Weinreich/*Schwonberg*, FamFG, § 178, Rn 7.

Vater und Kind zu erörtern. Wenn eine solche voraussichtlich besteht, ist diese zunächst festzustellen. Ein Abstammungsgutachten ist dann nicht mehr erforderlich und deshalb nicht gerechtfertigt.[1050] Die Beteiligten müssten die Abstammungsuntersuchung dann nicht dulden.

Aus diesen Gründen ist über die biologische Abstammung erst dann Beweis zu erheben, wenn alle sonstigen Voraussetzungen der Anfechtung vorliegen.[1051] Der biologische Vater kann daher nicht grundsätzlich im Wege der Vaterschaftsanfechtung Kenntnis über seine biologische Nachkommenschaft erhalten, sondern nur dann, wenn zwischen rechtlichem Vater und Kind keine sozial-familiäre Beziehung vorliegt.

(2) Nachweis bei Nichtbestehen einer sozial-familiären Beziehung

Bei Nichtbestehen einer sozial-familiären Beziehung zwischen rechtlichem Vater und Kind ist über die biologische Vaterschaft des Anfechtenden Beweis gemäß § 177 Abs. 2 i.V.m. § 169 Nr. 4 FamFG zu erheben.[1052] Dies kann regelmäßig durch Einholung eines Sachverständigengutachtens geschehen.[1053]

cc) Keine Hemmung der Anfechtungsfrist

Die Anfechtungsfrist des biologischen Vaters wurde der allgemeinen Anfechtungsfrist des § 1600b BGB angepasst.[1054] Während des Bestehens einer sozial-familiären Beziehung zwischen Kind und rechtlichem Vater tritt keine Hemmung des Fristablaufs ein (§ 1600b Abs. 1, S. 2, Halbsatz 2 BGB).[1055]

dd) Folgerung

Das Gesetz räumt der rechtlich-sozialen Familie den Vorrang gegenüber dem Interesse des biologischen Vaters an der rechtlichen Vaterposition ein.[1056]

Zugunsten der Möglichkeit einer einzelfallorientierten Betrachtung wurde beim Anfechtungsrecht des biologischen Vaters auf klare und eindeutige Regeln, die bis dahin das Abstammungsrecht prägten, verzichtet[1057] und stattdessen die normative Voraussetzung der sozial-familiären Beziehung eingeführt.

Damit stärkt das Anfechtungsrecht des biologischen Vaters zwar die biologischen Aspekte der Vaterschaft. Durch die Voraussetzung der fehlenden

---

1050 Prütting/Helms/*Stößer*, FamFG, § 175, Rn 2.

1051 *BGH*, FamRZ 1998, 955 (956); *OLG Celle*, FamRZ 2012, 564 (565).

1052 BT-Drs. 15/2253, S. 11; jurisPK/*Nickel* (2011), § 1600, Rn 46; vgl. bereits 4. Teil. A. III. Vaterschaft aufgrund gerichtlicher Feststellung, § 1592 Nr. 3 BGB.

1053 Vgl. oben: 4. Teil. A. III. 1. Voraussetzungen.

1054 S.o.: 4. Teil. B. I. 1. Allgemeines.

1055 *Eckebrecht*, FPR 2005, 205 (209); *Ehrhardt-Rauch*, JAmt 2004, 175 (177).

1056 So auch *Wellenhofer*, FamRZ 2012, 828 (828).

1057 Zu dieser Entwicklung im gesamten Familienrecht vgl. *Simitis*, FS Müller-Freienfels, 579 (587 f., 606 f.).

sozial-familiären Beziehung zwischen rechtlichem Vater und Kind wird diese Stärkung der Rechte des biologischen Vaters jedoch nicht zulasten der sozialen Vaterschaft vorgenommen. Dies kann als „*Kompromisslösung*" angesehen werden.[1058]

Letztlich kann so der Missbrauch der Zustimmung zur Anerkennung durch die Mutter verhindert werden, wenn sie einem anerkennungsbereiten Dritten ihre Zustimmung gibt, ohne dass dieser zu dem Kind eine sozial-familiäre Beziehung aufbauen will. Dies scheint jedoch nicht die Mehrzahl der Fälle zu betreffen, bei denen der biologische Vater leer ausgeht, da oftmals der Partner der Mutter die rechtliche Vaterschaft erhalten wird und dieser eine sozial-familiäre Beziehung zu dem Kind eingeht.

c) Ergebnis

Die Einführung des unbestimmten Rechtsbegriffs der sozial-familiären Beziehung in das BGB tariert das Abstammungsrecht neu aus. Die biologische Abstammung tritt jetzt, gesetzlich manifestiert, in Konkurrenz zu den sozial-familiären Beziehungen der Familienmitglieder, wobei die sozial-familiären Beziehungen gegenüber der biologischen Abstammung auch nach Einführung des Anfechtungsrechts des biologischen Vaters den Vorrang genießen. Im Ergebnis entscheiden damit weiterhin einzig die Mitglieder der rechtlich-sozialen Familie darüber, wer die rechtliche Vaterposition einnimmt und behält.

3. Wirkung der Anfechtung

Die erfolgreiche Vaterschaftsanfechtung beseitigt die bis dahin bestehende Vaterschaft nach § 1592 Nr. 1 oder 2 BGB *ex tunc* mit Rückwirkung auf den Tag der Geburt des Kindes.[1059] Damit wird die Sperrwirkung der angefochtenen Vaterschaft aufgehoben und macht so Platz für eine neue Vaterschaftszuordnung.

Die Vaterschaftsanfechtung durch den biologischen Vater bewirkt nicht alleine die Beseitigung der bisherigen rechtlichen Vaterschaft. Der biologische Vater wird unmittelbar mit Aufhebung der rechtlichen Vaterschaft selber als rechtlicher Vater von Geburt des Kindes an festgestellt, so dass das Kind nach Anfechtung der Vaterschaft durch den biologischen Vater nie vaterlos gestellt ist.

4. Fazit

Das Anfechtungsrecht des rechtlichen Vaters steht, grob betrachtet, einzig unter der Voraussetzung der fehlenden biologischen Vaterschaft des rechtlichen Vaters. Es werden somit nur biologische Aspekte berücksichtigt. Dagegen steht das Anfechtungsrecht des biologischen Vaters unter der negativen zusätzlichen

---

1058 *Helms*, in Coester-Waltjen/Lipp/Schumann/Veit (Hrsg.), Reformbedarf im nichtehelichen Eltern-Kind-Verhältnis, 77 (79).

1059 *BGH*, FamRZ 1994, 694 (695); Erman/*Hammermann* (2011), § 1599, Rn 20; *Muscheler*, Familienrecht, S. 360; MüKo/*Wellenhofer* (2012), § 1599, Rn 44.

Voraussetzung der sozial-familiären Beziehung zwischen Kind und rechtlichem Vater. Das Anfechtungsrecht zieht damit, je nachdem, wer anficht, entweder biologische oder soziale Aspekte der Vaterschaft heran. Fraglich bleibt, ob eine derartige Gewichtung biologischer und sozialer Aspekte in Bezug auf das Anfechtungsrecht einen angemessenen Interessenausgleich zwischen dem biologischen und dem rechtlich-sozialen Vater bietet. Dies wird im folgenden Abschnitt über Kritik und Reformerwägungen zum Recht der Anfechtung der Vaterschaft erörtert werden.

II. Kritik und Reformerwägungen

Bereits bei der Untersuchung der primären Vaterschaftszuordnung gemäß § 1592 BGB wurde eine Benachteiligung des biologischen Vaters bei der Primärzuordnung festgestellt.[1060] Auf der Ebene der Vaterschaftsanfechtung hätte der biologische Vater für diese Benachteiligung entschädigt werden können. Da der biologische Vater jedoch nur ein stark eingeschränktes, hinter der rechtlich-sozialen Vaterschaft zurücktretendes Anfechtungsrecht innehat, wird das Vaterschaftsanfechtungsrecht im Folgenden danach untersucht, ob diese Problematik gegebenenfalls durch eine Änderung innerhalb des Anfechtungsrechts gelöst werden könnte.

Als Anknüpfungspunkte hierfür werden die sozial-familiäre Beziehung zwischen rechtlichem Vater und Kind, die sozial-familiäre Beziehung zwischen biologischem Vater und Kind sowie die Anfechtungsfrist und Wirkung der Anfechtung herangezogen.

1. *Sozial-familiäre Beziehung zwischen rechtlichem Vater und Kind*

Durch die Einführung des Begriffs der sozial-familiären Beziehung in das Anfechtungsrecht des BGB hat das vorher nur auf Überprüfung der biologischen Abstammung basierende Anfechtungsrecht einen neuen sozialen Aspekt erhalten.

Diese Einschränkung für das Anfechtungsrecht des biologischen Vaters wird jedoch teilweise sehr kritisch gesehen. So wird die Voraussetzung der sozial-familiären Beziehung in der Literatur als *„unschöner Begriff“*[1061] oder *„Spitzentanz“*[1062] zwischen dem Schutz sozialer und biologischer Aspekte bis hin zu *„vollkommen missraten“*[1063] bezeichnet.

Fraglich ist auf der einen Seite, ob das Bestehen einer sozial-familiären Beziehung zwischen rechtlichem Vater und Kind als Anfechtungsbeschränkung für den biologischen Vater sinnvoll ist. Auf der anderen Seite ist abzuwägen, ob diese Voraussetzung auf das Anfechtungsrecht von rechtlichem Vater, Mutter und Kind erstreckt werden sollte. Diese Fragen werden im Folgenden erörtert.

1060 S.o.: 4. Teil. A. Primäre Vater-Kind-Zuordnung.
1061 Erman/*Hammermann* (2011), § 1600, Rn 11.
1062 *Gernhuber/Coester-Waltjen*, Familienrecht, S. 626.
1063 Soergel/*Schmidt-Recla* (2012), § 1600, Rn 19.

a) Abschaffung der Einschränkung für den biologischen Vater

Bemängelt werden könnte zunächst, dass das Anfechtungsrecht des biologischen Vaters unter der negativen Voraussetzung der sozial-familiären Beziehung zwischen rechtlichem Vater und Kind steht.

Stattdessen könnte der biologische Vater, ebenso wie der rechtliche Vater, die Mutter oder das Kind, ein Anfechtungsrecht erhalten, das lediglich unter der Voraussetzung der biologischen Nichtvaterschaft des rechtlichen Vaters steht.[1064] In mehreren Staaten existiert eine solche Lösung bereits.[1065]

Zu fragen ist daher nach den Argumenten, die für beziehungsweise gegen eine Angleichung des Anfechtungsrechts des biologischen Vaters an das des rechtlichen Vaters, der Mutter und des Kindes sprechen.

aa) Argumente für eine Angleichung der Anfechtungsvoraussetzungen

Sinn und Zweck des Nichtbestehens einer sozial-familiären Beziehung zwischen rechtlichem Vater und Kind als Voraussetzung für ein Anfechtungsrecht des biologischen Vaters ist die Abwägung zwischen dem Grundrechtsschutz der sozialen Familie einerseits und der biologischen Familie andererseits.[1066] Sowohl *Gesetzgeber* als auch *Bundesverfassungsgericht* betonen dabei, dass es kein vorgegebenes Rangverhältnis zwischen der biologischen und der sozialen Elternschaft gebe.[1067] Im Ergebnis hat sich der *Gesetzgeber* mit Einführung der Voraussetzung des Nichtbestehens einer sozial-familiären Beziehung zwischen rechtlichem Vater und Kind dafür entschieden, der rechtlich-sozialen Vaterschaft den Vorrang einzuräumen. Die biologische Vaterschaft wird damit durch die Beschränkung des Anfechtungsrechts des biologischen Vaters weiterhin benachteiligt. Die Stärkung des biologischen Aspekts der Vaterschaft spricht somit für eine Angleichung des Anfechtungsrechts des biologischen Vaters an das der rechtlich-sozialen Familienmitglieder.

Ebenso spricht die schwierige Handhabung der Feststellung einer sozial-familiären Beziehung für die Abschaffung der Anfechtungsvoraussetzung des Nichtbestehens einer sozial-familiären Beziehung zwischen rechtlich-sozialem Vater und Kind, denn das Bestehen einer sozial-familiären Beziehung kann immer dann angenommen werden, wenn dies dem Willen der an dieser Beziehung Beteiligten entspricht.[1068] Das Vorliegen einer sozial-familiären Beziehung hängt damit immer von der Darstellung der rechtlich-sozialen Familie im entscheidungserheblichen

---

1064 Dafür: *Deutscher Anwaltverein*, FF 2013, 134 (134); *Peschel-Gutzeit*, NJW 2013, 2465 (2469).

1065 *Helms*, in Schwab/Vaskovics (Hrsg.), Pluralisierung von Elternschaft und Kindschaft, 105 (110); *Frank*, FS Schwab, 1127 (1136 f.); *Rixe*, FamRZ 2011, 1363 (1366) m.w.N.

1066 BT-Drs. 15/2253, S. 7, 11.

1067 BT-Drs. 15/2253, S. 7, 11; *BVerfG*, FamRZ 2003, 816 (820).

1068 Soergel/*Schmidt-Recla* (2012), § 1600, Rn 19.

Zeitpunkt ab, was zu Fehlentscheidungen, insbesondere mit Blick auf die zukünftige Entwicklung der sozial-familiären Beziehung führen kann. Die problematische praktische Behandlung dieser Anfechtungsvoraussetzung könnte ebenso als Argument für eine Angleichung der Anfechtungsvoraussetzungen aller anfechtungsberechtigten Personen sprechen.

bb) Argumente gegen eine Angleichung der Anfechtungsvoraussetzungen

Für die Einschränkung des Anfechtungsrechts des biologischen Vaters und damit gegen die Streichung der Voraussetzung des Nichtbestehens einer sozial-familiären Beziehung zwischen rechtlichem Vater und Kind spricht der Schutz der sozialen Familie.[1069] Mit dieser Begründung wurde bereits lange vor Einführung der Anfechtungsberechtigung des biologischen Vaters gegen eine solche Einführung beziehungsweise für eine Beschränkung eines etwaigen Anfechtungsrechts des biologischen Vaters argumentiert.[1070] Auch aktuell wird die Einschränkung des Anfechtungsrechts des biologischen Vaters grundsätzlich positiv zum Schutz der gelebten Vaterschaft und des Kindeswohls gesehen.[1071]

Eine ersatzlose Streichung dieser Voraussetzung beim Anfechtungsrecht des biologischen Vaters hätte zwar eine Stärkung des biologischen Aspekts der Vaterschaft zur Folge, die jedoch mit einer Schwächung des sozialen Aspekts der Vaterschaft einhergehen würde, wenn der biologische Vater die Möglichkeit hätte, in langjährig gewachsene Bindungen zwischen rechtlichem Vater und Kind einzugreifen.

cc) Stellungnahme

Der Gesetzgeber hat mit dem geltenden System der Primärzuordnung gerade auch rechtliche Vaterschaften bewusst ermöglichen wollen, die keine biologische, sondern nur eine soziale Basis haben. Hierzu würde ein voraussetzungsloses Anfechtungsrecht des biologischen Vaters im Widerspruch stehen. Die Einschränkung des Anfechtungsrechts des biologischen Vaters zum Schutz der sozialen Familiengemeinschaft macht daher durchaus Sinn.[1072]

Auch das *Bundesverfassungsgericht*[1073] und der *Europäische Gerichtshof für Menschenrechte*[1074] sehen in der Einschränkung des Anfechtungsrechts des

---

1069 BT-Drs. 15/2253, S. 7, 11; *Gernhuber/Coester-Waltjen*, Familienrecht, S. 625; *Schwab*, Familienrecht, S. 260.

1070 *Böhm*, ZRP 1992, 334 (336 f.); *Coester*, JZ 1992, 809 (811 f.); *Schwenzer*, FamRZ 1992, 121 (124) m.w.N.

1071 *Finger*, FuR 2011, 649 (652).

1072 *BGH*, FamRZ 1999, 716 (716 f.) der den Bestand der sozialen Familie bereits vor Einführung des Anfechtungsrechts des biologischen Vaters gegen ein solches angeführt hat.

1073 Zuletzt *BVerfG*, FamRZ 2014, 191 (191).

1074 Kautzor ./. Deutschland und Ahrens ./. Deutschland = *EuGHMR*, FamRZ 2012, 691 (691 f.); *Peschel-Gutzeit*, NJW 2013, 2465 (2466).

biologischen Vaters durch die Voraussetzung des Nichtbestehens einer sozial-familiären Beziehung zwischen rechtlichem Vater und Kind keinen verfassungs- beziehungsweise konventionsrechtlichen Verstoß.

Eine Abwägung zwischen dem Interesse des biologischen Vaters an der Einnahme der rechtlichen Vaterposition im Gegensatz zu dem Interesse des rechtlich-sozialen Vaters an der Beibehaltung seiner rechtlichen Vaterstellung kann schwerlich einseitig zulasten des einen oder anderen erfolgen. Es gibt sowohl für die Bedeutung biologischer Aspekte als auch für soziale Aspekte der Vaterschaft gewichtige Argumente.[1075]

Aus diesen Gründen erscheint eine Angleichung des Anfechtungsrechts des biologischen Vaters an das der anderen anfechtungsberechtigten Personen durch ersatzlose Streichung der Voraussetzung des Nichtbestehens einer sozial-familiären Beziehung zwischen rechtlichem Vater und Kind nicht sinnvoll.

b) Erstreckung auf übrige anfechtungsberechtigte Personen

Statt die negative Voraussetzung einer sozial-familiären Beziehung zwischen rechtlichem Vater und Kind beim Anfechtungsrecht des biologischen Vaters zu streichen und damit eine Angleichung der Anfechtungsvoraussetzungen für alle anfechtungsberechtigten Personen zu erreichen, könnte eine Angleichung auch durch die Erweiterung der Voraussetzung der sozial-familiären Beziehung auf das Anfechtungsrecht der übrigen Anfechtungsberechtigten erreicht werden.

Im Gegensatz zum Anfechtungsrecht des biologischen Vaters findet eine sozial-familiäre Beziehung zwischen rechtlichem Vater und Kind bei einer Vaterschaftsanfechtung durch den rechtlichen Vater, die Mutter oder das Kind *de lege lata* keine Berücksichtigung.[1076] Hier kommt es allein auf die biologische Nichtvaterschaft des rechtlichen Vaters an.

Die Voraussetzung der sozial-familiären Beziehung zwischen rechtlichem Vater und Kind könnte *de lege ferenda* auf das Anfechtungsrecht von rechtlichem Vater, Mutter und Kind erstreckt werden. Eine Anfechtung wäre dann nur noch möglich, wenn zwischen rechtlichem Vater und Kind keine sozial-familiäre Beziehung besteht.

In den Ländern mit romanischer Rechtsordnung[1077] ist die Vaterschaftsanfechtung seit jeher für alle Berechtigten eingeschränkt oder komplett ausgeschlossen, wenn sie in Widerspruch zu einer gelebten Vater-Kind-Beziehung steht.[1078]

Für eine diesbezügliche Abwägung werden im Folgenden die Gesichtspunkte des Kindeswohls, die Möglichkeit besonderer Härten für den rechtlichen Vater, die Mutter oder das Kind, die Trennung zwischen Vaterschaftsanfechtung und

---

1075 S.o.: 2. Teil. Interdisziplinäre Aspekte der Vaterschaft.
1076 Kritisch mit Verweis auf das französische Recht: *Frank*, FS Schwab, 1127 (1131).
1077 Z.B. Frankreich, Belgien, Spanien und Italien.
1078 *Frank*, FS Schwab, 1127 (1130).

Abstammungsklärung sowie der Gedanke von Selbst- und Fremdbestimmung im Anfechtungsrecht herangezogen und abgewogen.

aa) Kindeswohl

Für eine Erweiterung der Voraussetzung einer sozial-familiären Beziehung zwischen rechtlichem Vater und Kind auf das Anfechtungsrecht von rechtlichem Vater, Mutter oder Kind könnte der Aspekt des Kindeswohls sprechen. So wäre das Kind bei Einführung der Anfechtungsvoraussetzung der sozial-familiären Beziehung zwischen rechtlichem Vater und Kind weitestgehend davor geschützt, dass die Rechtswirkungen einer *gelebten* Vaterschaft beseitigt werden. Die Beibehaltung der rechtlichen Vaterschaft bei Bestehen einer sozial-familiären Beziehung zwischen rechtlichem Vater und Kind kann dabei grundsätzlich als kindeswohlförderlich angesehen werden.[1079]

Gleichwohl kann es bei einer Anfechtung durch den rechtlichen Vater, die Mutter oder das Kind nicht allein auf das Kindeswohl ankommen. Das Gesetz normiert in § 1600a Abs. 4 BGB, dass das Kindeswohl bei einer Vaterschaftsanfechtung nur dann unmittelbar beachtlich ist, wenn die Anfechtung durch den gesetzlichen Vertreter für das Kind erfolgt.[1080] Eine Argumentation mit dem konkreten Kindeswohl im Einzelfall ist daher im Vaterschaftsanfechtungsrecht nicht angebracht, da es bei der Anfechtung in erster Linie um eigene Rechte und Pflichten der Anfechtungsberechtigten geht.[1081] Diese eigenen Rechte und Pflichten der jeweiligen Anfechtungsberechtigten stehen nicht grundsätzlich hinter den Interessen des Kindes zurück, so dass eine Argumentation mit dem Kindeswohl nicht zu einem Ergebnis hinsichtlich der Einführung der Voraussetzung der sozial-familiären Beziehung für den rechtlichen Vater, die Mutter und das Kind führen kann.

bb) Besondere Härte für den rechtlichen Vater, die Mutter und das Kind

Der „Normalfall" der Vaterschaftsanfechtung, in dem der rechtliche Vater durch die *Pater-est*-Regel gemäß § 1592 Nr. 1 BGB zum rechtlichen Vater wird, obwohl allen Beteiligten klar ist, dass das Kind biologisch von einem Dritten abstammt[1082], wäre von einer Erweiterung der Voraussetzung der sozial-familiären Beziehung nicht berührt. In diesem Fall werden sich kaum Verbindungen zwischen dem Kind und dem rechtlichen Vater aufbauen, so dass eine Anfechtung nicht an der Voraussetzung der sozial-familiären Beziehung scheitern würde. Damit wäre trotz

1079 *BVerfG*, FamRZ 1975, 82 (85); *BVerfG*, FamRZ 2003, 816 (821); *BVerfG*, FamRZ 2007, 441 (445); *BVerfG*, NJW 2009, 425 (426).

1080 *OLG Köln*, FamRZ 2002, 629 (631); *OLG Nürnberg*, FamRZ 2012, 1739 (1739).

1081 *BGH*, FamRZ 1998, 1577 (1578); *OLG Köln*, FamRZ 2002, 629 (631).

1082 *Heiderhoff*, in Schwab/Vaskovics (Hrsg.), Pluralisierung von Elternschaft und Kindschaft, 273 (281).

der Einführung der Voraussetzung der sozial-familiären Beziehung weiterhin eine Anfechtung biologisch sowie sozial unrichtiger Zuordnungen möglich.

Fraglich bleibt, ob im „Normalfall" die Beteiligten tatsächlich von Anfang an über die biologischen Verhältnisse Bescheid wissen. Oftmals führen gerade die Konstellationen zu Problemen, in denen der rechtliche Vater erst nachdem er eine sozial-familiäre Beziehung zu dem Kind aufgebaut hat, erfährt, dass das Kind nicht biologisch von ihm abstammt. In diesem Fall müsste der rechtliche Vater bei Bestehen der negativen Voraussetzung einer sozial-familiären Beziehung zwischen ihm und dem Kind diese Beziehung zunächst beenden, um die Vaterschaft anfechten zu können. Letztlich könnte dies noch eine stärkere Beeinträchtigung des Kindeswohls zur Folge haben als die Beendigung der rechtlichen Vaterschaft[1083], da mit Aufhebung der rechtlichen Vaterschaft auch der Verlust der sozialen Beziehung einhergehen müsste. Folglich kann nicht automatisch davon ausgegangen werden, dass durch die Angleichung des Anfechtungsrechts von rechtlichem Vater, Mutter und Kind an das des biologischen Vaters keine besonderen Härten für den rechtlichen Vater, die Mutter oder das Kind entstehen würden.

cc) Trennung von Abstammungsklärung und Anfechtung

Für eine Reduzierung der Anfechtung auf Überprüfung der biologischen Verwandtschaft wurde das Argument angeführt, dass die Anfechtungsklage alleine der Klärung der Abstammung diene.[1084] Dieses Argument greift jedoch nach Einführung des § 1598a BGB nicht mehr, da rechtlicher Vater, Mutter und Kind zur Klärung der biologischen Abstammung die Vaterschaft nicht mehr anfechten müssen, sondern eine Klärung der biologischen Abstammung auch ohne Statusänderung erreichen können. Daher könnten *de lege ferenda* im Vaterschaftsanfechtungsverfahren auch soziale Aspekte Berücksichtigung finden.

Die Frage, ob auch das Anfechtungsrecht von rechtlichem Vater, Mutter und Kind unter der negativen Voraussetzung der sozial-familiären Beziehung stehen sollte, hängt aber letztlich nicht von der Abgrenzung der Abstammungsklärung zur Anfechtung ab. Richtig ist, dass die Vaterschaftsanfechtung nicht mehr zur Klärung der biologischen Verwandtschaftsverhältnisse benötigt wird. § 1598a BGB sagt jedoch nichts darüber aus, ob bei der Vaterschaftsanfechtung durch den rechtlichen Vater, die Mutter oder das Kind auch soziale Aspekte berücksichtigt werden sollten.

Der Aspekt der Trennung zwischen Abstammungsklärung in § 1598a BGB und Vaterschaftsanfechtung in den §§ 1599 ff. BGB kann damit nicht zur Entscheidung über die Einschränkung der Anfechtung für den rechtlichen Vater, die Mutter oder das Kind herangezogen werden.

1083 Zur Berücksichtigung des Kindeswohls bereits 4. Teil. B. II. 1. b) aa) Kindeswohl.
1084 *OLG Köln*, FamRZ 2002, 629 (631).

dd) Selbst- und Fremdbestimmung

Dass die Anfechtung als höchstpersönliches Recht ausgestaltet ist, zeigt, dass die Anfechtung möglichst selbstbestimmt und frei von Fremdbestimmung sein soll.[1085] Dies hat zwar in erster Linie Einfluss auf die Möglichkeiten der Vertretung im Rahmen der Vaterschaftsanfechtung, könnte wertend jedoch auch bei der Erörterung weiterer Voraussetzungen der Anfechtung herangezogen werden. So rechtfertigt sich die negative Voraussetzung der sozial-familiären Beziehung zwischen rechtlichem Vater und Kind für das Anfechtungsrecht des biologischen Vaters damit, dass der biologische Vater, der der rechlichen Familie als Fremder gegenübersteht, nicht in die Beziehungen der rechtlich-sozialen Familie eingreifen können soll. Betreibt dagegen ein Mitglied der rechtlich-sozialen Familie die Anfechtung, dann liegt kein Eingriff von außen durch einen familienfremden Dritten, sondern ein Eingriff von einem Familienmitglied vor. Wünscht aber ein Familienmitglied den Bestand der rechtlich-sozialen Vaterschaft nicht mehr, so ist es bedenklich, wenn daran festgehalten werden könnte, denn trotz der Anfechtung der rechtlichen Vaterschaft kann die soziale Vaterrolle weiterhin ausgeübt werden. Dies würde aber mit Einführung der Voraussetzung des Nichtbestehens einer sozial-familiären Beziehung nicht mehr möglich sein. Hier müsste sich der rechtlich-soziale Vater entscheiden, ob er sowohl die soziale als auch die rechtliche Beziehung zu dem Kind aufgibt oder weiterhin in der Position des rechtlich-sozialen Vaters bleibt.

ee) Stellungnahme

Die herangezogenen Aspekte sprechen gegen eine Erweiterung der negativen Voraussetzung der sozial-familiären Beziehung zwischen rechtlichen Vater und Kind auf das Anfechtungsrecht von rechtlichem Vater, Mutter und Kind. Die rechtliche Familie wäre genötigt, zunächst die sozialen Beziehungen abzubrechen, um eine Anfechtungsmöglichkeit zu schaffen. Darüber hinaus könnten Männer von der Begründung einer rechtlich-sozialen Vaterschaft abgehalten werden, wenn ihnen nur eine sehr eingeschränkte Anfechtungsmöglichkeit zugestanden wird. Insgesamt wird der positiv zu sehende Aufbau einer sozial-familiären Beziehung durch den Ausschluss der Anfechtung bei Bestehen einer solchen Beziehung gefährdet. Der im geltenden Recht einzige Ausschlussgrund der Versäumung der zweijährigen Anfechtungsfrist für das Anfechtungsrecht von rechtlichem Vater, Mutter und Kind scheint ausreichend zu sein, um die rechtlich-soziale Familie und mithin auch das Kindeswohl zu schützen.

c) Ergebnis

Im Ergebnis sollte das Anfechtungsrecht von biologischem Vater, rechtlichem Vater, Mutter und Kind nicht angeglichen werden. Die Voraussetzung der sozial-familiären Beziehung zwischen rechtlichem Vater und Kind zur

1085 *Gernhuber/Coester-Waltjen*, Familienrecht, S. 628.

Einschränkung des Anfechtungsrechts des biologischen Vaters sollte beibehalten, aber nicht auf die weiteren anfechtungsberechtigten Personen erweitert werden.

2. *Sozial-familiäre Beziehung zwischen biologischem Vater und Kind*

Ob tatsächlich nur die sozial-familiäre Beziehung zwischen rechtlichem Vater und Kind und nicht daneben auch eine sozial-familiäre Beziehung zwischen biologischem Vater und Kind schützenswert und innerhalb des Anfechtungsrechts des biologischen Vaters zu berücksichtigen sind, ist kritisch zu hinterfragen. Bestand nämlich zwischen biologischem Vater und Kind für eine gewisse Zeit eine sozial-familiäre Beziehung, so steht diese unter dem Schutz von Art. 6 GG und Art. 8 der Europäischen Menschenrechtskonvention (EMRK).[1086]

a) Geltende Rechtslage

Der biologische Vater kann die Vaterschaft im geltenden Recht nur anfechten, wenn keine sozial-familiäre Beziehung zwischen dem rechtlichen Vater und dem Kind besteht.[1087] Nicht berücksichtigt wird dagegen innerhalb des gesamten geltenden Abstammungsrechts[1088] eine sozial-familiäre Beziehung zwischen biologischem Vater und Kind.[1089]

Wenn weder rechtlicher Vater noch Mutter oder Kind die rechtliche Vaterschaft anfechten, liegt der Schluss nahe, dass sie ihre Familie in ihrem rechtlichen Bestand erhalten wollen, um ihre sozialen Beziehungen zu schützen. Vermutlich wird daher ganz überwiegend bei einer Anfechtung durch den biologischen Vater eine sozial-familiäre Beziehung zwischen rechtlichem Vater und Kind bestehen, wodurch der biologische Vater praktisch keine Möglichkeit hat, die rechtliche Vaterstellung gegen den Willen der rechtlich-sozialen Familie zu erlangen.

Bei Vorliegen einer biologisch-sozialen Vaterschaft, im Gegensatz zu einer rechtlich-sozialen Vaterschaft, ist es schwer nachvollziehbar, warum die rechtliche Vaterschaft in ihrem Bestand geschützt wird. Schließlich gibt es in dieser Konstellation einen interessierten biologischen Vater, der bereits eine sozial-familiäre Beziehung zu seinem Kind aufgebaut hat. Aus diesem Grund ist es fraglich, ob das Merkmal der sozial-familiären Beziehung zwischen rechtlichem Vater und Kind tatsächlich das angemessene Ausschlusskriterium für den biologischen Vater bietet oder ob man einen Zugang zur rechtlichen Vaterschaft für den biologischen Vater vielmehr von seiner Beziehung zum Kind abhängig machen sollte.

1086 *Helms*, in Schwab/Vaskovics (Hrsg.), Pluralisierung von Elternschaft und Kindschaft, 105 (118).

1087 S.o.: 4. Teil. B. I. 2. b) bb) aaa) Keine sozial-familiäre Beziehung zwischen rechtlichem Vater und Kind.

1088 Auf eine Berücksichtigung im Umgangsrechts wird an späterer Stelle eingegangen.

1089 *Helms*, FamRZ 2010, 1 (5).

b) Kritik in der Literatur

In der Literatur wird teilweise die Ansicht vertreten, dass zumindest kurz nach der Geburt eines Kindes ein anderer Maßstab anzulegen sei als zu einem späteren Zeitpunkt, wenn das Kind bereits feste Bindungen entwickelt hat. Außerdem gibt es Stimmen in der Literatur, die die sozial-familiäre Beziehung zwischen Kind und biologischem Vater grundsätzlich berücksichtigt wissen möchten.

aa) Zeitpunkt kurz nach der Geburt des Kindes

aaa) Ansichten innerhalb der Literatur

Frank greift auf Erfahrungen aus dem französischen Recht zurück. Diese würden zeigen, dass die Anknüpfung an eine gelebte Vater-Kind-Beziehung zwar eine praktikable Einschränkung des Anfechtungsrechts des biologischen Vaters bieten kann, wenn diese bereits über einen längeren Zeitraum hinweg besteht. Streiten rechtlicher und biologischer Vater aber bereits vor oder kurz nach der Geburt des Kindes um die Vaterschaft, dann erscheint das Kriterium der gelebten Vater-Kind-Beziehung ungeeignet, dem Kind entweder den rechtlichen oder biologischen Vater über das Anfechtungsrecht endgültig rechtlich zuzuordnen.[1090]

In die gleiche Richtung geht die Ansicht von *Roth*[1091]. Demnach sei die Hoffnung, dass der rechtliche Vater eine Vater-Kind-Beziehung aufbauen werde, nicht schützenswerter als die gleiche Erwartung an den biologischen Vater. Folglich dürfe dem biologischen Vater der Aufbau einer solchen Beziehung unter Hinweis auf eine noch gar nicht bestehende soziale Familie nicht genommen werden.

Für *Helms*[1092] besteht eine Lösung dieser Problematik darin, für eine kurze, etwa einjährige, Zeitspanne nach der Geburt des Kindes auf die Sperrwirkung einer entgegenstehenden sozial-familiären Beziehung zu verzichten.

Will[1093] hingegen zweifelt an, ob der Begründungsansatz von *Frank*, *Roth* und *Helms* dem Sinn und Zweck der Einschränkung des Anfechtungsrechts des biologischen Vaters durch das Merkmal der sozial-familiären Beziehung zwischen rechtlichem Vater und Kind entspricht. Dieser Ansatz, dass kurz nach der Geburt des Kindes noch keine schützenswerte emotionale Beziehung zwischen Kind und rechtlichem Vater besteht und daher das Kindesinteresse durch das Anfechtungsinteresse des biologischen Vaters nicht wesentlich in Frage gestellt werde, scheint nicht mit der gesetzlichen Wertung der sozial-familiären Beziehung als dem Tragen tatsächlicher Verantwortung in Einklang zu stehen.

1090 *Frank*, FS Schwab, 1127 (1132).

1091 *Roth*, NJW 2003, 3153 (3155).

1092 *Helms*, FamRZ 2010, 1 (7); *Helms*, in Schwab/Vaskovics (Hrsg.), Pluralisierung von Elternschaft und Kindschaft, 105 (119).

1093 *Will*, FPR 2005, 172 (176); vgl. bereits 4. Teil. B. I. 2. b) bb) aaa) (2) Tragen von tatsächlicher Verantwortung.

bbb) Stellungnahme

Für den Zeitpunkt kurz nach der Geburt des Kindes kann nichts anderes gelten als für einen späteren Zeitpunkt, so dass auch in diesem Zeitrahmen um die Geburt und die erste Zeit im Leben des Kindes eine sozial-familiäre Beziehung zwischen rechtlichem Vater und Kind das Anfechtungsrecht des biologischen Vaters ausschließt.

Selbst wenn sich sozial-emotionale Beziehungen erst im Laufe der Zeit entwickeln und verfestigen[1094], stellt § 1600 Abs. 2 BGB mit dem Begriff der sozial-familiären Beziehung gemäß § 1600 Abs. 4 BGB auf das Tragen von tatsächlicher Verantwortung ab und nicht auf die emotionale Beziehung zwischen rechtlichem Vater und Kind. Zwar wird sich aus dem Tragen von tatsächlicher Verantwortung in einem zweiten Schritt eine emotionale Bindungsbeziehung entwickeln[1095], diese ist jedoch nicht Gegenstand der Prüfung bei der sozial-familiären Beziehung. Die sozial-familiäre Beziehung im deutschen Recht scheint also etwas anderes zu meinen als die gelebte Vater-Kind-Beziehung im französischen Recht.

Außerdem geht aus den Materialien zum Gesetzentwurf nicht hervor, dass dem biologischen Vater kurz nach der Geburt des Kindes ein praktisch uneingeschränktes Anfechtungsrecht zur Verfügung stehen soll. Dies wäre aber die Konsequenz, wenn kurz nach der Geburt des Kindes eine sozial-familiäre Beziehung nicht bejaht werden könnte, beziehungsweise auch dem biologischen Vater eine solche Beziehung bereits bei Interesse an dem Kind zugestanden werden sollte.

Darüber hinaus erscheint die Kritik an der Einschränkung des Anfechtungsrechts des biologischen Vaters durch das Bestehen einer sozial-familiären Beziehung zwischen rechtlichem Vater und Kind auch kurz nach der Geburt eines Kindes eher Kritik an den Anfechtungsfristen und deren Hemmung zu sein, so dass die Problematik an diese Stelle verortet wird.

bb) Berücksichtigung zu einem späteren Zeitpunkt

Im französischen Recht würde in den Fällen, in denen sowohl eine Beziehung des Kindes zum rechtlichen als auch zum biologischen Vater bejaht werden kann, die Beziehung zwischen rechtlichem Vater und Kind der Anfechtung durch den biologischen Vater nicht entgegenstehen.[1096] Damit würde im französischen Recht die Beziehung zwischen biologischem Vater und Kind im Anfechtungsrecht berücksichtigt.

Rauscher[1097] fordert bei der Vaterschaftsanfechtung durch den biologischen Vater eine konkrete Einzelfallabwägung zwischen biologischer und rechtlich-sozialer Vaterschaft, in die auch das Vorliegen einer sozial-familiären Beziehung zwischen biologischem Vater und Kind berücksichtigt werden müsse. Er sieht einen

1094 S.o.: 2. Teil. B. II. Psychologischer Ansatz.
1095 Vgl.: 2. Teil. B. II. 2. d) Ergebnis.
1096 *Frank*, FS Schwab, 1127 (1133).
1097 Staudinger/*Rauscher* (2011), § 1600, Rn 40.

Widerspruch darin, dass auf der einen Seite eine soziale Familie gleichgewichtig gegen die biologische abzuwägen sein soll, auf der anderen Seite das Anfechtungsrecht des biologischen Vaters bei Bestehen einer sozialen Familie aber gemäß § 1600 Abs. 2 BGB ohne weitere Abwägung unbegründet ist.[1098] Dem schließt sich *Schmidt-Recla*[1099] an, der in Fällen, in denen sowohl der biologische als auch der rechtliche Vater Verantwortung für das Kind getragen haben, § 1600 Abs. 2 und 4 BGB für den biologischen Vater teleologisch reduzieren möchte.

Helms[1100] hat bereits lange vor Einführung der Anfechtungsberechtigung des biologischen Vaters befunden, dass die Beziehung zum biologischen Vater im Gegensatz zu wechselnden Sozialbeziehungen Kontinuität und Stabilität verspreche und die sozial-biologische Beziehung daher auch Berücksichtigung bei einer Anfechtung durch den biologischen Vater finden müsse.

Damit wird in der Literatur teilweise der Standpunkt vertreten, dass eine sozial-familiäre Beziehung des biologischen Vaters zum Kind berücksichtigt werden sollte.

cc) Folgerung

Der Ansatz, dass der Zeitraum kurz nach der Geburt des Kindes anders zu behandeln sei als spätere Zeiträume, konnte nicht gefolgt werden. Die Kritik an einer generellen Vernachlässigung einer sozial-familiären Beziehung zwischen biologischem Vater und Kind scheint dagegen beachtlich.

c) Handhabung durch die Rechtsprechung

Das *Bundesverfassungsgericht* hat anerkannt, dass eine sozial-familiäre Beziehung zwischen biologischem Vater und Kind die verfassungsrechtliche Stellung des biologischen Vaters entscheidend verstärkt.[1101] Dies wurde bislang jedoch nur in den Regelungen des Umgangsrechts berücksichtigt.

In diese Richtung geht auch das *Oberlandesgericht Bremen*, das die Annahme einer sozial-familiären Beziehung zwischen rechtlichem Vater und Kind bei einem einjährigen Zusammenleben nach der Geburt des Kindes dann ablehnt, wenn der biologische Vater seit der Geburt des Kindes um die Übernahme der Vaterverantwortung bemüht ist.[1102]

Am weitestgehenden berücksichtigte das *Amtsgericht Herford* eine sozial-familiäre Beziehung zwischen biologischem Vater und Kind. Es hat entschieden, dass dem Anfechtungsrecht des biologischen Vaters das Vorliegen einer sozial-familiären Beziehung zwischen rechtlichem Vater und Kind dann nicht entgegensteht, wenn auch zwischen biologischem Vater und Kind eine sozial-familiäre

---

1098 BT-Drs. 15/2253, S. 7; *BVerfG*, FamRZ 2003, 816 (820).
1099 Soergel/*Schmidt-Recla* (2012), § 1600, Rn 31.
1100 *Helms*, FamRZ 1997, 913 (914); *Helms*, FamRZ 2010, 1 (6).
1101 *BVerfG*, FamRZ 2003, 816 (822).
1102 *OLG Bremen*, FamRZ 2010, 1822 (1822).

Beziehung besteht und die rechtliche Neuzuordnung des Kindes zum biologischen Vater das Kindeswohl nicht beeinträchtigt.[1103] Begründet hat das *Amtsgericht Herford* diese Entscheidung in erster Linie damit, dass in einer solchen Konstellation, in der sowohl der rechtliche als auch der biologische Vater Verantwortung für das Kind tragen, sowohl der rechtliche als auch der biologische Vater berechtigte und vom Grundgesetz geschützte Interessen vertreten. Weiterhin sei das Kind durch eine Neuzuordnung zum biologischen Vater auch nicht beeinträchtigt, da sich an der sozialen Sicherheit für das Kind voraussichtlich nichts ändern wird. Weitergehend hat das *Amtsgericht Herford* eine Hemmung der Anfechtungsfrist des § 1600b BGB in einer solchen Konstellation angenommen, da der Schutz des Kindes als Sinn und Zweck der Anfechtungsfristen hier nicht gefährdet und ein Ablauf der Frist daher unbillig sei.[1104]

d) Stellungnahme

Sowohl Teile der Literatur als auch der Rechtsprechung möchten eine sozial-familiäre Beziehung des biologischen Vaters zum Kind bei der Entscheidung über das Anfechtungsrecht des biologischen Vaters mit einfließen lassen. Teilweise soll dabei eine bestehende sozial-familiäre Beziehung zwischen biologischem Vater und Kind die Feststellung einer sozial-familiären Beziehung zwischen rechtlichem Vater und Kind beeinflussen. Zum Teil soll eine sozial-familiäre Beziehung zwischen biologischem Vater und Kind auch die Anfechtungsfrist beziehungsweise deren Hemmung beeinflussen.

Grundsätzlich ist eine sozial-familiäre Beziehung zwischen biologischem Vater und Kind schützenswert und wird rechtlich auch bereits über das Umgangsrecht berücksichtigt. Fraglich bleibt aber, ob eine Berücksichtigung auch innerhalb des Anfechtungsrechts sinnvoll ist. Die Konstellation, in der zwischen Kind und rechtlichem sowie zwischen Kind und biologischem Vater eine sozial-familiäre Beziehung besteht, dürfte eher selten sein, da die soziale Familie oftmals gar keinen Kontakt zwischen Kind und biologischem Vater zulässt.

Allerdings ist anzuerkennen, dass, wenn sowohl rechtlicher Vater als auch biologischer Vater Verantwortung für das Kind tragen, ein Ausschluss von der rechtlichen Vaterschaft für keinen von beiden angemessen erscheint. In dieser Konstellation könnte sogar vermutet werden, dass hier zwei Vaterfiguren mit gleichen Berechtigungen zur rechtlichen Vaterschaft zur Verfügung stehen, wobei weder der Erfolg des Anfechtungsrechts des biologischen Vaters noch dessen Scheitern interessengerecht erscheinen.

Im Ergebnis erscheint die direkte Berücksichtigung einer sozial-familiären Beziehung zwischen biologischem Vater und Kind im Anfechtungsrecht nicht

---

1103 *AG Herford*, FamRZ 2008, 1270 (1270 f.); in diese Richtung auch *Wellenhofer*, FamRZ 2012, 828 (831).

1104 *AG Herford*, FamRZ 2008, 1270 (1271); Staudinger/*Rauscher* (2011), § 1600b, Rn 42a.

geeignet, um die Konkurrenz zwischen rechtlich-sozialem und biologischem Vater interessengerecht zu lösen.

3. Fristen und Wirkung der Anfechtung

Auf Kritik sind ebenfalls die Frist sowie die Wirkung der Anfechtung gestoßen.

a) Frist

Die Fristenregelungen im Anfechtungsrecht gemäß § 1600b BGB werden darauf untersucht, ob sie das Anfechtungsrecht des biologischen Vaters nochmals erschweren und ob es gegebenenfalls alternative Lösungsmöglichkeiten gibt.

aa) Geltende Rechtslage

Nach geltendem Recht können alle anfechtungsberechtigten Personen im Sinne des § 1600 Abs. 1 Nr. 1 bis 4 BGB die Vaterschaft binnen zwei Jahren ab Kenntnis von Umständen, die dagegen sprechen, dass der rechtliche auch der biologische Vater ist, gemäß § 1600b Abs. 1 BGB anfechten. Das Vorliegen einer sozial-familiären Beziehung zwischen rechtlichem Vater und Kind hemmt gemäß § 1600b Abs. 1, Satz 2, Halbsatz 2 BGB die Frist für das Anfechtungsrecht nicht. Besteht somit in den zwei Jahren, nachdem der biologische Vater die fristauslösende Kenntnis erlangt hat, eine sozial-familiäre Beziehung zwischen rechtlichem Vater und Kind, so läuft die Anfechtungsfrist des biologischen Vaters endgültig ab, selbst wenn nach den zwei Jahren die sozial-familiäre Beziehung zwischen rechtlichem Vater und Kind für immer zerbrechen sollte.[1105]

bb) Rechtfertigung

Die Anfechtungsfrist dient der Rechtssicherheit, der Wahrung des Rechtsfriedens sowie der Statusstabilität[1106].[1107] Wegen der weitreichenden Auswirkungen der Abstammung im privaten und öffentlichen Bereich, beispielsweise im Erbrecht, Steuerrecht oder Sozialrecht, besteht ein großes Bedürfnis nach baldiger Rechtssicherheit in Abstammungsfragen.[1108] Befristungen bei der Vaterschaftsanfechtung wurden grundsätzlich als verfassungsgemäß anerkannt.[1109] Auch die aktuellen

---

1105 BT-Drs. 15/2253, S. 18.

1106 S.o.: 3. Teil. A. I. 3. Statusstabilität.

1107 *BGH*, FamRZ 1999, 778 (779); *OLG Brandenburg*, FamRZ 2001, 1630 (1631); *Gernhuber/Coester-Waltjen*, Familienrecht, S. 631; jurisPK/*Nickel* (2011), § 1600b, Rn 3; MüKo/*Wellenhofer* (2012), § 1600b, Rn 1 f.

1108 BT-Drs. 15/2253, S. 12.

1109 *BVerfG*, FamRZ 1973, 442 (444); *BVerfG*, FamRZ 1975, 82 (84); *BGH*, FamRZ 1991, 325 (326).

Regelungen sind vom *Bundesverfassungsgericht* bestätigt worden.[1110] Teilweise werden die geltenden Fristen sogar als verfassungsrechtlich geboten angesehen.[1111]

Übergeordnet ist die Fristenregelung durch den Gedanken des Schutzes des Kindes und seines Interesses an der Bewahrung der rechtlichen sowie sozial-familiären Zuordnung geprägt.[1112] Dies ist kritisch zu sehen. Wenn nämlich der rechtliche Vater herausfindet, dass er nicht der biologische Vater des Kindes ist, könnte er die bisher gut funktionierende soziale Familie ablehnen. Die soziale Familie ist dann eine reine Fiktion[1113] und bedarf keines Schutzes mehr.[1114] Bei einer Anfechtung durch den biologischen Vater ist jedoch zu berücksichtigen, dass das Kind seinen bisherigen rechtlichen Vater nicht ersatzlos verliert, sondern bei erfolgreicher Anfechtung einen neuen rechtlichen Vater erhält. Der Zweck der Befristung der Anfechtung durch den biologischen Vataer zur Bewahrung des Status des Kindes ist vor diesem Hintergrund zu relativieren. Daher ist zu fragen, ob die Regelung der Anfechtungsfrist für den biologischen Vater nicht zu modifizieren ist.

cc) Alternative Regelungsmöglichkeiten für den biologischen Vater

Im Folgenden werden alternative Regelungen zur Anfechtungsfrist für den biologischen Vater gesucht und diskutiert.

aaa) Verlängerung der Anfechtungsfrist für den biologischen Vater

Die geltende Regelung könnte geändert werden, indem die Anfechtungsfrist für die Anfechtung durch den biologischen Vater verlängert wird.

Es könnte darüber nachgedacht werden, die Anfechtungsfrist des biologischen Vaters auf die Zeit der Minderjährigkeit des Kindes auszudehnen, so dass bei Auflösung der sozial-familiären Beziehung zwischen dem Kind und seinem rechtlichen Vater der biologische Vater anfechten kann, um selber in die Position des rechtlichen Vaters aufzurücken.

Gegen eine solche Reform spricht jedoch, dass der biologische Vater während der Minderjährigkeit des Kindes ständig seine Anfechtungsmöglichkeit und folglich die familiäre Situation der sozialen Familie überprüfen müsste, um gegebenenfalls sein Anfechtungsrecht während der Minderjährigkeit des Kindes ausüben zu können. Eventuell würde er sogar mehrmals die Anfechtung gerichtlich geltend machen. Dies widerspricht der Intention, durch die Beschränkung der Anfechtung

1110 *BVerfG*, FamRZ 2007, 441 (445).
1111 So die Meinung von MüKo/*Wellenhofer* (2012), § 1600b, Rn 2.
1112 *BVerfG*, FamRZ 2007, 441 (445); MüKo/*Wellenhofer* (2012), § 1600b, Rn 2.
1113 *Ogorek*, FS Simon, 459 (482); *Spickhoff*, in Spickhoff u.a. (Hrsg.), Streit um die Abstammung, 13 (25).
1114 *Süß*, Feststellung der Vaterschaft unabhängig vom Anfechtungsverfahren, S. 138.

des biologischen Vaters das Kind ungestört in seinem sozialen Familienverband aufwachsen zu lassen.[1115]

bbb) Statt subjektiven Fristbeginn objektive Höchstfristen

Statt einer kenntnisabhängigen Frist könnte man auch eine absolute Ausschlussfrist einführen. Da jedoch der subjektive, kenntnisabhängige Fristbeginn vom *Europäischen Gerichtshof für Menschenrechte* und vom *Bundesverfassungsgericht* vorgegeben wurde,[1116] kommt nur eine zusätzliche objektive Höchstfrist in Betracht. So gilt beispielsweise im französischen Recht für alle Statusverfahren eine dreißigjährige Verjährungsfrist. Selbst wenn der Status nicht mit einer gelebten Vater-Kind-Beziehung übereinstimmt, ist der Status nach 30 Jahren für niemanden mehr anfechtbar.[1117]

Eine solche absolute Höchstfrist würde aber das Anfechtungsrecht des biologischen Vaters nicht erleichtern, sondern vielmehr weiterhin erschweren. Zwar ist der Gedanke, dass eine Vaterschaft nach Jahrzehnten nicht mehr angefochten werden kann, zu begrüßen. Dies ändert jedoch nichts an der Problematik um die Einschränkung der Anfechtung des biologischen Vaters.

ccc) Änderung bezüglich Fristbeginn, Fristhemmung oder Fristneubeginn

Im Folgenden werden die Regelungen zu Fristbeginn, Fristhemmung sowie Fristneubeginn bezüglich des Anfechtungsrechts des biologischen Vaters untersucht.

(1) Beginn der Anfechtungsfrist

Beim Anfechtungsrecht des biologischen Vaters kommt es, ebenso wie bei den übrigen anfechtungsberechtigten Personen, nur auf die Kenntnis von Umständen an, die für seine und damit gegen die biologische Vaterschaft des rechtlichen Vaters sprechen. Unbeachtlich ist dagegen, ob der biologische Vater Kenntnis vom Bestehen oder Nichtbestehen einer sozial-familiären Beziehung zwischen rechtlichem Vater und Kind und damit von seiner Anfechtungsmöglichkeit hat.[1118]

De lege ferenda könnte überlegt werden, die Anfechtungsfrist für den biologischen Vater erst dann beginnen zu lassen, wenn er sowohl Kenntnis von Umständen erlangt, die für seine und gegen die biologische Vaterschaft des rechtlichen Vaters sowie gegen eine sozial-familiäre Beziehung zwischen rechtlichem Vater und Kind sprechen. Erst dann nämlich erhält der biologische Vater Kenntnis von Umständen die ihm, bei tatsächlichem Vorliegen, ein Anfechtungsrecht eröffnen. Beim rechtlichen Vater, bei der Mutter und dem Kind würde es dabei bleiben, dass

---

1115 BT-Drs. 17/12163, S. 10; *BVerfG*, FamRZ 2003, 816 (821); *BVerfG*, FamRZ 2007, 538 (539).

1116 *EuGHMR*, FamRZ 2006, 181 (181); *BVerfG*, FamRZ 1994, 881 (882).

1117 *Frank*, FS Schwab, 1127 (1131).

1118 BT-Drs. 15/2253, S. 15; *Gernhuber/Coester-Waltjen*, Familienrecht, S. 631, Staudinger/*Rauscher* (2011), § 1600b, Rn 42.

die Frist durch die Kenntniserlangung von Umständen, die gegen eine Übereinstimmung von biologischer und rechtlicher Vaterschaft sprechen, beginnt, denn auch nur die Nichtübereinstimmung von biologischer und rechtlicher Vaterschaft eröffnet für sie das Anfechtungsrecht, während beim biologischen Vater noch die Voraussetzung des § 1600 Abs. 2 BGB hinzukommt.

Es wäre zwar konsequent, den Fristlauf erst dann beginnen zu lassen, wenn der biologische Vater Kenntnis von allen Umständen erhält, die ihm ein Anfechtungsrecht eröffnen, denn der Zweck der Frist liegt auch darin, dem Berechtigten eine angemessene Zeit zur Überlegung und Entscheidung einzuräumen.[1119] Auf der anderen Seite würde dies bedeuten, dass die Anfechtungsfrist für den biologischen Vater, der zunächst kein Interesse an seinem Kind zeigt und keinen Kontakt zum Kind sucht und aus diesem Grund auch keine Kenntnis von den familiären Gegebenheiten in der rechtlich-sozialen Familie hat, nicht zu laufen beginnen würde. Die Anfechtungsfrist des biologischen Vaters, der von Anfang an die rechtliche Vaterschaft einnehmen möchte und aus diesem Grund an dem Leben seines Kindes und seiner familiären Situation interessiert ist, würde hingegen ungleich früher zu laufen beginnen. Diese Ungleichbehandlung wäre nicht interessengerecht. Darüber hinaus wäre dieser Weg auch wenig praktikabel. Wenn die rechtlichen Eltern den biologischen Vater ausschließen, wird dieser kaum die Möglichkeit haben, Kenntnis von Umständen, die für oder gegen eine sozial-familiäre Beziehung zwischen rechtlichem Vater und Kind sprechen, zu erlangen. Seine Anfechtungsfrist würde damit gar nicht zu laufen beginnen, was dem Schutz der sozialen Familie sowie der Rechtssicherheit entgegenstehen würde. Der biologische Vater würde *de lege ferenda* außerdem bessergestellt als die übrigen Anfechtungsberechtigten, die eventuell auch aus Rücksicht auf die Partnerbeziehung nicht angefochten haben.[1120]

Daher erscheint eine Umsetzung der oben benannten Erwägung nicht erstrebenswert.

(2) Hemmung der Anfechtungsfrist

Die Anfechtungsfrist des biologischen Vaters wird im geltenden Recht auch nicht während des Bestehens einer sozial-familiären Beziehung zwischen rechtlichem Vater und Kind gehemmt (§ 1600b Abs. 1, Satz 2, Halbsatz 2 BGB).

Auch wenn es verfassungsrechtlich unbedenklich ist, dass keine Hemmung eintritt[1121], könnte rechtspolitisch über eine Hemmung der Frist während des Bestehens einer sozial-familiären Beziehung zwischen rechtlichem Vater und Kind nachgedacht werden.[1122] Eine solche Fristhemmung hat bereits das *Amtsgericht Herford* für den Zeitraum angenommen, in dem zwischen allen Beteiligten

1119 MüKo/*Wellenhofer* (2012), § 1600b, Rn 3.
1120 *Büttner*, FS Schwab, 735 (741).
1121 *BGH*, FamRZ 2007, 538 (541).
1122 Staudinger/*Rauscher* (2011), § 1600b, Rn 42a.

einverständlich eine sozial-familiäre Beziehung zwischen rechtlichem Vater und Kind sowie zwischen biologischem Vater und Kind bestanden hat.[1123]

Gegen eine Hemmung der Anfechtungsfrist für den biologischen Vater spricht jedoch die gesetzgeberische Intention.[1124] Bei Bestehen einer sozial-familiären Beziehung zwischen rechtlichem Vater und Kind soll das Anfechtungsrecht des biologischen Vater nämlich auch für die Zukunft ausgeschlossen werden.[1125] Dabei hat sich der Gesetzgeber damit auseinander gesetzt, dass es bei einer solchen Regelung unter Umständen dazu führen kann, dass die sozial-familiäre Beziehung zwischen rechtlichem Vater und Kind abbricht und das Anfechtungsrecht des biologischen Vaters bereits verfristet ist und hält dieses Ergebnis aus *„Gründen der Rechtsklarheit (einheitlicher Anfechtungsfrist, klarer Fristbeginn) und der weit reichenden Auswirkungen der Abstammung im privaten und öffentlichen Bereich (Erbrecht, Steuerrecht, Sozialrecht etc.)"* für geboten.[1126]

Aufgrund der grundsätzlichen Rechtfertigung der Anfechtungsfristen sowie dem Schutz der sozialen Familie sollte die fehlende Hemmung des Fristablaufs bei Bestehen einer sozial-familiären Beziehung zwischen rechtlichem Vater und Kind hingenommen werden.[1127]

(3) Neubeginn der Anfechtungsfrist

Im geltenden Recht beginnt die Anfechtungsfrist für das Kind gemäß § 1600b Abs. 6 BGB neu zu laufen, wenn es Kenntnis von Umständen erlangt, auf Grund derer die Folgen der Vaterschaft für es unzumutbar werden.

An diese Regelung angelehnt, könnte auch die Anfechtungsfrist für den biologischen Vater erneut zu laufen beginnen, wenn er Kenntnis von Umständen erlangt, auf Grund derer die Folgen der Vaterschaft des rechtlichen Vaters für ihn unzumutbar werden. Fraglich wäre dabei zunächst, um was für Umstände es sich handeln müsste. Das Gesetz benennt in der Regelung zum Neubeginn der Anfechtungsfrist für das Kind bewusst keine Umstände aufgrund der Vielzahl denkbarer Fallgestaltungen.[1128] Wichtigster Anwendungsbereich sollen aber Fälle sein, in denen das Kind die Anfechtung bisher unterlassen hat, um die Beziehung der rechtlichen Eltern zueinander nicht zu stören, dieser Grund durch die Trennung der rechtlichen Eltern aber obsolet geworden ist.[1129]

1123 *AG Herford*, FamRZ 2008, 1270 (1271).
1124 Staudinger/*Rauscher* (2011), § 1600b, Rn 42a.
1125 BT-Drs. 15/2253, S. 11; *BGH*, FamRZ 2007, 538 (541).
1126 BT-Drs. 15/2253, S. 15.
1127 So auch: *Büttner*, FS Schwab, 735 (741); *Höfelmann*, FamRZ 2004, 745 (749 f.).
1128 BT-Drs. 13/4899, S. 88; *OLG Celle*, JAmt 2006, 143 (143); Staudinger/*Rauscher* (2011), § 1600b, Rn 87.
1129 MüKo/*Wellenhofer* (2012), § 1600b, Rn 40.

Für den biologischen Vater könnte eine Unzumutbarkeit darin liegen, dass er die Anfechtung bisher aufgrund der sozial-familiären Beziehung zwischen rechtlichem Vater und Kind nicht betreiben konnte, diese aber weggefallen ist.

Die oben bereits angeführten Gründe[1130] sprechen aber auch hier gegen eine Erweiterung der Anfechtungsmöglichkeit über einen Fristneubeginn.

dd) Folgerung

Eine Änderung der Regelungen der Anfechtungsfrist für den biologischen Vater kommt nicht in Betracht. Gegen eine Änderung der Fristen spricht zusammenfassend in erster Linie der Schutz der sozialen Familie. Bestand zwischen dem Kind und seinem rechtlichen Vater über viele Jahre eine sozial-familiäre Beziehung, dann ist zu fragen, ob bei einer langjährigen Vater-Kind-Beziehung ein Austausch des rechtlichen Vaters noch sinnvoll erscheint. Das Kind hat ja bereits eine Vaterfigur, mit der es aller Voraussicht nach auch nach Abbruch einer sozial-familiären Beziehung emotional verbunden bleibt. Insbesondere ist der Gedanke der Bindungstheorie hier einzubringen, nach der eine einmal durch Verantwortungsübernahme gewachsene Beziehung zwischen Vater und Kind sowohl den Vater als auch das Kind entscheidend prägt und nicht einfach austauschbar ist.[1131]

b) Wirkung

Als problematisch kann die geltende Regelung der *ex-tunc*-Wirkung der Vaterschaftsanfechtung in Bezug auf einen nach erfolgreicher Anfechtung vorzunehmenden Scheinvaterregress gesehen werden.

Wird die rechtliche Vaterschaft erfolgreich angefochten, gilt die bisherige rechtliche Vaterschaft mit Rückwirkung auf den Tag der Geburt des Kindes als nicht bestehend. Bei der Anfechtung durch den biologischen Vater gilt dieser sogleich als neuer rechtlicher Vater mit der Konsequenz, dass die zuvor erbrachten Unterhaltsleistungen gemäß § 1607 Abs. 3 BGB von ihm zu erstatten sind.[1132] Das Problem, dass der rechtliche Vater keinen Regress nehmen kann, da der biologische Vater nicht rechtlicher Vater ist, besteht somit bei der Anfechtung durch den biologischen Vater nicht.

Dass sich der biologische Vater durch das Risiko des Unterhaltsregresses an der Anfechtung der Vaterschaft gehindert sehen könnte, könnte zwar durch eine Änderung der Anfechtungswirkung von der momentanen *ex-tunc* in eine *ex-nunc*-Wirkung gemildert werden.[1133] Lässt sich der biologische Vater jedoch aufgrund eines Unterhaltsregresses von einer Vaterschaftsanfechtung abhalten,

---

1130 S.o.: 4. Teil. B. II. 3. a) cc) ccc) (1) Beginn der Anfechtungsfrist.

1131 S.o.: 2. Teil. B. II. Psychologischer Ansatz.

1132 MüKo/*Wellenhofer* (2012), § 1599, Rn 47.

1133 Zu dieser Reformüberlegung: *Heiderhoff*, FamRZ 2010, 8 (14); *Heiderhoff*, in Schwab/Vaskovics (Hrsg.), Pluralisierung von Elternschaft und Kindschaft, 273 (278 ff.); *Heiderhoff/Schekahn*, FPR 2011, 360 (365 f.).

so ist daraus zu schließen, dass er nicht die volle Verantwortung der Vaterschaft tragen möchte. Wird die Vaterschaft in einem solchen Fall von keinem anderen Anfechtungsberechtigten angefochten, so spricht nichts gegen die Beibehaltung der rechtlichen Vaterschaft.

Die Wirkung der Anfechtung erschwert das Anfechtungsrecht des biologischen Vaters daher nicht unangemessen. Änderungsmöglichkeiten werden daher nicht weiter erörtert.

c) Ergebnis

Im Ergebnis werden Änderungsoptionen bezüglich Frist und Wirkung der Anfechtung nicht weiter erwogen.

4. Fazit

Die vorstehenden Erwägungen haben ergeben, dass das Anfechtungsrecht nicht zugunsten des biologischen Vaters geändert werden sollte. Eine Reform zugunsten der Anfechtung des biologischen Vaters würde immer auf Kosten des rechtlich-sozialen Vaters erfolgen, dessen Interesse am Erhalt seiner rechtlichen Vaterschaft aber ebenso hoch zu bewerten ist, wie das Interesse des biologischen Vaters an der Erlangung der rechtlichen Vaterschaft. Die Benachteiligung des biologischen Vaters sowohl auf der Primär- als auch auf der Sekundärebene ist folglich nicht durch eine Änderung der geltenden Anfechtungsregelungen zu beheben.

III. Schlussfolgerung

Die Hoffnung, dass die Benachteiligung des biologischen Vaters bei der primären Vaterschaftszuordnung im Zuge der Vaterschaftsanfechtung auf der Sekundärebene ihren Ausgleich findet, konnte nicht bestätigt werden. Auch etwaige Reformerwägungen können keinen angemessenen Interessenausgleich zwischen biologischem und rechtlich-sozialem Vater schaffen.

Der Kreis der anfechtungsberechtigten Personen wurde zwar kontinuierlich erweitert sowie die Anfechtungsfristen verlängert. Dennoch verleihen die deutschen Regelungen im internationalen Vergleich Statusverhältnissen mit biologisch falscher Zuordnung eine relativ hohe Bestandskraft und zwar nicht nur auf der Primär-, sondern auch auf der Sekundärebene.[1134]

Ein Interessenausgleich zwischen biologischen, sozialen und rechtlichen Aspekten der Vaterschaft scheint daher nicht im Anfechtungsrecht zu finden zu sein. Würde der biologische Vater ein unbeschränktes Anfechtungsrecht erhalten,

1134 *Frank*, in Ramm/Grandke (Hrsg.), Familienrechtspolitik nach der Wiedervereinigung, 71 (75).

würde dies wiederum auf Kosten des rechtlich-sozialen Vaters erfolgen, was nicht gewollt und erwünscht sein kann.

Eventuell bietet das Verfahren nach § 1598a BGB einen Ansatzpunkt, die Rechte des biologischen Vaters zu stärken.

C. Klärung der biologischen Abstammung

Im Rahmen des § 1598a BGB kann das Bestehen oder Nichtbestehen einer biologischen Verwandtschaft durch einen privat vorzunehmenden Abstammungstest geprüft werden.[1135] Die Vorschrift dient jedoch nicht dazu, unmittelbar statusrechtliche Veränderungen herbeizuführen, sondern ist Ausdruck des Rechts auf Kenntnis der eigenen biologischen Identität.[1136]

Im Folgenden wird die geltende Regelung skizziert. Anschließend wird die fehlende Einbeziehung des biologischen Vaters in den § 1598a BGB kritisch bewertet und die Möglichkeit einer Einbeziehung diskutiert.

I. Geltende Regelung

Zunächst wird der Regelungsinhalt des § 1598a BGB knapp dargestellt.

1. Berechtigte und Verpflichtete

Klärungsberechtigt und –verpflichtet sind ausschließlich der rechtliche Vater, die Mutter und das Kind. Gemäß § 1598a Abs. 1 BGB hat jeder Berechtigte jeweils gegenüber den anderen Beteiligten einen Anspruch auf Klärung der biologischen Abstammung durch Einholung eines privaten Abstammungsgutachtens.[1137]

Weder der potenzielle biologische Vater noch entferntere Verwandte von rechtlichem Vater, Mutter und Kind, wie beispielsweise Großeltern oder Geschwister sind nach § 1598a BGB berechtigt oder verpflichtet.[1138]

2. Regelungsprinzipien, Anspruchsgrenzen und Normstruktur

Gegenstand des Klärungsverfahrens ist die Frage, ob eine bereits bestehende Statuszuordnung mit der biologischen Abstammung übereinstimmt.[1139] Der Anspruch ist an keine Voraussetzung, Substantiierungspflicht oder Frist gebunden. Materiell-

1135 Prütting/Wegen/Weinreich/*Friederici* (2013), § 1598a, Rn 4; zur Gesetzgebungsgeschichte siehe 3. Teil. B. IX. 4. Anspruch auf Einwilligung in eine Abstammungsklärung.
1136 *Helms*, FamRZ 2008, 1033 (1033).
1137 *Stein*, FF 2009, 10 (10 f.).
1138 *Helms*, FamRZ 2008, 1033 (1033).
1139 Erman/*Hammermann* (2011), § 1598, Rn 2.

rechtlich ist der Anspruch lediglich durch die Schranke der missbräuchlichen Rechtsausübung begrenzt.[1140]

In § 1598a Abs. 1 BGB wird klargestellt, dass jeder Berechtigte Anspruch auf Einwilligung in eine Abstammungsuntersuchung sowie Duldung der hierfür erforderlichen Probeentnahme gegen die jeweils Verpflichteten hat. Gemäß § 1598a Abs. 2 BGB kann bei einer Verweigerung der Verpflichteten ein Antrag beim Familiengericht auf Ersetzung der Einwilligung sowie Anordnung der Duldung der Probeentnahme gestellt werden. § 1598a Abs. 3 BGB enthält eine Kindesschutzklausel.[1141] Im gerichtlichen Verfahren auf Ersetzung der Einwilligung sowie Anordnung der Probeentnahme kann das Gericht demnach die Aussetzung des Verfahrens anordnen, wenn und solange die Klärung der biologischen Abstammung eine erhebliche Kindeswohlbeeinträchtigung begründen würde. Gemäß § 1598a Abs. 4 BGB hat jeder Verpflichtete Anspruch auf Einsicht in das Abstammungsgutachten oder Aushändigung einer Abschrift.[1142]

3. *Rechtsfolgen*

§ 1598a BGB hat keine unmittelbaren Auswirkungen auf die statusrechtliche Vater-Kind-Zuordnung nach § 1592 BGB. § 1598a BGB stellt den Parteien nur die Möglichkeit der Kenntniserlangung der biologischen Abstammungsverhältnisse zur Verfügung.[1143]

Allerdings erleichtert das nach § 1598a BGB erworbene Wissen um die biologische Abstammung die Begründung des im Vaterschaftsanfechtungsverfahren nötigen Anfangsverdachts.[1144] Teilweise wird das Verfahren nach § 1598a BGB daher als eine Art „*Vorverfahren*“ für die Vaterschaftsanfechtung angesehen.[1145]

Mittelbar hat das Klärungsverfahren nach § 1598a BGB außerdem Einfluss auf die Anfechtungsfrist. Die Frist des § 1600b Abs. 1 BGB beginnt nämlich spätestens mit der Kenntnis um die biologische Nichtabstammung aus dem gemäß § 1598a BGB eingeholten privaten Abstammungsgutachten.[1146]

Darüber hinaus wird gemäß § 1600b Abs. 5 BGB durch die Einleitung des gerichtlichen Klärungsverfahrens nach § 1598a Abs. 2, 3 BGB die Frist für die Vaterschaftsanfechtung gehemmt.[1147] Die Anfechtungsfrist läuft demnach erst

---

1140 Bamberger/Roth/*Hahn* (2012), § 1598a, Rn 2.

1141 jurisPK/*Nickel* (2011), § 1598a, Rn 18.

1142 Weitergehend zum Verfahren nach § 1598a BGB: *Borth*, FPR 2007, 381 (381 ff.); *Ostermann*, Klärungsverfahren gemäß § 1598a BGB.

1143 Soergel/*Schmidt-Recla* (2012), § 1598a, Rn 33.

1144 BT-Drs. 16/6561, S. 13 f.; *Muscheler*, Familienrecht, S. 363.

1145 *Helms*, FamRZ 2008, 1033 (1036).

1146 *Muscheler*, Familienrecht, S. 363; Soergel/*Schmidt-Recla* (2012), § 1598a, Rn 33; Staudinger/*Rauscher* (2011), § 1598a, Rn 49.

1147 Bamberger/Roth/*Hahn* (2012), § 1600b, Rn 9; MüKo/*Wellenhofer* (2012), § 1598a, Rn 20.

sechs Monate nach rechtskräftigem Abschluss des Klärungsverfahrens weiter, dies jedoch unabhängig davon, ob die Abstammungsuntersuchung tatsächlich vorgenommen wurde oder die Ergebnisse der Abstammungsuntersuchung noch ausstehen.[1148]

4. Fazit

Der kontrovers diskutierte § 1598a BGB wird teilweise als „*merkwürdige Vorschrift*“[1149], „*Absurdität*“[1150] im deutschen Familienrecht, zum Teil als „*fragmentarisch*“[1151] aber andererseits auch als „*Mittelweg*“[1152] im Streit um heimliche Vaterschaftstests gewertet. Fakt ist, dass außer Deutschland kein anderer Staat innerhalb der Europäischen Union ein Verfahren zur Klärung der biologischen Abstammung ohne gleichzeitige Vaterschaftsanfechtung bereitstellt.[1153]

Durch das Nebeneinander von Statusregeln und § 1598a BGB im Abstammungsrecht wird die Abstraktheit der rechtlichen Vaterschaft verdeutlicht. Auf der einen Seite gibt es die rechtlichen Zuordnungsregelungen, die größtenteils unabhängig von der biologischen Abstammung sind, und auf der anderen Seite den rechtsfolgenlosen Abstammungsklärungsanspruch. Die Aussage, dass dies zu „*Abstimmungsproblemen und Wertungswidersprüchen*“[1154] führen kann, erscheint mit Blick auf einen rechtlichen Vater, der durch § 1598a BGB eindeutig seine biologische Nichtvaterschaft erfahren hat, auf der anderen Seite aber durch Fristablauf für immer an die rechtliche Vaterschaft gebunden sein kann, nachvollziehbar.

Fraglich bleibt, ob die Rechtsstellung des biologischen Vaters durch seine Ausklammerung aus § 1598a BGB nicht unangemessen gegenüber der Stellung des rechtlichen Vaters benachteiligt wird.

II. Nichteinbeziehung des biologischen Vaters

Der biologische Vater ist nach § 1598a BGB weder berechtigt noch verpflichtet, die biologische Abstammung zu klären.

Dabei wurde eine Einbeziehung innerhalb des Gesetzgebungsverfahrens zugunsten des biologischen Vaters debattiert. Auch die Rechtsprechung sowie die Literatur setzen sich mit einer Einbeziehung des biologischen Vaters in § 1598a BGB auseinander. Der Meinungsstand wird im Folgenden dargestellt, um daraus die Möglichkeiten einer Reform des § 1598a BGB abzuleiten.

1148 Palandt/*Brudermüller* (2014), § 1598a, Rn 16; *Stein*, FF 2009, 10 (12).
1149 *Muscheler*, Familienrecht, S. 364.
1150 *Helms*, FamRZ 2008, 1033 (1036).
1151 *Balzer*, StAZ 2012, 364 (366).
1152 Soergel/*Schmidt-Recla* (2012), § 1598a, Rn 6.
1153 *EuGHMR*, FamRZ 2012, 691 (692).
1154 *Helms*, FamRZ 2008, 1033 (1037).

Ausgegrenzt wird dabei die Diskussion um eine Einbeziehung des biologischen Vaters in § 1598a BGB als Klärungsverpflichteter zur Verwirklichung des Rechts des Kindes auf Kenntnis der eigenen biologischen Abstammung, da die vorliegende Arbeit die Vaterschaft behandelt und eine Einbeziehung des spannenden Themas um das Recht des Kindes auf Kenntnis seiner biologischen Abstammung den Rahmen der Arbeit sprengen würde.[1155]

1. *Debatte im Gesetzgebungsverfahren*

a) Nicht umgesetzte Gesetzentwürfe

Die Gesetzgebung zu einem Verfahren zur Klärung der biologischen Abstammung hatte einen langen Vorlauf, in dem mehrere Gesetzentwürfe eingebracht wurden. Bereits im Jahr 2005 beantragte die FDP-Fraktion, ein Verfahren zur Vereinfachung von Vaterschaftstests und zur Wahrung von Grundrechten einzuführen.[1156] Gesetzesentwürfe wurden auch von den Ländern Baden-Württemberg[1157] und Bayern[1158] eingebracht. In all diesen Vorschlägen sollte der biologische Vater als Anfechtungsberechtigter auch berechtigt und verpflichtet sein, seine biologische Vaterschaft unabhängig vom Statusverfahren prüfen zu lassen.[1159]

b) Maßgeblicher Gesetzentwurf

Bei dem später Gesetz gewordenen *Entwurf eines Gesetzes zur Klärung der Vaterschaft unabhängig vom Anfechtungsverfahren* wurde der biologische Vater jedoch bewusst nicht mehr berücksichtigt. Begründet wurde diese Entscheidung damit, dass das Interesse des potenziellen biologischen Vaters an der Kenntnis seiner biologischen Vaterschaft durch seine Anfechtungsmöglichkeit gewahrt sei.[1160] Ihm sei zuzumuten, den Weg über die Vaterschaftsanfechtung zu gehen, da nur so sichergestellt werden könne, dass er gegebenenfalls für das Kind Verantwortung tragen werde.[1161] Weiterhin sah der Gesetzgeber in dem Fall, dass noch keine rechtliche Vaterschaft besteht, kein Regelungsbedürfnis, da der potenziell biologische Vater in diesem Fall auf die §§ 1592 Nr. 3, 1600d BGB verwiesen werden könne. Bei Bestehen einer anderweitigen rechtlichen Vaterschaft rechtfertige die Schutzvorschrift des § 1600 Abs. 2 BGB hingegen seinen Ausschluss. Es müsse

---

1155 Zur fehlenden Klärungsverpflichtung des potenziell biologischen Vaters in § 1598a BGB: *Ostermann*, Klärungsverfahren gemäß § 1598a BGB, S. 262 ff., 330 ff.; *Schneider*, Rechtsfolgenlose Klärung der biologischen Abstammung gemäß § 1598a BGB, S. 139 ff.

1156 BT-Drs. 15/4727.

1157 BR-Drs. 280/05.

1158 BT-Drs. 16/5370.

1159 BT-Drs. 15/4727, S. 2; BR-Drs. 280/05, S. 5; BT-Drs. 16/5370, S. 5.

1160 BT-Drs. 16/8219, S. 6.

1161 BT-Drs. 16/6561, S. 10.

verhindert werden, dass der potenziell biologische Vater mit seinem Klärungsinteresse Zweifel in eine funktionierende soziale Familie hineintrage.[1162]

c) Ergebnis

Damit überträgt der Gesetzgeber die Argumente, die für die Einschränkung des Anfechtungsrechts des biologischen Vaters sprechen, eins zu eins auf das Abstammungsklärungsverfahren.

2. Diskussion in der Rechtsprechung

Seit dem Auftrag an die Gesetzgebung, ein Verfahren nur zur Klärung der biologischen Abstammung bereit zu stellen, mussten sich die Gerichte beständig mit der Nichteinbeziehung des biologischen Vaters in § 1598a BGB befassen. Im Folgenden wird diese Rechtsprechung zur Nichteinbeziehung des biologischen Vaters nachgezeichnet.

a) Auftrag an den *Gesetzgeber* durch Urteil des Bundesverfassungsgerichts vom 13.02.2007

§ 1598a BGB sollte nach den Vorgaben des *Bundesverfassungsgerichts* dem Recht auf Kenntnis und Feststellung der biologischen Abstammung zur Verwirklichung verhelfen, ohne dass damit zwingend eine Änderung des rechtlichen Status verbunden sein müsse.[1163]

Im Hinblick auf den biologischen Vater hat das *Bundesverfassungsgericht* dem Gesetzgeber die Wahl gelassen, den möglichen biologischen Vater in das Abstammungsklärungsverfahren einzubeziehen und in einem *obiter dictum* klargestellt, dass bei einer Einbeziehung des biologischen Vaters strengere Anforderungen als an die übrigen Berechtigten gestellt werden können.[1164] Demnach könne von dem potenziell biologischen Vater

> *„der Vortrag von Umständen verlangt werden, die es möglich erscheinen lassen, dass er der biologische Vater des Kindes sein könnte, um das Kind und die Mutter vor der Preisgabe persönlicher Daten und der Offenlegung intimer Begebenheiten in grundlos von Männern angestrengten Verfahren zu schützen, zu denen sie in keiner rechtlichen oder sozialen Beziehung stehen.“*[1165]

1162 BT-Drs. 16/6561, S. 12.
1163 *BVerfG*, FamRZ 2007, 441 (447).
1164 *Helms*, FamRZ 2010, 1 (7).
1165 *BVerfG*, FamRZ 2007, 441 (446).

Demnach sah das *Bundesverfassungsgericht* eine Einbeziehung des biologischen Vaters nicht als zwingend geboten an, sondern stellte diese in das Ermessen des Gesetzgebers.[1166]

b) Beschluss des *Bundesverfassungsgerichts* vom 13.10.2008

In einem Nichtannahmebeschluss entschied das *Bundesverfassungsgericht* nach Inkrafttreten des § 1598a BGB, dass keine Grundrechtsverletzung des biologischen Vaters durch Nichteinbeziehung in den Kreis der Berechtigten des § 1598a BGB vorliege. Auch außerhalb der §§ 1598a, 1600d oder 1600 Abs. 1 Nr. 2, Abs. 2, 4 BGB bestehe kein Recht auf Klärung der biologischen Abstammung.[1167]

Das *Bundesverfassungsgericht* bestätigte damit seine Rechtsprechung vom 13.02.2007.

c) Urteil des EuGHMR vom 22.03.2012

Auch der *europäische Gerichtshof für Menschenrechte* befasste sich mit dem Recht des biologischen Vaters, seine biologische Vaterschaft außerhalb eines Statusverfahrens klären zu lassen.[1168]

Demnach darf der potenziell biologische Vater

> *„von der Möglichkeit, seine Vaterschaft feststellen zu lassen, nicht vollständig ausgeschlossen werden, solange keine erheblichen Gründe des Kindeswohls dafür sprechen. Daraus ergibt sich jedoch nicht zwingend eine Pflicht (...), ihm zu gestatten, die Stellung des rechtlichen Vaters anzufechten oder eine besondere Klage auf Feststellung der biologischen Vaterschaft zu ermöglichen.“*[1169]

Da keiner der Mitgliedstaaten der Europäischen Union ein Verfahren zur Feststellung der biologischen Vaterschaft ohne statusrechtliche Rechtsfolgen vorsehe, liege die Entscheidung einer Einbeziehung des biologischen Vaters in § 1598a BGB beim deutschen Gesetzgeber.[1170]

Der *europäische Gerichtshof für Menschenrechte* hat somit inhaltlich nicht über eine Einbeziehung entschieden, da dies für eine Rechtsvereinheitlichung nicht relevant war.

1166 BT-Drs. 16/8219, S. 6, 7; a.A. *Ostermann*, Klärungsverfahren gemäß § 1598a BGB, S. 258; wohl auch *Helms*, FamRZ 2010, 1 (7); *Süß*, Feststellung der Vaterschaft unabhängig vom Anfechtungsverfahren, S. 83 f.

1167 *BVerfG*, FamRZ 2008, 2257 (2258).

1168 Vgl. *EuGHMR*, NJW 2013, 1937 (1937 ff.).

1169 *EuGHMR*, NJW 2013, 1937 (1940).

1170 *EuGHMR*, NJW 2013, 1937 (1940).

d) Anschluss der *Oberlandesgerichte* an die höchstrichterliche Rechtsprechung

Die Rechtsprechung der *Oberlandesgerichte* schloss sich der Rechtsprechung des *Bundesverfassungsgerichts* sowie des *europäischen Gerichtshofs für Menschenrechte* zur Verfassungs- und Konventionsmäßigkeit von § 1598a BGB an.[1171] Begründet wurde diese Auffassung unter Hinweis auf die Gesetzesbegründung und die Rechtsprechung. Außerdem bestehe kein

> *„Regelungs- beziehungsweise Schutzbedürfnis, das trotz des eindeutigen Wortlauts eine erweiternde Auslegung erforderlich machen könnte, da dem biologischen Vater durch die Anfechtungsmöglichkeit die Feststellung der biologischen Vaterschaft ermöglicht werde.“*[1172]

e) Ergebnis

Die Rechtsprechung vertritt einhellig die Auffassung, dass die Nichteinbeziehung des biologischen Vaters sowohl verfassungs- als auch konventionsrechtlich nicht zu beanstanden sei.

3. Meinung der Literatur

Im Gegensatz zu Gesetzgebung und Rechtsprechung sieht die weit überwiegende Meinung innerhalb der Stimmen der Literatur die fehlende Klärungsberechtigung für den biologischen Vater in § 1598a BGB sehr kritisch und zumindest als rechtspolitisch bedenklich, wenn nicht gar verfassungs- und konventionswidrig an.[1173]

Dagegen stimmt nur eine Minderheit der geltenden Rechtslage zu.[1174]

1171 *OLG Frankfurt*, ZKJ 2010, 72 (72); *OLG Karlsruhe*, FamRZ 2010, 221 (221 f.); *OLG Celle*, FamRZ 2012, 564 (566 f.); *OLG Nürnberg*, FamRZ 2013, 227 (228); *OLG Nürnberg*, JAmt 2013, 409 (409 ff.).

1172 *OLG Karlsruhe*, FamRZ 2010, 221 (221 f.).

1173 *Balzer*, StAZ 2012, 364 (366 f.); *Borth*, Stellungnahme, S. 4; *Brosius-Gersdorf*, Stellungnahme, S. 8 f.; *Frank/Helms*, FamRZ 2007, 1277 (1278 f.); *Genenger*, JZ 2008, 1031 (1033); *Gernhuber/Coester-Waltjen*, Familienrecht, S. 597 f.; *Heiderhoff*, FamRZ 2010, 8 (9); *Helms*, Stellungnahme, S. 12 ff.; *Helms*, FamRZ 2010, 1 (7 f.); *Helms*, in Schwab/Vaskovics (Hrsg.), Pluralisierung von Elternschaft und Kindschaft, 105 (115); *Muscheler*, FPR 2007, 389 (391); *Muscheler*, FPR 2008, 257 (258); *Nake*, Stellungnahme, S. 2 ff.; *Ostermann*, Klärungsverfahren gemäß § 1598a BGB, S. 261 f.; *Rixe*, Stellungnahme, S. 6 ff.; *Rixe*, FamRZ 2011, 1363 (1367); *Rotax*, Stellungnahme, S. 6 f.; *Schwab*, FS Steiner, 758 (771); Soergel/*Schmidt-Recla* (2012), § 1598a, Rn 7, 16; *Süß*, Feststellung der Vaterschaft unabhängig vom Anfechtungsverfahren, S. 83 ff.; *Wellenhofer*, NJW 2008, 1185 (1188 f.); *Wellenhofer* JuS 2009, 460 (461); MüKo/*Wellenhofer* (2012), § 1598a, Rn 10; *Zimmermann*, FuR 2008, 374 (377 f.).

1174 *Luh*, Prinzipien des Abstammungsrechts, S. 280; *Wagner/Albers*, FPR 2007, 416 (416).

4. *Fazit*

Im Folgenden werden aufgrund der überwältigenden Kritik innerhalb der Stimmen in der Literatur Reformmöglichkeiten aus rechtspolitischer Sicht erwogen und die Argumente von Literatur, Gesetzgebung sowie Rechtsprechung innerhalb dieses Rahmens abgewogen.

III. Reformerwägungen

Aus rechtspolitischer Sicht wird die von der überwiegenden Literatur geforderte voraussetzungslose sowie eingeschränkte Berechtigung des potenziell biologischen Vaters nach § 1598a BGB erwogen. Gleichzeitig wird die Argumentation für einen Ausschluss des potenziell biologischen Vaters von § 1598a BGB und damit eine Beibehaltung der geltenden Regelung in Bezug auf die Klärungsberechtigung des potenziell biologischen Vaters kritisch hinterfragt.

1. *Voraussetzungslose Klärungsberechtigung des biologischen Vaters*

Konnte der Meinungsstand innerhalb der Literatur größtenteils zugunsten einer Klärungsberechtigung für den biologischen Vater innerhalb des § 1598a BGB festgestellt werden, so ist hiervon nur eine Minderheit für ein vollständig voraussetzungsloses Klärungsrecht für den biologischen Vater.[1175]

Gegen eine voraussetzungslose Klärungsberechtigung spricht das Argument, dass die rechtliche Familie ebenso wie bei der Vaterschaftsanfechtung des biologischen Vaters vor einem Vorgehen *ins Blaue hinein*[1176] geschützt werden müsse. Ansonsten könnten Männer, die gar nicht als biologische Väter in Betracht kommen, sondern, aus den verschiedensten Gründen, lediglich Unruhe in die rechtlich-soziale Familie tragen wollen, ungehindert vorgehen.

Aus diesem Grund wird eine vollständig voraussetzungslose Abstammungsklärungsberechtigung des potenziell biologischen Vaters nicht ernsthaft in Erwägung gezogen.

2. *Eingeschränkte Klärungsberechtigung des biologischen Vaters*

Weiterhin könnte aber eine eingeschränkte Klärungsberechtigung für den potenziell biologischen Vater in Betracht kommen. Im Folgenden wird diskutiert, welche Anknüpfungspunkte für eine Einschränkung des § 1598a BGB bei einer Klärungsberechtigung des biologischen Vaters herangezogen werden könnten.

1175 Insoweit nur *Rixe*, Stellungnahme, S. 7 f., aber anders *Rixe*, FamRZ 2011, 1363 (1367).

1176 BT-Drs. 15/2253, S. 10, 14, 20.

a) Voraussetzung des § 1600 Abs. 1 Nr. 2 BGB

Die Vorgabe des *Bundesverfassungsgerichts*, dass Umstände vorzutragen seien, die es möglich erscheinen lassen, dass derjenige, der sich auf das Abstammungsklärungsrecht beruft, der biologische Vater des Kindes sei[1177], wird von einem Großteil der Literatur begrüßt.[1178] Unter dieser Voraussetzung könnten Abstammungsklärungsverlangen *ins Blaue hinein* vermieden werden. Bezüglich der näheren Einzelheiten kann auf § 1600 Abs. 1 Nr. 2 BGB zurückgegriffen werden, der diese Voraussetzung für die Vaterschaftsanfechtung des biologischen Vaters bereits vorgibt.

b) Voraussetzung des § 1600 Abs. 2 und 4 BGB

Weitergehend wird gefordert, dass eine Klärungsberechtigung des potenziell biologischen Vaters unter der gleichen Einschränkung wie das Recht des biologischen Vaters zur Anfechtung der Vaterschaft gemäß § 1600 Abs. 2 und 4 BGB stehen sollte.[1179]

Eine Gleichstellung der Voraussetzungen für Anfechtung und Abstammungsklärung durch den biologischen Vater erscheint nicht sinnvoll.

Die Beschränkung des Anfechtungsrechts steht unter dem Zweck des Schutzes der sozialen Familie in ihrem rechtlichen Bestand. Der rechtliche Bestand ist aber durch die Abstammungsklärung nicht gefährdet, so dass dieses Argument für die Einschränkung einer Klärungsberechtigung des potenziell biologischen Vaters nicht greift.[1180] Darüber hinaus ist in dem Fall, wenn keine sozial-familiäre Beziehung zwischen rechtlichem Vater und Kind besteht, eine Abstammungsklärung auch innerhalb des Anfechtungsverfahrens zu erreichen, wobei innerhalb der Anfechtung sichergestellt werden kann, dass der biologische Vater zur Verantwortung herangezogen wird.[1181]

c) Sozial-familiäre Beziehung zwischen biologischem Vater und Kind

Der Vorgabe des *Bundesverfassungsgerichts* für den Fall der Einführung einer Klärungsberechtigung für den biologischen Vaters mit der Zielsetzung, Kind und

1177 *BVerfG*, FamRZ 2007, 441 (446).

1178 *Brosius-Gersdorf*, Stellungnahme, S. 9; *Genenger*, JZ 2008, 1031 (1037); *Muscheler*, FPR 2008, 257 (258); *Rixe*, FamRZ 2011, 1363 (1367); Soergel/*Schmidt-Recla* (2012), § 1598a, Rn 16; *Süß*, Feststellung der Vaterschaft unabhängig vom Anfechtungsverfahren, S. 85.

1179 *Borth*, Stellungnahme, S. 4; *Ostermann*, Klärungsverfahren gemäß § 1598a BGB, S. 261; *Rixe*, FamRZ 2011, 1363 (1367); Soergel/*Schmidt-Recla* (2012), § 1598a, Rn 16; *Wellenhofer*, JuS 2009, 460 (461).

1180 So auch *Süß*, Feststellung der Vaterschaft unabhängig vom Anfechtungsverfahren, S. 85.

1181 BT-Drs. 16/6561, S. 10; Staudinger/*Rauscher* (2011) § 1598a, Rn 17.

Mutter *„vor der Preisgabe persönlicher Daten und der Offenlegung intimer Begebenheiten in grundlos von Männern angestrengten Verfahren, zu denen sie in keiner rechtlichen oder sozialen Beziehung stehen“*[1182] zu schützen, kann im Umkehrschuss entnommen werden, dass es dieses Schutzes nicht bedarf, wenn der potenziell biologische Vater zu Mutter und Kind in einer rechtlichen oder sozialen Beziehung steht. Aus diesem Gedanken heraus ist zu überlegen, ob eine Klärungsberechtigung unter der Voraussetzung der sozial-familiären Beziehung zwischen potenziell biologischem Vater und Kind eingeführt werden könnte.

Fraglich ist bei dieser Überlegung aber bereits, ob diese Voraussetzung dem Klärungsinteresse des potenziell biologischen Vaters Rechnung trägt. Hat er bereits eine sozial-familiäre Beziehung zu dem Kind etabliert und pflegt demzufolge Umgang mit dem Kind, dann kann er eine Abstammungsklärung ebenso über § 1686a BGB erreichen. Daher erscheint eine Berechtigung aus § 1598a BGB für den potenziell biologischen Vater, der eine sozial-familiäre Beziehung zu dem Kind hat, dessen Abstammung er klären möchte, nicht notwendig, da er die Abstammungsklärung auch anderweitig erreichen kann.

d) Ergebnis

Die Frage, unter welchen Voraussetzungen eine Berechtigung zur isolierten Abstammungsklärung des potenziell biologischen Vaters eingeführt werden könnte, kann dahinstehen, wenn bereits die Argumentation von Gesetzgebung und Rechtsprechung gegen eine generelle Einbeziehung des potenziell biologischen Vaters in § 1598a BGB überzeugt.

3. Keine Berechtigung des biologischen Vaters im Rahmen des § 1598a BGB

Da sowohl der Gesetzgeber als auch die Rechtsprechung gegen eine Einbeziehung des potenziell biologischen Vaters in § 1598a BGB sind, ist zu prüfen, ob die Argumente, die hinter diesem Ergebnis stehen, überzeugen.

a) Anderweitige Klärungsmöglichkeiten für den biologischen Vater

Begründet wurde die Entscheidung des Gesetzgebers, den biologischen Vater nicht aus § 1598a BGB zu berechtigen unter anderem damit, dass sein Interesse an der Kenntnis seiner biologischen Vaterschaft durch die Möglichkeiten der Vaterschaftsanfechtung in § 1600 Abs. 1 Nr. 2, Abs. 2, 4 BGB und der Vaterschaftsfeststellung gemäß §§ 1592 Nr. 3, 1600d BGB gewahrt sei.[1183]

aa) Abstammungsklärung im Anfechtungsverfahren

Wie bereits oben erörtert, wird die biologische Vaterschaft in einem Anfechtungsverfahren des biologischen Vaters nur dann geklärt, wenn zwischen rechtlichem

---

1182 *BVerfG*, FamRZ 2007, 441 (446).
1183 BT-Drs. 16/8219, S. 6.

Vater und Kind keine sozial-familiäre Beziehung besteht. Andernfalls endet das Verfahren ohne Klärung einer biologischen Abstammung des Kindes vom Anfechtenden.[1184] Das bedeutet, dass das Interesse des potenziell biologischen Vaters an einer Abstammungklärung nicht grundsätzlich innerhalb des Anfechtungsverfahrens erfüllt wird. In allen Fällen, in denen die Anfechtung des biologischen Vaters am Bestehen einer sozial-familiären Beziehung zwischen rechtlichem Vater und Kind scheitert, wird auch die biologische Abstammung des Kindes vom biologischen Vater nicht geklärt. Damit ist das Vaterschaftsanfechtungsverfahren nicht geeignet, das Interesse des potenziell biologischen Vaters an der Klärung der Abstammungsverhältnisse zu befriedigen.

bb) Abstammungsklärung im Vaterschaftsfeststellungsverfahren

Demgegenüber wird im Verfahren zur Feststellung der Vaterschaft gemäß §§ 1592 Nr. 3, 1600d BGB die biologische Vaterschaft bei Zulässigkeit der Klage innerhalb der Begründetheit in jedem Fall geprüft.[1185] Allerdings darf hierfür keine anderweitige rechtliche Vaterschaft bestehen, da der Antrag auf Feststellung der Vaterschaft ansonsten als unzulässig abgewiesen und die biologische Abstammung folglich nicht geprüft wird.[1186] Damit kann der biologische Vater sein Klärungsinteresse über die Vaterschaftsfeststellung gemäß §§ 1592 Nr. 3, 1600d BGB nur erfüllen, wenn keine anderweitige rechtliche Vaterschaft besteht. Dies betrifft jedoch nicht die dieser Arbeit zugrunde gelegte Familienkonstellation mit einem biologischen und einem rechtlich-sozialen Vater.

cc) Weitere Möglichkeit der Abstammungsklärung für biologische Väter

Der biologische Vater hat mittlerweile die Möglichkeit, die biologische Abstammung inzident innerhalb des Umgangsrechts gemäß § 1686a BGB überprüfen zu lassen.[1187] Im Ergebnis könnte der biologische Vater versuchen, den Umgang mit dem Kind einzuklagen, um prüfen zu lassen, ob eine biologische Abstammung des Kindes von ihm besteht.[1188]

dd) Folgerung

Das Argument des Gesetzgebers, der biologische Vater könne auf andere Möglichkeiten der Abstammungsklärung verwiesen werden, überzeugt nur teilweise.

1184 S.o.: 4. Teil. B. I. 2. b) bb) bbb) (1) Abstammungsnachweis bei Bestehen einer sozial-familiären Beziehung.

1185 S.o.: 4. Teil. A. III. 1. a) bb) Begründetheit.

1186 S.o.: 4. Teil. A. III. 1. a) aa) Zulässigkeit.

1187 Hierzu ausführlich im Folgenden unter 4. Teil. D. Exkurs: Umgangsrecht des Vaters.

1188 BR-Drs. 666/12, S. 8, 12.

Dass dem biologischen Vater eine Klärungsberechtigung nicht vollständig voraussetzungslos zu gewähren ist, mag durch die nachfolgenden Erwägungen sinnvoll erscheinen.

b) Klärung nur zusammen mit Verantwortungsübernahme

Ein weiteres Argument für den Ausschluss des potenziell biologischen Vaters aus § 1598a BGB war der Gedanke, dass er nur dann zur Klärung der Abstammungsverhältnisse berechtigt sein soll, wenn er grundsätzlich bereit sei, für das Kind gegebenenfalls Verantwortung zu tragen.[1189]

Dieser Ansicht ist grundsätzlich zuzustimmen.[1190] Allerdings sind in dieser Argumentation die oben erläuterten Konstellationen nicht berücksichtigt, in denen die biologische Abstammung nicht überprüft wird, obwohl der potenziell biologische Vater bereit ist, Verantwortung zu übernehmen. Dies ist zum einen bei einer Vaterschaftsanfechtung der Fall, die am Bestehen einer sozial-familiären Beziehung zwischen rechtlichem Vater und Kind scheitert.[1191] Zum anderen wird die biologische Vaterschaft auch bei einer gerichtlichen Vaterschaftsfeststellung nicht geprüft, wenn bereits eine anderweitige rechtliche Vaterschaft besteht.[1192] In diesen Fällen läuft das Argument leer. Andererseits kann dies nicht bedeuten, dass der potenziell biologische Vater ohne jegliche Verpflichtung die Abstammung klären lassen können soll. Hier müsste ein Rahmen geschaffen werden, der sowohl die Klärung ermöglicht als auch eine Verantwortungsübernahme des biologischen Vaters einschließt.

c) Schutz der sozialen Familie

Weiter wird als Argument für einen Ausschluss des potenziell biologischen Vaters aus § 1598a BGB der Schutz der rechtlich-sozialen Familie angeführt.

Diesbezüglich wird dargelegt, dass die Wertung des § 1600 Abs. 2 BGB den Ausschluss des biologischen Vaters von § 1598a BGB rechtfertige. Es müsse verhindert werden, dass der potenziell biologische Vater mit seinem Klärungsinteresse Zweifel in eine funktionierende soziale Familie hineintrage.[1193] Eine Berechtigung des potenziell biologischen Vaters in § 1598a BGB würde die Stabilität der sozialen Familie unangemessen gefährden, da er losgelöst von einem Interesse an dem Kind den Klärungsanspruch geltend machen könne, selbst, wenn er nur Unfrieden in die soziale Familie tragen möchte (z.B. weil er seiner Ex-Partnerin gegenüber Rachegefühle hegt). Dies widerspreche dem Kindeswohl

---

1189 BT-Drs. 16/6561, S. 10; BT-Drs. 16/8219, S. 6 f.

1190 So auch Staudinger/*Rauscher* (2011), § 1598a, Rn 17 f.

1191 S.o.: 4. Teil. C. III. 3. a) aa) Abstammungsklärung im Anfechtungsverfahren.

1192 S.o.: 4. Teil. C. III. 3. a) bb) Abstammungsklärung im Vaterschaftsfeststellungsverfahren.

1193 BT-Drs. 16/6561, S. 12.

und dessen nach Art. 6 GG geschütztem Interesse, ungestört in seiner sozialen Familie aufzuwachsen.[1194]

Dieser Argumentation ist beizupflichten. Korrespondierend mit den vorherigen Argumenten scheint innerhalb der bestehenden Möglichkeiten der Vaterschaftsfeststellung und Vaterschaftsanfechtung zur Klärung der biologischen Abstammung der Schutz der sozialen Familie besser integriert zu sein als es bei einer Einbeziehung des biologischen Vaters in § 1598a BGB möglich wäre.

4. *Fazit*

Im Ergebnis sind die Argumente, die gegen eine Einbeziehung des potenziell biologischen Vaters in den Kreis der Berechtigten des § 1598a BGB sprechen, überwiegend überzeugend. Daher werden Reformerwägungen um die Einbeziehung des potenziell biologischen Vaters in § 1598a BGB im Folgenden nicht weiter verfolgt.

IV. Schlussfolgerung

§ 1598a BGB scheint sich in das ansonsten streng am Status orientierte Abstammungsrecht nicht recht einzufügen.

Auf der einen Seite wird die Rechtsfolgenlosigkeit der Abstammungsklärung gemäß § 1598a BGB hervorgehoben. Auf der anderen Seite wird dem entgegen bei bei der Frage einer Einbeziehung des biologischen Vaters in § 1598a BGB damit argumentiert, dass eine Klärungsberechtigung des biologischen Vaters nur in Verbindung mit seiner Verantwortungsübernahme möglich sein sollte. Diese auf den ersten Blick widersprüchlichen Aussagen machen jedoch Sinn, wenn die historische Entwicklung des Abstammungsrechts herangezogen wird. So sollte grundsätzlich die Aufhebung einer bestehenden rechtlichen Vaterschaft vermieden werden, so dass die Rechtsfolgenlosigkeit bei § 1598a BGB bei einer Überprüfung durch den rechtlichen Vater für „gut" befunden wird. Dem biologischen Vater hingegen wurde in der Geschichte des Abstammungsrechts oftmals Interessenlosigkeit an seinem Kind nachgesagt, so dass bei ihm eine folgenlose Abstammungsklärung eher als „schlecht" bewertet werden dürfte.

Nichtsdestotrotz spricht mehr gegen eine Einbeziehung des biologischen Vaters in § 1598a BGB als dafür, so dass von einer Reform zugunsten einer Berechtigung für den biologischen Vater aus § 1598a BGB Abstand genommen wird. Dieses Ergebnis sagt jedoch nichts aus über die Möglichkeit einer Verpflichtung des biologischen Vaters aus § 1598a BGB, um dem Recht des Kindes auf Kenntnis seiner biologischen Abstammung zum Erfolg zu verhelfen, das in dieser Arbeit jedoch nicht thematisiert wird.

Negativ fällt auf, dass die rechtlich-soziale Vaterschaft bei § 1598a BGB ebenso wie bei der Anfechtung durch den rechtlichen Vater, die Mutter oder das Kind

1194 BT-Drs. 17/12163, S. 10, wohl auch *Büchler*, AJP 2004, 1175 (1183).

gegenüber der biologischen Vaterschaft in den Hintergrund tritt. Dadurch erhält die rechtliche Vaterschaft den Charakter, nur eine *Folge* der biologischen Abstammung zu sein.[1195] Es sollte jedoch auch in dem statusunabhängigen Recht auf Klärung der Abstammung aus § 1598a BGB nicht übersehen werden, dass die rechtliche Vaterschaft ein normatives Rechtsinstitut darstellt und somit nicht lediglich die biologische Realität widerspiegelt, was auch die unmittelbare Rechtsfolgenlosigkeit der Abstammungsklärung ausdrückt. Hier trifft wiederum die Aussage zu, dass nur auf soziale Kriterien der Vaterschaft zurückgegriffen wird, wenn es um die Rechte des biologischen Vaters geht. Wenn es dagegen um die Rechte des rechtlichen Vaters geht, spielen soziale Aspekte leider keine Rolle.

Die Rechtsstellung des biologischen Vaters ist damit nicht durch eine bloße Einbeziehung in § 1598a BGB zu verändern, sondern weitergehend[1196] in einem anderen, im Folgenden noch herauszuarbeitenden Rahmen.

D. Exkurs: Umgangsrecht des Vaters

Im Folgenden wird das Umgangsrecht des Vaters untersucht, um zu klären, ob die neuesten Entwicklungen in diesem Rechtsgebiet und die Wertungen hieraus für die Vaterschaft auch für das Abstammungsrecht relevant sein könnten.

Das Umgangsrecht hat, insbesondere vor dem Hintergrund der Bindungstheorie[1197], überragende praktische Bedeutung, denn es dient dem Zweck,

> *„dem Berechtigten zu ermöglichen, sich von dem körperlichen und geistigen Befinden des Kindes und seiner Entwicklung durch Augenschein und gegenseitige Absprache fortlaufend zu überzeugen, die verwandtschaftlichen Beziehungen zu dem Kind aufrechtzuerhalten und einer Entfremdung vorzubeugen, aber auch dem Liebesbedürfnis beider Teile Rechnung zu tragen.“*[1198]

Da die rechtlichen Regelungen zum Umgang, ebenso wie die des Abstammungsrechts, einem beständigen Wandel unterworfen sind, zuletzt durch das Gesetz zur Stärkung der Rechte des leiblichen, nicht rechtlichen Vaters vom 12.07.2013[1199], wird im Folgenden die Entwicklung des väterlichen Umgangsrechts kurz dargestellt. Dabei wird das jeweilige Umgangsecht von rechtlichem, sozialem und biologischem Vater separat aufgezeigt, um zu analysieren, ob der Gesetzgeber im

1195 *Schutter*, „Richtige“ Kinder, S. 192 f.
1196 Kritisch bzgl. der Einforderung weiterer Rechte: *Heiderhoff*, FamRZ 2010, 8 (9).
1197 S.o.: 2. Teil. B. II. Psychologischer Ansatz.
1198 *BVerfG*, FamRZ 1971, 421 (424); *BVerfG*, FamRZ 1983, 872 (873); *BVerfG*, FamRZ 1995, 86 (87); *BVerfG*, FamRZ 2007, 105 (105); *BVerfG*, FamRZ 2007, 531 (533); *BVerfG*, FamRZ 2010, 1622 (1622); *BVerfG*, FamRZ 2013, 361 (362); *BVerfG*, FamRZ 2013, 433 (433); *BGH*, FamRZ 1965, 130 (131 f.); *BGH*, FamRZ 1969, 148 (149); jurisPK/*Bauer* (2011), § 1684, Rn 18 f.; Erman/*Michalski/Döll* (2011), § 1684, Rn 2; Bamberger/Roth/*Veit* (2012), § 1684, Rn 1.
1199 BGBl. I (2013), S. 2176 ff.

Bereich des Umgangsrechts alle Aspekte der Vaterschat berücksichtigt hat. Ein besonderes Augenmerk wird dabei auf die jüngste Entwicklung im Umgangsrecht, die Einführung eines Umgangsrechts für den biologischen Vater, gelegt und hinterfragt, was diese Entwicklung für die Rechte des biologischen Vaters im Abstammungsrecht bedeuten könnte.

I. Umgangsrecht des rechtlichen Vaters

Da das ursprüngliche BGB nur die rechtliche Vaterschaft des Ehemannes kannte[1200], verwundert es nicht, dass in § 1636 BGB[1900] lediglich ein Umgangsrecht[1201] für den nach einer Scheidung nicht sorgeberechtigten Ehegatten vorgesehen war. Dementsprechend war das Umgangsrecht innerhalb der Regelungen über die Scheidung verortet. Dem nichtehelichen Vater wurde, der grundsätzlichen Aussage des § 1589 Abs. 2 BGB[1900] entsprechend[1202], kein Umgangsrecht eingeräumt.

Im Zuge des Gleichberechtigungsgesetzes vom 18.06.1957[1203] wurde die Umgangsregelung aus dem Scheidungsrecht in das Recht der elterlichen Gewalt überführt, wodurch klargestellt wurde, dass ein Umgangsrecht nicht nur im Scheidungsfall, sondern immer dann besteht, wenn der betroffene Elternteil die Personensorge nicht innehat.[1204]

Mit dem Nichtehelichengesetz von 1969[1205] wurde erstmals ein Umgangsrecht des nichtehelichen Vaters in § 1711 BGB[1970] eingeführt.[1206] Nach § 1711 Abs. 1 Satz 1 BGB[1970] sollte die sorgeberechtigte Mutter über den Umgang mit dem Kind entscheiden. In § 1711 Abs. 1 Satz 2 BGB[1970] war außerdem die Möglichkeit vorgesehen, dass das Vormundschaftsgericht dem nichtehelichen Vater Umgang gewähren konnte, wenn dies dem Kindeswohl förderlich sei.[1207]

Mit dem KindRG hat der Gesetzgeber für die Eltern ein einheitliches Umgangsrecht in § 1684 Abs. 1 BGB geschaffen, das jeden Elternteil zum Umgang berechtigt und verpflichtet, unabhängig von der Verteilung des Sorgerechts. Die Norm erfasst nach dem durchgängig im BGB verwandten Sprachgebrauch nur die rechtlichen

---

1200 S.o.: 3. Teil. B. I. 2. Rechtliche Vaterschaft aufgrund Ehe mit der Kindsmutter.

1201 Damals noch bezeichnet als *„Befugnis, mit dem Kind persönlich zu verkehren"*. Der Begriff Umgangsrecht wurde erst durch das Gesetz zur Neuregelung des Rechts der elterlichen Sorge (SorgeRG) vom 18.07.1979 eingeführt.

1202 S.o.: 3. Teil. B. I. 3. Biologische, aber uneheliche Vaterschaft.

1203 BGBl. I (1957), S. 609.

1204 *Hönig*, Umgangsrecht, S. 26; *Schulze*, Umgangsrecht, S. 97 m.w.N.

1205 S.o.: 3. Teil. B. VI. Nichtehelichengesetz von 1969.

1206 *Aman*, Das neue Umgangsrecht, S. 36.

1207 *Hönig*, Umgangsrecht, S. 38.

Eltern.[1208] Nur dem rechtlichen Vater steht somit seit dem KindRG ein generell voraussetzungsloses Umgangsrecht zu.

II. Umgangsrecht des sozialen Vaters

Mit dem KindRG wurde in § 1685 Abs. 2 BGB ein Umgangsrecht eingeführt für Stiefelternteile, die mit dem Kind längere Zeit in häuslicher Gemeinschaft gelebt haben, und Pflegeeltern, bei denen das Kind längere Zeit in Familienpflege war, wenn der Umgang dem Kindeswohl dient.

Durch die Einführung des Lebenspartnerschaftsgesetzes (LPartG) vom 16.02.2001[1209] wurde der Kreis der Umgangsberechtigten nach § 1685 Abs. 2 BGB[1210] auf den Lebenspartner des Elternteils, die mit dem Kind längere Zeit in häuslicher Gemeinschaft zusammengelebt haben, erweitert.

Im Jahr 2003 stellte das *Bundesverfassungsgericht*, neben der Verfassungswidrigkeit der Nichteinbeziehung des biologischen Vaters in den Kreis der Anfechtungsberechtigen des § 1600 BGB[1211], auch die Nichteinbeziehung des biologischen Vaters in den Kreis der Umgangsberechtigten nach § 1685 BGB fest, *„wenn zwischen ihm und dem Kind eine sozial-familiäre Beziehung besteht oder bestanden hat“*[1212]. Dem Gesetzgeber wurde aufgegeben, die Rechtlage bis zum 30.04.2004 mit der Verfassung in Einklang zu bringen.[1213]

Durch das Gesetz zur Änderung der Vorschriften über die Anfechtung der Vaterschaft und das Umgangsrecht von Bezugspersonen des Kindes, zur Registrierung von Vorsorgeverfügungen und zur Einführung von Vordrucken für die Vergütung von Berufsbetreuern[1214] wurde § 1685 Abs. 2 BGB dahin geändert, als nunmehr *„enge Bezugspersonen des Kindes, wenn diese für das Kind tatsächliche Verantwortung tragen oder getragen haben (sozial-familiäre Beziehung)“* und dies dem Wohl des Kindes dient, ein Umgangsrecht zuerkannt wird. Eine Übernahme tatsächlicher Verantwortung soll dabei in der Regel anzunehmen sein, wenn die Person mit dem Kind längere Zeit in häuslicher Gemeinschaft zusammengelebt hat (§ 1685 Abs. 2 BGB).

Diese Änderung bezweckte zwar die Verbesserung der rechtlichen Stellung des biologischen Vaters im Umgangsrecht, hat aber im Ergebnis die Stellung des sozialen Vaters aufgewertet.

1208 *BVerfG*, FamRZ 2003, 816 (824); *Clausius*, MDR 2013, 685 (685); *Kloster-Harz*, FamFR 2013, 337 (337); *Mairock*, Genetischer Vater nichtehelicher Kinder, S. 89.
1209 BGBl. I (2001), S. 266.
1210 Siehe Palandt/*Diederichsen* (2002) § 1685, Rn 7.
1211 S.o.: 3. Teil. B. IX. 2. b) Auftrag durch das Bundesverfassungsgericht.
1212 *BVerfG*, FamRZ 2003, 816 (824).
1213 *BVerfG*, FamRZ 2003, 816 (825).
1214 S.o.: 3. Teil. B. IX. 2. Anfechtungsmöglichkeit für den biologischen Vater.

III. Umgangsrecht des biologischen Vaters

1. Rechtliche Situation vor dem 13.07.2013

Das Recht zum erstmaligen oder nach Unterbrechung wiederholtem Aufbau einer sozial-familiären Beziehung zwischen biologischem Vater und Kind war bis vor kurzem gesetzlich nicht verankert.

Die aktuelle Regelung des § 1685 Abs. 2 BGB, die eigentlich die Rechte des biologischen Vaters stärken sollte[1215], gibt dem biologischen Vater nur dann ein Umgangsrecht, wenn bereits eine sozial-familiäre Beziehung zwischen biologischem Vater und Kind besteht.[1216] Damit knüpft § 1685 Abs. 2 BGB an die soziale statt an die biologische Vaterschaft an.[1217] Zweck der Regelung ist, eine einmal entstandene sozial-familiäre Beziehung zwischen biologischem Vater und Kind aufrecht zu erhalten, nicht jedoch die Förderung der Entstehung einer solchen Beziehung. Konnte der biologische Vater beispielsweise aufgrund einer Umgangsverweigerung durch die rechtlichen Eltern keine sozial-familiäre Beziehung zu seinem Kind aufbauen, blieb ihm ein Umgangsrecht verwehrt.[1218]

Hintergrund dieser Regelung war die Vermutung des Gesetzgebers aus § 1626 Abs. 3 BGB, wonach zum Kindeswohl *nur* der Umgang mit beiden rechtlichen Elternteilen sowie den Personen, zu denen bereits Beziehungen bestehen, gehört.[1219]

Damit hatte der biologische Vater vor dem 13.07.2013 alleine aufgrund der biologischen Verbindung zum Kind kein Umgangsrecht.

2. Gesetz zur Stärkung der Rechte des leiblichen, nicht rechtlichen Vaters

Erst durch Inkrafttreten von § 1686a BGB und § 167a FamFG durch das Gesetz zur Stärkung der Rechte des leiblichen, nicht rechtlichen Vaters vom 04.07.2013[1220] am 13.07.2013 wurde der Aspekt der biologischen Vaterschaft im Umgangsrecht berücksichtigt.

a) Hintergrund der Neuregelung

Die Gesetzesinitiative geht auf die Rechtsprechung des *Europäischen Gerichtshofs für Menschenrechte* zurück.[1221] Demnach lege eine Verletzung von Art. 8 EMRK vor, wenn der (potenziell) biologische Vater trotz erkennbaren Interesses an dem Kind und ohne konkrete Prüfung des Einzelfalls keine Möglichkeit zum Aufbau einer

---

1215 BT-Drs. 15/2253, S. 1, 7.
1216 *Büte*, FuR 2013, 676 (676); *Kloster-Harz*, FamFR 2013, 337 (337).
1217 *Lang*, FPR 2013, 233 (233).
1218 *Kloster-Harz*, FamFR 2013, 337 (337); *Lang*, FPR 2013, 233 (233).
1219 *Lang*, FPR 2013, 233 (233).
1220 BGBl. I (2013), S. 2176 ff.
1221 BT-Drs. 17/12163, S. 1; *Büte*, FuR 2013, 676 (676).

sozial-familiären Beziehung zu seinem Kind erhalte.[1222] Damit stand diese Rechtsprechung im Konflikt zu der des *Bundesverfassungsgerichts*, die ein Umgangsrecht des biologischen Vaters nur bei bereits bestehender sozial-familiärer Beziehung zum Kind aus § 1685 Abs. 2 BGB anerkannte und diese Regelung für verfassungskonform erachtete.[1223]

Der Gesetzgeber schloss sich den Bedenken des *Europäischen Gerichtshofs für Menschenrechte* an und setzte dessen Rechtsprechung mit Einführung von § 1686a BGB und § 167a FamFG um.

b) Voraussetzungen von Umgangs- und Auskunftsrecht

Das Umgangs- und Auskunftsrecht aus § 1686a BGB in Verbindung mit § 167a FamFG ist für die Begutachtung und Bewertung des Abstammungsrechts deshalb so interessant, da, zumindest bei Erfolg des Umgangs- und Auskunftsanspruchs, die biologische Vaterschaft des Antragstellers geprüft und gegebenenfalls festgestellt wird. Eine Prüfung der Vaterschaft erfolgte bisher so gut wie ausschließlich[1224] im dafür vorgesehenen Rahmen innerhalb des Abstammungsrechts. Für den neu eingeführten Umgangs- und Auskunftsanspruch ist es jedoch Voraussetzung, dass der Antragsteller tatsächlich biologischer Vater des Kindes ist.

Im Folgenden werden die Voraussetzungen der Neuregelungen des § 1686a BGB und § 167a FamFG kritisch begutachtet, wobei der Schwerpunkt auf der Feststellung der biologischen Vaterschaft innerhalb des Umgangs- und Auskunftsverfahrens liegt.

Vielfach wurde angemerkt, dass durch die Einführung des Umgangs- und Auskunftsanspruchs des biologischen Vaters endlich eine Abstammungserklärung für den biologischen Vater über den Umweg des Umgangs- und Auskunftsverfahrens möglich sei.[1225] Dies wird im Folgenden näher betrachtet.

aa) Biologische Vaterschaft der Antragstellers

Zunächst wird dargestellt, wie die Feststellung der biologischen Vaterschaft innerhalb des Umgangs- und Auskunftsverfahrens erfolgt.

1222 Anayo ./. Deutschland = *EuGHMR*, FamRZ 2011, 269 (269, 271); Schneider ./. Deutschland = *EuGHMR*, FamRZ 2011, 1715 (1715 f.); *Clausius*, MDR 2013, 685 (685 f.); *Hammer*, FamRB 2013, 298 (298); *Hoffmann*, FamRZ 2013, 1077 (1077); *Kloster-Harz*, FamFR 2013, 337 (337 f.); *Lang*, FPR 2013, 233 (233); *Peschel-Gutzeit*, NJW 2013, 2465 (2465 f.).

1223 *BVerfG*, FamRZ 2003, 816 (822 f.); *BVerfG*, FamRZ 2004, 1705 (1705); *BVerfG*, FamRZ 2006, 1661 (1662).

1224 Zu den bisherigen Ausnahmen siehe 3. Teil. A. I. 5. Statuswirkung.

1225 *Kloster-Harz*, FamFR 2013, 337 (338); vor Inkrafttreten der Neuregelung jedenfalls nicht: *BVerfG*, FamRZ 2013, 1195 (1195).

aaa) Zulässigkeitsvoraussetzung nach § 167a Abs. 1 FamFG

Anträge nach § 1686a BGB sind gemäß § 167a Abs. 1 FamFG nur zulässig, wenn der Antragsteller an Eides statt versichert, der Mutter des Kindes während der Empfängniszeit beigewohnt zu haben.[1226]

Diese Regelung korrespondiert mit der Zulässigkeitsvoraussetzung des Anfechtungsrechts des biologischen Vaters gemäß § 1600 Abs. 1 Nr. 2 BGB. Ebenso wie bei § 1600 Abs. 1 Nr. 2 BGB ist auch bei § 167a FamFG Sinn und Zweck der Zulässigkeitsvoraussetzung der Schutz der rechtlich-sozialen Familie vor Umgangs- und Auskunftsverfahren *ins Blaue hinein*.[1227]

bbb) Verfahren

§ 167a FamFG gehört systematisch zu den Kindschaftssachen gemäß § 151 Nr. 2 FamFG, so dass grundsätzlich die allgemeinen Vorschriften für Kindschaftssachen nach §§ 152 ff. FamFG Anwendung finden mit der Besonderheit des § 167a FamFG.[1228]

Im Gegensatz zu den Umgangssachen nach den §§ 1684 und 1685 BGB, die Amtsverfahren sind[1229], ist die Umgangsregelung nach dem ausdrücklichen Wortlaut des § 167a FamFG ein Antragsverfahren.[1230] Das Verfahren endet somit regelmäßig, wenn der Antrag vom Antragsteller zurückgenommen wird.[1231]

Am Umgangs- und Auskunftsverfahren beteiligt sind neben dem potenziellen biologischen Vater als Antragsteller gemäß § 7 Abs. 1 FamFG und denjenigen, die gemäß § 7 Abs. 2 Nr. 2 FamFG zu beteiligen sind, auch das Kind, die Mutter sowie der rechtliche Vater gemäß § 7 Abs. 2 Nr. 1 FamFG, da diese in ihrem Recht unmittelbar betroffen sind.[1232]

1226 *Büte*, FuR 2013, 676 (677); *Clausius*, MDR 2013, 685 (687); *Hammer*, FamRB 2013, 298 (298); *Hoffmann*, FamRZ 2013, 1077 (1078); *Kloster-Harz*, FamFR 2013, 337 (338).

1227 BT-Drs. 17/12163, S. 14; MüKo/*Heilmann*, FamFG, § 167a, Rn 9; Staudinger/*Rauscher* (2014), § 1686a, Rn 12; Schulte-Bunert/Weinreich/*Schwonberg*, FamFG, § 167a, Rn 4; Bork/Jacoby/Schwab/*Zorn*, FamFG, § 167a-E, Rn 5.

1228 *Hammer*, FamRB 2013, 298 (300); MüKo/*Heilmann*, FamFG, § 167a, Rn 5; Schulte-Bunert/Weinreich/*Schwonberg*, FamFG, § 167a, Rn 3; Bork/Jacoby/Schwab/*Zorn*, FamFG, § 167a-E, Rn 1.

1229 *OLG Celle*, FamRZ 2012, 798 (798); Prütting/Helms/*Hammer*, FamFG, § 167a, Rn 6; *Heilmann*, NJW 2012, 16 (20); a.A. *Heistermann*, FF 2009, 281 (283); *Socha*, FamRZ 2010, 947 (948).

1230 *Hammer*, FamRB 2013, 298 (298); Prütting/Helms/*Hammer*, FamFG, § 167a, Rn 6; MüKo/*Heilmann*, FamFG, § 167a, Rn 8; *Hoffmann*, FamRZ 2013, 1077 (1078); Schulte-Bunert/Weinreich/*Schwonberg*, FamFG, § 167a, Rn 3.

1231 MüKo/*Heilmann*, FamFG, § 167a, Rn 8; *Lang*, FPR 2013, 233 (234).

1232 Prütting/Helms/*Hammer*, FamFG, § 167a, Rn 11; Schulte-Bunert/Weinreich/*Schwonberg*, FamFG, § 167a, Rn 5.

ccc) Abstammungsklärung

Die Feststellung der biologischen Vaterschaft innerhalb des Umgangs- und Auskunftsverfahrens unterliegt zum einen dem Verfahren in Kindschaftssachen, zum anderen werden einige Grundsätze aus dem Bereich der Abstammungssachen herangezogen.

(1) Allgemeines

Anders als im Verfahren der Abstammungssachen gemäß §§ 169 ff. FamFG besteht bei § 167a FamFG keine generelle Verpflichtung des Gerichts zur Klärung der biologischen Vaterschaft, da § 167a Abs. 3 FamFG nicht auf § 177 Abs. 2 Satz 1 FamFG verweist.[1233]

Ein Abstammungsgutachten soll danach im Wege der förmlichen Beweisaufnahme gemäß § 30 Abs. 3 FamFG nur dann einzuholen sein, wenn die biologische Vaterschaft ausdrücklich bestritten wird.[1234] Somit wird zwingend nur im Fall des Bestreitens der biologischen Vaterschaft ein Abstammungsgutachten eingeholt.[1235]

Sind sich die Beteiligten hingegen einig, dass der Antragsteller der biologische Vater ist, wird die biologische Vaterschaft ohne Abstammungsgutachten im Umgangs- und Auskunftsverfahren festgestellt.[1236]

(2) Anknüpfung an Verfahren in Abstammungssachen

§ 167a Abs. 2 und 3 FamFG verweist ausdrücklich auf Teile des Verfahrens in Abstammungssachen.

(a) Verwendung privater Gutachten

Die Einholung eines Sachverständigengutachtens kann durch die Verwendung eines privaten Gutachtens, das mit Einverständnis aller Beteiligten eingeholt worden ist, ersetzt werden (§ 167a Abs. 3 i.V.m. § 177 Abs. 2, Satz 2 FamFG).

(b) Duldungspflicht

Wenn die biologische Vaterschaft des Antragstellers zwischen den Beteiligten streitig ist, kommt eine Abstammungsklärung in Betracht.

1233 BT-Drs. 17/12163, S. 14; *Büte*, FuR 2013, 676 (678); *Hammer*, FamRB 2013, 298 (301); Prütting/Helms/*Hammer*, FamFG, § 167a, Rn 16.

1234 *Büte*, FuR 2013, 676 (678); Prütting/Helms/*Hammer*, FamFG, § 167a, Rn 16; *Hoffmann*, FamRZ 2013, 1077 (1079).

1235 *Hammer*, FamRB 2013, 298 (301); Schulte-Bunert/Weinreich/*Schwonberg*, FamFG, § 167a, Rn 8.

1236 *Hammer*, FamRB 2013, 298 (301); Schulte-Bunert/Weinreich/*Schwonberg*, FamFG, § 167a, Rn 13.

Für die Einholung des Abstammungsgutachtens gelten dann die gleichen Grundsätze wie im Anfechtungsverfahren.[1237] Auch im Umgangs- und Auskunftsverfahren in § 167a Abs. 2 FamFG ist, ebenso wie im Abstammungsverfahren in § 178 Abs. 1 FamFG, eine Duldungspflicht für die Abstammungsuntersuchung normiert.

(c) Verweigerungsmöglichkeit

Wenn die Abstammungsuntersuchung nicht erforderlich, da nicht entscheidungserheblich, ist, kann sie, wie im Anfechtungsverfahren, gemäß § 167a Abs. 3 FamFG in Verbindung mit § 178 Abs. 2 FamFG, §§ 386–390 ZPO verweigert werden.[1238]

ddd) Rechtsfolgen der Feststellung der biologischen Vaterschaft

Die Feststellung der biologischen Vaterschaft wird im Rahmen des Umgangs- und Auskunftsrechts lediglich als Vorfrage geprüft. Das Ergebnis der Beweisaufnahme erwächst nicht in materieller Rechtskraft.[1239] Das bedeutet, dass die biologische Vaterschaft nur inzident zwischen den Beteiligten festgestellt wird, nicht jedoch wie in einem Statusverfahren mit Wirkung *inter omnes*.[1240]

bb) Sonstige Voraussetzungen

Im Folgenden werden die weiteren Voraussetzungen für das Umgangs- sowie Auskunftsrecht des biologischen Vaters kurz dargestellt.

aaa) Rechtliche Vaterschaft eines anderen Mannes

Sowohl Umgangs- als auch Auskunftsanspruch stehen unter der Voraussetzung, dass die rechtliche Vaterschaft eines anderen Mannes besteht.[1241] Da der Antragsteller selbst biologischer Vater sein muss, kommt hier nur die Vaterschaft eines anderen Mannes nach § 1592 Nr. 1 und 2 BGB in Betracht, da über § 1592 Nr. 3 BGB bereits die rechtliche Vaterschaft des biologischen Vaters festgestellt wird.[1242]

1237 Prütting/Helms/*Hammer*, FamFG, § 167a, Rn 19.

1238 Bork/Jacoby/Schwab/*Zorn*, FamFG, § 167a-E, Rn 12; zur Verweigerungsmöglichkeit siehe bereits 4. Teil. B. I. 2. b) bb) bbb) (1) (c) Entscheidung.

1239 *Balzer*, StAZ 2012, 364 (367); *Büte*, FuR 2013, 676 (678); *Grziwotz*, FF 2012, 382 (385); *Hammer*, FamRB 2013, 298 (301); Prütting/Helms/*Hammer*, FamFG, § 167a, Rn 22; MüKo/*Heilmann*, FamFG, § 167a, Rn 15; *Hoffmann*, FamRZ 2013, 1077 (1079); *Lang*, FPR 2013, 233 (234); *Peschel-Gutzeit*, NJW 2013, 2465 (2467); Staudinger/*Rauscher* (2014), § 1686a, Rn 11; Schulte-Bunert/Weinreich/*Schwonberg*, FamFG, § 167a, Rn 9.

1240 Vgl.: 3. Teil. A. I. 5. Statuswirkung.

1241 *Büte*, FuR 2013, 676 (677); *Hammer*, FamRB 2013, 298 (298); *Hoffmann*, FamRZ 2013, 1077 (1079); *Lang*, FPR 2013, 233 (234); *Peschel-Gutzeit*, NJW 2013, 2465 (2466); Bork/Jacoby/Schwab/*Zorn*, FamFG, § 167a-E, Rn 4.

1242 Schulte-Bunert/Weinreich/*Schwonberg*, FamFG, § 167a, Rn 6.

Durch dieses Erfordernis soll verhindert werden, dass der biologische Vater bei Nichtbestehen einer anderweitigen rechtlichen Vaterschaft eine *„Elternschaft light"* erhalten und dementsprechend nur sein Umgangsrecht einfordern könnte ohne den übrigen Pflichten einer rechtlichen Vaterschaft ausgesetzt zu sein.[1243]

bbb) Keine Subsidiarität zur Anfechtung

Der biologische Vater soll bei Bestehen einer anderweitigen rechtlichen Vaterschaft nicht auf die Anfechtung gemäß § 1600 Abs. 1 Nr. 2, Abs. 2, 4 BGB verwiesen werden können.[1244]

Begründet wurde die Parallelität von Umgang beziehungsweise Auskunft sowie Anfechtung damit, dass für eine Subsidiarität kein Bedürfnis bestünde. Ein Verweis auf die Anfechtung sei nicht nötig, da das Kind bereits durch einen rechtlichen Vater abgesichert sei, gleichgültig, ob mit oder ohne sozial-familiärer Beziehung. Außerdem sei es nicht im Interesse des Kindes, wenn der biologische Vater zur Erreichung von Umgang und Auskunft zunächst die rechtliche Vaterschaft beseitigen müsste. Auch sei ein durch eine Subsidiarität von Umgang und Auskunft nötige Inzidentfeststellung der Erfolgsaussichten eines Anfechtungsverfahrens im Umgangsverfahren systemfremd und stünde im Widerspruch zum Vorrang- und Beschleunigungsgebot aus § 155 FamFG bei Kindschaftssachen. Bei einer nur inzidenten Feststellung des Anfechtungsrechts des biologischen Vaters könne zudem nicht sichergestellt werden, dass bei Verweisung des biologischen Vaters auf die vorrangige Anfechtung diese dann tatsächlich zum Erfolg führen würde oder ob das Gericht, dass im Statusverfahren über die Anfechtung entscheidet, den Sachverhalt anders bewerten würde. Auch seien kaum Fälle denkbar, bei denen keine Anfechtung erfolgt, obwohl keine sozial-familiäre Beziehung zwischen rechtlichem Vater und Kind besteht. Der biologische Vater, der Interesse an dem Kind hat, müsste die Stellung des rechtlichen Vaters einnehmen wollen und der rechtliche Vater müsste ein Interesse daran haben, dass der biologische Vater auch die rechtlichen Vaterpflichten übernimmt.[1245]

ccc) Ernsthaftes Interesse an dem Kind

Weiter muss der biologische Vater ernsthaftes Interesse an dem Kind gezeigt haben.[1246] Fraglich ist, ob die Rechtsprechung hierfür bereits die Einleitung des

---

1243 BT-Drs. 17/12163, S. 12.

1244 BT-Drs. 17/12163, S. 12; *Büte*, FuR 2013, 676 (677); *Clausius*, MDR 2013, 685 (687); *Hammer*, FamRB 2013, 298 (298); kritisch: *Deutscher Familiengerichtstag e.V.*, ZKJ 2012, 351 (354); *Lang*, FPR 2013, 233 (234).

1245 BT-Drs. 17/12163, S. 12; zustimmend *Hoffmann*, FamRZ 2013, 1077 (1079 f.).

1246 Vertiefend: BT-Drs. 17/12163, S. 13; *Büte*, FuR 2013, 676 (677); *Hammer*, FamRB 2013, 298 (299); *Hoffmann*, FamRZ 2013, 1077 (1080); Schulte-Bunert/Weinreich/*Schwonberg*, FamFG, § 167a, Rn 7.

Gerichtsverfahrens, die Kontaktaufnahme zum Jugendamt oder zu Beratungsinstitutionen ausreichen lassen wird.[1247]

ddd) Kindeswohl

Darüber hinaus ist sowohl beim Umgangs- als auch beim Auskunftsrecht das Kindeswohl zu beachten.

(1) Kindeswohldienlichkeit beim Umgang

Das Umgangsrecht steht unter der Voraussetzung der Kindeswohldienlichkeit.

Zur Beurteilung der Kindeswohldienlichkeit seien die familiäre Situation, Stabilität und Belastbarkeit des Familienverbands, Beziehungskonstellation beziehungsweise Konfliktniveau zwischen den betroffenen Erwachsenen, Alter und Resilienz des Kindes, Grad der Bindung des Kindes an seine rechtlich-sozialen Eltern, Dauer der Kenntnis von der Existenz eines biologischen Vaters etc. heranzuziehen.[1248]

(2) Kein Widerspruch zum Kindeswohl bei Auskunft

Der Auskunftsanspruch des biologischen Vaters aus § 1686 Abs. 1 Nr. 2 BGB besteht nur dann, wenn er dem Wohl des Kindes nicht widerspricht.

Es wird damit beim Auskunftsanspruch des biologischen Vaters, ebenso wie beim Auskunftsanspruch des rechtlichen Vaters aus § 1686 BGB, darauf verzichtet, eine positive Kindeswohldienlichkeit zu verlangen. Der Gesetzgeber geht nämlich davon aus, dass die Interessen des Kindes schon bei einer negativen Kindeswohlprüfung gewahrt seien. Dadurch werde verhindert, dass der biologische Vater sein Auskunftsrecht zum Nachteil des Kindes geltend machen könne.[1249]

(3) Folgerung

Der unterschiedliche Maßstab der Kindeswohlprüfung bei Umgang und Auskunft ist sachgerecht. Hierdurch kann berücksichtigt werden, in welchem Kontext die soziale Familie lebt.[1250] Da das Kind durch den Auskunftsanspruch nicht direkt mit dem biologischen Vater in Kontakt tritt und unter Umständen von dem Auskunftsanspruch gar nichts bemerkt, erscheint es angemessen, hierfür eine negative Kindeswohlprüfung genügen zu lassen. Sollte die Kindeswohldienlichkeit beim Umgangsrecht verneint werden, dann bleibt dem biologischen Vater zumeist noch der Auskunftsanspruch.

1247 So: *Kloster-Harz*, FamFR 2013, 337 (339).
1248 BT-Drs. 17/12163, S. 13.
1249 BT-Drs. 17/12163, S. 14.
1250 BT-Drs. 17/13269, S. 4.

cc) Prüfungsreihenfolge der Voraussetzungen

Analog zum Anfechtungsrecht des biologischen Vaters[1251] stellt sich auch bei seinem Umgangs- und Auskunftsrecht die Frage, an welcher Stelle innerhalb der einzelnen Voraussetzungen die biologische Vaterschaft zu prüfen ist.

Relevant ist diese Frage auch beim Umgangs- und Auskunftsrecht, da dem potenziellen biologischen Vater kein voraussetzungsloses Abstammungsklärungsrecht gemäß § 1598a BGB zusteht und er daher versuchen könnte, diese Lücke über den Umweg des Umgangsrechts zu schließen. Das Umgangs- und Auskunftsverfahren ist für den biologischen Vater neben der Anfechtung der einzige Weg, die biologische Abstammung überprüfen zu lassen, wenn bereits eine anderweitige rechtliche Vaterschaft besteht. Fraglich ist, welche Voraussetzungen er überwinden muss, damit es tatsächlich zu einer Prüfung der biologischen Abstammung kommt. Das Umgangs- und Auskunftsrecht steht unter den Voraussetzungen des ernsthaften Interesses des biologischen Vaters an dem Kind sowie der Kindeswohlprüfung. Außerdem besteht die besondere Zulässigkeitsvoraussetzung des § 167a Abs. 1 FamFG.

aaa) Eidesstattliche Versicherung und ernsthaftes Interesse stets vorrangig

Zunächst muss der Antragsteller an Eides statt versichern, der Mutter des Kindes während der Empfängniszeit beigewohnt zu haben (§ 167a Abs. 1 FamFG) sowie ein ernsthaftes Interesse an dem Kind gezeigt haben, bevor daran gedacht werden kann, die biologische Vaterschaft zu überprüfen.[1252]

bbb) Zuerst Prüfung des Kindeswohls oder der biologischen Vaterschaft

Es stellt sich mithin nur noch die Frage, ob zunächst das Kindeswohl zu prüfen ist oder ob vorher die biologische Vaterschaft des Antragstellerst festgestellt werden kann.

Der Gesetzgeber stellt diese Frage ausdrücklich in das Ermessen des im konkreten Fall entscheidenden Gerichts[1253], was jedoch bereits auf Kritik gestoßen ist[1254].

1251 S.o.: 4. Teil. B. I. 2. b) bb) bbb) Biologische Vaterschaft des Anfechtenden.

1252 BT-Drs. 12/12163, S. 13; *Hammer*, FamRB 2013, 298 (301); Prütting/Helms/*Hammer*, FamFG, § 167a, Rn 17 f.; MüKo/*Heilmann*, FamFG, § 167a, Rn 11.

1253 BT-Drs. 12/12163, S. 13; *Büte*, FuR 2013, 676 (677); *Clausius*, MDR 2013, 685 (687); *Hammer*, FamRB 2013, 298 (301); Prütting/Helms/*Hammer*, FamFG, § 167a, Rn 17 f.; MüKo/*Heilmann*, FamFG, § 167a, Rn 12; *Hoffmann*, FamRZ 2013, 1077 (1079).

1254 *Deutscher Familiengerichtstag e.V.*, ZKJ 2012, 351 (355), jedoch offen gelassen, welche Reihenfolge.

(1) Biologische Vaterschaft vor Kindeswohl

Ein Teil der Literatur möchte grundsätzlich vor der Kindeswohlprüfung die biologische Vaterschaft geklärt haben, da dies regelmäßig mit weniger Aufwand verbunden und daher prozessökonomischer sei.[1255]

Auch könne die soziale Familie so vor Folgeanträgen eines Antragstellers, der tatsächlich nicht biologischer Vater ist, geschützt werden. Während bei einer Abweisung des Antrags ohne Abstammungsprüfung nur aufgrund der fehlenden Kindeswohldienlichkeit später ein neuer Antrag durch den tatsächlich nicht biologischen Vater gestellt werden könnte.[1256]

Gegen eine primäre Prüfung des Kindeswohls und damit für eine vorrangige Klärung der biologischen Vaterschaft des Antragstellers wird angeführt, dass eine vorrangige Prüfung des Kindeswohls *„den verfahrensrechtlichen Realitäten und der Dynamik zwischenmenschlicher Beziehungen nicht gerecht“* werde.[1257]

(2) Kindeswohl vor biologischer Vaterschaft

Aus der Rechtsprechung des *Europäischen Gerichtshofs für Menschenrechte* könnte geschlossen werden, dass erst das Kindeswohl vor der biologischen Vaterschaft des Antragstellers zu prüfen sei. Er führt dazu aus, dass sich

> *„in Umgangsverfahren die Frage der Klärung der biologischen Abstammung nur stelle, wenn der Kontakt zwischen dem potenziellen biologischen Vater und dem Kind, bei unterstellter biologischer Vaterschaft, im Einzelfall dem Wohl des Kindes entspricht.“*[1258]

Eine Prüfung des Kindeswohls vor der biologischen Vaterschaft wird auch vom Gesetzgeber und Teilen der Literatur in den Fällen befürwortet, in denen für das erkennende Gericht unschwer festzustellen sei, dass der Umgang nicht dem Kindeswohl dient.[1259] In diesem Fall solle das Gericht auch ohne Klärung der Vaterschaft entscheiden können.

Gegen eine vorrangige Klärung der biologischen Vaterschaft spricht außerdem, dass der potentielle biologische Vater nach Klärung der Abstammung seinen

---

1255 *Hammer*, FamRB 2013, 298 (301); *Helms*, 20. DFGT, Punkt 7; MüKo/*Heilmann*, FamFG, § 167a, Rn 12; *Hoffmann*, FamRZ 2013, 1077 (1079); Schulte-Bunert/Weinreich/*Schwonberg*, FamFG, § 167a, Rn 11. Kritisch aber *BVerfG*, FF 2013, 155 (155 f.).

1256 BT-Drs. 17/12163, S. 13; Schulte-Bunert/Weinreich/*Schwonberg*, FamFG, § 167a, Rn 11.

1257 *Helms*, FamRZ 2011, 1717 (1717); *Helms*, in Coester-Waltjen/Lipp/Schumann/Veit (Hrsg.), Reformbedarf im nichtehelichen Eltern-Kind-Verhältnis, 77 (87 f.).

1258 *EuGHMR*, FamRZ 2011, 1715 (1717) Nr. 103. Diesen Schluss ziehen auch *Deutscher Familiengerichtstag e.V.*, ZKJ 2012 351 (355); *Helms*, FamRZ 2011, 1717 (1717); Schulte-Bunert/Weinreich/*Schwonberg*, FamFG, § 167a, Rn 11.

1259 BT-Drs. 17/12163, S. 13; Prütting/Helms/*Hammer*, FamFG, § 167a, Rn 18; MüKo/*Heilmann*, FamFG, § 167a, Rn 11; *Hoffmann*, FamRZ 2013, 1077 (1079); Schulte-Bunert/Weinreich/*Schwonberg*, FamFG, § 167a, Rn 11.

Antrag zurücknehmen könnte.[1260] Allerdings könnte er dies ebenso, wenn die biologische Vaterschaft nach Klärung des Kindeswohls festgestellt wird.

ccc) Stellungnahme

Im Folgenden werden die oben aufgeführten Argumente für und gegen eine vorrangige Prüfung der biologischen Vaterschaft des Antragstellers abgewogen.

(1) Einverständnis aller Beteiligten mit vorrangiger Abstammungsklärung

In der Konstellation, in der alle Beteiligten mit einer vorrangigen Klärung der biologischen Vaterschaft des Antragstellers einverstanden sind, spricht wohl nichts gegen die Klärung der Abstammung vor der Prüfung des Kindeswohls.

Um unnötige Folgeanträge zu vermeiden, sollte der Richter bei der Ablehnung dieser Vorgehensweise durch mindestens einen Beteiligten darauf hinweisen, dass Folgeanträge möglich sind, wenn die Prüfung des Kindeswohls nicht zur Feststellung der Kindeswohldienlichkeit führt und daher der Antrag, ohne Prüfung der biologischen Vaterschaft des Antragstellers, abgewiesen wird.

(2) Ablehnung der vorrangigen Abstammungsklärung durch Beteiligte

Bleibt es, trotz dieses richterlichen Hinweises, bei der Ablehnung der vorrangigen Abstammungsklärung durch mindestens einen Beteiligten, so bleibt fraglich, welche Voraussetzung vorrangig zu prüfen ist.

Da es durch die Abstammungsklärung mittels Abstammungsgutachten und damit einhergehend durch die Verpflichtung zur Duldung einer Probeentnahmen gemäß § 167a Abs. 2 FamFG zu Grundrechtseingriffen kommt, ist es fraglich, ob die vorrangige Abstammungsklärung gerechtfertigt ist. Das Argument des geringeren Aufwandes für das Gericht bei der Klärung der Abstammung im Gegensatz zur Klärung des Kindeswohls kann Grundrechtseingriffe keinesfalls rechtfertigen.

Im Falle des Beweisbeschlusses über die Frage der biologischen Vaterschaft des Antragstellers könnten sich die Beteiligten gegen die Probeentnahme mit Erfolg wehren. Gemäß § 167a Abs. 3 FamFG in Verbindung mit § 178 Abs. 2 FamFG, §§ 386 ff. ZPO kann ein Beteiligter im Zwischenverfahren mit dem Argument, eine Abstammungsklärung sei nicht erforderlich, da der Anspruch bereits an der Kindeswohldienlichkeit scheitern würde, durchdringen. Im Zwischenverfahren kann nämlich geltend gemacht werden, dass die Feststellung der Abstammung nicht entscheidungserheblich sei.[1261] Da § 167a Abs. 3 FamFG auf § 178 Abs. 3 FamFG und damit auf das Verfahren in Abstammungssachen verweist, sind bei

---

1260 *Peschel-Gutzeit*, NJW 2013, 2465 (2467).

1261 *BVerfG*, FamRZ 2008, 1507 (1508); *BGH*, FamRZ 2006, 686 (688) bei Unschlüssigkeit; *OLG Naumburg*, FamRZ 2012, 1148 (1148 f.) für das staatliche Anfechtungsrecht bei Unmöglichkeit der Feststellung einer sozial-familiären Beziehung; Schulte-Bunert/Weinreich/*Schwonberg*, FamFG, § 178, Rn 7.

der Prüfungsreihenfolge die gleichen Wertungen wie beim Anfechtungsrecht des biologischen Vaters anzulegen.[1262]

(3) Folgerung

Wenn alle Beteiligten einverstanden sind, kann eine Prüfung der biologischen Vaterschaft des Antragstellers vorgezogen werden. In dem Fall jedoch, in dem sich zumindest ein Beteiligter gegen die vorrangige Abstammungsklärung wendet, muss zwingend die Kindeswohldienlichkeit vorweg geprüft werden.

Damit hat der biologische Vater auch nach Einführung des § 1686a BGB kein voraussetzungsloses Recht auf Klärung der biologischen Abstammung eines Kindes von ihm. Der potenzielle biologische Vater muss zunächst die Voraussetzungen des § 1686a BGB in Verbindung mit § 167a FamFG erfüllen, damit die biologische Abstammung zwischen ihm und dem Kind überprüft wird.[1263] Bestreiten die Beteiligten die biologische Vaterschaft nicht, dann erfolgt gar keine Prüfung der biologischen Abstammung.

c) Würdigung der Neuregelung

Die Erweiterung der Rechte des biologischen Vater ist grundsätzlich zu begrüßen. Dass der biologische Vater ein Umgangs- und Auskunftsrecht zum Aufbau einer sozial-familiären Beziehung zum Kind erhalten hat, ist positiv zu bewerten.

Ebenso wird positiv gesehen, dass der Gesetzgeber mit dieser Regelung erneut anerkannt hat, dass es faktisch doppelte Vaterschaften nebeneinander gibt. Hierdurch wird bei den Beteiligten ein Bewusstsein für multiple Elternschaft geschaffen.[1264] Allerdings könnte der Gesetzgeber hier noch einen Schritt weiter gehen und eine zweifache Vaterschaft auch innerhalb des Abstammungsrechts etablieren.[1265]

Dass der Umgangs- oder Auskunftsanspruch nämlich mit einer inzidenten Abstammungsfeststellung einhergeht, ist abzulehnen.[1266] Hierfür sollte im Abstammungsrecht ein Verfahren bereitgestellt werden[1267], denn eine Abstammungsfeststellung innerhalb des Kindschaftsrechts ist ein „*wesensfremdes Konstrukt*", daher „*systemwidrig*" und „*verstößt gegen alle Grundsätze des Abstammungsrechts*" und wird daher zu Recht als „*Insellösung*" bezeichnet.[1268]

1262 Zur Prüfungsreihenfolge beim Anfechtungsrecht des biologischen Vaters s.o.: 4. Teil. B. I. 2. b) bb) bbb) Biologische Vaterschaft des Anfechtenden.

1263 *Hoffmann*, FamRZ 2013, 1077 (1078).

1264 *Helms*, 20. DFGT, Punkt 1.

1265 a.A. *Deutscher Familiengerichtstag e.V.*, ZKJ 2012, 351 (351).

1266 So auch: Staudinger/*Rauscher* (2014), § 1686a, Rn 4; *Helms*, FamRZ 2011, 1717 (1717 f.).

1267 So auch: *Helms*, in Coester-Waltjen/Lipp/Schumann/Veit (Hrsg.), Reformbedarf im nichtehelichen Eltern-Kind-Verhältnis, 77 (90).

1268 *Büte*, FuR 2013, 676 (678); *Deutscher Familiengerichtstag e.V.*, ZKJ 2012, 351 (351 f., 354); MüKo/*Heilmann*, FamFG, § 167a, Rn 3; *Lang*, FPR 2013, 233 (236); *Peschel-Gutzeit*, NJW 2013, 2465 (2465, 2467).

3. *Fazit*

Insgesamt ist festzuhalten, dass sich die Position des biologischen Vaters durch die Neuregelung der § 1686a BGB und § 167a FamFG verbessert hat. Da das Umgangs- und Auskunftsrecht neben den Rechten des rechtlichen Vaters existiert, erscheint hier auch ein interessengerechter Ausgleich zwischen biologischer und rechtlich-sozialer Vaterschaft gefunden worden zu sein.

IV. Schlussfolgerung

Das Umgangsrecht stellt das im praktischen Leben existenzielleste Recht zwischen Eltern und Kindern dar[1269], denn es ermöglicht erst den zwischenmenschlichen Kontakt. Mit der Einführung eines Umgangs- und Auskunftsrechts für den biologischen Vater neben den bestehenden Rechten von rechtlichen sowie sozialen Eltern hat der Gesetzgeber einen ersten Schritt getan, um den sich verändernden soziologischen, psychologischen und biologischen Ausgangssituationen[1270] Rechnung zu tragen.[1271]

Allerdings sollten innerhalb des Umgangsrechts keine inzidenten Abstammungsprüfungen stattfinden. Gemäß dem geltenden deutschen Statusrecht bei Fragen der Abstammung sollte auch die biologische Abstammung innerhalb des Abstammungsrechts statusrechtlich ausgestaltet werden. Das Umgangs- und Auskunftsrecht aus § 1686a BGB würde dann mit seinen jetzigen Voraussetzungen ohne eine inzidente Feststellung der biologischen Vaterschaft des Antragstellers auskommen.

E. Bilanz

Das väterliche Abstammungsrecht setzt sich aus der primären Vater-Kind-Zuordnung, der Aufhebung der Vaterschaft durch Anfechtung und dem Abstammungsklärungsrecht der rechtlichen Familie zusammen. Seit kurzem wirkt außerdem die inzidente Feststellung der biologischen Vaterschaft im Umgangsrecht auf die Wertungen des Abstammungsrechts ein.

Wie sich nach Analyse der einzelnen Institute des Abstammungsrechts gezeigt hat, sind diese ausnahmslos zulasten des biologischen Vaters ausgelegt. Auch die inzidente Feststellungsmöglichkeit der biologischen Vaterschaft im Umgangsrecht zeigt die Schwächen des Abstammungsrechts bezüglich der biologischen Vaterschaft auf.

Der Gesetzgeber bewegt sich bei der Ausgestaltung des Abstammungsrechts im Spannungsfeld zwischen biologischen und sozialen Komponenten der Vaterschaft. Im Bestreben, beiden Aspekten gebührend Rechnung zu tragen und diese in ein

---

1269 *Heiderhoff*, FamRZ 2008, 1901 (1905).
1270 S.o.: 2. Teil. Interdisziplinäre Aspekte der Vaterschaft.
1271 *Kloster-Harz*, FamFR 2013, 337 (340).

ausgewogenes Verhältnis zueinander zu setzen, hat er sich bei der rechtlichen Ausgestaltung der Vaterschaft von verschiedenen, teilweise gegensätzlichen Gesichtspunkten leiten zu lassen. Die gleichzeitige Berücksichtigung von biologischen und sozialen Gesichtspunkten der Vaterschaft ohne Aufgabe des traditionellen und auf biologischen Tatsachen begründeten Ein-Vater-Modells führt zum einen zu konzeptionellen Widersprüchen, zum anderen außerdem zu Unbilligkeiten innerhalb des Abstammungsrechts. Dieser Doppelnatur der Vaterschaft wird im Abstammungsrecht zu wenig Rechnung getragen und es bedarf wohl auch eines gesellschaftlichen Umdenkens, bis es als akzeptiert und normal gilt, dass ein Kind mehr als zwei Elternteile haben kann.[1272]

Die aktuelle Ausgestaltung des Abstammungsrechts zulasten des biologischen Vaters sollte reformiert werden. Die Adoptionsforschung rät dazu, mit der biologischen Abstammung des Kindes offen umzugehen, da sich Familiengeheimnisse belastend auf die Familienbeziehungen auswirken.[1273] Das aktuell geltende Abstammungsrecht schützt jedoch einseitig bei einem Auseinanderfallen von biologischer und rechtlich-sozialer Vaterschaft die bereits rechtlich etablierte soziale Vaterschaft, indem es den biologischen Vater für die Zukunft vollständig ausschließt.

Grundsätzlich muss sich die rechtliche Abstammung zwar nicht nach der biologischen richten, denn die biologische Abstammung ist lediglich eine naturwissenschaftliche Tatsache, während die rechtliche Vaterschaft eine normative Rechtsposition darstellt. Dennoch hat Vaterschaft sehr viel mit Biologie zu tun, so dass dieser Komponente neben der sozialen Komponente ein großer Stellenwert bei der Schaffung der normativen rechtlichen Vaterposition zukommt.

Demgegenüber ist aber auch anzuerkennen, dass der Gesetzgeber durch die aktuelle Ausgestaltung des Abstammungsrechts eine klare und zustimmungswürdige Position zum Schutz der rechtlich-sozialen Vaterschaft bezogen hat.[1274] Abstammung im Rechtssinne war nie bloßes Spiegelbild von biologischen Tatsachen, daher geht es zu einem großen Teil auch um den Schutz rechtlich bereits anerkannter Sozialbeziehungen und nicht nur um das biologische Fundament.[1275] Wenn jedoch der Gesetzgeber weiterhin das Ideal von der biologischen Kernfamilie auch für jene Konstellationen nachzuahmen versucht, in denen die rechtlich-soziale Familie nicht vollständig biologisch miteinander verbunden ist, geht dies an der Realität vieler Familien vorbei, in denen die rechtlich-soziale und die biologische Vaterschaft auseinander fallen. Da der Schutz der sozial-familiären Beziehungen letztlich nie absolut sein kann[1276], geht es um die Frage, ob die Interessen des biologischen

1272 *Kloster-Harz*, FamFR 2013, 337 (339).

1273 *Helms*, in Schwab/Vaskovics (Hrsg.), Pluralisierung von Elternschaft und Kindschaft, 105 (118 f.).

1274 So auch: *Löhnig/Preisner*, FamRZ 2012, 489 (491); *Peschel-Gutzeit*, NJW 2013, 2465 (2468).

1275 *Ogorek*, FS Simon, 459 (484 f.).

1276 *Frank*, FS Schwab, 1127 (1137).

Vaters nicht besser als bisher berücksichtigt werden können, ohne dem rechtlich-sozialen Vater seine eingenommene Rechtsposition streitig machen zu müssen.

Das Abstammungsrecht sollte zugunsten des biologischen Vaters, aber nicht zulasten des rechtlich-sozialen Vaters, reformiert werden, denn das aktuell geltende Abstammungsrecht bietet kein stimmiges Gesamtkonzept in Bezug auf den Ausgleich zwischen biologischer und rechtlich-sozialer Vaterschaft, obwohl sowohl die rechtlich-soziale als auch die biologische Vaterschaft schützenswert sind.

Nachdem festgestellt wurde, dass neben der sozialen Vaterschaft auch Kenntnis vom und Kontakt zum biologischen Vater für das Kind von elementarer Bedeutung ist[1277], ist zu fragen, wie die Rechtsstellung des biologischen Vaters verbessert werden kann, ohne die rechtlich-soziale Vaterschaft in ihrem Bestand zu gefährden. Da sich mit letzter Gewissheit kaum einschätzen lässt, ob in schwierigen Grenzfällen die Entscheidung einseitig zugunsten des biologischen oder des sozialen Vaters ausgehen sollte[1278], bietet sich ein Mittelweg zwischen einseitiger Begünstigung des biologischen oder des rechtlich-sozialen Vaters an, indem beiden Vaterschaften eine jeweils eigene Rechtsposition eingeräumt wird.[1279] Die Einführung einer gesetzlich anerkannten biologischen Vaterschaft kann sowohl dem Recht des Kindes auf Kenntnis seiner biologischen Herkunft als auch dem Recht des biologischen Vaters auf Kenntnis seiner biologischen Nachkommenschaft Rechnung tragen. Darüber hinaus ist eine rechtliche Feststellung der biologischen Vaterschaft im Abstammungsrecht schonender und interessengerechter als eine Vaterschaftsanfechtung.[1280] Dabei sollten sowohl die biologische als auch die soziale Vaterschaft im Abstammungsrecht nebeneinander rechtlich existieren können, wobei vorliegend nur von der Konstellation ausgegangen wird, in welcher der soziale Vater bereits die rechtliche Vaterschaft innehat. Ziel ist dabei, das Abstammungsrecht so zu verändern, dass sowohl die rechtlich-soziale Vaterposition in ihrem Bestand geschützt wird, als auch dem biologischen Vater Zugang zu einer Vaterposition ermöglicht wird. Dies ist nur möglich, indem sowohl die Position des rechtlich-sozialen Vaters in ihrer jetzigen Ausgestaltung bestehen bleibt, als daneben eine rechtliche Position für den biologischen Vater ausgestaltet wird.

1277 *Kloster-Harz*, FamFR 2013, 337 (339).

1278 *Helms*, in Schwab/Vaskovics (Hrsg.), Pluralisierung von Elternschaft und Kindschaft, 105 (119).

1279 So auch Staudinger/*Rauscher* (2014), § 1686a, Rn 5 und 6, der dies für einen *„einigermaßen irritierenden Weg"* hält.

1280 Bereits *Coester*, JZ 1992, 809 (811).

Es kann davon ausgegangen werden, dass es für ein Kind in der Regel einen großen Vorteil darstellt, mehr als zwei Elternteile zu haben, die Verantwortung übernehmen und sich um das Kind kümmern. Dabei kann eine vernünftig gelebte Elternschaft sowohl von biologischen als auch sozialen Eltern eine große Bereicherung für das Kind darstellen.[1281]

Im Folgenden wird daher eine Möglichkeit erwogen, dem biologischen neben dem rechtlich-sozialen Vater eine eigenständige Rechtsstellung innerhalb des Abstammungsrechts einzuräumen.

1281 *Kloster-Harz*, FamFR 2013, 337 (339).

5. Teil: Neugestaltung des Rechts des biologischen Vaters

Nachdem festgestellt wurde, dass im aktuell geltenden Abstammungsrecht eine Schieflage zu Ungunsten der Rechtsstellung des biologischen Vaters besteht, die verbessert werden sollte, jedoch nicht zulasten einer bestehenden rechtlich-sozialen Vaterschaft, ist im Folgenden zu erörtern, wie die Stellung des biologischen Vaters *de lege ferenda* innerhalb des Abstammungsrechts ausgestaltet werden könnte.

Hierfür werden zunächst generelle Vorüberlegungen zu einer doppelten Vaterschaft angestellt. Anschließend wird erörtert, wie die Rechtsposition des biologischen Vaters unter Berücksichtigung der abstammungsrechtlichen Prinzipien ausgestaltet werden könnte, um in einem darauf folgenden Schritt den Versuch einer möglichen gesetzlichen Ausgestaltung zu unternehmen.

A. Vorüberlegungen zu einer doppelten Vaterschaft

Die Einführung einer rechtlichen Vaterschaft für den biologischen Vater neben einer bestehenden rechtlich-sozialen Vaterschaft wurde bisher nicht ernstlich oder gar konkret erwogen.[1282] Daher werden zunächst einige grundsätzliche Vorüberlegungen angestellt, wie eine solche *rechtlich-biologische Vaterschaft* aussehen könnte.

I. Orientierung am Kindeswohl

Zunächst ist zu klären, ob eine doppelte Vaterschaft generell mit dem Kindeswohl zu vereinbaren wäre.

1. Kindeswohl im Abstammungsrecht

Fraglich ist, inwieweit das Kindeswohl im Abstammungsrecht überhaupt als Argumentationsgrundlage dienen kann.[1283] Wesentlich ist dabei die Erkenntnis, dass das Kernstück des Kindeswohls, die Verwirklichung von Individualgerechtigkeit[1284], von vornherein nicht in die legislative, sondern in die judikative Verantwortung

---

1282 Aber in diese Richtung gehend: *Heiderhoff*, FamRZ 2008, 1901 (1904 ff.); *Heiderhoff*, in Bork/Repgen (Hrsg.), Das Kind im Recht, 31 (38 ff.); *Heiderhoff*, in Schwab/Vaskovics (Hrsg.), Pluralisierung von Elternschaft und Kindschaft, 273 (285 f.); Staudinger/*Rauscher* (2014), § 1686a, Rn 5, 6; *Süß*, Feststellung der Vaterschaft unabhängig vom Anfechtungsverfahren, S. 153 ff.

1283 *Heiderhoff*, FamRZ 2013, 1212 (1213).

1284 *Steinberg*, Begriff des Kindeswohls, S. 47.

fällt.[1285] So muss es grundsätzlich dem legislativen Ermessen überlassen bleiben, auf welche Komponenten in einem gegebenen Regelungszusammenhang vorrangig Gewicht gelegt wird.[1286] Das Kindeswohl kann damit nicht alleiniger Anknüpfungspunkt bei den Überlegungen zur Neugestaltung des Abstammungsrechts sein. Es kann aber durchaus mittelbar als Orientierungshilfe dienen.[1287]

2. Der Begriff des Kindeswohls

Beim Begriff des Kindeswohls[1288] handelt es sich um einen unbestimmten Rechtsbegriff[1289], der zahlreiche Dimensionen aufweist und daher nicht leicht zu fassen ist.[1290] Er ist offen gegenüber historisch, kulturell und situativ wandelnden Auffassungen über Rechte und Bedürfnisse des Kindes und stellt somit ein Handlungskonzept dar, durch welches der gesellschaftliche Wandel[1291] in Gesetz und Rechtsprechung integriert werden kann.[1292]

Um den Begriff näher zu definieren, könnte auf der einen Seite als Leitbild die biologisch und sozial fundierte Idealfamilie herangezogen werden.[1293] Allerdings ist bereits fraglich, ob dieses Familienbild tatsächlich dem Kindeswohl am besten entspricht. Es wurde herausgefunden, dass in vielen unterschiedlichen Familienkonstellationen geringeres kindliches Wohlbefinden zu verzeichnen ist. Demnach ist die Familienform zwar nicht ohne Einfluss auf das Wohlbefinden, aber die Qualität der Eltern-Kind-Beziehung, räumliche Ressourcen und der Familienzusammenhalt erweisen sich als weitaus bedeutsamer. Daraus kann gefolgert werden, dass nicht die strukturelle Abweichung vom Modell der biologisch und sozial fundierten Familie möglicherweise die Ursache für Sozialisationsdefizite und Beeinträchtigungen des Wohlbefindens des Kindes ist, sondern die nach wie vor bestehende Dominanz des Kernfamilienmodells und das Fehlen institutionalisierter alternativer Ideal- und Leitbilder zur Gestaltung des familiären Zusammenlebens.[1294]

Es könnte, statt nach dem Modell einer *Idealfamilie* für das Kind, nach der für das Kind am wenigsten schädlichen Alternative gefragt werden.[1295] Diese

---

1285 *Coester*, Kindeswohl als Rechtsbegriff, S. 161.

1286 *Coster*, Kindeswohl als Rechtsbegriff, S. 143.

1287 *Heiderhoff*, FamRZ 2013, 1212 (1213).

1288 Eingehend zum Thema Kindeswohl siehe auch *Goldstein/Freud/Solnit*, Jenseits des Kindeswohls; *Goldstein/Freud/Solnit*, Diesseits des Kindeswohls.

1289 *Coester*, Kindeswohl als Rechtsbegriff, S. 135 ff.; Palandt/*Götz* (2014), § 1666, Rn 7; außerdem auch als offener Rechtsbegriff oder Generalklausel bezeichnet.

1290 Zu den Vorteilen und Gefahren von unbestimmten Rechtsbegriffen und Generalklauseln vgl. *Meier-Schatz*, AJP 1993, 1035 (1047 f.).

1291 S.o.: 2. Teil. A. Sozialhistorischer Wandel von Familie und Vaterschaft.

1292 *Steinberg*, Begriff des Kindeswohls, S. 42, 47.

1293 Vgl. *Puruckherr*, Auslegung des Kindeswohlbegriffs, S. 42; *Steinberg*, Begriff des Kindeswohls, S. 50 jeweils m.w.N.

1294 *Bacher/Beham/Wilk*, ZSE 1996, 246 (264 f.).

1295 *Goldstein/Freud/Solnit*, Jenseits des Kindeswohls, S. 49.

Formulierung täuscht keine problemlose, eine optimale Entwicklung des Kindes garantierende Zukunft vor, sondern stellt die reale Welt, mit der das Kind konfrontiert wird, unmissverständlich fest.

3. Doppelte Vaterschaft und Kindeswohl

Anhand dieses skizzierten Maßstabs für das Kindeswohl soll dieses nun an einer doppelten Vaterschaft gemessen werden.

a) Belastungen für das Kind

Es ist vorgebracht worden, dass das Kind psychologischen Belastungen ausgesetzt sei, die dem Kind durch die doppelte Vaterschaft eines biologischen und eines sozialen Vaters entstünden.[1296] Diese Belastungen können jedoch nicht vermieden werden, wenn dem Kind eine *Idealfamilie* vorgetäuscht wird, obwohl rechtlich-soziale und biologische Vaterschaft auseinander fallen. Grundsätzlich sollen Klarheit und Offenheit in den Familienbeziehungen das Kindeswohl fördern.[1297]

Nichtsdestotrotz können im Einzelfall auftretenden Belastungssituationen durch eine Härtefallklausel, die frühzeitige Beteiligung des Jugendamtes und Regelungen zur Vertretung des Kindes begegnet werden. Diese Maßnahmen werden im Folgenden zwar nicht detailliert erörtert, werden aber gedanklich für die Einführung einer zweiten rechtlichen Vaterschaft für den biologischen Vater vorausgesetzt.

b) Förderung des Kindeswohls

Unter der Grundannahme, dass Klarheit und Offenheit in der Familie dem Kindeswohl generell förderlich sind, wird im Folgenden überlegt, was bei einer Familienkonstellation mit einem rechtlich-sozialen und einem biologischen Vater mit Blick auf das Kindeswohl bezüglich der Einführung einer rechtlichen Vaterschaft für den biologischen Vater neben einer bestehenden rechtlich-sozialen Vaterschaft zu beachten ist.

aa) Schutz der sozialen Familie

Aus der Sicht des Kindes sind für seine Erziehung und sein Wohlergehen die Personen entscheidend, zu denen es soziale und psychologische Bindungen besitzt.[1298] In erster Linie dient somit der Schutz der sozialen Familie dem Kindeswohl. Es darf dabei aber nicht vergessen werden, dass die soziale Familie von vielerlei Faktoren zusammengehalten wird. Das Recht mag dabei ein wesentlicher Faktor sein, aber nicht der alleinentscheidende. Somit kann aus rechtlicher Sicht der Schutz

---

1296 *Broda*, 56. DJT, S. K 89, K 137.

1297 *bke*, ZKJ 2007, 362 (362).

1298 *Goldstein/Freud/Solnit*, Jenseits des Kindeswohls, S. 22 f.; *Matzner*, Vaterschaft heute, S. 20.

der sozialen Familie nur über den Schutz ihres rechtlichen Bestandes betrieben werden. Hingegen kann mit Blick auf die Grundannahme, dass Offenheit und Klarheit in der Familie kindeswohldienlich sind, der Schutz der sozialen Familie nicht damit gleichgesetzt werden, sie vor biologischen Tatsachen und einem an seinem Kind interessierten biologischen Vater zu schützen.

Durch die Einführung einer zweiten rechtlichen Vaterschaft für den biologischen Vater wird die soziale Familie in ihrem rechtlichen Bestand geschützt, da eine Vaterschaftsanfechtung umgangen werden kann. Eine dahingehende Reform kann somit als eine schonendere Alternative angesehen werden als eine Anfechtung der rechtlichen Vaterschaft durch den biologischen Vater.

bb) Kenntnis der biologischen Abstammung

Erleben Kinder heute in der gesellschaftlichen Realität ohnehin oftmals verschiedene Vaterfiguren[1299], so ist die Position des biologischen Vaters neu zu überdenken. Denn nur soziale Beziehungen könnten im Gegensatz zu biologischer Verbundenheit nicht in dem Maße kontinuierlich und stabil sein.[1300] Damit erscheint neben dem Grundrecht auf Kenntnis der eigenen biologischen Identität auch der Aufbau einer sozialen Beziehung zum biologischen Vater das Kindeswohl zu fördern, da diese Sozialbeziehung eine große Stabilität verspricht.[1301]

Eine rechtliche Vaterschaft des biologischen Vaters dient dem Kenntnisinteresse des Kindes an seiner biologischen Abstammung und schafft durch ein von der biologischen Vaterschaft abhängiges Umgangsrecht die Möglichkeit eines Beziehungsaufbaus zwischen Kind und biologischem Vater.

cc) Folgerung

Es lassen sich zwei Grundprinzipien erkennen, die der Verwirklichung des Kindeswohls dienen. Zum einen dienen die Kenntnis der biologischen Abstammung und ein offener und klarer Umgang mit diesem Thema dem Kindeswohl. Andererseits sind auch die bereits aufgebauten sozialen Bindungen des Kindes schützenswert.[1302] Grundsätzlich und gleichermaßen wichtig für ein Kind sind damit sowohl die *„soziale Geborgenheit“* als auch die *„genetische Gewissheit“* der eigenen Abstammung.[1303]

c) Ergebnis

Die Annahme, ein Nebeneinander von rechtlich-sozialem und biologischem Vater im Abstammungsrecht widerspreche dem Schutz der sozialen Familie, unterstellt,

---

1299 S.o.: 2. Teil. A. Sozialhistorischer Wandel von Familie und Vaterschaft.
1300 *Helms*, Feststellung der biologischen Abstammung, S. 107.
1301 In diese Richtung: *Helms*, 20. DFGT, Punkt 2.
1302 *Henrich*, in Spickhoff u. a. (Hrsg.), Streit um die Abstammung, 395 (412); *Heiderhoff*, in Bork/Repgen (Hrsg.), Das Kind im Recht, 31 (38).
1303 *Büchler*, AJP 2004, 1175 (1182 ff.).

dass zwischen der sozialen und biologischen Familie ein Entweder-Oder-Verhältnis besteht. Dabei müssen die soziale und die biologische Vaterschaft nicht im Widerstreit zueinander stehen und schließen sich nicht gegenseitig aus.[1304] Unumgänglich ist diesbezüglich jedoch, mehr Verantwortung von den beteiligten Erwachsenen zu fordern.[1305]

Zusammenfassend kann festgehalten werden, dass eine zweite rechtliche Vaterschaft für den biologischen Vater die soziale Familie in ihrem rechtlichen Bestand schützt. Daneben dient die Anknüpfung an die biologische Abstammung außerdem grundsätzlich dem Kindeswohl.

II. Keine isolierte Abstammungsfeststellung

Die Möglichkeit einer gespaltenen beziehungsweise doppelten Vaterschaft wurde bereits früher für möglich erachtet[1306], vom *Bundesverfassungsgericht* erneut im Zuge der Kindschaftsrechtsreform von 1998 vorgebracht[1307] und vom Gesetzgeber erörtert[1308]. Allerdings ging es dabei um eine isolierte, statusfolgenlose Abstammungsfeststellungsklage, die nicht nur keinerlei Wirkungen auf die rechtliche Vaterschaft haben sollte, sondern auch keine Rechte oder Pflichten des biologischen Vaters begründen sollte und deren einziger Inhalt die Feststellung der biologischen Abstammung sein sollte.[1309]

Eine solche isolierte, statusfolgenlose Abstammungsfeststellungsklage wäre heute mit einem Anspruch aus § 1598a BGB vergleichbar. Es wurde aber bereits erörtert, warum eine Einbeziehung des biologischen Vaters in § 1598a BGB nicht erwogen wird.[1310] Zwar wird auch bei der viel diskutierten isolierten Abstammungsfeststellungsklage die biologische Vaterschaft festgestellt. In einer bloßen Feststellung der biologischen Vaterschaft soll sich die herauszuarbeitende rechtlich-biologische Vaterschaft aber nicht erschöpfen. Die festgestellte biologische Vaterschaft soll weder vom übrigen Recht isoliert noch folgenlos bleiben. Vielmehr soll versucht werden, eine neue rechtliche Vaterstellung unter engen Voraussetzungen zu schaffen, die auf den biologischen Vater begrenzt ist und neben die herkömmliche rechtliche Vaterschaft nach § 1592 BGB tritt.

Damit bleibt einzige Parallele zu einer isolierten Abstammungsfeststellungsklage die Feststellung der biologischen Abstammung. Alle weiteren Voraussetzungen

---

1304 So auch: *Henrich*, in Spickhoff u. a. (Hrsg.), Streit um die Abstammung, 395 (412).

1305 *Helms*, 20. DFGT, Punkt 6; Staudiner/*Rauscher* (2011), § 1600, Rn 14.

1306 RGZ 152, 390 (394); *Frank*, GS Arens, 65 (76 ff., 80); *Helms*, Feststellung der biologischen Abstammung, S. 129; *Reinke*, Recht des Kindes auf Kenntnis seiner genetischen Herkunft, S. 148 ff.

1307 *BVerfG*, FamRZ 1994, 881 (884).

1308 BT-Drs. 13/4899, S. 56 f.

1309 Vertiefend zu einer sogenannten „isolierten Abstammungsfeststellungsklage“: *Frank*, GS Arens, 65 (65 ff.); *Zimmermann*, Abstammungsfeststellungsklage.

1310 S.o.: 4. Teil. C. Klärung der biologischen Abstammung.

und Rechtsfolgen der „rechtlich-biologischen Vaterschaft“ werden im weiteren Verlauf der Untersuchung erörtert.

III. Verhältnis der beiden Vaterschaften zueinander

Im Folgenden wird nunmehr das grundsätzliche Verhältnis der rechtlichen Vaterschaft nach § 1592 BGB und der rechtlichen Vaterschaft des biologischen Vaters herausgearbeitet.

1. Keine zweite gleichwertige Vaterschaft

Auch wenn die rechtliche Vaterschaft eine abstrakte, normative Rechtsfigur darstellt, gründet sie sich auf biologischen und sozialen Wurzeln. Biologisch ist es aber nicht möglich, dass ein Kind zwei Väter hat.[1311] Aus soziologischer und psychologischer Sicht hingegen kann ein Kind sogar mehr als zwei Vaterfiguren haben.[1312] Rechtlich ist eine doppelte Vaterschaft bereits im Falle der Stiefkindadoption in der gleichgeschlechtlichen Lebenspartnerschaft zwischen zwei Männern Realität.[1313] Allerdings betrifft dies Konstellationen mit insgesamt zwei Elternteilen, während es vorliegend um eine Konstellation mit drei Elternteilen, nämlich der Mutter, dem rechtlich-sozialen sowie dem biologischen Vater, geht. Das *Bundesverfassungsgericht*[1314] hat ausgeführt, dass ein

> *„Nebeneinander von zwei Vätern, denen zusammen mit der Mutter jeweils die gleiche grundrechtlich zugewiesene Elternverantwortung für das Kind zukommt, nicht der Vorstellung von elterlicher Verantwortung, die Art. 6 Abs. 2 Satz 1 GG zugrunde liegt, entspricht.“*

In einer solchen Konstellation seien *„Rollenkonflikte und Kompetenzstreitigkeiten zwischen den Eltern angelegt, die negativen Einfluss auf die Entwicklung des Kindes nehmen könnten“*. Vielmehr brauche ein Kind für seine Entwicklung das *„Wissen und die Gewissheit zu wem es gehört, welcher Familie es zugeordnet ist und wer als Mutter oder Vater für es Verantwortung trägt“*. Dabei kommt das *Bundesverfassungsgericht* aber nur zu dem Ergebnis, dass ein Nebeneinander von zwei Vätern, denen jeweils die *„gleiche Verantwortung“* zukommt, nicht der Vorstellung der grundrechtlich geschützten elterlichen Verantwortung entspricht. Zu

---

1311 BGHZ 60, 247 (252).
1312 *Heiderhoff*, in Bork/Repgen (Hrsg.), Das Kind im Recht, 31 (38 f.).
1313 Beispiel bei *Heiderhoff*, in Bork/Repgen (Hrsg.), Das Kind im Recht, 31 (40); *Heiderhoff*, in Schwab/Vaskovics (Hrsg.), Pluralisierung von Elternschaft und Kindschaft, 273 (285).
1314 *BVerfG*, FamRZ 2003, 816 (819).

einem abgestuften System von nebeneinander bestehenden Vaterschaften hat das *Bundesverfassungsgericht* hingegen keine Aussage getroffen.[1315]

2. Abgestuftes System

Wenn dem biologischen Vater eine eigene Rechtsstellung eingeräumt wird, muss dies nicht zwingend dazu führen, dass ihm auch zwingend die gleichen Rechte und Pflichten des rechtlich-sozialen Vaters eingeräumt werden. Weitere Rechte und Pflichten für den biologischen Vater müssten vielmehr weiterhin vom Kindeswohl und dem Schutz der sozialen Familie abhängen. Dies kann dadurch gewährleistet werden, dass die Rechte und Pflichten, die das Gesetz den Eltern oder dem Vater zuspricht, weiterhin nur den rechtlichen Eltern beziehungsweise dem Vater gemäß § 1592 BGB zustehen. Etwaige weitergehende Rechte und Pflichten des biologischen Vater müssten explizit als solche bezeichnet werden.

Es bedarf somit eines differenzierten Systems der Vaterschaft, bei dem es in erster Linie darum geht, sich von dem Gedanken zu lösen, dass jedes Kind nur einen Vater haben kann. Dieser Grundsatz ist ohnehin einzig für die biologische Vaterschaft (noch) richtig.

3. Auswirkungen auf die Vaterschaft gemäß § 1592 BGB

Ausgehend davon, dass dem biologischen Vater kein Wahlrecht zustehen sollte, er somit eine „rechtliche-biologische Vaterschaft" nur begründen können sollte, wenn ihm der Weg zu einer Vaterschaft gemäß § 1592 BGB versperrt ist, da bereits eine rechtlich-soziale Vaterschaft besteht, soll der Bestand der rechtlichen Vaterschaft gemäß § 1592 BGB unabhängig von der Begründung einer Rechtsposition des biologischen Vaters sein.

Insbesondere sollte die Sperrwirkung der einzelnen Zuordnungstatbestände des § 1592 BGB bestehen bleiben. Das heißt, dass auch mit Einführung einer Rechtsstellung für den biologischen Vater im Abstammungsrecht nur ein Mann die Vaterschaft gemäß § 1592 BGB einnehmen kann. An der primären Zuordnung der Vaterschaft über die einzelnen Tatbestände des § 1592 Nr. 1 bis 3 BGB ändert sich daher nichts.

IV. Bezeichnung

1. Sekundäre Vaterschaft

Die neu einzuführende Vaterposition für den biologischen Vater soll hier als *sekundäre Vaterschaft* bezeichnet werden.

1315 Vgl. *Mairock*, Genetischer Vater nichtehelicher Kinder, S. 64, der ein System vorschlägt, in dem der biologische Vater die rechtliche Vaterstellung einnimmt, der bisherige rechtlich-soziale Vater aber eine starke Rechtsposition erhält.

Diese Bezeichnung macht zum einen deutlich, dass die rechtliche Vaterschaft des biologischen Vaters zeitlich nach der rechtlichen Vaterschaft gemäß § 1592 BGB begründet werden muss. Zum anderen wird durch diese Begriffswahl klar, dass die sekundäre Vaterschaft hinter der bereits etablierten rechtlichen Vaterschaft gemäß § 1592 BGB inhaltlich zurücksteht und nicht automatisch die gleichen Rechte und Pflichten wie die Vaterschaft nach § 1592 BGB beinhaltet.

2. Vollwertige Vaterschaft

Die rechtliche Vaterschaft nach § 1592 BGB soll dagegen in *vollwertige Vaterschaft* umbenannt werden, was verdeutlicht, dass dies die Vaterschaft mit den vollständigen Rechten und Pflichten ist.

V. Schlussfolgerung

Die zu entwickelnde neue Vaterposition des biologischen Vaters im Abstammungsrecht ist grundsätzlich mit dem Kindeswohl vereinbar und soll nicht als isolierte Abstammungsfeststellungsklage ausgestaltet werden. Da eine zweite gleichwertige rechtliche Vaterschaft für den biologischen Vater nicht in Betracht kommt, soll ein abgestuftes System zwischen rechtlich-sozialer und biologischer Vaterschaft geschaffen werden, das auf die rechtliche Vaterschaft in ihrer Entstehung und ihrem Bestand keinen Einfluss hat. Die Vaterschaft des biologischen Vaters wird als sekundäre Vaterschaft und die rechtlich-soziale als vollwertige Vaterschaft bezeichnet.

B. Berücksichtigung der abstammungsrechtlichen Prinzipien

Ebenso wie die rechtliche Vaterschaft nach § 1592 BGB hat sich auch die Rechtsstellung des biologischen Vaters an den Abstammungsprinzipien zu orientieren, die die grundlegende Ausgestaltung der Position des biologischen Vaters mitbestimmen.

Im Folgenden wird daher untersucht, wie die sekundäre Vaterschaft auszugestalten ist, um eine größtmögliche Übereinstimmung mit den Abstammungsprinzipien zu erreichen.

I. Statussystem

Zunächst wird geprüft, ob sich die sekundäre Vaterschaft in das Statussystem des Abstammungsrechts[1316] einfügen lassen könnte.

1316 S.o.: 3. Teil. A. I. Statussystem.

1. *Statusklarheit*

Das Prinzip der Statusklarheit[1317] verlangt eine klare, eindeutige und nach außen offensichtliche Erkennbarkeit des Status. Hierfür erforderlich ist neben der Klarheit des Status der sekundären Vaterschaft auch eine klare und eindeutige Abgrenzung beider Vaterschaften zueinander.

a) Gerichtliche Feststellung

Die biologische Vaterschaft ist eine klare Zuordnungsmöglichkeit, die heute, dank der naturwissenschaftlichen Möglichkeiten, mit an Sicherheit grenzender Wahrscheinlichkeit und damit eindeutig festgestellt werden kann.[1318] Es muss daher nicht auf Vermutungen ausgewichen werden, die eine biologische Vaterschaft nahelegen, sondern die biologische Abstammung kann positive Voraussetzung zur Begründung der sekundären Vaterschaft sein.

Es stellt sich weiter die Frage, ob das Verfahren gerichtlich auszugestalten ist oder ob eine privatrechtliche Ausgestaltung ähnlich dem Verfahren gemäß § 1598a BGB beziehungsweise § 1592 Nr. 2 BGB genügen würde.

Anders als bei dem Verfahren nach § 1598a BGB, das keinerlei Statusänderungen zur Folge hat, geht es hier um die Begründung einer, wenn auch sekundären, Statusvaterschaft. Um die weitreichende Statuswirkung zu rechtfertigen, ist ein gerichtliches Verfahren nötig.[1319]

Dagegen ist einzuwenden, dass die Begründung der vollwertigen Vaterschaft gemäß § 1592 Nr. 2 BGB auch kein gerichtliches Verfahren voraussetzt. Bei der Begründung der Vaterschaft durch Anerkennung wird jedoch auch nicht vorausgesetzt, dass der Anerkennende der biologische Vater des Kindes ist. Bei der Begründung der sekundären Vaterschaft liegt der Fall jedoch anders. Die sekundäre Vaterschaft soll ausschließlich dem biologischen Vater vorbehalten sein, der aufgrund der geltenden Primärzuordnung des § 1592 BGB nicht die vollwertige Vaterschaft erhalten hat. Die Tatsache, dass nur der biologische Vater die sekundäre Vaterschaft für sich beanspruchen können soll, macht ein gerichtliches Verfahren unumgänglich, in dem eindeutig die biologische Abstammung festgestellt wird.

Dies spricht zwingend für ein gerichtliches Verfahren, in dem die biologische Abstammung festgestellt werden kann. Das Verfahren könnte in Anlehnung an die §§ 1592 Nr. 3, 1600d BGB ausgestaltet werden.

b) Eintragung ins Personenstandsregister

Damit die Rechtsposition des sekundären Vaters aber auch nach außen offensichtlich erkennbar ist, bedarf es einer geeigneten Form der Publikation dieser

1317 S.o.: 3. Teil. A. I. 2. Statusklarheit.

1318 Zu der naturwissenschaftlichen Abstammungsbegutachtung eingehend Staudinger/*Rauscher* (2011), Vorbem. zu §§ 1591 ff., Rn 79 ff.

1319 Vgl. *Muscheler*, Familienrecht, S. 332.

Statusbeziehung. Eine solche könnte durch Eintragung in das Personenstandsregister gewährleistet werden.

Bislang konnten sich nur die rechtlichen Eltern eintragen lassen. Ist die Mutter bei der Geburt des Kindes verheiratet, wird der Vater nach § 1592 Nr. 1 BGB im Geburtenregister gemäß § 21 Abs. 1 Nr. 4 PStG eingetragen. Ebenso der Mann, der durch pränatales Vaterschaftsanerkenntnis zum Zeitpunkt der Geburt Vater gemäß § 1592 Nr. 2 BGB wird.[1320]

Bei einer späteren Vaterschaftsanerkennung oder einer gerichtlichen Feststellung der Vaterschaft nach § 1592 Nr. 3 BGB erfolgt eine Folgebeurkundung gemäß § 27 Abs. 1 PStG.[1321]

Mit einer solchen Folgebeurkundung könnte auch die sekundäre Vaterschaft eingetragen werden. Hierfür wäre dann § 27 PStG entsprechend zu ändern.

c) Abgrenzung beider Vaterschaften voneinander

Eine doppelte Vaterschaft wurde unter anderem aus Gründen der Klarheit des Personenstandes für unzulässig erachtet.[1322] Eine doppelte – im Sinne von gleichwertiger Vaterschaft – ist aber nicht das primäre Ziel. Für die Realisierung der Statusklarheit ist eine eindeutige Abgrenzung von vollwertiger und sekundärer Vaterschaft nötig. Eine solche Abgrenzung ist bereits durch die unterschiedliche Bezeichnung der beiden Vaterschaften vollzogen. Dadurch kommen Unklarheiten über den Personenstand nicht in Betracht.

2. Statusstabilität

Auch die Stabilität des Status[1323] der sekundären Vaterschaft muss gewährleistet sein.

a) Sekundäre Vaterschaft

Eine Aufhebung der sekundären Vaterschaft durch Anfechtung kommt der Natur der Sache nach grundsätzlich nicht in Betracht, da nur der biologische Vater als sekundärer Vater festgestellt wird.

Die Vaterschaftsanfechtung gemäß §§ 1599 ff. BGB trägt einzig dem Umstand Rechnung, dass rechtliche und biologische Vaterschaft auseinanderfallen. Da die sekundäre Vaterschaft nur für den biologischen Vater eröffnet wird, bedarf es mithin keiner Anfechtung. Die sekundäre Vaterschaft trägt damit der Statusstabilität in hohem Maße Rechnung.

1320 *Gaaz/Bornhofen*, PStG, § 21, Rn 36.

1321 *Gaaz/Bornhofen*, PStG, § 27, Rn 7.

1322 *Gaul*, FamRZ 1997, 1441 (1446); *Genenger*, Vom Erzeuger zum Vater?, S. 86; *Rauscher*, FPR 2002, 352 (353); *Seidel*, FPR 2005, 181 (182); MüKo/*Wellenhofer* (2012), § 1592, Rn 1.

1323 S.o.: 3. Teil. A. I. 3. Statusstabilität.

Da es heute allerdings immer noch, jedoch äußerst selten, Fehler bei der naturwissenschaftlichen Vaterschaftsfeststellung geben kann[1324], kommt eine Wiederaufnahme des Verfahrens gemäß § 185 FamFG in Betracht.[1325] In diesen Fällen sollte die sekundäre Vaterschaft dann mit den gleichen Mitteln wie die vollwertige Vaterschaft gemäß § 1592 Nr. 3 BGB angreifbar sein.

b) Vollwertige Vaterschaft

Bisher wurde der Statusstabilität durch eine Beschränkung des Anfechtungsrechts genügt.

Fraglich bleibt, ob eine weitreichende Beschränkung der Anfechtung mittels Fristen und dem Erfordernis eines Anfangsverdachts auch bei Bestehen einer sekundären Vaterschaft weiterhin erforderlich bleibt.

3. Statusformalität

Das Statusprinzip der Formalität[1326] galt auch bisher nur für die Vaterschaften nach § 1592 Nr. 1 und 2 BGB, nicht jedoch für die Vaterschaft nach § 1592 Nr. 3 BGB.

Da sich die Begründung der sekundären Vaterschaft an die Vaterschaftsbegründung des § 1592 Nr. 3 BGB anlehnt, kann das Statusprinzip der Formalität daher vernachlässigt werden.

4. Statuswirkung[1327]

Im Gegensatz zu der etablierten rechtlichen Statusvaterschaft gemäß § 1592 BGB mit Wirkung *inter omnes*, käme bei einer Feststellung der biologischen Vaterschaft auch eine Wirkung lediglich *inter partes* in Betracht. Diese Wirkung könnte genügen, wenn weiterreichende Rechte für den biologischen Vater außerhalb des Abstammungsrechts nicht in Betracht kommen. Da der biologische Vater aber bereits ein gesetzlich verankertes Umgangsrecht in § 1686a BGB erhalten hat und es nicht fernliegend ist, dass dem biologischen Vater weitere Rechte und Pflichten eingeräumt werden, erscheint eine Wirkung nur *inter partes* weder geeignet noch ausreichend, denn eine Vaterschaft mit Wirkung *inter omnes* hat den unbestreitbaren Vorteil, dass die biologische Vaterschaft dann nicht in jedem Verfahren erneut festzustellen ist.

Ein weiterer Vorteil liegt darin, dass durch eine Feststellungswirkung *inter omnes* vermieden wird, dass von dem biologischen Vater, bei Publikation seiner biologischen Vaterschaft, von den rechtlichen Eltern erfolgreich die Unterlassung

---

1324 Vgl. *Gernhuber/Coester-Waltjen*, Familienrecht, S. 617 ff.

1325 Für einen Restitutionsantrag des sekundären Vaters kann auf die Möglichkeiten des gemäß § 1592 Nr. 3 BGB festgestellten Vaters verwiesen werden, vgl. hierfür *Gernhuber/Coester-Waltjen*, Familienrecht, S. 621 f.

1326 S.o.: 3. Teil. A. I. 4. Statusformalität.

1327 S.o.: 3. Teil. A. I. 5. Statuswirkung.

einer Öffentlichmachung seiner biologischen Vaterschaft verlangt werden kann, was nach aktuell geltendem Recht möglich ist.[1328]

Ein Nachteil könnte jedoch darin liegen, dass die Feststellung der biologischen Vaterschaft mit Wirkung *inter omnes* einen erheblicheren Eingriff in die soziale Familie darstellt als eine Feststellungswirkung nur *inter partes*. Der sozialen Familie könnte dadurch ständig vor Augen geführt werden, dass zwischen dem rechtlich-sozialen Vater und dem Kind keine biologische Verbundenheit besteht. Allerdings ist gegen diese Befürchtung einzuwenden, dass bereits der Gesetzgeber für Offenheit innerhalb der Familie eingetreten ist.[1329]

Insgesamt erscheint es vorzugswürdig, die sekundäre Vaterschaft mit Wirkung *inter omnes* auszugestalten.

5. Unität der Vaterschaft

Das Ein-Vater-Prinzip[1330] kann natürlich bei der Einführung einer sekundären Vaterschaft nicht in seiner heutigen Ausgestaltung aufrechterhalten werden.

Von vielen Seiten wird dies als Systembruch und vollständige Abkehr vom bisherigen Abstammungsrecht angesehen.[1331] Andererseits wirkt sich eine solche Änderung des Abstammungsrechts gar nicht so radikal aus, wie es zunächst scheint. Das Recht kennt heute bereits doppelte Vaterschaften, die nur nicht statusrechtlich nebeneinander stehen, sondern – zumindest innerhalb des Abstammungsrechts – ignoriert werden.[1332] Die Einführung einer sekundären Vaterschaft würde somit an den Realitäten der Familien nichts ändern, sondern diese nur rechtlich ausgestalten.

Allerdings soll sich an der Unität der Vaterschaft nach § 1592 BGB nichts ändern, insbesondere soll die Sperrwirkung der Vaterschaft nach § 1592 BGB erhalten bleiben.[1333] Ob es jedoch notwendig und rechtspolitisch angebracht ist, weiterhin das zeitliche Moment des Unitätsprinzips[1334] beizubehalten, oder ob eine Vaterschaftsbeendigung mit Wirkung *ex-nunc*, insbesondere für den Fall, dass der biologische Vater von der sekundären Vaterschaft in die vollwertige Vaterschaft aufrückt, nicht zweckmäßiger und interessengerechter ist, bleibt dem weiteren wissenschaftlichen Diskurs vorbehalten.[1335]

1328 Fall bei *Frank*, StAZ 2003, 129 (132); siehe auch *BGH*, FamRZ 1981, 538 (538).
1329 BT-Drs. 16/6561, S. 10.
1330 S.o.: 3. Teil. A. I. 6. Unität der Vaterschaft.
1331 *Lang*, FPR 2013, 233 (235); *Peschel-Gutzeit*, NJW 2013, 2465 (2468).
1332 S.o.: 3. Teil. A. I. 6. c) Ausnahmen.
1333 S.o.: 5. Teil. A. III. 3. Auswirkungen auf die Vaterschaft gemäß § 1592 BGB.
1334 S.o.: 3. Teil. A. I. 6. a) Zeitliches Moment.
1335 Hierzu bereits *Heiderhoff*, FamRZ 2010, 8 (14 ff.).

II. Abstammungswahrheit

Das Prinzip der Abstammungswahrheit wird durch die Einführung einer sekundären Vaterschaft für den biologischen Vater gestärkt, da die sekundäre Vaterschaft dem Grundsatz des § 1589 BGB entspricht.

III. Wille der Beteiligten

Der Wille der Beteiligten ist im Abstammungsrecht teilweise, wie insbesondere bei der Vaterschaftsanerkennung gemäß §§ 1592 Nr. 2, 1594 ff. BGB, beachtlich.

Auch die Feststellung der sekundären Vaterschaft sollte nicht von Amts wegen erfolgen, sondern nur auf Antrag. Es wird mindestens dem Willen des biologischen Vaters entsprechen, seine sekundäre Vaterschaft zu begründen. Wenn er infolge einer sozial-familiären Beziehung zwischen rechtlichem Vater und Kind nicht anfechten und damit keine eigene vollwertige Vaterschaft begründen kann und dies eventuell auch gar nicht möchte, um die rechtlich-soziale Familie seines Kindes nicht zu gefährden, liegt es in seinem Interesse, wenigstens eine sekundäre Vaterschaft erlangen zu können.

Da es auf der Primärebene der Vaterschaftszuordnung nicht auf den Willen des biologischen Vaters ankommt, sondern sich hier der Wille der weiteren Beteiligten durchsetzt, erscheint es interessengerecht, bei der Begründung der sekundären Vaterschaft dem Willen des biologischen Vaters den Vorrang zu gewähren.

IV. Kenntnis der eigenen biologischen Identität

Mit der Einführung einer sekundären Vaterschaft für den biologischen Vater könnte sowohl das Recht des Kindes auf Kenntnis seiner biologischen Abstammung[1336] als auch das Recht des Mannes auf Kenntnis seiner biologischen Nachkommenschaft[1337] gestärkt werden.

V. Verhältnis gegenüber kindschaftsrechtlichen Folgen

Wie bereits erläutert, ist die Vorstellung, dass sich aus der rechtlichen Vaterschaft alle kindschaftsrechtlichen Folgen ohne weitere Voraussetzungen ableiten lassen, bereits bei der Vaterschaft nach § 1592 BGB nicht mehr Realität.[1338] Ebenso wird bei der sekundären Vaterschaft genau zu überprüfen sein, welche weiteren Rechte und Pflichten sich aus der sekundären Vaterschaft ergeben könnten. Diese werden außerdem an weitere Voraussetzungen zu knüpfen sein.

1336 S.o.: 3. Teil. A. IV. 1. Recht des Kindes auf Kenntnis seiner biologischen Abstammung.

1337 S.o: 3. Teil. A. IV. 2. Recht des Mannes auf Kenntnis seiner biologischen Nachkommenschaft.

1338 S.o.: 3. Teil. A. V. Verhältnis gegenüber kindschaftsrechtlichen Folgen.

VI. Schlussfolgerung

Die sekundäre Vaterschaft soll als Statusvaterschaft ausgestaltet werden. Sie soll auf Antrag in einem gerichtlichen Verfahren festgestellt und neben der vollwertigen Vaterschaft im Personenstandsregister eingetragen werden. Allerdings folgen aus ihr nicht die gleichen Rechte und Pflichten wie bei der vollwertigen Vaterschaft.

C. Ausgestaltung im Gesetz

Zu erörtern bleibt, wie sich die bisherigen Ergebnisse innerhalb des Abstammungsrechts konkretisieren lassen könnten. Dafür wird nachfolgend darauf eingegangen, wie die sekundäre Vaterschaft des biologischen Vaters in das Abstammungsrecht integriert werden könnte.

I. Beteiligte

Im Folgenden wird geklärt, wer an dem Verfahren zur Feststellung der sekundären Vaterschaft beteiligt werden sollte.

1. Antragsberechtigung

Wie oben bereits erwähnt, sollte die sekundäre Vaterschaft nur auf Antrag festgestellt werden.[1339] Fraglich ist daher zunächst, wer diesbezüglich als Antragsteller gemäß § 7 Abs. 1 FamFG beteiligt sein sollte.

a) Biologischer Vater

Als erstes ist dabei an den biologischen Vater zu denken. Seine Antragsberechtigung ist ohne weiteres zu bejahen. Es ist aber erörterungswürdig, ob sein Antrag voraussetzungslos gewährt werden oder unter bestimmten Einschränkungen stehen sollte. Hierbei werden an dieser Stelle nur die prozessualen Voraussetzungen erörtert. Auf die materiellen Voraussetzungen wird dagegen später ausführlich eingegangen.

aa) Zulässigkeitshürde

In Anlehnung an das Anfechtungsrecht des biologischen Vaters gemäß § 1600 Abs. 1 Nr. 2, Abs. 2 und 4 BGB und das Umgangsrecht gemäß §§ 1686a BGB, 167a FamFG ist es auch bei der Feststellung der sekundären Vaterschaft vorzugswürdig, dass nur derjenige antragsberechtigt sein sollte, der an Eides statt versichert, der Mutter des Kindes während der Empfängniszeit beigewohnt zu haben.

1339 S.o.: 5. Teil. B. III. Wille der Beteiligten.

Begründet werden kann diese Zugangshürde, ebenso wie beim Anfechtungs- und Umgangsrecht des biologischen Vaters, damit, dass die rechtlich-soziale Familie vor Anträgen *ins Blaue hinein* geschützt werden sollte.[1340]

Im Ergebnis sollte somit derjenige das Antragsrecht auf Feststellung der sekundären Vaterschaft erhalten, der an Eides statt versichert, der Mutter des Kindes während der Empfängniszeit beigewohnt zu haben.

bb) Ausschluss des Samenspenders

Die Zulässigkeitshürde wurde beim Anfechtungs- sowie Umgangsrecht des biologischen Vaters außerdem damit begründet, dass durch diese der Samenspender ausgeschlossen werden könne.[1341] Dies macht im Fall der künstlichen heterologen Insemination mit wirksamer Einwilligung der späteren rechtlichen Eltern nach § 1600 Abs. 5 BGB Sinn. In dieser Konstellation haben sich sowohl die rechtlichen Eltern als auch der Samenspender von vornherein dazu entschieden, dass der Samenspender im Leben des Kindes keine Rolle spielen soll. Außerdem erklärt der Samenspender, der seinen Samen zur Verwendung für ihm unbekannten Paaren abgibt, dass ihm die Kenntnis seiner Nachkommenschaft gleichgültig sei.[1342] Daher ist die Ausgangssituation zwischen einem Samenspender[1343] und einem biologischem Vater nicht vergleichbar, so dass ein Ausschluss des Samenspenders in diesen Fällen gerechtfertigt erscheint. In allen Fällen, in denen § 1600 Abs. 5 BGB nicht greift, kann die Samenspende jedoch auch unter den Begriff der Beiwohnung fallen[1344], so dass ein Ausschluss des Samenspenders dann nicht möglich ist.

Im Ergebnis erscheint es gerechtfertigt, wenn der Samenspender, der lediglich einem Paar zu einem Kind verhelfen wollte und zu dessen Spende die späteren rechtlichen Eltern ihre Einwilligung gemäß § 1600 Abs. 5 BGB gegeben haben, nicht antragsberechtigt ist, da dies dem Willen aller beteiligten Elternteile entspricht. In jedem anderen Fall soll jedoch ein Antragsrecht bestehen.

b) Kind

Fraglich ist weiter, ob neben dem biologischen Vater auch das Kind antragsberechtigt sein sollte.

1340 Vgl. BT-Drs. 15/2253, S. 10, 14, 20; BT-Drs. 17/12163, S. 14.

1341 Vgl. BT-Drs. 15/2492, S. 9; BT-Drs. 17/12163, S. 14; *Höfelmann*, FamRZ 2004, 745 (749).

1342 Soergel/*Schmidt-Recla* (2012), § 1600, Rn 17.

1343 Wobei fraglich ist, ob heute noch eine anonyme und folgenlose Samenspende in Deutschland möglich ist, vgl. hierzu *OLG Hamm*, FamRZ 637 (637 ff.); *Wellenhofer*, FamRZ 2013, 825 (825 ff.).

1344 *BGH*, FamRZ 2013, 1209 (1209); *Remus/Liebscher*, NJW 2013, 2558 (2559).

aa) Vorteil einer Antragsberechtigung des Kindes

Vorteil einer Antragsberechtigung des Kindes wäre, dass es die vollwertige rechtliche Vaterschaft dann nicht mehr anfechten müsste, um seinen biologischen Vater auch als rechtlichen Vater zu erhalten. Vielmehr könnte das Kind seinen biologischen Vater als zweiten Vater neben dem bisherigen rechtlichen Vater feststellen lassen. Das Kind müsste sich somit nicht mehr für einen Mann als seinen Vater entscheiden. Außerdem könnte das Kind mit einem Antrag auf Feststellung der sekundären Vaterschaft sein Recht auf Kenntnis seiner eigenen biologischen Abstammung verwirklichen.

bb) Nachteil einer Antragsberechtigung des Kindes

Als Nachteil könnte sich ein Antragsrecht des Kindes jedoch für den Fall herausstellen, in dem auf Antrag des Kindes ein biologischer Vater als sekundärer Vater festgestellt wird, der keinerlei Interesse an dem Kind hat. Dies erscheint in Hinblick auf das Kindeswohl ungünstig.

Die sekundäre Vaterschaft soll nicht ausschließlich dem Recht des Kindes auf Kenntnis seiner eigenen biologischen Abstammung dienen, sondern darüber hinaus statusrechtlich im Abstammungsrecht eine Anknüpfungsmöglichkeit schaffen, an der gegebenenfalls unter gesonderten Voraussetzungen weitere Rechte und Pflichten des biologischen Vaters festgemacht werden können. Daher ist eine Begründung der sekundären Vaterschaft gegen den Willen des biologischen Vaters nicht erstrebenswert.

cc) Stellungnahme

Vergleichend ist festzustellen, dass auch bei der Vaterschaftsfeststellung gemäß § 1592 Nr. 3 BGB die Möglichkeit besteht, dass der biologische Vater kein Interesse an seinem Kind hat. Bei der Begründung der sekundären Vaterschaft ist die Interessenlage jedoch insoweit anders gelagert, als es bei Begründung der sekundären Vaterschaft bereits einen vollwertigen rechtlichen Vater gibt und daher auf eine Feststellung der sekundären Vaterschaft verzichtet werden könnte.

Vergleicht man außerdem die Position des biologischen Vaters mit der des Kindes, zeigen sich die unterschiedlichen Interessenlagen. Der biologische Vater ist bei Bestehen einer rechtlich-sozialen Vaterschaft abstammungsrechtlich vollständig ausgeschlossen. Das Kind hingegen hat ein weitgehend voraussetzungsloses Anfechtungsrecht, so dass es die bestehende rechtliche Vaterschaft beseitigen und seinen biologischen Vater über die §§ 1592 Nr. 3, 1600 d BGB zu seinem rechtlichen Vater machen könnte. Dass sich das Kind in diesem Fall zwischen seinem bisherigen rechtlichen Vater und seinem biologischen Vater entscheiden muss, erscheint gerechtfertigt. Wenn der biologische Vater nicht selber die Feststellung der sekundären Vaterschaft beantragt, ist davon auszugehen, dass er kein Interesse an seinem Kind und einer Vaterschaft hat. In diesem Fall ist es nicht wünschenswert, den biologischen Vater gegen seinen Willen in eine Rechtsposition neben die der rechtlichen Eltern zu drängen. Die sekundäre Vaterschaft ist darauf ausgerichtet, dass der biologische Vater bereit ist, Verantwortung für sein Kind zu übernehmen und Interesse an seinem Kind hat. Füllt diese Position ein desinteressierter oder gar ablehnender biologischer Vater aus, wäre dies dem Kinderwohl eher schädlich als nützlich.

Der Vorteil, dass ein eigenes Antragsrecht des Kindes sein Recht auf Kenntnis seiner biologischen Abstammung stärkt, könnte hingegen auch verwirklicht werden, wenn der biologische Vater als Klärungsverpflichteter in § 1598a BGB einbezogen werden würde.[1345]

dd) Folgerung

Folglich ist es sinnvoll, dass das Kind kein eigenes Antragsrecht zur Feststellung der sekundären Vaterschaft erhält.

c) Rechtliche Eltern

Neben dem biologischen Vater und dem Kind könnten auch die rechtlichen Eltern ein Interesse daran haben, dass die sekundäre Vaterschaft des biologischen Vaters festgestellt wird und er damit eine Rechtsposition neben den rechtlichen Eltern einnimmt. Fraglich ist daher auch, ob Mutter und rechtlich-sozialer Vater ein eigenes Antragsrecht erhalten sollten.

Hiergegen spricht aber, ebenso wie gegen ein eigenes Antragsrecht des Kindes, dass der biologische Vater nicht gegen seinen Willen in die Rechtsposition des zweiten rechtlichen Vaters gedrängt werden sollte.

d) Ergebnis

Im Ergebnis sollte nur der Mann, der an Eides statt versichert, der Mutter des Kindes während der Empfängniszeit beigewohnt zu haben, ein Antragsrecht auf Feststellung der sekundären Vaterschaft erhalten.

2. Sonstige Beteiligung

Da es sich bei der Feststellung der sekundären Vaterschaft um ein Verfahren in Abstammungssachen gemäß §§ 169 ff. FamFG handelt, sind gemäß § 172 Abs. 1 FamFG das Kind (Nr. 1), die Mutter (Nr. 2) und der (vollwertige) Vater (Nr. 3) nach § 7 Abs. 2 Nr. 2 FamFG als Muss-Beteiligte zu beteiligen.[1346]

Da es sich bei der Feststellung der sekundären Vaterschaft ferner häufig um brisante Familienkonstellationen handeln wird, sollte auch das Jugendamt grundsätzlich angehört werden. Hierfür ist in § 176 Abs. 1 FamFG die Feststellung der sekundären Vaterschaft mit aufzunehmen, so dass das Jugendamt gemäß § 172 Abs. 2 FamFG auf seinen Antrag zu beteiligen ist.

1345 Für eine Klärungsverpflichtung des biologischen Vaters: *Schneider*, Rechtsfolgenlose Klärung der biologischen Abstammung gemäß § 1598a BGB, S. 154.

1346 Prütting/Helms/*Stößer*, FamFG, § 172, Rn 1, 2.

3. *Fazit*

Der biologische Vater ist gemäß § 7 Abs. 1 FamFG als Antragsteller zu beteiligen. Das Kind, die Mutter sowie der rechtliche Vater sind gemäß §§ 7 Abs. 2 Nr. 2, 172 Abs. 1 FamFG zu beteiligen. Das Jugendamt ist nach § 172 Abs. 2 FamFG auf seinen Antrag hin zu beteiligen.

II. Voraussetzungen zur Feststellung der sekundären Vaterschaft

An dieser Stelle werden die Voraussetzungen, die für die Feststellung der sekundären Vaterschaft erfüllt sein müssten, herausgearbeitet.

1. *Anderweitige vollwertige Vaterschaft*

Der Gesetzgeber hat im Zuge der Kindschaftsrechtsreform die Frage aufgeworfen, ob die Möglichkeit einer biologischen Vaterschaftsfeststellung bestehen sollte, wenn keine rechtliche Vaterschaft gemäß § 1592 BGB besteht.[1347] Zwar ging es dabei um eine lediglich rechtsfolgenlose Feststellung der biologischen Abstammung. Dennoch ist diese Frage in dem Zusammenhang mit der Einführung einer sekundären Vaterschaft, aus der sich weitere Rechte und Pflichten ableiten können, ebenso interessant.

Dagegen spricht, dass der biologische Vater, wenn keine anderweitige Vaterschaft besteht, die volle Verantwortung für sein Kind übernehmen sollte. Dies entspricht auch der Ansicht des Gesetzgebers, der den biologischen Vater in dem Gesetz zur Klärung der Abstammung mit der Begründung nicht beteiligt hat, dass dieser auf das Anfechtungsverfahren verwiesen werden kann, damit sichergestellt wird, dass er die Elternverantwortung für sein biologisches Kind übernehmen wird.[1348]

Somit müsste die Feststellung der sekundären Vaterschaft voraussetzen, dass keine anderweitige vollwertige rechtliche Vaterschaft für das Kind besteht. Diesbezüglich wird auf die Ausführungen zu § 1686a BGB verwiesen.[1349]

2. *Feststellung der biologischen Abstammung*

Dadurch, dass die sekundäre Vaterschaft allein dem biologischen Vater vorbehalten sein soll, ist es unumgänglich, die biologische Abstammung positiv festzustellen. Daher ist für diese Vaterschaftsfeststellung im Gegensatz zu der Vaterschaftsfeststellung nach den §§ 1592 Nr. 3, 1600d BGB kein Raum für eine Vermutung der

1347 BT-Drs. 13/4899, S. 56 f.
1348 BT-Drs. 16/6561, S. 10.
1349 S.o.: 4. Teil. D. III. 2. b) bb) aaa) Rechtliche Vaterschaft eines anderen Mannes.

Vaterschaft gemäß § 1600d Abs. 2 BGB, wobei hier auch der positive Nachweis der Abstammung vorrangig gefordert wird.[1350]

In dem neuen Vaterschaftsfeststellungsverfahren ist somit nur der positive Nachweis der biologischen Vaterschaft einzuholen. Zweifel gehen zu Lasten des biologischen Vaters.

3. *Ernsthaftes Interesse an dem Kind*

In Anlehnung an § 1686a BGB sollte der biologische Vater, der die Feststellung der sekundären Vaterschaft beantragt, ernsthaftes Interesse an dem Kind haben. Hierdurch soll sichergestellt werden, dass der biologische Vater durch seinen Antrag nicht lediglich Unfrieden in die rechtlich-soziale Familie hineintragen will.

Allerdings ist fraglich, ob das ernsthafte Interesse bei der Feststellung der sekundären Vaterschaft, ebenso wie bei § 1686a BGB, nur auf vergangene Bemühungen abstellen sollte.[1351] In Betracht kommt aber auch eine sowohl in die Vergangenheit als auch in die Zukunft gerichtete Betrachtung. Sprachlich könnte dies damit ausgedrückt werden, dass der Antragsteller ernsthaftes Interesse an seinem Kind haben muss. Dies könnte er zum einen durch sein Verhalten in der Vergangenheit, aber auch durch seine Zielvorstellungen für die Zukunft nachweisen. Eine solche weitergehende Betrachtung erscheint vorzugswürdig, da hierdurch der biologische Vater, der bisher aus Rücksicht auf die rechtlich-soziale Familie noch kein verstärktes Interesse gezeigt hat, hierfür keine negativen Folgen erwarten muss.

4. *Unmöglichkeit der Erlangung der vollwertigen rechtlichen Vaterschaft*

Fraglich ist, ob zur Feststellung der sekundären Vaterschaft verlangt werden sollte, dass der biologische Vater keine Möglichkeit hat, die vollwertige Vaterschaft zu erhalten. Zum einen wird dieser Forderung bereits dadurch Rechnung getragen, dass die sekundäre Vaterschaft nur festgestellt werden kann, wenn eine vollwertige Vaterschaft bereits besteht. Weitergehend könnte aber noch verlangt werden, dass der biologische Vater die Anfechtung nicht erfolgreich betreiben könne.

a) Diskussion bei Einführung des § 1686a BGB

Die Frage wurde bereits bei Einführung des Umgangsrechts für den biologischen Vater diskutiert. Dort wurde es nicht als Voraussetzung aufgenommen, dass der biologische Vater nicht erfolgreich anfechten könne. Er kann sein Umgangsrecht

---

1350 S.o.: 4. Teil. A. III. 1. a) bb) aaa) Positiver Abstammungsnachweis, § 1600d Abs. 1 BGB.

1351 *Büte*, FuR 2013, 676 (677); kritisch auch *Lang*, FuR 2013, 233 (234 f.).

somit nach aktueller Rechtslage auch dann geltend machen, wenn er die Möglichkeit hätte, anzufechten, da zum Beispiel keine sozial-familiäre Beziehung zwischen rechtlichem Vater und Kind besteht.

aa) Begründungsansatz

Begründet wurde dieser Standpunkt im Umgangsrecht damit, dass es nicht im Interesse des Kindes liege, wenn eine Umgangsberechtigung des biologischen Vaters nur zum Preis des Verlustes des bisherigen rechtlichen Vaters bestehe.

Ein weiterer Begründungsansatz war eine sonst nötige Inzidentprüfung der Erfolgsaussichten einer Anfechtung des biologischen Vaters im Umgangsverfahren, was als systemwidrig und aufgrund der Gefahr unterschiedlicher Ergebnisse in verschiedenen Verfahren abgelehnt wurde.

Darüber hinaus wurde für eine Vorrangigkeit der Anfechtung keine praktische Relevanz gesehen, da sowohl der biologische Vater, der ernsthaftes Interesse an seinem Kind hat, als auch der rechtlicher Vater ohne sozial-familiäre Beziehung zu dem Kind regelmäßig anfechten würden.[1352]

bb) Geltung des Begründungsansatzes im Abstammungsrecht

Zu prüfen ist, ob dieser Begründungsansatz auch für die Feststellung der sekundären Vaterschaft im Abstammungsrecht überzeugen kann.

aaa) Kindesinteresse

Das Argument, dass ein Verweis auf das Anfechtungsrecht und damit die Möglichkeit des Verlustes des bisherigen rechtlichen Vaters nicht im Interesse des Kindes liege, überzeugt im Abstammungsrecht für die Feststellung der sekundären Vaterschaft nicht.

Die sekundäre Vaterschaft soll der Rechtslage Rechnung tragen, die dem biologischen Vater den Zugang zu der vollwertigen rechtlichen Vaterschaft zum Schutz der sozialen Familie versagt. Besteht hingegen keine sozial-familiäre Beziehung zwischen rechtlichem Vater und Kind, dann liegt der Schutzzweck, der gegen eine Einnahme der vollwertigen rechtlichen Vaterschaft durch den biologischen Vater spräche, nicht vor. Es besteht somit kein Grund, dem biologischen Vater auf eine sekundäre Vaterschaft zu verweisen.

bbb) Inzidentprüfung

Die Vermeidung einer ansonsten notwendigen Inzidentprüfung der Erfolgsaussichten einer Anfechtung durch den biologischen Vater als Argument gegen einen Vorrang des Anfechtungsverfahrens greift im Abstammungsrecht nur zum Teil.

1352 BT-Drs. 17/12163, S. 12.

Da die Feststellung der sekundären Vaterschaft als Statusverfahren im Abstammungsrecht angesiedelt ist, wäre eine inzidente Prüfung der Anfechtung nicht, wie beim Umgangsverfahren durch die Verortung im Kindschaftsrecht, systemfremd.

Da die Beurteilung einer inzidenten Prüfung der Erfolgsaussichten einer Anfechtung durch den biologischen Vater, innerhalb des Verfahrens zur Feststellung der sekundären Vaterschaft, nicht in Rechtskraft erwachsen würde, wäre hier, ebenso wie bei einer solchen inzidenten Prüfung im Umgangsverfahren, nicht sichergestellt, dass der biologische Vater dann tatsächlich mit einer Anfechtung Erfolg hätte.

Daher wird jedenfalls von einer inzidenten Prüfung der Erfolgsaussichten einer Anfechtung durch den biologischen Vater Abstand genommen.

ccc) Praktische Relevanz

Allerdings ist dem Gesetzgeber darin zuzustimmen, dass bei Bestehen einer Anfechtungsmöglichkeit einer der Anfechtungsberechtigten die Anfechtung mit sehr großer Wahrscheinlichkeit betreiben wird. Ein rechtlicher Vater, der keine sozial-familiäre Beziehung zum Kind hat, wird regelmäßig ein Interesse daran haben, dass der biologische Vater die Vaterpflichten, insbesondere seine Unterhaltspflicht, übernimmt.

Für einen zwingenden Vorrang der Anfechtung besteht daher auch bei der Feststellung der sekundären Vaterschaft kein Bedürfnis.

cc) Folgerung

Die Argumente, die gegen einen Vorrang der Anfechtung vor dem Umgangsverfahren gesprochen haben, greifen zum Teil auch im Abstammungsrecht für die Begründung einer sekundären Vaterschaft.

b) Stellungnahme

Nach der vorangegangenen Diskussion spricht vieles dafür, bei einer Feststellung der sekundären Vaterschaft den biologischen Vater nicht vorrangig auf das Anfechtungsverfahren zu verweisen.

aa) Prozessökonomie

Hierfür sprechen außerdem verfahrensökonomische Gesichtspunkte. So erscheint es wenig sinnvoll, den biologischen Vater zunächst auf sein Anfechtungsrecht zu verweisen, wenn bereits wahrscheinlich ist, dass dieses nicht erfolgreich sein wird. Das Schlagwort von der Prozessökonomie entpuppt sich aber regelmäßig als pure Zweckmäßigkeit.[1353] Selbst wenn es unzweckmäßig ist, zunächst das Anfechtungsverfahren zu betreiben, so kann die Prozessökonomie als Argument dagegen nicht ausreichen, wenn materielle Gesichtspunkte dafür sprechen.

1353 *Schellhammer*, Zivilprozess, S. 4.

bb) Anfechtungsverfahren als Indiz für Interesse an dem Kind

Für die Anfechtung als „Vorverfahren“ zum Verfahren auf Feststellung der sekundären Vaterschaft spricht, dass der biologische Vater mit Eingehung eines Anfechtungsverfahrens immer auch das Risiko trägt, unmittelbar in die vollwertige rechtliche Vaterstellung einzurücken, so dass eine Anfechtungsklage des biologischen Vaters für seine Intention spricht, auch die volle Elternverantwortung mit allen Rechten und Pflichten übernehmen zu wollen. Indes wird dies bereits durch die Voraussetzung des ernsthaften Interesses des biologischen Vaters an dem Kind sichergestellt.

cc) Sinn und Zweck der sekundären Vaterschaft

Des Weiteren ist Sinn und Zweck der sekundären Vaterschaft, dem biologischen Vater, zum Schutz der rechtlich-sozialen Vaterschaft, eine eigene Rechtsposition zu verschaffen. Diese Absicht kann aber nicht erfüllt werden, wenn nur eine rechtliche, aber keine soziale Vaterschaft besteht, die geschützt werden müsste. Allerdings kann das Anfechtungsrecht des biologischen Vaters auch an anderer Stelle als an der Voraussetzung des Nichtbestehens einer sozial-familiären Beziehung zwischen rechtlichem Vater und Kind scheitern. Beispielsweise könnte die sozial-familiäre Beziehung zwischen rechtlichem Vater und Kind erst nach Ablauf der Anfechtungsfrist abbrechen. Dann besteht zwar keine rechtlich-soziale Vaterschaft mehr, der biologische Vater kann aber trotzdem nicht anfechten.

dd) Voraussetzung des Nichtbestehens einer sozial-familiären Beziehung

Aus dieser Überlegung heraus macht es keinen Sinn, die Feststellung der sekundären Vaterschaft zwar nicht unter die Voraussetzung der Erfolglosigkeit seiner Anfechtung, sondern unter die Voraussetzung des Nichtbestehens einer sozial-familiären Beziehung zwischen rechtlichem Vater und Kind zu stellen. Versagt man dem biologischen Vater die sekundäre Vaterschaft bei Nichtbestehen einer sozial-familiären Beziehung zwischen rechtlichem Vater und Kind, so könnte seine Rechtsposition dem geltenden Recht entsprechen, da er dann unter Umständen weder anfechten noch eine eigene Rechtsposition erhalten könnte.

ee) Folgerung

Es gibt keine durchschlagenden Argumente, die für einen Vorrang des Anfechtungsverfahrens vor dem Verfahren zur Feststellung der sekundären Vaterschaft sprechen.

c) Ergebnis

Folglich sollte der biologische Vater die Feststellung der sekundären Vaterschaft ohne vorheriges Anfechtungsverfahren oder spezifische Voraussetzungen aus dem Anfechtungsverfahren betreiben können.

Es sollte jedoch auch möglich sein, Anfechtungsverfahren und das Verfahren auf Feststellung der sekundären Vaterschaft miteinander zu verbinden. Der

Antrag auf Feststellung der sekundären Vaterschaft könnte bereits hilfsweise für den Fall des Scheiterns der Anfechtung mit dem Anfechtungsantrag verbunden werden.

5. Fazit

Die Feststellung der sekundären Vaterschaft steht unter den Voraussetzungen, dass eine anderweitige vollwertige rechtliche Vaterschaft besteht, der Antragsteller tatsächlich biologischer Vater des Kindes ist und er ernsthaftes Interesse an dem Kind gezeigt hat.

III. Verortung im Gesetz

Fraglich ist, wo die Regelung zur sekundären Vaterschaft systematisch innerhalb des Abstammungsrechts des BGB eingefügt werden sollte.

1. Verortung innerhalb von § 1592 BGB

Möglich wäre es, die Regelungen zur sekundären Vaterschaft innerhalb des § 1592 BGB zu integrieren. § 1592 BGB bietet sich hierfür auf den ersten Blick an, da dieser bereits die vollwertige rechtliche Vaterschaft regelt.

Dagegen spricht aber, dass bei einer Platzierung innerhalb des § 1592 BGB die Verwechselungsgefahr zwischen vollwertiger und sekundärer Vaterschaft sehr hoch sein dürfte. Auch könnte aufgrund dieser Verortung irrtümlich der Eindruck entstehen, vollwertige und sekundäre Vaterschaft seien gleichwertig.

2. Verortung innerhalb des Anfechtungsrechts

Des Weiteren könnte die sekundäre Vaterschaft bei den Regelungen zur Vaterschaftsanfechtung aufgenommen werden.

Eine Einfügung innerhalb der Anfechtungsregeln macht jedoch nicht hinreichend deutlich, dass mit der sekundären Vaterschaft eine neue Rechtsposition begründet wird, die zwar eng mit dem Anfechtungsrecht des biologischen Vaters verknüpft ist, aber nicht automatisch als Rechtsfolge einer gescheiterten Anfechtung erfolgt, sondern von der Anfechtung durch den biologischen Vater unabhängig ist.

3. Neu einzuführender, eigenständiger Paragraph

Die Feststellung der biologischen Abstammung könnte in einem eigenen Paragraphen angesiedelt werden.

Dies hätte den Vorteil, dass die sekundäre Vaterschaft nicht mit anderen Rechtspositionen des Abstammungsrechts verwechselt werden kann. Auch würde damit die Sonderstellung der sekundären Vaterschaft deutlich gemacht.[1354]

Fraglich bleibt aber, ob die Regelung systematisch eher bei der väterlichen Primärzuordnung der §§ 1592 ff. BGB oder bei den Anfechtungsregeln aus §§ 1599 ff. BGB einzuordnen wäre. Da die sekundäre Vaterschaft als Primärzuordnung eines Mannes als sekundärer Vater verstanden werden kann und neben dem Anfechtungsrecht des biologischen Vaters existiert, sollten die Regelungen zur sekundären Vaterschaft bei der Primärzuordnung eingefügt werden.

4. *Fazit*

Die sekundäre Vaterschaft soll in einem neu einzuführenden, eigenständigen Paragraphen bei den Regelungen zur primären Vaterschaftszuordnung angesiedelt werden. Es bietet sich hierfür die Einführung eines *§ 1592a BGB* an.

IV. Rechtsfolgen

Zuletzt stellt sich die Frage, welche Rechtsfolgen die Feststellung der sekundären Vaterschaft mit sich bringen.

1. *Unmittelbare Rechtsfolgen*

Als erstes wird überlegt, welche unmittelbaren Rechtsfolgen die Feststellung der sekundären Vaterschaft haben soll.

a) Eintragung ins Personenstandsregister

Es wurde bereits ohne Einführung einer sekundären Vaterschaft überlegt, ob die biologische Abstammung ins Personenstandsregister eingetragen werden sollte.[1355] Auch wenn dies nach geltendem Recht nicht bejaht werden kann, so ist die sekundäre Vaterschaft als zweite Statusvaterschaft in das Personenstandsregister einzutragen.

Gemäß § 1 Abs. 1 PStG ist der Personenstand die sich aus den Merkmalen des Familienrechts ergebende Stellung einer Person innerhalb der Rechtsordnung einschließlich ihres Namens. Der Personenstand umfasst Daten über Geburt, Eheschließung, Begründung einer Lebenspartnerschaft und Tod sowie damit in Verbindung stehende familien- und namensrechtliche Tatsachen. Hierunter kann unproblematisch auch die sekundäre Vaterschaft subsumiert werden.

Die Feststellung der sekundären Vaterschaft soll neben der vollwertigen Vaterschaft in das Personenstandsregister eingetragen werden.

1354 BR-Drs. 666/12, S. 7; *Büte*, FuR 2013, 676 (677).

1355 *Balzer*, StAZ 2012, 364 (368).

b) Umgangsrecht

Bei Feststellung der sekundären Vaterschaft soll das Umgangs- und Auskunftsrecht des sekundären Vaters nur noch von der Kindeswohlprüfung abhängen. Zu überlegen wäre weitergehend, ob hier nicht nur ein Recht, sondern auch eine Pflicht des sekundären Vaters zu begründen wäre.

c) Reservevaterschaft

Fraglich ist, ob die sekundäre Vaterschaft beibehalten werden soll, wenn die vollwertige Vaterschaft später erfolgreich angefochten wird.

Bei Beibehaltung der sekundären Vaterschaft trotz Anfechtung der vollwertigen Vaterschaft hätte das Kind keinen vollwertigen Vater, obwohl ein sekundärer Vater festgestellt worden ist. In diesem Fall greift der Sinn und Zweck, der der Feststellung der sekundären Vaterschaft zugrunde liegt, nicht mehr. Die sekundäre Vaterschaft soll die Unmöglichkeit der Einnahme der vollwertigen Vaterschaft aufgrund der negativen Sperrwirkung ausgleichen. Fällt die vollwertige Vaterschaft durch Anfechtung weg, ist kein Grund ersichtlich, warum der bis dahin nur sekundäre Vater nicht in die vollwertige Vaterstellung treten sollte.

Am praktikabelsten wäre es, wenn, in Anlehnung an eine erfolgreiche Anfechtung durch den biologischen Vater, bei Bestehen einer sekundären Vaterschaft direkt mit der Anfechtung der vollwertigen Vaterschaft auch die Feststellung der vollwertigen Vaterschaft für den sekundären Vater ausgesprochen wird. Hierdurch kann verhindert werden, dass das Kind die vollwertige Vaterschaft verliert.

2. Weitere Überlegungen

Unter erweiterten Voraussetzungen könnte noch über weitergehende Rechtsfolgen nachgedacht werden.

a) Anfechtungsrecht

Bei Bestehen einer sekundären und damit auch Reservevaterschaft[1356] könnte überlegt werden, die Anfechtung für den vollwertigen Vater zu erleichtern.

Bei Bestehen einer sekundären neben der vollwertigen Vaterschaft besteht nicht die Gefahr, dass das Kind nach erfolgreicher Anfechtung vaterlos wird, da in dieser Situation der sekundäre Vater automatisch in die vollwertige Vaterposition nachrücken würde. Dieser Schutzzweck, der bislang nur für die Anfechtung durch den biologischen Vater galt[1357], könnte somit bei Bestehen einer sekundären Vaterschaft für eine erleichterte Anfechtung der übrigen Anfechtungsberechtigten sprechen.

1356 S.o.: 5. Teil. C. IV. 1. c) Reservevaterschaft.

1357 S.o.: 4. Teil. B. I. 2. b) bb) bbb) (1) (c) Entscheidung.

In Betracht kommen hier zum Beispiel ein Verzicht auf den Anfangsverdacht oder die Einführung flexiblerer Anfechtungsfristen.[1358] Möglich wäre auch ein auf einen kurzen Zeitraum nach Feststellung der sekundären Vaterschaft begrenztes Anfechtungsrecht, bei dem weder eine Frist besteht noch ein Anfangsverdacht vorausgesetzt wird.

b) Sorgerecht

Eine Überlegung wert ist außerdem die Frage, ob der sekundäre Vater auch die elterliche Sorge erhalten können sollte.

Dies erscheint jedoch problematisch, denn selbst der vollwertige Vater, der nicht mit der Mutter des Kindes verheiratet ist, erhält die elterliche Sorge nicht automatisch.[1359] Grundsätzlich hat in diesem Fall die Mutter gemäß § 1626a Abs. 3 BGB die Alleinsorge. Eine gemeinsame elterliche Sorge besteht gemäß § 1626a BGB nur dann, wenn Mutter und Vater erklären, dass sie die elterliche Sorge gemeinsam übernehmen wollen (§ 1626a Abs. 1 Nr. 1 BGB), wenn sie einander heiraten (§ 1626a Abs. 1 Nr. 2 BGB) oder wenn ihnen das Familiengericht die elterliche Sorge gemeinsam überträgt (§ 1626a Abs. 1 Nr. 3 BGB). Diese Verteilung des Sorgerechts trägt dem Bedürfnis des Kindes an einem sicheren und kontinuierlichen Sorgerechtsverhältnis von Geburt an Rechnung.[1360]

Die gemeinsame Ausübung der elterlichen Sorge durch Mutter und Vater setzt nach der Rechtsprechung des *Bundesverfassungsgerichts* eine tragfähige soziale Beziehung zwischen den Eltern voraus, erfordert ein Mindestmaß an Übereinstimmung zwischen ihnen, hat sich am Kindeswohl auszurichten und setzt ferner eine soziale Beziehung jedes Elternteils zu dem Kind voraus.[1361] Diese Voraussetzungen müssten ebenso bei einer gemeinsamen Sorge von Mutter, vollwertigem und sekundärem Vater gelten. Sind diese Voraussetzungen mithin erfüllt, spricht nichts dagegen, den drei Elternteilen die gemeinsame Sorge zu übertragen. Dies könnte durch eine gemeinsame Sorgeerklärung in Anlehnung an § 1626a Abs. 1 Nr. 1 BGB verwirklicht werden. Eine solche gemeinsame Sorge dürfte aber in der Praxis zunächst wohl daran scheitern, dass der sekundäre Vater noch keine soziale Beziehung zu dem Kind aufgebaut hat. Des Weiteren ist davon auszugehen, dass in den

---

1358 Vgl. *Groß*, FPR 2007, 392 (392 ff.); *Heiderhoff/Schekahn*, FPR 2011, 360 (365 f.).

1359 Zu den jüngsten Entwicklungen des Sorgerechts des nicht mit der Kindsmutter verheirateten Vaters: *Altrogge*, FPR 2008, 154 (154 ff.); *Altrogge*, FamFR 2010, 73 (73 ff.); *Coester*, NJW 2010, 482 (482 ff.); *Fink*, ZKJ 2011, 154 (154 ff.); *Heilmann*, NJW 2013, 1473 (1473 ff.); *Huber/Antomo*, FamRZ 2012, 1257 (1257 ff.); *Peschel-Gutzeit*, NJW 2010, 2990 (2990 ff.); *Zimmermann*, FamFR 2010, 413 (413 ff.).

1360 *BVerfG*, FamRZ 2003, 285 (288); *BVerfG*, FamRZ 2010, 1403 (1405); *Heiderhoff*, FamRZ 2008, 1901 (1905).

1361 *BVerfG*, FamRZ 1995, 789 (792); *BVerfG*, FamRZ 2003, 285 (287); *BVerfG*, FamRZ 2004, 354 (355); *BVerfG*, FamRZ 2004, 1015 (1016); *BVerfG*, FamRZ 2010, 1403 (1407).

seltensten Fällen eine Kooperationsbereitschaft zwischen den drei Elternteilen, wie vom *Bundesverfassungsgericht* gefordert, bestehen wird.

Im Ergebnis wäre ein gemeinsames Sorgerecht zwischen Mutter, vollwertigem und sekundärem Vater durchaus denkbar, würde sich in der Realität aber vermutlich nur selten durchsetzen können.

c) Unterhaltsrecht

Wenn dem sekundären Vater aber weitreichende Rechte eingeräumt werden, könnte er ebenso an den Elternpflichten beteiligt werden.[1362] In erster Linie ist dabei an eine Unterhaltspflicht gegenüber dem Kind zu denken.

aa) Vorteile einer Unterhaltsverpflichtung des sekundären Vaters

Es erscheint nicht sachgerecht, dem sekundären Vater eine Reihe von Rechten zu eröffnen, ohne ihn auch in die Pflicht zu nehmen.[1363] Eine Beteiligung des sekundären Vaters an der Unterhaltspflicht könnte außerdem zu mehr Kooperationsbereitschaft der vollwertigen rechtlichen Eltern mit dem sekundären Vater und mehr Akzeptanz der sekundären Vaterschaft beitragen. Darüber hinaus werden dem biologischen Vater bei einer Verbindung der sekundären Vaterschaft mit einer Unterhaltsverpflichtung die weitreichenden Konsequenzen seiner Entscheidung bewusst gemacht. Auch ist es ein Indiz für das ernsthafte Interesse des biologischen Vaters an seinem Kind, wenn er trotz Unterhaltsverpflichtung die sekundäre Vaterschaft begründen möchte.

bb) Reformmöglichkeiten

Eine Unterhaltspflicht könnte dabei neben diejenige der Mutter und des vollwertigen Vaters treten, wenn alle drei gemeinsam die Sorge für das Kind ausüben.[1364] Dafür spricht, dass auch der sekundäre Vater in diesem Fall die elterliche Sorge als Elternteil ausübt und nicht etwa wie ein Vormund, der nur die Sorge übernimmt, ohne Elternteil zu werden oder Unterhaltspflichten zu übernehmen[1365].

Hat der sekundäre Vater hingegen nicht die Sorge für das Kind inne, könnte zumindest an eine nachrangige Unterhaltspflicht des sekundären Vaters hinter Mutter und vollwertigem Vater in Anlehnung an § 1607 Abs. 1 BGB gedacht werden.

cc) Unterhaltsregress zwischen vollwertigem und sekundärem Vater

Denkt man über eine Unterhaltsverpflichtung des sekundären Vaters nach, muss man auch über etwaige Regressinteressen des vollwertigen rechtlichen Vaters nachdenken.

1362 Vgl. *Helms*, 20. DFGT, Punkt 8.

1363 *Kloster-Harz*, FamFR 2013, 337 (339 f.).

1364 Vgl. *Heiderhoff*, FamRZ 2008, 1901 (1907).

1365 Beispiel nach *Heiderhoff*, FamRZ 2008, 1901 (1907).

Der klassische Unterhaltsregressanspruch entsteht bei erfolgreicher Anfechtung der bisherigen rechtlichen Vaterschaft gegenüber dem nächsten rechtlichen Vater. Sollte kein Mann die rechtliche Vaterschaft nach Anfechtung eingehen, kommt ein Regressanspruch nach inzidenter Prüfung der biologischen Vaterschaft in Betracht.[1366]

Bei der Feststellung der sekundären Vaterschaft wird jedoch die vollwertige rechtliche Vaterschaft nicht aufgehoben, so dass bereits rein dogmatisch in dieser Konstellation kein Regressanspruch entsteht. Billigt man dem vollwertigen Vater aber nach Feststellung der sekundären Vaterschaft ein erleichtertes Anfechtungsrecht ohne Frist- und sonstiges Begründungserfordernis zu, können die Regressinteressen des vollwertigen Vaters diesen zur Anfechtung motivieren, so dass durch Feststellung der sekundären Vaterschaft und mit Hilfe der daraus resultierenden erleichterten Vaterschaftsanfechtung ein Unterhaltsregress herbeigeführt werden könnte, mit dem gelebte Familienbeziehungen rückwirkend drittfinanziert werden sollen, obwohl sich in tatsachlicher Hinsicht innerhalb des rechtlich-sozialen Familienverbandes durch die Anfechtung nichts ändert. Durch den Unterhaltsregressanspruch wird damit immer auch ein Anreiz gesetzt, die Vaterschaft anzufechten. Diese Besonderheit des deutschen Rechts ist anderen europäischen Rechtsordnungen fremd.[1367]

Eine Lösung dieser Problematik könnte darin liegen, dass Unterhaltsregressansprüche grundsätzlich nicht entstehen, solange eine sozial-familiäre Beziehung zwischen Unterhaltsleistenden und Unterhaltsberechtigten bestanden hat. Wenn dagegen der rechtliche Vater nur ein *Zahlvater* war, bestehen keine Bedenken, ihm den geleisteten Unterhalt zu erstatten.

Eine weitere Möglichkeit, die Problematik aufzulösen, könnte darin liegen, die vollwertige Vaterschaft nicht mehr mit Wirkung *ex-tunc* zu beseitigen, sondern lediglich mit Wirkung *ex-nunc.*[1368] Damit fiele automatisch auch der Regressanspruch bei Anfechtung weg. Die ehemalige vollwertige Vaterschaft bliebe dann für die Vergangenheit bestehen, es würde nicht mehr fingiert werden müssen, dass diese eventuell über Jahre gelebte Vaterschaft nie existiert habe. Wenn bereits sekundäre und vollwertige Vaterschaft zeitlich parallel nebeneinander existieren könnten, ist es naheliegend, auch zeitlich aufeinanderfolgende Vaterschaften als mehrfache Vaterschaften zu begreifen und zu legalisieren.

Im Ergebnis wird daher ein Unterhaltsregressanspruch, wie er heute besteht, abgelehnt.

1366 S.o.: 3. Teil. A. I. 5. b) Ausnahmen.
1367 *Frank*, FamRZ 2004, 841 (847).
1368 *Heiderhoff*, FamRZ 2010, 8 (14 f.)

3. Fazit

Die sekundäre Vaterschaft sollte in das Personenstandsregister eingetragen werden. Der sekundäre Vater sollte ein Umgangsrecht bei Kindeswohldienlichkeit erhalten und bei Wegfall der vollwertigen Vaterschaft durch Anfechtung diese Position automatisch einnehmen.

Weiterführend ist darüber nachzudenken, die Anfechtung der vollwertigen Vaterschaft nach Feststellung der sekundären Vaterschaft zu erleichtern, den sekundären Vater in Übereinstimmung mit den vollwertigen rechtlichen Eltern an der Sorge zu beteiligen sowie ihn in die Unterhaltspflicht zu nehmen.

V. Schlussfolgerung

Die Feststellung der sekundären Vaterschaft könnte wie folgt ausgestaltet werden: Der biologische Vater wird alleine antragsberechtigt. Mutter, vollwertiger rechtlicher Vater und Kind werden am Verfahren beteiligt. Die Feststellung der sekundären Vaterschaft setzt voraus, dass keine anderweitige rechtliche Vaterschaft besteht, der Antragsteller biologischer Vater des Kindes ist und ernsthaftes Interesse an dem Kind hat. Diese Regelung könnte in einem § 1592a BGB verortet werden. Unmittelbar folgt aus der sekundären Vaterschaft die Eintragung in das Personenstandsregister, ein Umgangsrecht sowie ein Aufrücken in die vollwertige Vaterstellung bei erfolgreicher Anfechtung derselben. Weitergehend ist an eine erleichterte Vaterschaftsanfechtung bei Bestehen einer sekundären Vaterschaft sowie eine Beteiligung des sekundären Vaters an Sorge und Unterhalt zu denken.

Die Regelung der sekundären Vaterschaft könnte demnach wie folgt gefasst werden:

§ 1592a Sekundäre Vaterschaft

(1) Neben einer vollwertigen Vaterschaft ist auf seinen Antrag der Mann als sekundärer Vater festzustellen, der an Eides statt versichert, der Mutter des Kindes während der Empfängniszeit beigewohnt zu haben.
(2) Die Feststellung der sekundären Vaterschaft setzt voraus, dass der Antragsteller der leibliche Vater des Kindes ist und ernsthaftes Interesse an dem Kind hat.
(3) Wird die vollwertige Vaterschaft erfolgreich angefochten, wird der sekundäre Vater automatisch vollwertiger Vater.

D. Bilanz

Die Einführung einer sekundären Vaterschaft für den biologischen Vater könnte das "*Störenfried-Argument*"[1369], mit dem ein Interesse des biologischen Vaters oftmals abgetan wird, obsolet machen.

Eine zweite rechtliche Vaterschaft erscheint bei konkreter Betrachtung nicht so abwegig, wie auf den ersten Blick anzunehmen sein könnte. Bei Schaffung eines dahingehenden Bewusstseins der Eltern, dass Familienkonstellationen mit mehr als zwei Elternteilen auch positive Effekte haben können und es an der Kooperation aller Elternteile liegt, dem Kindeswohl zu entsprechen, sollte ein rechtlicher Rahmen diesen Familienkonstellationen helfen, mit der tatsächlichen Situation umzugehen.

Eine zweite rechtliche Vaterschaft würde sich in das Abstammungsrecht einfügen, ohne dass das gesamte Abstammungsrecht reformiert werden müsste und sämtliche Abstammungsprinzipien ihre Geltung verlieren würden. Dabei stellt der hier vorgestellte Ansatz keinen Anspruch auf Vollständigkeit, sondern soll nur ein Denkansatz sein, der die Position des biologischen Vaters in das Abstammungsrecht integrieren möchte.

1369 Staudinger/*Rauscher* (2014), § 1686a, Rn 14.

6. Teil: Schlussbetrachtung

Abschließend werden die wesentlichen Ergebnisse dieser Arbeit zusammengefasst. Es folgen eine Gesamtbilanz sowie ein Ausblick auf die möglichen weiterführenden Forschungsfelder.

A. Zusammenfassung der wesentlichen Ergebnisse

Die Vaterschaft vereinigt soziale, biologische und rechliche Aspekte in sich. Probleme sind immer dann vorprogrammiert, wenn sich die drei Aspekte der Vaterschaft auf mehr als nur einen Mann verteilen, wobei sich die Untersuchung auf die Konkurrenz zwischen rechtlich-sozialem und biologischem Vater innerhalb des Abstammungsrechts konzentriert hat. Da das geltende Abstammungsrecht, grob betrachtet, die Familienkonstellation mit einem rechtlich-sozialen und einem biologischen Vater aus Sicht des biologischen Vaters unbefriedigend löst, bedurfte es einer tiefgehenden Untersuchung, ob diese Ungleichbehandlung hinzunehmen ist oder ob Lösungsansätze, bei denen beide Vaterpositionen zufriedenstellend berücksichtigt werden, entwickelt werden können und sollten.

Die sozialhistorische Entwicklung des Vaterbildes in unserer Gesellschaft zeigt, dass heute ein engagierteres und an seinem Kind interessierteres Vaterbild besteht als noch vor einigen Jahrzehnten, wobei das Institut der Vaterschaft weiterhin einem steten Wandel unterworfen ist. Auf der einen Seite dominiert weiterhin das Bild der traditionellen bürgerlichen Kernfamilie, auf der anderen Seite gibt es eine Vielzahl alternativer Familienformen, die rechtlich noch wenig Berücksichtigung finden. Diese Wandlungstendenzen sind Indiz für einen rechtlichen Reformbedarf. Hierbei muss das Phänomen mehrfacher Vaterschaften stärker berücksichtigt werden. Die soziobiologischen und bindungstheoretischen Annahmen erklären, dass sowohl biologische als auch soziale Aspekte der Vaterschaft beim Mann Vateridentität bewirken können. Daher kann aus interdisziplinärer Sicht weder dem biologischen noch dem sozialen Vater grundsätzlich der Vorrang eingeräumt werden.

Sowohl die dem Abstammungsrecht zugrunde liegenden Prinzipien als auch der historische Hintergrund des Abstammungsrechts zeigen, dass das Abstammungsrecht sowohl von sozialen als auch biologischen Aspekten der Vaterschaft geprägt werden. Diese Doppelnatur, die auch dem Rechtsinsitut der Vaterschaft zugrunde gelegt wird, erschwert eine eindeutige Bewertung des Abstammungsrechts, da die sozialen und biologischen Aspekte teilweise im Widerstreit zueinander stehen. Tendenzen des Gesetzgebers zu dem einen oder anderen Aspekt folgen keinen dogmatischen Regeln, sondern werden, der jeweiligen Zeit entsprechend, von einer Vielzahl von Faktoren, wie den gesellschaftlichen Gegebenheiten, den politischen Forderungen oder anderweitigen interdisziplinären Erkenntnissen, bestimmt.

Im vierten Teil zeigte sich, dass das Abstammungsrecht bei tiefgehender Untersuchung, wie bereits vermutet, zulasten der biologischen Vaterschaft ausgelegt ist. Auf der Ebene der Primärzuordnung wird die Abstammungswahrheit zugunsten einer schnellen und eindeutigen Vater-Kind-Zuordnung vernachlässigt. Auch im Recht der Vaterschaftsanfechtung wird die biologische hinter die rechtlich-soziale Vaterschaft zurückgestellt. Dieser Wertung folgt auch § 1598a BGB, der den biologischen Vater von vornherein aus seinem Anwendungsbereich ausschließt. Die inzidente Prüfung der biologischen Vaterschaft im Umgangsrecht zeigt die Geringschätzung der biologischen Vaterschaft im Abstammungsrecht noch einmal deutlich auf. Kritik und die damit einhergehenden Reformvorschläge an den Instituten des geltenden Abstammungsrechts vermögen diese Zurücksetzung der biologischen Vaterschaft ohne die parallele Zurückdrängung der rechtlich-sozialen Vaterschaft nicht zu beheben. Daher erschien eine Lösungsmöglichkeit nur über ein neu zu schaffendes Rechtsinstitut innerhalb des Abstammungsrechts möglich zu sein. Das Abstammungsrecht sollte dabei so verändert werden, dass sowohl die rechtlich-soziale Vaterposition in ihrem Bestand geschützt wird, als auch dem biologischen Vater Zugang zu einer abstammungsrechtlichen Vaterposition ermöglicht wird.

Im fünften Teil wurde die Möglichkeit vorgestellt, das geltende Abstammungsrechts um eine zweite abgestufte rechtliche Vaterschaft zu ergänzen. Diese sekundäre Vaterschaft könnte neben die vollwertige rechtliche Vaterschaft treten. Beide Vaterschaften sollten Statusvaterschaften sein. Im Gegensatz zu der vollwertigen Vaterschaft sollte die sekundäre Vaterschaft jedoch nur auf Antrag des biologischen Vaters gerichtlich festgestellt werden und sollte nicht anfechtbar ausgestaltet sein. Mit Feststellung der sekundären Vaterschaft könnte diese in das Personenstandsregister eingetragen werden. Außerdem erhält der sekundäre Vater wie bisher der biologische Vater ein Umgangsrecht und sollte in die vollwertige Vaterstellung bei erfolgreicher Anfechtung derselben aufrücken.

B. Gesamtbilanz und Ausblick

Die Untersuchung wurde zunächst von der Frage geleitet, wem die rechtliche Vaterschaft letzlich zukommen sollte, dem biologischen oder eher dem sozialen Vater. Aus interdisziplinärer Sicht, aber auch bei Begutachtung der abstammungsrechtlichen Prinzipien und der Historie des Abstammungsrechts, konnte diese Frage nicht eindeutig zugunsten der sozialen oder biologischen Vaterschaft beantwortet werden. Nach Erfoschung des aktuell geltenden Abstammungsrechts zeigte sich jedoch, dass der sozialen Vaterschaft, die sich bereits in eine rechtliche Vaterschaft manifestieren konnte, generell der Vorzug vor der biologischen Vaterschaft eingeräumt wird, was zu einer nicht hinnehmbaren Benachteiligung der biologischen Vaterschaft im Abstammungsrecht führt. Ein angemessener Ausgleich zwischen biologischer und rechtlich-sozialer Vaterschaft ist in Form der Einführung einer sekundären Vaterschaft für den biologischen Vater vorgestellt worden, die sich in das Abstammungsrecht integrieren lassen könnte ohne das gesamte geltende

System des Abstammungsrechts vollständig umzugestalten. Unter Anerkennung, dass dies eine revolutionäre Verbesserung der Stellung des biologischen Vaters im Abstammungsrecht wäre, erscheint eine solche Lösung dennoch als mildestes Mittel, um den Schutz der rechtlich-sozialen Familie nicht gänzlich zu vernachlässigen.

Neben einem Umgangsrecht, sowie dem diskutierten Sorge- und Unterhaltsrecht, kommen weiterführend noch weitere rechtliche Bereiche in Betracht, in denen eine Einbeziehung des sekundären Vaters bedenkenswert erscheint. Zu denken wäre beispielsweise an das Erbrecht, aber auch im öffentlich-rechtlichen Bereich, wie beispielsweise im Aufenthaltsrecht, könnte eine sekundäre Vaterschaft berücksichtigt werden.

Zwar scheint die Fragmentierung von Elternschaft in erster Linie die Vaterschaft zu berühren, dennoch könnte weitergehend auch über eine sekundäre Mutterschaft nachgedacht werden. Die Problematik des Auseinanderfallens von rechtlicher und genetischer Mutterschaft wird die Rechtswissenschaft in Zukunft noch stärker beschäftigen, da durch neue Inseminationsverfahren ein Auseinanderfallen von rechtlicher und genetischer Mutterschaft immer leichter möglich sein wird.

Insgesamt sollten verstärkt Lösungen gefunden werden, die sowohl die sozialen als auch die biologischen Aspekte von Elternschaft nebeneinander berücksichtigen. Die momentan noch geltende Fokussierung auf einen Vater und eine Mutter unter Ausschluss aller anderen Vater- oder Mutterpositionen und das Festhalten am Unitätsprinzip im Abstammungsrecht erscheinen weder zeitgemäß noch den Realitäten vieler Familien angemessen. Die Arbeit hat daher versucht aufzuzeigen, wie mehrfachen Vaterschaften innerhalb des Abstammungrechts ein rechtlicher Rahmen geboten werden könnte.

Studien zum deutschen und internationalen Familien- und Erbrecht

Herausgegeben von Martin Lipp, Christoph Benicke,
Marina Wellenhofer und Bettina Heiderhoff

Band 1 Jessica Kriewald: Statusrelevante Erklärungen des Familienrechts. 2009.

Band 2 Martin Gilbert: Unmoralische Angebote, Grundrechtskitsch und die kalte Hand des Erblassers. 2009.

Band 3 Anja Vellmer: Religiöse Kindererziehung und religiös begründete Konflikte in der Familie. Eine rechtsübergreifende Darstellung familiärer religiöser Konflikte und der staatlichen Instrumentarien zu ihrer Lösung. 2010.

Band 4 Uta Heidenreich: Auskunfts- und Wertermittlungsansprüche des Pflichtteilsberechtigten. 2010.

Band 5 Ulla Möhn: Vertrauensschutz im intertemporalen Scheidungsunterhaltsrecht. Zugleich eine Analyse des § 36 Nr. 1 EGZPO. 2010.

Band 6 Gabriele Metternich: Verfügungsverhalten von Erblassern. Eine empirische Untersuchung als Beitrag zur Rechtstatsachenforschung und Reformdiskussion auf dem Gebiet des Erbrechts. 2010.

Band 7 Patrick Schroer: Europäischer Erbschein. Mit rechtsvergleichender Darstellung. 2010.

Band 8 Isabella Toscano: Ehescheidungen mit grenzüberschreitendem Bezug. Von divergierenden nationalen Scheidungsvoraussetzungen zu einem einheitlichen europäischen Scheidungsrecht? 2011.

Band 9 Ulrich Kühle: Die gerichtliche Überprüfung von Erb- und Pflichtteilsverzichtsverträgen im Spiegel ehevertraglicher Inhaltskontrolle. 2011.

Band 10 Gregor Blüm: Härtefälle im Recht des Versorgungsausgleichs. Eine legitimationszentrierte Untersuchung der Rechtsprechung zur Generalklausel des § 1587c Nr. 1 BGB a. F. unter Berücksichtigung der Neuerungen in der Härtefallregelung des § 27 VersAusglG. 2011.

Band 11 Linda Schlegel: Die Bedeutung des vorehelichen Zusammenlebens im Scheidungsfolgenrecht. 2011.

Band 12 Tobias Breitling: Rechtsfolgen von sittenwidrigen Bedingungen in Verfügungen von Todes wegen. Erblasserwille und objektives Recht. 2012.

Band 13 Anja Sommer: Das Verhältnis von Familiengericht und Jugendamt. Kooperation zum Wohle des Kindes? 2012.

Band 14 Pia Maria Schulze: Das deutsche Kindschafts- und Abstammungsrecht und die Rechtsprechung des EGMR. 2012.

Band 15 Sebastian Schaufert: Das Verbot der Doppelverwertung von Vermögenspositionen bei Unterhalt und Zugewinn. 2012.

Band 16 Natalie Ivanits: Die Stellung des Kindes in auf Einvernehmen zielenden gerichtlichen und außergerichtlichen Verfahren in Kindschaftssachen. 2012.

Band 17 Robert Bauer: Die Neuerungen im ehelichen Güterrecht. Eine kritische Untersuchung der Rechtslage nach der Reform von 2009. 2013.

Band 18 Birthe Schekahn: Tatsächliche Unterhaltsleistungen faktischer Lebensgefährten im Todesfall. Ein Vorschlag für eine Reform des § 844 Abs. 2 BGB und zugleich eine Definition der faktischen Lebensgemeinschaft. 2013.

Band 19 Michelle Favier: Die gemeinsame rechtliche Elternschaft von eingetragenen Lebenspartnern durch die Annahme eines Kindes. 2014.

Band 20 Holke-Leonie Doench: Mediation als kindgerechtes Verfahren. 2014.

Band 21 Katharina Frank: Eheverträge als effektives Gestaltungsinstrument. Die Grenzen der Privatautonomie im englischen und deutschen Sachrecht sowie im europäischen Zivilverfahrens- und Kollisionsrecht. 2015.

Band 22 Renata von Pückler: Der Ausgleich konkurrierender Ehegattenunterhaltsansprüche. 2015.

Band 23 Sandra Schröder: Wer hat das Recht zur rechtlichen Vaterschaft? Vorschlag zur Neugestaltung der rechtlichen Stellung des biologischen Vaters im Abstammungsrecht bei Bestehen einer sozial-familiären Beziehung zwischen Kind und rechtlichem Vater. Unter Berücksichtigung interdisziplinärer und historischer Aspekte. 2015.

www.peterlang.com

www.ingramcontent.com/pod-product-compliance
Ingram Content Group UK Ltd.
Pitfield, Milton Keynes, MK11 3LW, UK
UKHW021124041026
8980IPUK00026B/417

9 783631 665237